W0061599

ABENTEUER OZEAN

INHALT

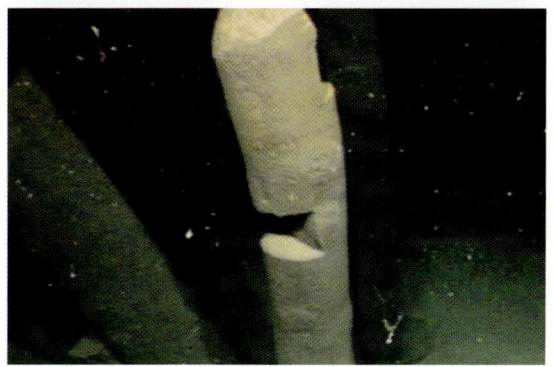

Seite 1: *Alvin* sinkt auf der Expedition im Cayman-Graben mit einer Geschwindigkeit von 30 Metern pro Minute. Die Kugel aus Titanlegierung bringt zwei Wissenschaftler und einen Piloten in die Tiefe.

Seiten 2–3: Ein Tauchboot gestattet es zwei Passagieren, die Wand des Cayman-Grabens zu erkunden. Der Pilot steuert das Fahrzeug bis zu acht Stunden lang in Tiefen von 300 Metern.

Einleitung

Auf diesem allegorischen Gemälde landen der sagenumwobene Jason und die Argonauten auf ihrer Suche nach dem goldenen Vlies in der Kolchis, dem heutigen Georgien am Schwarzen Meer. Um den Schatz zu finden, mussten Jason und seine tapfere Mannschaft auf ihrer Reise Ungeheuer bezwingen, aber auch – ähnlich wie heutige Forscher – mit natürlichen Hindernissen und den Unbilden des Wetters fertig werden.

ICH BIN MEERESFORSCHER UND WISSENSCHAFTLER. Seit meiner ersten Fahrt 1959 als Schüler der High School habe ich an 110 Expeditionen teilgenommen. In Tauchbooten habe ich die Tiefen des Meeres erkundet, bin zu gesunkenen Passagierschiffen auf den Meeresgrund hinabgetaucht und habe alte Schiffswracks untersucht.

Häufig treffe ich Leute, die meinen, wie »aufregend« meine Arbeit doch sein müsse. Natürlich ist das richtig. Als ich in den 70er Jahren als Geologe an Tiefseeexpeditionen teilnahm, haben meine Forschungen zur Bestätigung der revolutionären Theorie der Plattentektonik beigetragen, die das Verständnis für unseren sich stets wandelnden Planeten veränderte. Als unser Team auf seinen Expeditionen die hydrothermischen Schlote am Grund des Pazifiks entdeckte, stieß es auch auf bizarre Kreaturen, die offensichtlich unabhängig vom Licht und der Wärme der Sonne existierten und das bisSpes dahin gültige Dogma in Frage stellten, dass ausschließlich die Fotosynthese die Basis des Lebens sei. Aber moderne wissenschaftliche Forschung bedeutet auch harte Arbeit und sieht sich mit abhanden gekommener, defekter oder nicht wie erwartet funktionierender Ausrüstung, Zeitdruck, schlechtem Wetter und einer Unmenge anderer Schwierigkeiten konfrontiert, die den Erfolg einer Expedition gefährden können. Inzwischen befinde ich mich unter Wasser selten in einer wirklich gefährlichen Situation, da ich einen Großteil meiner Forschungen von der Wasseroberfläche aus mit Sonargeräten und ROV's (Remote Operated Vessels) – ferngesteuerten Unterwasserfahrzeugen – betreibe, aber natürlich habe auch ich mehrfach lebensbedrohliche Situationen erlebt.

Heute bin ich als Forscher bei der National Geographic Society angestellt und Präsident des Institute for Exploration in Mystic, Connecticut. Einen Teil jedes Jahres verbringe ich mit Expeditionen, den Rest mit dem JASON-Projekt, einem internationalen interaktiven Multimedia-«Klassenzimmer», in dem Hunderttausende Schüler im Alter zwischen neun und fünfzehn Jahren mit Wissenschaftlern, die in entlegenen Gegenden arbeiten, Verbindung aufnehmen. Einige Kinder dürfen mit meinen Kollegen tatsächlich an den Projektstandorten zusammenarbeiten – in ihren begeisterten Gesichtern erkenne ich mich selbst als kleiner Junge wieder.

Ich bin an der kalifornischen Küste aufgewachsen, in Pacific Beach, einem Vorort von San Diego, weshalb ist es nicht verwunderlich ist, dass mich das Meer schon in jungen Jahren faszinierte. Aber während andere Jungen die großen grauen Flugzeugträger und Kreuzer der Navy bestaunten, die in den Hafen einliefen und wieder davonfuhren, war ich mit der Erkundung der Gezeitenbecken der Mission Bay in Kalifornien beschäftigt. Ich wollte den Kopf immer unter Wasser tauchen. Bis ich schließlich eine Taucherbrille bekam, musste ich mich mit Glasgefäßen aus Mutters Küche behelfen, um einen verschwommenen, flüchtigen Eindruck von den dahinkriechenden Einsiedlerkrebsen und den wogenden gelben Kronen der Seeanemonen zu bekommen. Unter Wasser gab es eine ganze geheime Welt, und noch bevor ich zehn Jahre alt war, wusste ich, dass ich irgendwie Teil dieser Welt werden würde.

Ich interessierte mich zunehmend für Unterseeboote, für Maschinen, die Menschen in diese geheime Welt bringen konnten. Die U-Boot-Modelle, die ich aus Einmachgläsern und Blechbüchsen baute, funktionierten in den Gezeitenbecken recht gut, aber ich gab

mich mit Spielzeug nicht zufrieden. Wieder und wieder las ich Jules Vernes *Zwanzigtausend Meilen unter dem Meer*, war ganz besessen von seiner futuristischen *Nautilus* und der Idee, die Meerestiefen zu erforschen.

Es dauerte jedoch noch Jahrzehnte, bis sich meine Kindheitsträume von der Tiefseeforschung verwirklichten. Ich studierte Geologie, promovierte und brachte dann eine anstrengende Zeit als Assistent an der Woods Hole Oceanographic Institution (WHOI) in Cape Cod hinter mich. Die 70er Jahre waren für mich ein Jahrzehnt der intensiven wissenschaftlichen Forschung mit den Schwerpunkten Plattentektonik und hydrothermische Schlote. In den 80er Jahren wandte ich mich der Unterwasserarchäologie und der Meeresgeschichte zu und nahm an recht erfolgreichen Unternehmungen teil wie der amerikanisch-französischen Expedition von 1985, bei der die *Titanic* entdeckt wurde. Im Lauf der Jahre ist mir klar geworden, dass die Tiefsee ein riesiges Museum ist und ihre kalte Dunkelheit viele unschätzbar wertvolle Gegenstände konserviert, die infolge von Unglücken oder Kriegshandlungen auf den Meeresboden gesunken sind.

Seit ich vor 50 Jahren begann, die seichten Becken der Mission Bay zu erkunden, habe ich mir häufig Gedanken über den typisch menschlichen Forscherdrang gemacht. Und ich habe mich mit den Lebenswegen der berühmtesten Meeresforscher der Geschichte befasst und herausgefunden, dass wir gemeinsame Eigenschaften haben. Unser Leben hat jeweils mit dem zu tun, was ich heute als den »Zyklus der Forschung« bezeichne – den unbändigen Drang, sich auf die Suche nach Wissen zu machen und dann mit dieser kostbaren Fracht nach Hause zurückzukehren, um den Funken der Begeisterung für die Forschung auf andere überspringen zu lassen.

In der westlichen Welt lässt sich dieser Zyklus bis zu uralten Mythen und Legenden wie beispielsweise jene von Jason und den Argonauten zurück verfolgen: Das, was die Minoer dazu trieb, nach Norden zur bedrohlichen Grenze des Schwarzen Meers zu segeln, treibt auch die Forscher des 21. Jahrhunderts noch an. Der Zyklus der Forschung hat sich über die letzten drei Jahrtausende fast ununterbrochen fortgesetzt.

Der Zyklus besteht aus folgenden Elementen:

DIE VISION: Der ursprüngliche Forscherimpuls – bei den frühen Menschen die Neugier, Entdeckungen zu machen – wurde durch Mythen von fabelhaften Reichtümern angespornt, wie dem Goldenen Vlies, das Jason und seine tapferen Seeleute suchten. Dieser Vision entspricht heute die wissenschaftliche Hypothese.

VORBEREITUNG: Die Zusammenstellung einer Mannschaft von Seefahrern oder der Crew einer wissenschaftlichen Expedition.

DER VORSTOSS: Der Aufbruch ins Unbekannte. Alle Forscher vom legendären Jason über Kolumbus bis zu meinen Kollegen, den Ozeanographen, erreichen einen Punkt, an dem sie buchstäblich ihr Leben riskieren müssen.

DAS ÜBERWINDEN VON HINDERNISSEN: Jahrhundertelang sahen sich die seefahrenden Forscher mit »Ungeheuern« (unbekannten Wesen wie Wale), Meutereien der entmutigten Mannschaft, aber auch verheerendem Elend und Krankheiten konfrontiert, wie Hunger und Skorbut. Erfindergeist und Improvisationstalent waren für einen Forscher schon immer unerlässlich. Heutzutage müssen wissenschaftliche Forscher häufig das Hindernis starrer, vorgefasster Dogmen überwinden.

DIE ENTDECKUNG DER WAHRHEIT: Das Goldene Vlies, ein neuer Kontinent oder – in den 70er Jahren – die tatsächliche Gestalt des Mittelatlantischen Rückens (die Bestätigung der Theorie der Plattentektonik).

DIE VERBREITUNG VON WAHRHEIT: Die Rückkehr des heldenhaften Seefahrers (Jason, Odysseus und andere legendäre Forscher). Heutzutage veröffentlichen wissenschaftliche Forscher ihre Erkenntnisse in Fachzeitschriften, auf Symposien und in Magazinen wie NATIONAL GEOGRAPHIC .

NEUE ENTFACHUNG VON VISIONEN: Die minoischen und homerischen Seefahrerlegenden waren Ansporn für die griechische Kolonisierung der Küsten des Schwarzen Meeres und des Mittelmeers. Die heutige wissenschaftliche Forschung wirft häufig mehr neue Fragen auf, als dass sie Antworten auf bestehende liefert, und eröffnet damit Möglichkeiten für weitere Hypothesen. Das JASON-Projekt weckt jährlich in Hunderttausenden von Schulkindern neuen Wissensdurst.

Mir ist klar geworden, dass meine heutigen Kollegen neben der dem Zyklus der Forschung innewohnenden unstillbaren Neugier noch andere wichtige Qualitäten mit unseren Vorgängern gemein haben: Entschlossenheit, Geduld, Optimismus, körperliches Durchhaltevermögen und – vor allem – Beharrlichkeit.

Wir modernen Forscher sind jenen, die vor uns kamen, zu großem Dank verpflichtet. Während ich beispielsweise durch den Südpazifik fuhr, habe ich an von Korallenriffen umgebenen Ankerplätzen festgemacht, die im 18. Jahrhundert vom Kapitän der British Royal Navy, James Cook, kartiert wurden. Als Forscher an der Schwelle des 21. Jahrhunderts kann ich nicht genau definieren, wo die Entdeckungsfahrten, die die Wikinger vor einem Jahrtausend über den Atlantik unternahmen, oder jene legendären Reisen der phönizischen Seefahrer, 1800 Jahre vor den Nordmännern, enden, und wo mein Beruf beginnt. Es ist ein Kontinuum. Deshalb empfinde ich immer große Trauer, wenn ich im Kameraauge unseres ferngesteuerten Tauchfahrzeugs *Jason* ein Schiffswrack – gleich, wie alt es ist – aus dem Schleier des Sediments auftauchen sehe.

Und deshalb habe ich beschlossen, diese Geschichte der Meeresforschung zu schreiben. Ich habe nicht geplant, eine umfassende akademische Studie vorzulegen. Stattdessen habe ich versucht, möglichst viele Informationen über Seefahrerkunst, Navigation, Schiffsbau und Schiffsantrieb zusammenzutragen – aber auch über die dunklen Seiten der Meeresforschung, des Seekriegs. All diese Techniken wurden im Lauf der Jahrhunderte entwickelt, um die Menschen, die zwangsläufig einen Großteil ihres Lebens an Land verbringen, in die Lage zu versetzen, Herren unseres Planeten, dessen Oberfläche zu 71 Prozent aus Wasser besteht, zu werden. Diese Technik und die Erfahrungen der frühen Seefahrer haben es den Meeresforschern meiner Generation ermöglicht, noch fortschrittlichere Werkzeuge wie Präzisionssonare und ferngesteuerte Tauchfahrzeuge zu entwickeln, mit denen wir von einem Labor auf einem Schiff aus zu Schiffswracks und archäologischen Stätten in die Tiefsee hinabtauchen können.

I | Archäologie der Tiefsee

Vorhergehende Seiten: Ein Aal windet sich über den aufgestapelten Amphoren im Laderaum der *Elissa*, eines von zwei phönizischen Rundbooten aus der Eisenzeit, die auf meiner Expedition im Juni 1999 entdeckt wurden und die ältesten bis jetzt in der Tiefsee gefundenen Schiffswracks sind.

Die Ausgrabungsstätte von Askalon (Askalon), dem Hafen der Philister – Vorfahren der Palästinenser – liegt nördlich von Gaza in Israel und bietet einen faszinierenden Einblick in die Vergangenheit. Jahrtausendelang war Askalon ein wichtiger Umschlagplatz und Anlaufhafen für phönizische Segelschiffe.

asons starke Scheinwerfer warfen einen weißlichen Schein auf den Grund des Mittelmeers 400 Meter unter uns. Es war Freitag, der 2. Juni 1999, nach Mitternacht. Die mit GPS-Satelliten verbundenen Korrekturtriebwerke unseres gecharterten Expeditionsschiffes, des englischen Versorgungsschiffes *Northern Horizon*, ermöglichten es, 60 Meilen vor der israelischen Stadt Askalon, einem ehemaligen Hafen der Philister nördlich von Gaza, eine genaue Position über dem Meeresboden zu halten. Über ein optisches Glasfiberkabel mit dem Schiff verbunden und von dem Piloten Will Sellers vom Kontrollraum des Schiffes aus mit dem Schalthebel gelenkt, kroch das Tauchfahrzeug *Jason* über den Meeresboden vorwärts.

Ich stand im blauen Schein der Videomonitore und Computerbildschirme und wartete angespannt, während die Zeiger des Navigationsstatusanzeigers zitterten. Wir waren auf der Jagd nach alten Schiffswracks, möglicherweise den ältesten, die je in der Tiefsee gefunden wurden. Zwei Jahre zuvor, im Sommer 1997, hatte das kleine Atom-U-Boot der U.S. Navy, *NR-1,* diese Gewässer vergeblich nach dem untergegangenen israelischen U-Boot *Dakar* abgesucht, das 1968 mit der gesamten Besatzung verschwunden war. Zwar hatte die *NR-1* das verschollene U-Boot nicht gefunden, doch ihr starkes Sonar hatte mehrere interessante Objekte identifiziert, und ihre Videokameras hatten grobkörnige Bilder von zylindrisch geformten Gegenständen am Meeresboden aufgenommen.

Nachdem ich mich in diesem Sommer bereits mit dem U-Boot sehr erfolgreich der Erforschung römischer Wracks in der Nähe Siziliens gewidmet hatte, zeigte mir die Mannschaft ihre mysteriösen Aufnahmen aus dem östlichen Mittelmeer vor Askalon. Könnte es sich um weitere Wracks aus der Römerzeit oder sogar aus noch früherer Zeit handeln? Der Archäologe George Bass hatte in den 70er Jahren unweit des türkischen Hafens Fethiye das Wrack eines kleinen, immer in Küstennähe verkehrenden minoischen Handelsschiffes aus der Zeit von 1300 v. Chr. entdeckt. Aber das befand sich in relativ flachen Gewässern.

Die möglichen Wracks, die die *NR-1* ausgemacht hatte, lagen in großer Tiefe, weit von der Küste entfernt. Falls es sich tatsächlich um antike Schiffe handelte, könnten sie Hinweise auf

längst vergessene phönizische Handelsrouten geben. Die geheimnisumwitterten Phönizier, die die Levante – den heutigen Libanon – bereits um 3000 v. Chr. besiedelten, waren im Altertum die wagemutigsten Forscher und Seefahrer des Nahen Ostens. Zwar weiß man über ihre Sprache recht wenig, doch sie scheinen sich selbst *Kena'ani* – im Hebräischen Kanaaniter – genannt zu haben. Ihre Hauptbeschäftigung scheint der Seehandel gewesen zu sein. Überall entlang der Küste des östlichen Mittelmeers wurden phönizische Handelssiedlungen entdeckt. Außerdem gründeten die Phönizier Kolonien in Zypern, Nordafrika und dem fernen Spanien, von denen

Der Archäologe Dr. Lawrence E. Stager (Mitte) von der Harvard-Universität leitete 1999 die Ausgrabung in Askalon. In jenem Sommer verließ er den festen Boden, um sich der Unterwassersuche nach den phönizischen Schiffen anzuschließen.

Karthago, umweit des heutigen Tunis, am berühmtesten war. Bekanntlich waren die Phönizier die bedeutendsten Seekaufleute der späten Bronze- und frühen Eisenzeit – die Archäologen aber wussten noch recht wenig über ihre Schiffe und Handelsrouten über das Mittelmeer.

Wie verstauten sie ihre Ladung, um für möglichst große Stabilität zu sorgen? Verwendeten sie lange, weit ausholende Ruder, wenn Windstille herrschte? Und falls ja, würde ein mit solchen Rudern ausgestatteter Rumpf nach Jahrtausenden auf dem Meeresboden noch erhalten sein? Sind sie stets in Küstennähe gesegelt und haben einen Hafen nach dem anderen angelaufen, oder haben sie ihre kleinen Schiffe nachts auf den Strand gesetzt?

Ich bin von Beruf Ozeanograph und Geologe, kein Archäologe. Deshalb wandte ich mich an einen weltbekannten Altorientalisten, den an der Harvard Universität arbeitenden Dr. Lawrence E. Stager. Larry, ein bärtiger, lustiger Mann und ein Bär von einem Gelehrten, der unzählige Expeditionen an Land hinter sich gebracht hat, besitzt ein geradezu enzyklopädisches Wissen über die antiken Artefakte, die er mit großer Sorgfalt in den staubigen Trockentälern der

Region ausgegraben hat. Er konnte sich eine winzige Scherbe eines bemalten Tongefäßes anse-hen und einem sagen, ob es palästinensischer, assyrischer oder babylonischer Herkunft war.

Aber als wir uns die *NR-1*-Bänder ansahen, war Larry Stager in Verlegenheit. Er war sich so gut wie sicher, dass es sich bei diesen nicht klar erkennbaren Objekten um Amphoren aus Terrakotta handelte, aber hinsichtlich ihres Alters war er sich weniger sicher. »Es wäre wunder-bar, wenn sie wirklich alt wären, Bob«, hatte er zu mir gesagt, während er sich das geheimnisvoll blaue Foto ansah. »Aber das wissen wir erst, wenn wir sie aus der Nähe sehen.« Larry erklärte mir, dass die Datierung einer Amphore anhand ihrer allgemeinen Form sowie bestimmter Merkmale wie ihrer Henkel, der Brenntechnik, der Proportionen des Halses und seines Öff-nungsrandes erfolgt. Die verschwommenen Videobilder zeigten keinerlei Details. Die Ampho-ren konnten aus jeder Epoche stammen, in der solche Gefäße hergestellt wurden: Sie konnten von den Phöniziern aus dem 8. oder 7. vorchristlichen Jahrhundert stammen, Amphoren des späten Römerreichs aus dem 5. Jahrhundert n. Chr. sein oder gar solche der Byzantiner, die noch im Mittelalter, sieben Jahrhunderte später, Wein und andere Kostbarkeiten in derartigen Henkelvasen aufbewahrten.

Natürlich hofften wir, dass die *NR-1*-Bänder phönizische Artefakte zeigten, denn wenn dem so war, bestand durchaus die Chance, dass wir die ältesten je in der Tiefsee gefundenen Schiffswracks entdeckt hatten. Und falls die Wracks aus der Eisenzeit stammten, wäre der Fund eine echte Sensation, weil es keinerlei Berichte über den Untergang dieser Schiffe gab. Obwohl sich meine Expeditionen, bei denen die Wracks der *Titanic* und des deutschen Kriegsschiffes *Bis-marck* aufgespürt wurden, am Ende als ziemlich problematisch erwiesen, hatte man doch auf Datenmaterial zurückgreifen können, da ihr Untergang jeweils ein historisches Ereignis an ge-nau festgehaltenen Koordinaten war. Die Verwendung von Sonargeräten zur Abtastung der tatsächlichen Wrackstellen sollte ebenso wie der Einsatz eines ferngesteuerten Tauchfahrzeuges für die Erforschung möglicher phönizischer Schiffswracks in der Tiefsee für uns alle ein Novum sein. Diese Aussicht hatte uns für unsere Expedition die Unterstützung der National Geogra-phic Society, des Office of Naval Research sowie der Leon Levy Expeditions eingebracht.

Eineinhalb Tage nach unserer Ankunft an der Fundstelle führten wir eine Sonarsuche nach den drei von *NR-1* zwei Jahre zuvor vage identifizierten Objekten durch. Zwar hatte ein Problem mit der Elektrik der Schiffswinde kurzzeitig gedroht, zum »Spielverderber des Tages« zu werden, wie es mein Kollege Dana Yoerger vom Deep Submergence Laboratory der WHOI, ausdrückte, aber es gelang ihm, auf einen Notgenerator zurückzugreifen.

Jedenfalls war diese Funktionsstörung der Winde auf der *Northern Horizon* nichts im Ver-gleich zu dem Zwischenfall, mit dem 1985 unsere Suche nach der *Titanic* beinahe geendet hätte. Damals waren wir gerade dabei, den Kameraschlitten *Argo* knapp über dem Meeresgrund in 3600 Metern Tiefe zu ziehen, als sich das Kabel über der Windentrommel verheddarte. Die Span-nung stieg auf fast 8000 Kilogramm und damit beinahe an den Reißpunkt von 9000 Kilogramm, während wir auf das Achterschiff unseres Expeditionsschiffs *Knorr* kletterten und dort ein Ge-rüst aufbauten, mit dem wir die Spannung auf das Schleppkabel zu verringern suchten – bevor es riss und wir unser einziges Suchgerät verloren. Wäre das Kabel während unserer Arbeiten unter dieser Spannung gerissen, hätte jeder von uns von den umherpeitschenden Enden in Stücke zerfetzt werden können. Aber es gelang uns in jener entsetzlichen Nacht auf dem At-lantik, unsere Expedition zu retten.

Seit der Entdeckung der *Titanic* im Jahr 1985 hatte ich mit Dana und seinem Team an vie-len Expeditionen teilgenommen. Ihr DSL-120-Side-Scan-Sonar war auf dem neuesten Stand der Technik, wobei akustische Hochfrequenzsignale genutzt wurden, um detaillierte farbige und dreidimensionale Bilder zu erzeugen. Aber beim ersten großflächigen Suchgang lieferte der blaugraue Bildschirm des Sonargeräts nur drei verschwommene Keile, die wie herausquellen-der Kohlenstaub aussahen. Das waren unsere Ziele.

Auf der Expedition von 1999 vor Askalon hilft Will Sellers bei der Vorbereitung des Kameraschlittens *Medea*. Unser ferngesteuertes
Tauchfahrzeug *Jason* ist stets mit
Medea verbunden; *Medea* liefert
Bilder aus der Vogelperspektive von
der Position des größeren Fahrzeugs über der Forschungsstelle.

Jetzt näherte sich *Jason* dem ersten dieser Objekte, dem wir den prosaischen Expeditionsnamen »AA« gegeben hatten. Wie immer, wenn der spannende Moment näherrückt, wurde es im Kontrollraum eng. Ich stand neben Larry Stager und blickte auf die Bildschirme und Anzeigen, während Will Sellers die vielen Knöpfe des Schalthebels bediente — was mich immer an die komplizierten Kontrollinstrumente im Cockpit eines Kampfjets erinnert —, um das ferngesteuerte Tauchfahrzeug in eine Tiefe von 390 Metern in nordwestliche Richtung auf 301 Grad zu steuern, 62 Meter über dem Meeresgrund. Jetzt setzte er den Roboterarm ein, um zwei kleine Ballastgewichte abzuwerfen, und das Tauchboot sank gleichmäßig, seine Korrekturtriebwerke schoben es in Richtung des Ziels voran.

Mit einem geschickten Piloten am Schalthebel können *Jasons* sieben computergesteuerte Korrekturtriebwerke das Fahrzeug, das eineinhalb Tonnen Verdrängung hat, millimetergenau manövrieren. Bei normaler Strömung kann *Jason* über der empfindlichsten archäologischen Stätte schweben, und seine Videokamera, seine Fotoapparate wie auch sein elektronisches Bildgebungssystem können wertvolle Aufnahmen machen, ohne eines der Artefakte zu gefährden. *Jasons* Piloten konnten seinen Roboterarm mit der hydraulischen Hand nutzen, um extrem empfindliche Objekte sicher zu bergen. Ich war überzeugt, dass wir mit der Kombination aus dem DSL-120-Side-Scan-Sonar und dem ferngesteuerten *Jason* die ideale Ausrüstung für diese Expedition dabei hatten.

Auf einem weiteren Bildschirm sah man den schwankenden Umriss von *Jasons* eigenem Nahsonar, das deutlich ein Objekt abbildete, welches mit dem DSL-120-Bild übereinstimmte. Ich drückte Larry Stagers Schulter. Im elektronischen Schein der Monitore wirkte sein Gesicht sehr angespannt. *Jason* befand sich nur wenige Meter über dem Meeresgrund und bewegte sich lautlos vorwärts, seine Scheinwerfer durchdrangen die Dunkelheit, schreckten kleine Fische und farblose, auf dem sandigen Boden dahinkrabbelnde Krebse auf.

Dann sah ich eckige Formen. »Das ist nichts Geologisches«, sagte ich in einem unbewussten Anflug von Hochmut, den ich auch bei früheren Expeditionen schon eingesetzt hatte, um die Spannung zu lösen, wenn ich, der weise, alte Geologe, der Mannschaft versicherte, dass wir auf menschliche Artefakte, nicht auf natürliche Erscheinungen am Meeresgrund blickten. Das Videobild wurde schärfer. Irgendetwas leuchtete im Scheinwerferlicht.

Ein urtümlicher Stahlanker und eine rostige, sich in der Finsternis verlierende Kette füllten den Videomonitor. In Larrys Harvard-Team war ein leichtes Stöhnen zu hören und ein deutliches Seufzen von Dr. Shelly Wachsmann vom Institute of Nautical Archeology von der Texas A&M University, der gleich neben mir stand. Er war ein international renommierter Kenner antiker Schiffe und hatte gehofft, auf dieser Expedition gut erhaltene Wracks aus der Eisenzeit zu sehen. Aber uns allen war klar, dass der Stahlanker und seine Kette von einem Segelschiff des 18. oder 19. Jahrhunderts stammten, nicht etwa von einem phönizischen »Rundboot« aus dem 8. vorchristlichen Jahrhundert.

Als Expeditionsleiter gab ich den Befehl, *Jason* vom Meeresgrund zu holen und weiter nördlich beim zweiten Ziel, das wir unter dem Namen »AC« eingetragen hatten, mit der Arbeit fortzufahren. Obwohl die Entfernung zwischen den beiden Zielen nur etwa anderthalb Seemeilen betrug, würde es an die drei Stunden dauern, bis das ferngesteuerte Fahrzeug wieder für die

Nahsuche einsatzbereit sein würde. Es waren angespannte Stunden. Das Bild dieses Stahlankers und der Kette beunruhigte mich. Was geschähe, wenn sich herausstellte, dass es sich bei den anderen Objekten ebenfalls um neuere Wracks handelte, aus byzantinischer Zeit oder sogar noch jünger? Ich hatte die Forschungsgelder bekommen, um 49 Wissenschaftler und Jungakademiker auf diese Fahrt mitzunehmen. An Bord der *Northern Horizon* befanden sich 55 Tonnen wissenschaftliche Ausrüstung. Was geschähe, wenn wir mit leeren Händen zurückkämen?

Ich wartete zusammen mit Larry Stager und versuchte, bei unserer Unterhaltung nicht auf den schlimmsten Fall zu sprechen zu kommen. Aber wir machten uns beide Sorgen. Da ich das östliche Mittelmeer seit Jahren durchquerte, wusste ich, dass der Meeresgrund mit neuzeitlichen Wracks übersät ist, vor allem den allgegenwärtigen griechischen und zypriotischen Segelschiffen (*caiques*), die im 19. und 20. Jahrhundert zwischen Nordafrika, Kleinasien und Griechenland hin und her fuhren. Bis zur Entwicklung von Kunststoffen beförderten viele dieser hölzernen Handelsschiffe ihre Fracht in großen Keramikgefäßen, die in Neugriechisch *qupia* heißen. War es möglich, dass die Bilder der *NR-1* solch banale Transportbehälter zeigten? Falls ja, dann würden wir es herausbekommen, sobald *Jason* das nächste Ziel untersuchte.

Im Kontrollraum herrschte noch größeres Gedränge, als sich *Jason* Objekt AC näherte. Leute hatten sich hereingezwängt, die dienstfrei hatten und sich eigentlich für die vor ihnen liegenden anstrengenden Schichten ausschlafen sollten. Aber ich brachte es nicht über mich, sie hinauszuschicken. Und wieder zeigte das Sonar des ferngesteuerten Tauchfahrzeugs aus 150 Metern Entfernung ein schön reflektierendes Bild. Will Sellers steuerte *Jason* vorsichtig voran, hoch genug, dass die Triebwerke keine Sedimentwolken aufwirbelten und die Sicht trübten. Auf dem Sonarbildschirm wirkte das Dargestellte wie ein ovaler Hügel in einer Senke von etwa 15 Metern Länge.

Sedimentteilchen schwebten über den vom Scheinwerfer erhellten Videomonitor, als der sandige Grund näher kam. Wieder spürte ich, wie sich Larrys Schultern anspannten. Plötzlich war der Bildschirm von einem großen, aufragenden Hügel aufeinandergestapelter Amphoren ausgefüllt. Es waren Hunderte, die in dem langen Oval der Wrackstelle nebeneinander aufgestapelt lagen.

»Volltreffer«, sagte ich. Soweit ich sehen konnte, waren diese Terrakottagefäße nicht neueren Datums. Bei früheren archäologischen Unterwasserexpeditionen hatte ich mitbekommen, dass die freiliegenden Rumpfplanken alter Wracks mit der Zeit von gefräßigen Meereswürmern und holzzersetzenden Organismen aufgefressen werden. Nur die Teile des hölzernen Rumpfs, die tief genug im Sand eingebettet sind, um vor der Strömung und damit dem sauerstoffhaltigen Meerwasser geschützt zu sein, können erhalten bleiben. Als wir auf ein Wrack wie dieses blickten, in dem die Ladung aus anorganischen Terrakottaamphoren intakt geblieben, aber der aus dem Sand herausragende Schiffsrumpf verschwunden war, schien es schon aus diesem Grund klar zu sein, dass wir ein antikes Schiff entdeckt hatten, keine zypriotische *caique* aus dem 20. Jahrhundert, die von einem starken Schirokko vom Kurs abgetrieben und zum Kentern gebracht worden war.

Ich wandte den Blick vom Monitor ab, um Larrys Gesichtsausdruck einzufangen. Er war gebannt und voller Ehrfurcht, als *Jason* langsam über das Wrack hinwegglitt: »Das ist das Schiff der Schiffe«, murmelte er.

Jetzt blickte ich wieder auf den glimmernden Bildschirm, fühlte mich plötzlich nicht mehr im Kontrollraum, sondern schwebte buchstäblich ein paar Meter über dem Wrack dahin und nahm begierig auf, was die Videokamera sah. Das war genau jene »Telepräsenz«, um die ich und meine Kollegen vom Woods Hole Deep Submergence Laboratory in den vergangenen zwei Jahrzehnten so gekämpft hatten. Ich hatte den deutlichen, beinahe unheimlichen Eindruck, dass *Jason* uns ein Schiff aus Glas zeigte und die Reihen gebrannter Tongefäße die Form und Größe des Laderaums nachzeichneten.

Während Will die Korrekturtriebwerke steuerte, wurde die genaue Form und der Umfang des Schiffes sichtbar, ein gestrecktes Oval mit dunklen, dicht nebeneinander gestapelten Amphoren, die die Frachträume anzeigten, und einer loseren Ansammlung von Artefakten an Bug und Heck. Larrys Gesicht strahlte mit einem breiten Lächeln. »Es gibt nichts Großartigeres«, sagte er und sah strahlend auf den Monitor. »Das ist das erste Schiff aus der Eisenzeit, das je in der Tiefsee entdeckt wurde.«

Seine Kollegin, die Doktorandin Susan Cohen, nahm einen roten Laserpointer, um auf eine kreisrunde Form auf dem Monitor zu deuten. »Da haben wir den Anker«, erklärte sie.

»Ja«, bestätigte Larry, »ein Steinanker. Das ist eine unglaubliche Nacht. Einen solchen Augenblick vergisst man nie.«

In seiner ersten Einschätzung hielt Larry dieses Schiff für phönizisch und schrieb es der Eisenzeit zu, datierte es auf die Zeit Homers, des griechischen Dichters, der im 10. vorchristlichen Jahrhundert gelebt und die großen Heldenepen der westlichen Zivilisation, die *Ilias* und die *Odyssee,* verfasst hatte. Demnach hatte seit fast 3000 Jahren kein menschliches Auge diese aufgestapelten Amphoren gesehen.

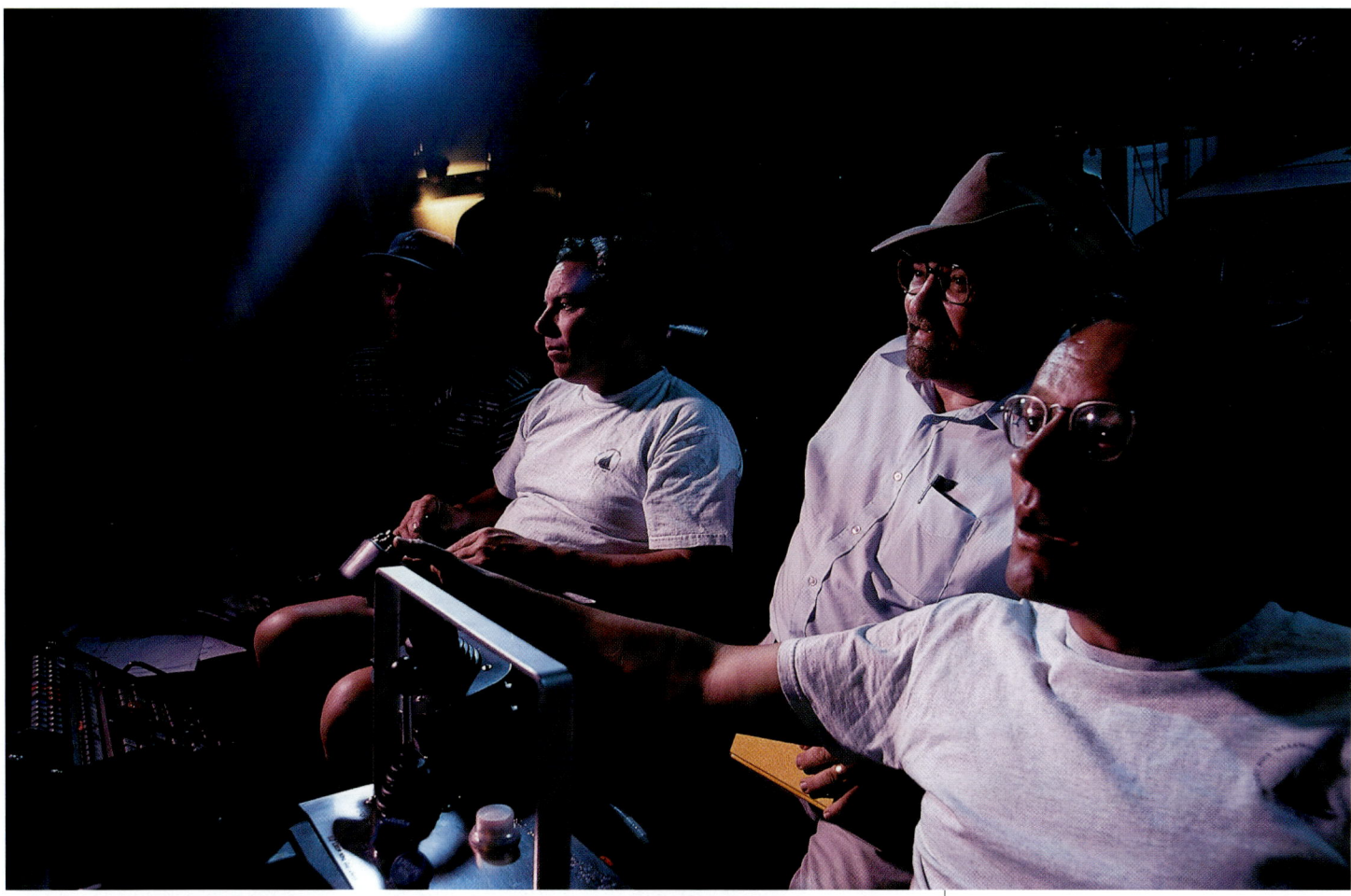

Als das phönizische Schiffswrack *Tanit* auf *Jasons* Videomonitor größer wurde, erlebte unsere Expeditionsmannschaft – Andy Bowen (rechts), Dr. Larry Stager (Mitte), der Pilot des ferngesteuerten Tauchfahrzeugs Martin Bowen (am Schalthebel) und ich – gemeinsam das Wunder der Entdeckung.

Jason schwebte zum Heck und richtete seine Videokamera auf zwei kleine, niedrige Terrakottaobjekte, die Larry schnell als Kochtöpfe identifizierte. Sie markierten die Unterkünfte der Mannschaft und die Kombüse. Als er auf die plumpen Töpfe starrte, wurde Larry nachdenklich. »Ich denke an die Leute, die untergegangen sind«, gab er zu.

Das tat ich auch. Obwohl sich *Jason* jetzt weniger als eine Stunde über dem Wrack befand, hatte ich schon vorsichtige Rückschlüsse auf die Tragödie gezogen, die vor nahezu drei Jahrtausenden zum Untergang dieses Schiffes und zum Tod der phönizischen Seeleute geführt hatte. Zum einen war das Schiff nicht gekentert, es hatte sich nicht umgedreht und weder seine aus Amphoren bestehende Fracht noch den schweren Steinanker verloren, bevor es sank. Das Schiff war auf ebenem Kiel untergegangen und gleichlastig auf dem Grund angekommen, fast so, als würde es unter Wasser weitersegeln. Möglicherweise war es in einem der starken Frühlings- oder Herbststürme, die diese Ecke des Mittelmeers noch immer heimsuchen, von einer gewaltigen Sturmwelle überrollt worden, als es vor dem Wind segelte.

Als der Rumpf plötzlich überflutet war, war das phönizische Schiff gleichmäßig unter die Wasseroberfläche gesunken, hatte angesichts seiner horizontalen Position eine große Sinkgeschwindigkeit erreicht und war dann tief in die weiche Sedimentschicht eingesunken. Im Lauf der Jahrhunderte hatte die Strömung den Sand weggeschwemmt und den oberen Rumpf freigelegt, der dann den Holz zersetzenden Elementen zum Opfer fiel. Nur der Steinanker und die aufgestapelte Terrakottafracht sowie die Kochtöpfe waren in der ovalen Senke der Wrackstelle erhalten geblieben.

Aber handelte es sich bei diesem antiken Schiff nicht um ein für seine Zeit ganz untypisches? Wir waren meilenweit vom Land entfernt. Wie oft wagten es die phönizischen Seeleute, sich aus der Sichtweite der Küste zu entfernen, als sie die Handelsrouten zwischen ihrem

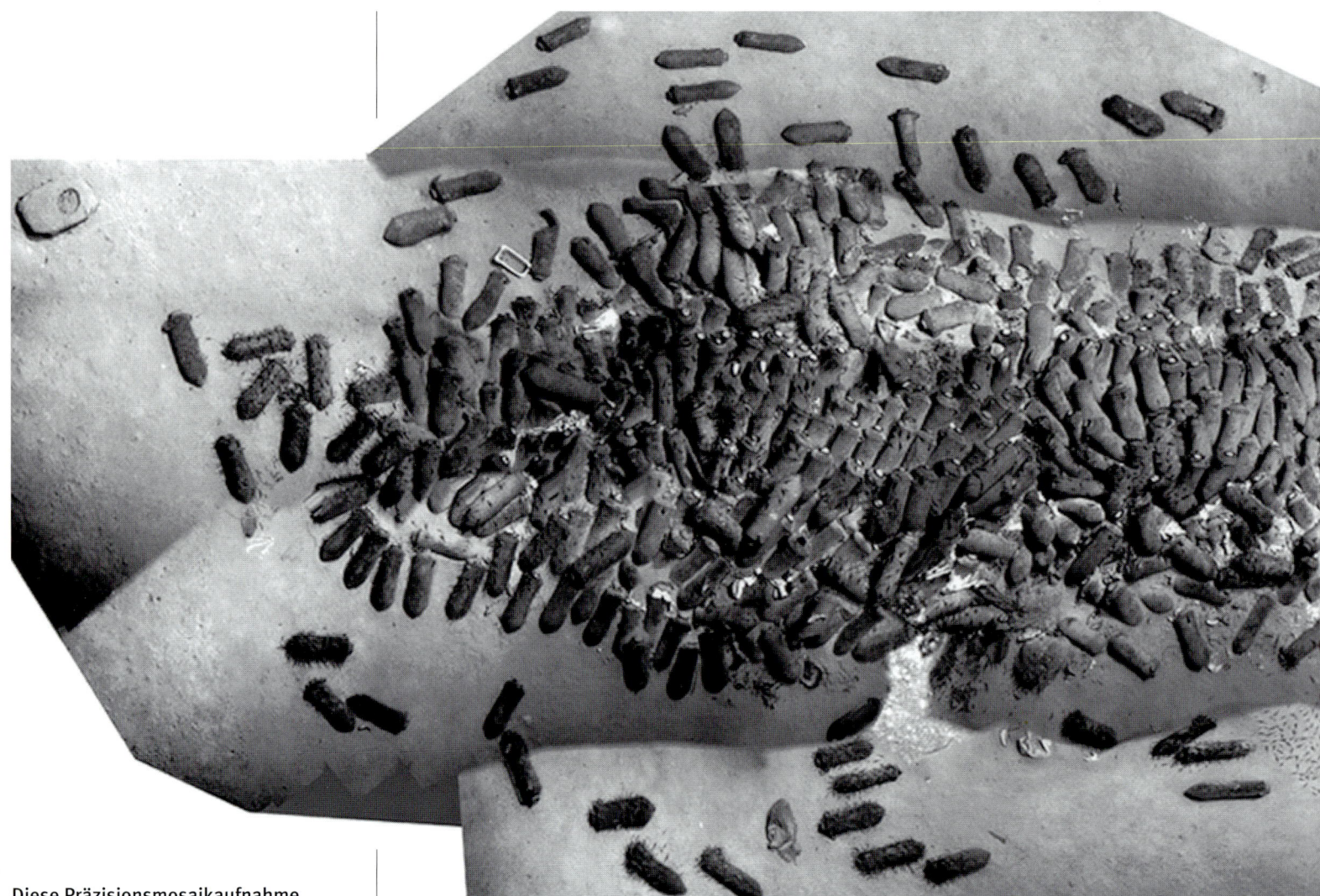

Diese Präzisionsmosaikaufnahme zeigt Hunderte intakter Amphoren, die einst im Frachtraum des phönizischen, von uns *Tanit* genannten Schiffswracks aufgestapelt waren. Der Steinanker mit dem runden Loch liegt links oben; die beiden runden Kochtöpfe, die wir bargen, befinden sich oben rechts.

größten Umschlaghafen Tyrus und ihren Kolonien wie beispielsweise Karthago befuhren? Versuchten sie, ihre Schiffe nachts auf den Strand zu ziehen, wie manche Gelehrte behaupteten? Oder fürchteten sie die unerforschten Untiefen vor der nordafrikanischen Küste, wie es die Seeleute noch heute tun? Leider würde der Fund eines einzigen phönizischen Schiffes, auch wenn es uns eine Menge an Informationen über seine Bauweise und Fracht lieferte, nicht viel über die alten Handelsrouten oder die Männer verraten, die auf ihnen ihre Waren transportierten.

Die anfängliche Aufregung über die Entdeckung wich allmählich der Disziplin der Unterwasserarchäologie, einer Wissenschaft, die ihrem Gegenstück an Land erstaunlich ähnlich ist. Wie bei einer Ausgrabung an Land mussten wir die Stelle sorgfältig vermessen und dokumentieren, bevor wir von diesem Wrack archäologische Objekte bergen und uns der Untersuchung des dritten, noch verbleibenden *NR-1*-Ziels zuwenden konnten. Aber anders als an Land konnten wir nicht mit Studenten losmarschieren, lange Maßbänder hinter uns herziehen und Rasterschnüre im Meeresboden festpflocken. Wieder einmal mussten wir uns auf unseren vielseitigen *Jason* verlassen. Das ferngesteuerte Tauchfahrzeug würde eine elektronische Fotomosaik-Karte des Fundorts erstellen.

Um das Wrack exakt zu vermessen, mussten wir genau wissen, wo sich *Jason* jeweils befand, so dass die Daten von seinem digitalen Sonar mit den bekannten Referenzpunkten verglichen werden konnten. Wir lösten dieses Problem, indem wir die hochentwickelten Navigationsinstrumente des Tauchfahrzeugs nutzten, die mit einem Paar an jedem Ende des Wracks verankerte elektronische EXACT-Transponder kommunizierten. Die Transponder funktionierten im Prinzip wie die Stangen von Landvermessern, allerdings wurde statt Licht das Hochfrequenzsonar verwendet. Für die Aufstellung der Transponder war ein einfaches, aber elegantes Manöver notwendig, bei dem eine von Skip Gleason, einem meiner Kollegen am Woods Hole, entwickelte und verfeinerte Vorrichtung zur Bergung von Gegenständen genutzt wurde, die wir »Aufzug« nennen: ein grünes Röhrengerüst mit gelben Plastikflößen darüber, ausgerüstet mit Netzfächern für die Ladung und sonarbestückten Kontrollen, um zur richtigen Zeit Ballast abzuwerfen. Der durch Ballast beschwerte Aufzug, der in diesem Fall die EXACT-Transponder beförderte, sank auf den Meeresgrund und landete in der Nähe des Wracks. *Jason* kam heran und lud mit seinem Roboterarm die zwei Transponder aus und setzte sie ab. Der Aufzug sollte an Ort und Stelle bleiben, bis seine Netzfächer mit Artefakten beladen waren. Dann würden sich durch Sonarsignale vom Schiff die Ballastgewichte lösen und die Flöße das Gerät zur Wasseroberfläche heben.

Jetzt übernahm Professor David Mindell, das Navigations- und Elektronikgenie vom Massachusetts Institute of Technology, das Kommando. Sobald das Navigationssystem an Ort und Stelle war, begann *Jason* mit der Aufnahme seiner elektronischen Detailbilder: Das Präzisionssonar vermaß die Topographie der Stätte, während das Tauchfahrzeug über den aufgetürmten Amphoren hin und her schwebte. Diese Arbeit musste sorgfältig durchgeführt werden, und viele der Expeditionsteilnehmer übernahmen eine Wache, darunter Cathy Offinger, meine frühere WHOI-Kollegin und jetzige Organisationsleiterin am Institute for Exploration, obwohl sie bereits mit der Organisation des Lebens an Bord eines Forschungsschiffes mehr als genug zu tun hatte.

Durch das Vergleichen Hunderter elektronischer Nahaufnahmen mit einer kleineren Zahl von Bildern, die aus größerer Höhe aufgenommen waren, gelang es dem Team, mit dem Computer und einem CAD-Tintenstrahldrucker von 120 Zentimetern Breite, der wie ein ungeheuer großes Faxgerät aussah, ein präzises Fotomosaik des Wrackfundorts zu erstellen. Unterdessen arbeiteten Dana Yoerger von der WHOI und Louis Whitcomb vom John Hopkins Institute an der digitalen Karte des Tiefseebodens, die auf präzisen Sonardaten beruhte. Diese zeigte an, dass unsere ursprünglichen Messungen korrekt gewesen waren.

Die Gesamtaufnahme lieferte weitere Hinweise auf die Geschichte des Schiffes. Eine dreidimensionale Falschfarben-Aufnahme zeigte, dass die Amphorenladung in einem ordentlich aufgestapelten Haufen von etwa zwei Metern über dem Grund der ovalen Senke lag, ein überzeugender Beweis dafür, dass der Schiffsrumpf zunächst in den Grund eingesunken, dann freigespült und von den Meeresorganismen zersetzt worden war. Der Bug des Schiffes zeigte nach Westen: ein möglicher Hinweis darauf, dass es auf dem Weg nach Ägypten oder vielleicht das ferne Karthago war, falls das Schiff, nachdem es überflutet wurde, tatsächlich seinen Kurs in etwa beibehalten hatte. Aber wir hatten schon genug spekuliert; es wurde Zeit, ein paar Antworten zu bekommen.

Nun, da wir bereits so viel über das antike Schiff wussten, wollten wir es nicht mehr AC nennen, und Larrys Team schlug den phönizischen Namen *Tanit* vor. Das war der Name der phönizischen Muttergöttin, die die Seefahrer beschützte und Züge der kanaanitischen Göttin Astarte trug. Tanit, die Gemahlin des bedeutenden phönizischen Gottes Baal Hamon, war eine strenge Herrscherin; beiden Göttern opferten Eltern ihre Kinder. Aber wie Larry mir erklärte, wurde Tanit eindeutig mit der Seefahrt in Verbindung gebracht: Mehrere in Karthago ausgegrabene phönizische Monumente trugen das »Zeichen von Tanit«, eine Strichfigur mit einem runden Kopf auf einem gleichschenkligen Dreieck mit hochgestreckten Armen, die an Bug und Heck stilisierter phönizischer Schiffe steht – genau solcher Schiffe wie jenes Wrack unter uns. In der phönizischen Schicht des antiken Hafens Aschkelon (heute Askalon) hatten Archäologen Knochen- und Bronzeamulette mit dem Zeichen von Tanit ausgegraben, bei denen es sich wahrscheinlich um Glücksbringer für Seeleute handelte. Zum Leidwesen der Mannschaft unserer *Tanit* hatte das Glück die Seeleute während des schrecklichen Sturms vor nahezu drei Jahrtausenden im Stich gelassen.

D er 12. Juni war einer jener Expeditionstage, an denen viele Dosen Cola und halbe Thunfisch-Sandwiches zwischen eilig angesetzten Konferenzen und kurzen Nickerchen verzehrt wurden.

Dann war es wieder Abend. *Jason* war an Bord zurückgekehrt, und die Crew von Woods Hole nahm die Feinabstimmung für die schwierige Bergungsphase von Gegenständen aus dem Wrack vor.

Larry und ich hatten uns über die grundlegenden Prinzipien der Auswahl der Artefakte geeinigt. Wir würden so wenig wie möglich entfernen, nur so viel, wie für die eindeutige Identifizierung des Wracks und zur Beschaffung nützlicher archäologischer Informationen über das Schiff, seine Ladung und Mannschaft notwendig war. Und wir würden *Jason* einsetzen, um dieses Material vom Wrack zu heben, aber dabei so wenig wie möglich zerstören.

Wichtig war für uns zunächst, die Kochtöpfe, die nahe beim Heck auf dem Sand lagen, sowie ein paar der Amphoren am Rand der dichteren Stapel zu bergen. Aber Larry und seine Archäologen machten sich noch immer Sorgen, *Jasons* Greifarm könnte die Artefakte aus Terrakotta zerbrechen, die vielleicht im Laufe der Jahrtausende so voll Wasser gesogen und brüchig waren, dass schon die leichteste Berührung sie zerstörte. Ich versicherte den Archäologen, dass die elektronischen Gliedmaßen des Tauchboots so eingestellt werden könnten, dass sie nur einen minimalen Druck ausübten, sogar weniger als eine menschliche Hand. Bei dieser Fahrt nutzten wir auch zum ersten Mal ein neu entwickeltes Greifgerät, das wie zwei gebogene übergroße Pfannenwender aussah, wobei einer davon einzelne Finger besaß. Die *Jason*-Crew hatte es »Deep Spank« getauft. Theoretisch sollte ein guter Pilot, wenn der Roboterarm ganz ausgestreckt war, mit der Greifhand unter minimalem Druck ein recht schweres, aber zerbrechliches Objekt aus einem schmalen Hohlraum ziehen. Das würde heute ein sehr guter Test sein.

Wieder herrschte im Kontrollraum Gedränge, als der Videobildschirm und die Monitore aufleuchteten. Draußen an Deck war es ein schöner Mittelmeersommertag. Aber hier drinnen zeigte nur die Uhr an, dass es Nachmittag war. Ich nahm meinen Platz neben Larry Stager und hinter *Jasons* Pilot, Matt Heintz, ein. Das ferngesteuerte Fahrzeug näherte sich dem klobigen Tonkochtopf, der Scheinwerfer warf einen harten Schatten auf den hellen Sand. Matt bewegte den Schalthebel wie ein Chirurg das Laparoskop bei einer schwierigen Operation, fuhr langsam den Arm aus und bediente dann vorsichtig verschiedene Knöpfe, um »Deep Spank« ganz zu öffnen.

Larry war überreizt, und ich konnte es ihm nicht verdenken. Die neue hydraulische Hand wirkte bedrohlich, wie etwas, was in einem Mutanten-Gewalt-Comic aus einem mutierten Wesen herausragt. Larry bewegte seine eigenen Finger, um zu demonstrieren, wie der Topf angefasst werden musste, und murmelte: »So. Fass nicht an die Griffe. Die können das Gewicht nicht tragen. Das kann ich dir sagen.« Es war, als spräche er sich selbst Mut zu. Er hatte oft selbst an Land, wo er weit größere Kontrolle über die Situation hatte, erlebt, dass kostbare Artefakte zerbrachen. Jetzt arbeitete ein Roboter da unten in der eisigen Dunkelheit.

Matt ließ die unteren Finger von »Deep Spank« unter den Topf gleiten, schloss vorsichtig den Griff von oben und beugte dann ganz leicht das Handgelenk des Roboterarms. Der Topf hob sich langsam mit einem Wirbel hellbraunen Sands.

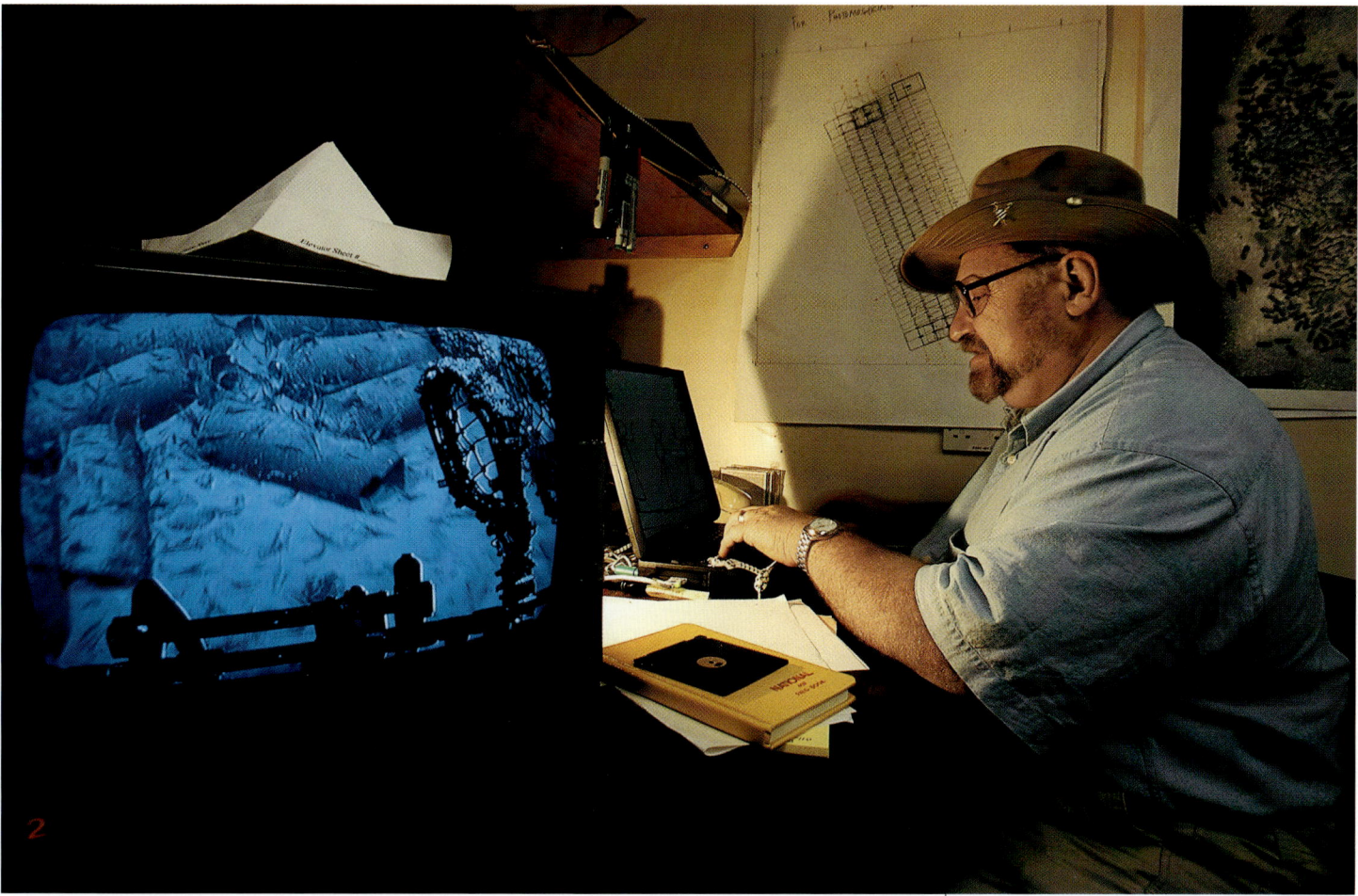

»Das ist seit 27 Jahrhunderten das erste Mal, dass er bewegt wird«, sagte Larry glücklich, und die Sorge war von seinem Gesicht gewichen.

Dann entglitt der Topf »Deep Spank« und fiel ein paar Zentimeter weiter auf den Sandboden. Wir alle hielten den Atem an und warteten darauf, dass er zerbrach. Aber der Topf blieb ganz. Matt Heintz ließ sich in seinen Sessel zurücksinken und schüttelte den Kopf. »Oh, Mann«, seufzte er frustriert.

Offenkundig hatte »Deep Spank« den ersten Einsatztest nicht bestanden. Und ich erkannte, dass es einfach zu riskant war, den neuen hydraulischen Greifer bei so zerbrechlichen Artefakten weiter zu benutzen. Wir würden auf die ursprüngliche Hand zurückgreifen müssen, zwei offene, rechtwinklige und durch Netze verbundene entgegengesetzte Röhrenrahmen, die die Mannschaft den »Cow Catcher« nannte. Diese Hand sah nicht so raffiniert aus wie »Deep Spank«, aber sie hatte uns bereits 1989, als wir das erste Mal im Mittelmeer waren, gute Dienste geleistet.

»Okay«, verkündete ich. »Wir müssen *Jason* heraufholen und die Hand auswechseln.«

Das würde uns kostbare Stunden fern des Wracks kosten. Aber wir hatten keine andere Wahl, wollten wir intakte Fundstücke bergen.

Wieder kroch *Jason* auf die gerundeten Seiten des phönizischen Kochtopfs zu. Und wieder war im Kontrollraum die Spannung zum Greifen. *Jasons* Pilot Martin Bowen, ein Veteran unzähliger solcher Bergungen von Kunstgegenständen, bei denen der Roboterarm und der »Cow Catcher« im Einsatz waren, machte einen entspannten Eindruck. Er bewegte den Schalthebel, und das Roboterhandgelenk drehte sich auf dem Videobildschirm.

Der Archäologe Larry Stager analysiert Video- und Elektronikbilder der beiden phönizischen Schiffsladungen – für ihn eine einmalige Gelegenheit, so gut erhaltene Artefakte zu untersuchen.

Jetzt öffneten sich die zwei Greifer des »Cow Catcher« und der untere glitt unter den Topf. Mit ganz leichtem Knopfdruck bediente Martin den oberen Greifer, der sich schloss und dann den Topf aus dem Sand hob.

Larry strahlte. »So ist es perfekt.«

Im Lauf der folgenden Stunden bargen Martin und die anderen Piloten den zweiten Kochtopf, einen Topfdeckel aus Terrakotta und fünf Amphoren und luden sie in den Aufzug, der die Gegenstände in zwei Fuhren an die Wasseroberfläche brachte.

Als der Aufzug das erste Mal vom Meeresgrund heraufkam, standen wir aufgereiht an der Steuerbordreling der *Northern Horizon* und beobachteten, wie die gelben Schwimmer durch das klare blaue Wasser nach oben tauchten.

In einem Schlauchboot warteten Crewmitglieder, damit sie den Aufzug unter einen Schiffskran bugsieren und ihn an dem Windenkabel einhängen konnten, um ihn an Bord zu hieven. Wieder wuchs bei Larry und seinen Leuten die Anspannung. Der tropfende grüne Rahmen des Aufzugs schaukelte hin und her, der dunkel glasierte Kochtopf und eine zylindrische Amphore rollten gefährlich in dem Netz. Falls sie herunterfielen, waren sie für immer verloren, und ich konnte sehen, wie sich die Mannschaft aus Harvard Sorgen um die Haltbarkeit der Maschenabdeckung über den Fächern machte.

Die Konservatoren Dennis Piechota und Cathleen Giangrande untersuchen, reinigen und kennzeichnen das Material, das unser ferngesteuertes Tauchfahrzeug Jason von den phönizischen Wracks vor Askalon geborgen hatte.

Aber wir hatten viel Erfahrung damit, den Aufzug bei jedem nur denkbaren Wetter an Bord zu bringen. In wenigen Minuten war er sicher auf dem Deck vertäut, und der Konservator Dennis Piechota und seine Assistenten bespritzten die Terrakottagefäße mit einer Mischung aus Süß- und Salzwasser, um zu verhindern, dass sie in der heißen Nachmittagssonne zu schnell trockneten.

Larry war fast außer sich vor Freude. »Oh, diese schönen Kochtöpfe«, rief er aus. »Einfach fantastisch!«

Ich beugte mich hinunter, um den dunklen Tontopf mit seinen kleinen, runden Griffen zu untersuchen, der mit braunem Sediment vom Meeresboden gefüllt war. »Was haben sie darin wohl gekocht?« fragte ich Larry.

Sein Lächeln wurde noch breiter. »In so einem haben sie bestimmt ihren Eintopf zubereitet.«

Phönizische Seeleute ernährten sich von Bohnen und Linsen, gekocht mit Fisch, mit Zwiebeln und Knoblauch verfeinert und mit Majoran und Oregano gewürzt: Kräuter, die ihre Frauen im Frühjahr in den heimatlichen Bergen gepflückt und getrocknet hatten.

Ich bückte mich und fuhr mit den Fingern über den glatten, lasierten Rand des Topfes. Hatte darin ein Eintopf über einem sorgsam bewachten Feuer in einer Sandkiste geköchelt, als der Sturm zuschlug?

Ich wusste, dass die Konservatoren um Dennis die allerneuesten wissenschaftlichen Techniken einsetzen würden, um mögliche Lebensmittelrückstände aus dem Topf zu gewinnen. Ich musste bei dem einfachen Streichen über die Oberfläche an das heroische Zeitalter Homers denken. Ich war wohl der erste Mensch, der nach zwei und einem Dreiviertel Jahrtausenden dieses kühle, nasse Terrakotta berührte.

Als Larrys Team die Artefakte in das Schiffslabor brachte, führte er die erste genauere Untersuchung einer Amphore durch. Sie lag in einem weißen Plastiksieb, und die Konservierungslösung tropfte in ein Becken, als Larry sich darüber beugte. »Schön«, meinte er, »mein Traum bezüglich der Datierung ist wahr geworden. Sie stammt aus dem 8. vorchristlichen Jahrhundert, ist nicht byzantinisch.«

Larry merkte an, dass er an Land so gut wie nie solche Stücke unversehrt vorfände; zwangsläufig seien sie zerbrochen, und die Scherben müssten wieder zusammengesetzt werden. Aber die Tiefsee »hier draußen« sei ein fantastisches Museum und in der Lage, kostbare Artefakte vor Grabräubern und Naturkatastrophen wie Erdrutschen und Erdbeben zu schützen.

»Eine ganze Schiffsladung davon ist intakt«, fügte er an. »Sie sind einfach wunderbar!«

Dennis Piechota und sein Sohn James reinigten zusammen mit ihrer Kollegin Cathleen Giangrande die Artefakte von den Sedimenten. Eine der Hauptfragen bezüglich der Amphoren war, ob sie Olivenöl oder Wein enthalten hatten. Beides waren in der Welt der Antike wertvolle Güter, doch der gute Wein aus Tyrus und der Levante war ganz besonders kostbar. Als Cathleen in einer der Amphoren Spuren von Baumharz entdeckte, wurde uns klar, dass die Ladung tatsächlich aus Wein bestanden hatte.

Selbst gut glasierte Amphoren waren ein bisschen porös. Olivenöl verschloss die Poren. Aber Wein sickerte hindurch, wenn die Gefäße innen nicht mit Harz ausgekleidet wurden. Es scheint, dass alle Mittelmeeranwohner den Wein bis zur Erfindung von Holzfässern und Glasflaschen in Amphoren mit starkem Harzgeruch verschifften und lagerten. Noch die heutigen Griechen lieben diesen Retsina, der seinen Harzgeschmack durch eine Spur dessen erhält, was uneingeweihte Touristen oft als Terpentin bezeichnen.

Cathleen Giangrande reinigt vorsichtig eine der phönizischen Amphoren. Sie entdeckte in einem der von uns geborgenen Terrakottagefäße Spuren einer Harzbeschichtung, was die Vermutung nahe legte, dass das Schiff eine kostbare Ladung Wein transportiert hatte.

Unser ferngesteuertes Arbeitsgerät *Jason* wird auf das Expeditionsschiff *Northern Horizon* gehievt. *Jason*, das Ergebnis 25-jähriger Forschung und Entwicklung, bietet Forschern an Bord die Möglichkeit, per Videoübertragung auf den Meeresgrund zu blicken.

Obwohl wir die Bergung von Artefakten bei der *Tanit* abgeschlossen hatten, mussten wir bis zum Morgengrauen des 13. Juni warten, ehe wir die zweite Aufzugsladung von Amphoren an Bord holen konnten; die Stunden, die wir durch den Austausch von *Jasons* hydraulischer Hand verloren hatten, fehlten uns jetzt. Wir mussten den Aufzug ein drittes Mal hinunterlassen, damit *Jason* die letzten vier Amphoren bergen konnte, die wir vom Rand des Frachthügels ausgesucht hatten.

Deshalb begannen wir erst recht spät am Tag, *Jason* hochzuziehen, der mittlerweile in eine sichere Höhe über dem Meeresgrund gebracht worden war. Zwar blieb uns noch eine ganze Woche vor Ort, dennoch war die Zeit wirklich knapp. Wir mussten das nächste Wrack nicht nur, so wie bei der *Tanit,* lokalisieren und untersuchen, bevor wir uns an die schwierige Aufgabe der Bergung von Artefakten machen konnten, sondern zugleich mussten sämtliche wissenschaftlichen Arbeiten parallel zur Berichterstattung und Verfilmung der Expedition für das NATIONAL-GEOGRAPHIC-Magazin erfolgen – ein wichtiger, aber zeitraubender Aspekt der modernen Forschung.

Wie es das Schicksal wollte, ergab die mehrstündige Suchfahrt von *Jason* über dem Meeresgrund keine visuelle Bestätigung des von der NR-1 und dem DSL 120 angegebenen dritten Objekts. Vielleicht hatte es sich doch nur um eine geologische Erscheinung gehandelt. Wir konnten nun weiter mit *Jason* suchen, der kein sonderlich effizientes Fahrzeug für eine großflächige Suche ist, oder wieder auf das DSL-120-Side-Scan-Sonar zurückgreifen und einen allerletzten Versuch wagen. Aber das würde uns weitere Stunden kosten. Die dritte Alternative bestand darin, für weitere Film- und Fotoaufnahmen zur *Tanit* zurückzukehren.

Ich befand mich im Kontrollraum und war schon fast bereit, die Suche aufzugeben, als *Jasons* Nahsonar direkt vor ihm ein Ziel abzuzeichnen begann. Bald war auf dem großen Videomonitor ein kalkig-grauer Stapel Amphoren im grellen Scheinwerferlicht zu erkennen, und alle jubelten los.

Larry Stager sprach aus, was offensichtlich war: »Es ist ein weiteres Schiff.«

Als *Jason* aufstieg, um über die aufgehäuften Amphoren hinwegzugleiten, sahen wir die deutlich ovale Form des Frachtraums. »Es ist das gleiche«, witzelte ich und meinte, dass dieses

Schiff und *Tanit* praktisch Zwillinge waren, obwohl das neue Schiff größer erschien. Ein grünlicher Meeraal schlängelte sich zwischen den Amphoren hindurch, einen Augenblick später folgte ein kleiner Stachelrochen. Als *Jason* das Heck erreichte, sahen wir weiteres Kochgeschirr und Schüsseln aus Ton auf dem Sand verstreut. »Es sieht aus, als sei dieses Schiff im gleichen Sturm gesunken«, fügte ich hinzu. Die beiden Wracks hatten offensichtlich gleiche Ladungen transportiert. Vielleicht gehörten sie ja dem selben Konvoi an, der Wein nach Ägypten oder noch weiter nach Westen, nach Karthago brachte. »Na denn«, sagte ich, »diese Weinfirma ist sicher bankrott gegangen.«

Unsere erste Vermessung zeigte, dass dieses Schiff tatsächlich größer und sein ovaler Hügel 18 Meter lang war. Larrys Kollege Shelly Wachsmann verkündete stolz, dass es damit das größte je entdeckte vorantike Schiffswrack sei. Eine grobe Schätzung ergab, dass sich in den Frachträumen an die 400 Amphoren befanden. Diese kostbare Ladung war zweifelsohne mit Stroh und Matten geschützt und durch einen starren Rahmen fest an Ort und Stelle gehalten worden. All dies war schon seit Jahrhunderten verschwunden.

Die Harvard-Archäologen tauften das Schiff später *Elissa*, nach der bei uns unter dem Namen Dido bekannten tyrischen Prinzessin und Schwester Pygmalions, des legendären phönizischen Königs von Tyrus und Zypern, der sich in eine Elfenbeinstatue der Aphrodite verliebte. Aus ihrer Heimat geflohen, war Elissa ins westliche Mittelmeer gesegelt und hatte Karthago gegründet und dabei die Einheimischen beim Kauf des Landes für die Kolonie übers Ohr gehauen. Die Legende besagt, dass sie nur ein Gebiet von der Größe einer Rindshaut haben wollte: Dann zerschnitt sie die Haut jedoch in schmale Streifen und steckte damit ein großes Areal, einschließlich einer Burg namens *Byrsa* (Rindshaut), ab.

Jetzt wurde es aufgrund des Zeitdrucks ein wenig hektisch, wie es auf Expeditionen häufig der Fall ist. Wir zeichneten sorgfältig die Koordinaten der neuen Fundstelle auf, dann legte die *Northern Horizon* die kurze Entfernung nach Askalon zurück, wo ein Teil der Mannschaft ausgetauscht wurde. Außerdem begrüßten wir Amir Drori, den Direktor der israelischen Behörde für Altertümer, und seine Delegation. Larry Stager und ich waren stolz, ihnen *Tanit* und *Elissa* zeigen zu können.

Am 18. Juni waren wir wieder bei der Arbeit und erstellten das elektronische Fotomosaik und die digitale Sonarkarte von *Elissa*. Während die wissenschaftlichen Arbeiten liefen, traf die Mannschaft Vorbereitungen, unseren Verpflichtungen in Sachen Bildung nachzukommen, indem sie eine nach unten gerichtete 35-mm-Kamera auf unseren verlässlichen Kameraschlitten *Medea* montierte, damit wir *Jason* bei der Bergung der Artefakte filmen konnten.

Die hydraulische Hand von *Jason* erwies sich als ideales Gerät zum Anheben der kleinen Tonkochtöpfe, flachen Schalen und eines eleganten symmetrischen Kelches. Geborgen wurde zudem eine Weinkaraffe aus Terrakotta mit schlankem Hals und blütenförmiger Tülle.

Ich konnte sehen, welche Sorgen sich Larry Stager und Susan Cohen machten, als Tom Crook, ein Veteran zahlloser Expeditionen, im Kontrollraum lässig den Schalter für das Sonarsignal umlegte, durch das der Eisenballast des Aufzugs abgeworfen und die Ladung an die unruhige Wasseroberfläche gebracht werden sollte. Aber wieder holte unsere erfahrene Mannschaft den schwankenden Aufzug problemlos an Bord, und wir hatten das Glück, unsere neuesten Artefakte bereits zu inspizieren, während sich die Konservatoren mit ihren Sprühflaschen an die Arbeit machten.

Wir waren überrascht, dass sich das, was auf *Jasons* Video wie eine flache Schale ausgesehen hatte, als ein abgenützter Steinmörser entpuppte, auf dem vielleicht einst Gewürze oder Duftkräuter zerrieben wurden. Er passte zum nächsten Objekt, dem Kelch, der wie eine unregelmäßige Sanduhr geformt und etwa 20 Zentimeter groß war. Der größere obere Kelch, so erklärte Larry, sei für das Duftkraut gewesen. »Sie haben darin Stücke von Weihrauch und Myrrhe über Holzkohle verbrannt, wenn sie Baal anriefen.« Ich fragte mich, ob die Mannschaft der *Elissa* wohl zu Baal und Tanit gebetet hatte, als der tödliche Sturm zuschlug. Larry hielt jetzt die Weinkaraffe gegen die klare Sonne des Mittelmeers. »Das ist der Beweis«, sagte er und fuhr vorsichtig über die feine Öffnung. »Solche gab es nur bei den Phöniziern.«

Die Existenz dieser beiden phönizischen Schiffe, die so ähnlich gebaut waren, buchstäblich die gleiche Ladung transportiert hatten und beide auf ebenem Kiel auf dem Meeresgrund lagen, lieferte einen Hinweis darauf, dass sie im Konvoi gesegelt und vielleicht das Unglückspaar einer weit größeren Flotte gewesen waren. Aber vielleicht waren *Tanit* und *Elissa* auch im Abstand mehrerer Jahre oder Jahrzehnte gesunken und waren rein zufällig so nahe beieinander auf dem Meeresgrund aufgekommen; solche Spekulationen führen allerdings nicht weiter. Wir können am Ende des 20. Jahrhunderts unmöglich feststellen, was sich in einem bestimmten Jahr vor zwei und einem Dreiviertel Jahrtausenden auf See abgespielt hat.

Doch unsere Expedition sollte mit wichtigen Erkenntnissen über die Vergangenheit der Menschheit zurückkehren. Ein Geheimnis über die Seefahrt der Eisenzeit hatten wir jedenfalls gelüftet. Phönizische Handelssegler hatten sich offenbar doch auf das offene Meer hinausgewagt und sich weit vom Anblick der Küsten entfernt. Die Entdeckung und Untersuchung der Wracks zur Feststellung ihrer Identität hatten zweifelsfrei bewiesen, dass die phönizischen Seefahrer ihren forschenden Vorfahren gefolgt waren und sich über den Meereshorizont hinausgewagt hatten — wobei sie das Meer als Brücke, nicht als Barriere verstanden —, um vielleicht neue Länder zu entdecken, lange Handelsrouten zu eröffnen und Kolonien zu gründen. Und schließlich umgingen diese frühen Seefahrer dadurch, dass sie weite Seereisen riskierten, mühselige Handelswege über Land, die oft durch schwieriges Terrain oder feindliche Völker blockiert waren.

Sie hatten ihren Schiffen und ihren Seefahrerkenntnissen genügend vertraut, um beim Befahren dieser Route ihr Leben und ihre immens wertvolle Ladung zu riskieren. Obwohl die Position der beiden Wracks noch nichts über ihr Ziel aussagt, sind die Harvard-Archäologen angesichts der Form der Fracträume sicher, dass in den Amphoren Wein aus Tyrus im heutigen Libanon transportiert wurde. Eine solche Fracht war möglicherweise für reiche Händler in den Nilhäfen Ägyptens oder in der phönizischen Kolonie Karthago bestimmt, die von der legendären Elissa gegründet worden war.

Als die Expedition beendet und die *Northern Horizon* in Richtung Israel unterwegs war, dachte ich über die Seefahrer der Antike nach, die über das Mittelmeer, »das Meer zwischen dem Land«, fuhren, und an den Mut, den diese Seefahrtspioniere brauchten, um seine Grenzen zu erkunden und sich dann darüber hinaus zu wagen.

Dreihundert Jahre nach dem Untergang der *Tanit* und der *Elissa*, im 5. Jahrhundert v. Chr., machte sich der vielleicht kühnste Seefahrer der Antike, der Phönizier Hanno aus Karthago, zu einer legendären Reise der Entdeckung und Kolonisierung auf, die nie ihresgleichen fand.

Hanno stellte 60 Schiffe zusammen und versammelte 30 000 Siedler, Männer und Frauen. Seine Flotte segelte von Karthago nach Westen hinaus durch die Säulen des Herkules — die Straße von Gibraltar — zur phönizischen Siedlung Tingis, dem heutigen Tanger. Nun hatten Hanno und seine Kapitäne den kalten grauen Atlantik vor sich. Hanno ließ sich von der unbekannten Küste keineswegs abschrecken, er führte seine Flotte weiter nach Süden und gründete Siedlungen entlang der Küste. Noch heute findet man in den marokkanischen Städten Agadir und Essaouira Überreste karthagischer, von Hannos Steinmetzen ausgeführter Steinarbeiten. Diese zählen zu den letzten Ruinen, die Hanno zugeschrieben werden können, aber es ist wahrscheinlich, dass seine Flotte unverdrossen weiter nach Süden der afrikanischen Küste folgte, den Fluss Gambia und vielleicht auch das heutige Sierra Leone erreichte. Wahrscheinlich trafen sie dort auf die schlimmen Tropenkrankheiten und waren gezwungen, nach Norden umzukehren.

Manche Gelehrte haben Hannos Reise als mythische Selbstverherrlichung in Frage gestellt, hauptsächlich deshalb, weil sich eine epische Beschreibung der Großtaten im Baaltempel in Karthago fand und später ins byzantinische Griechisch übersetzt wurde — im besten Fall eine Version aus dritter Hand der tatsächlichen Forschungsaufzeichnungen. Und diese Gelehrten halten es auch für unglaubwürdig, dass Karthago eine so große Flotte seetüchtiger Schiffe hatte bauen und mit Mannschaften versehen können.

Doch ich hege nach der Erforschung der eisenzeitlichen *Tanit* und *Elissa* in der Tiefsee vor Askalon kaum Zweifel, dass sich Admiral Hanno 300 Jahre später — mit den inzwischen wohl er-

Der Bosporus bei Istanbul, heute eine der befahrensten Schifffahrtsrouten der Welt – hier vom Goldenen Horn aus gezeigt – überschwemmte bei einer Flutkatastrophe vor etwa 7500 Jahren das Schwarzmeerbecken.

reichten Fortschritten im Schiffbau — tatsächlich auf eine der längsten Forschungsreisen der Antike wagte und, bereichert um sein kostbares Wissen über den riesigen Atlantik jenseits der Säulen des Herkules, nach Karthago zurückkehrte. Diese Erkenntnisse ermöglichten es den Karthagern, die Küste des heutigen Marokko zu kolonisieren.

Erfolgreiche Forschung ist manchmal eine Frage von Misserfolgen und Zufällen, gepaart mit Spürsinn und Flexibilität. Ein Seefahrer kann vom Kurs abgetrieben werden und dann ein neues Land entdecken, oder der Ausbruch eines Krieges kann eine wissenschaftliche Expedition zwingen, einen anderen Weg zu wählen.

Das war im Sommer 1967 der Fall, als Geologen und Chemiker der Woods Hole Oceanographic Institution mit dem Forschungsschiff *Atlantis II* auf dem Weg ins Rote Meer waren. Der Sechstagekrieg zwischen Israel und Ägypten brach aus, und die Expeditionsleiter David Ross und Egon Degen steuerten das Schiff deshalb ins Schwarze Meer, um dort Bodenproben zu nehmen und die einzigartige Hydrologie des Meeres zu untersuchen.

Das Schwarze Meer ist von Land umschlossen und besitzt nur einen schmalen Abfluss im Südwesten, den Bosporus, der die europäische und die asiatische Seite der Metropole Istanbul voneinander trennt und dann zum strategischen Engpass der Dardanellen führt. Schweres, salzhaltiges Wasser fließt aus der Ägäis durch diese Meerengen in das Schwarze Meer und sinkt unter die Oberflächenschicht aus Süßwasser, die durch den ständigen Zustrom großer Flüsse aus Mittel- und Osteuropa, der Donau, des Dnjestr, des Dnjepr und des Don, permanent wieder aufgefüllt wird. Diese gewaltige Süßwassermenge erzeugt einen Effekt, der mit dem einer Badewanne ohne Abfluss zu vergleichen ist: Das weniger salzhaltige, von den Süßwasserzuflüssen gespeiste Oberflächenwasser hält sich aufgrund seines geringeren spezifischen Gewichts in höheren Schichten und kann durch den flachen Bosporus – das oben liegende Sicherheitsventil – abfließen, während das einströmende, schwerere Salzwasser aus der Ägäis in die Tiefe sinkt und dort Jahrtausende lang verbleibt.

Da es nur in beschränktem Maß zirkulieren kann, enthält das Salzwasser in der Tiefe des Schwarzen Meeres nur noch wenig gelösten Sauerstoff. In diesem sauerstoffarmen Wasser ist kein normales Leben möglich. Die bodennahen Bereiche sind so steril wie ein Autoklav: eine Umgebung, wie sie sonst nirgends auf der Erde existiert. Ross und Degen wollten dieses Phänomen untersuchen.

Aber man befand sich auf dem Höhepunkt des Kalten Krieges, und die Spannungen wurden durch den brenzligen Konflikt im Nahen Osten noch verstärkt. Die Woods-Hole-Expedition musste sich von der sowjetischen Küste und den Ufern der Satellitenstaaten des Ostblocks fern halten. Doch selbst auf offener See flog ein großer sowjetischer Bear-Turbo-Prop-Bomber wiederholt knapp über den Mast des Schiffes hinweg – ein deutlicher Beweis des Argwohns, der zur damaligen Zeit eine sinnvolle internationale Zusammenarbeit in der Wissenschaft verhinderte.

Es gelang auf dieser Expedition jedoch, eine genaue Untersuchung der Tiefseesedimente durch Bodenproben durchzuführen. Eine erste Analyse dieser Bodenproben zeigte über hellgrauem Lehm eine Schicht schwarzer Schlammsedimente, mit dünnen weißen Fäden durchsetzt. Unter dem Mikroskop entpuppten sich diese winzigen weißen Fäden als Skelettüberreste von Meeresplankton, das als »Schnee« von der sonnenbeschienenen Oberfläche herabgesunken war. Doch als der Lehm durch eine Presse gedrückt wurde, kam Süßwasser heraus, das so sauber war, dass man es trinken konnte.

Die Wissenschaftler stellten eine These auf: Während der Eiszeiten, als der Wasserspiegel der Ozeane, einschließlich des Mittelmeers, dramatisch abfiel, war das Schwarze Meer zu einem Süßwassersee geworden. Als die Gletscher schmolzen, schwemmten die osteuropäischen Flüsse ihre immensen Ladungen an Lehm vom Grund der Gletscher in den riesigen See, wo sich diese als hellgraue Schicht am Boden ablagerten. Die weitere Erwärmung führte zum allgemeinen Anstieg der Wasserspiegel des Schwarzen Meeres ebenso wie der aller anderen Ozeane. Nach und nach glichen sich die Meeresspiegel an, schweres Salzwasser strömte durch den Bosporus herein, und es bildeten sich die heutigen hydrologischen Bedingungen aus. Der Beweis für diese These war überzeugend. Die oberen Sedimente waren eindeutig Meeressedimente. Die unteren, für das darüber liegende Salzwasser undurchlässigen Lehmschichten enthielten nicht nur Spuren von reinem Süßwasser, sondern auch winzige Überreste einer einstigen Süßwasserfauna.

Aber Ross und Degen waren nicht die einzigen Amerikaner, die das Schwarze Meer untersuchten. Bereits sechs Jahre zuvor war ein Jungakademiker namens William B. F. Ryan an Bord des WHOI-Forschungsschiffs *Chain* dort gewesen. Diese Expedition hatte durch den Einsatz starker neuer Echolote herausgefunden, dass die nördliche Mündung des Bosporus eine tiefe Spalte in das Sediment und den Gesteinsboden gegraben hatte: eine unterseeische Flussmündung, die sich weit ins Meer hinaus erstreckte. Die Form dieser Schlucht und die relativ geringe Ablagerung in ihr legten nahe, dass sie mit unglaublicher Geschwindigkeit und Wucht entstanden war. Bill Ryan studierte weiter, promovierte in Meeresgeologie und wurde leitender Wissenschaftler am Lamon-Doherty Earth Observatory der Columbia University. Er war besessen von der Idee, das Geheimnis des Schwarzen Meeres zu entschlüsseln.

Einige Hinweise auf die faszinierende Geschichte des Gewässers fand er neun Jahre später bei einer Expedition an Bord der *Glomar Challenger* ins Mittelmeer. Dieses Schiff, ein wissenschaftliches Tiefsee- und Ölsuchschiff, nahm im Sommer 1970 überall im Mittelmeer Bohrproben. Tatsächlich war diese Expedition eine ehrgeizigere Version der Fahrt von 1967 mit der *Atlantis II* ins Schwarze Meer, bei der man versucht hatte, die geologische Geschichte eines Meeres anhand von Bodenproben vom Grund zu entschlüsseln. Als er die Unmengen von Bodenproben untersuchte, kam Ryan zu dem Ergebnis, dass das frühe Mittelmeer vor etwa fünf Millionen

Jahren vom tertiären Ozean abgetrennt worden und dann zu einer salzigen Wüste ausgetrocknet war. Aber die Kernproben zeigten einen »hauchdünnen« Rand zwischen dem kompakten Wüstensand und einer unverkennbar aus Meeresschlamm bestehenden Schicht darüber. Das frühe, ausgetrocknete Mittelmeerbecken war, so folgerte Ryan, durch ein einziges verheerendes Ereignis überschwemmt worden. Aber wie?

Die Antwort auf seine Frage fand er in der Straße von Gibraltar. Vor fünf Millionen Jahren, so seine These, war diese Meerenge trockenes Land gewesen, das den Atlantik vom Mittelmeerbecken trennte. Ein gewaltiges Erdbeben hatte diesen natürlichen Damm zerstört und dazu geführt, dass sich das Meer in einer ungeheueren Flutwelle durch diesen schmalen Kanal ergoss und das gesamte Mittelmeerbecken auf eine durchschnittliche Tiefe von 152 Metern anfüllte. Der eindeutige Beweis dafür fand sich in den Kernproben.

Ryan führte daraufhin mit seinem Kollegen Walter Pitman und dem englischen Geologen John Dewey gemeinsam eine Untersuchung der großen eurasischen Gebirgskette durch, die sich von Spanien fast ununterbrochen bis in den Iran erstreckt. Ihre Forschungen in den bergigen Regionen des Schwarzen Meeres legten für Ryan den Schluss nahe, dass das Becken früher völlig vom Mittelmeer abgeschnitten gewesen sein könnte, so wie dieses Meer wiederum vom größeren Atlantik. Ryan fragte sich: Konnte das Schwarze Meer ebenfalls zu einem kleinen Süßwassersee verdunstet und dann infolge einer gewaltigen Katastrophe überflutet worden sein?

Mehr als zwei Jahrzehnte mühten sich die Geologen Walter Pitman (links) und William Ryan (rechts), Pioniere auf ihrem Gebiet, ihre gewagte Theorie – dass das Schwarze Meer einst ein Süßwassersee war, der durch eine einzige katastrophale Flut überschwemmt wurde – zu beweisen. Unsere Expedition von 1999 trug zur Bestätigung ihrer Hypothese bei.

Die drei Wissenschaftler spekulierten, dass eine solche Überschwemmung durchaus der biblischen Erzählung von der Sintflut entsprechen könnte, kamen aber überein, dass sie sich geologisch in jüngerer Zeit hätte ereignen müssen, da sich der Mensch erst in den letzten 100 000 Jahren entwickelt hat. Damit sich Legenden über die Flut in den frühen Kulturen des Nahen Ostens überhaupt verbreiten konnten, hätte es Zeugen des tatsächlichen Ereignisses bedurft, die eine gemeinsame Sprache besaßen, in Gesellschaften zusammenlebten und die legendäre Erinnerung an die nachfolgenden Generationen weitergaben.

Ryan und Pitman entwickelten im Lauf der folgenden 20 Jahre eine kühne Hypothese, die zum Teil auf der *Atlantis-II*-Expedition und auf Ryans Entdeckungen von 1970 im Mittelmeerbecken basierte. Sie gingen davon aus, dass der Meeresspiegel des Schwarzen Meeres im Pleistozän, als riesige Eisschichten einen Großteil des Wassers der Erde gebunden hielten, tatsächlich gefallen war, bezweifelten aber, dass das Meeresbecken aufgrund seiner Flusszuläufe weiterhin mit Wasser gefüllt war. Stattdessen war ihrer Hypothese nach der Wasserspiegel des Süßwassersees allmählich gesunken, und der See war kleiner geworden. Statt ein Zufluss zu sein, wurde die Bosporusenge zu einem Flussbett, in das sich das Wasser des nun am nördlichen Ufer freiliegenden Graslandes ergoss. Ryan und Pitman glaubten, dass sich der Süßwassersee mit der Schmelze der Eiszeitgletscher vor etwa 14 500 Jahren aufzufüllen begann, jedoch noch fast sieben Jahrtausende abgetrennt blieb, bis vor etwa 7600 Jahren die Meeresspiegel weltweit weiter anstiegen.

Dann, eines Tages, drückte das Meer gegen das nördliche Ende des Bosporus und grub sich einen schmalen Kanal durch den grasbewachsenen Hang. Innerhalb von 60 Tagen war aus dem Rinnsal ein reißender Strom, dann ein unvorstellbarer Wasserfall geworden, der mit der zweihundertfachen Kraft der Niagara-Fälle Fels und Erdreich fortriss. Das war die Schlucht, die Ryan auf den Papierrollen des Tiefensonars der *Chain* entdeckt hatte. Im Lauf der folgenden zwei

Diese traditionelle Darstellung zeigt die biblische Arche Noah, die nach der großen Sintflut trockenes Land erreicht. Wahrscheinlicher ist, dass die am Schwarzen Meer lebenden Menschen des Paläolithikums der Flut auf Schilfrohrflößen und in Einbäumen entkamen oder sich einfach in höher gelegenen Gegenden in Sicherheit brachten. Aber gewiss hat die Bosporus-Überflutung zahllose Opfer gefordert.

Jahre ergossen sich alle 24 Stunden 41 Milliarden Kubikmeter Salzwasser durch die neu entstandene Bosporus-Schlucht und überschwemmten den 152 Meter tiefer gelegenen See. Der Wasserspiegel des Sees stieg beständig an und überflutete an manchen Stellen täglich einen anderthalb Kilometer breiten Uferstreifen. Die beiden Geologen schätzten, dass der Wasserspiegel des Schwarzen Meeres am Ende 168 Meter über dem des Binnensees lag. Weder Flora noch Fauna dieses Süßwasser-Ökosystems konnte überleben. Viehhirten und Bauern der Jungsteinzeit, die sich, angelockt durch das milde Klima und den fruchtbaren Boden, in der riesigen und üppigen Oase des Seebeckens angesiedelt hatten, verloren ihr Weideland, ihre Viehherden und ihre Felder. Und Tausende dieser Bewohner der Seeufer müssen ums Leben gekommen sein.

Das wäre tatsächlich eine Katastrophe von biblischen Ausmaßen gewesen, im kollektiven Bewusstsein so verheerend, dass die Legende von einer Sintflut über Hunderte von Generationen Bestand gehabt haben könnte. Zwar ist es unwahrscheinlich, dass sich ein einzelner Patriarch wie Noah eine riesige Arche baute, in der er Vögel und Landtiere vor der Flut rettete,

Naturraum Schwarzes Meer

Die von Ryan und Pitman gesammelten Bodenproben ergaben, dass Salzwasser die Nordküste des Schwarzen Meeres überflutete. Unsere Expedition von 1999 entdeckte ein recht gut erhaltenes früheres Ufer unweit des türkischen Hafens Sinop, der gegenüber der Halbinsel Krim liegt.

doch bei der Theorie von Ryan und Pitman blieb durchaus denkbar, dass die neolithischen Uferbewohner, die höchstwahrscheinlich Schilfrohrflöße und Einbäume besaßen, ihre Familien und Herden per Boot gerettet haben könnten, Taten, die Stoff für Heldenmythen lieferten.

Legenden von einer Sintflut finden sich tatsächlich in vielen alten Kulturen. Vor allem das babylonische Gilgamesch-Epos erzählt von einem wandernden König, der Opfern einer Sintflut begegnet, die an Bord eines archeähnlichen Boots zusammen mit Clanmitgliedern und Vieh überlebt hatten. Ähnliche Mythen aus der Vorgeschichte tauchten auch in europäischen Kulturen auf. Und die spanischen Konquistadoren waren erstaunt, von den nordamerikanischen Indianern Legenden vom Überleben einer Sintflut zu hören. Falls Ryan und Pitman mit ihrer These recht haben, ist die Verbreitung dieser Legenden nur logisch: Die nördliche Hemisphäre war während der letzten Eiszeit die am stärksten vergletscherte Region, und die relativ schnelle Schmelze konnte die Kulturen der erst jüngst sesshaft gewordenen neolithischen Bauern zerstört haben – eine Katastrophe, die so schnell nicht in Vergessenheit geriet.

Im Sommer 1993, zwei Jahre nach der Auflösung der Sowjetunion, bekamen Ryan und Pitman schließlich die Gelegenheit, ihre gewagte These zu überprüfen. Ganz unerwartet meldete sich bei ihnen Professor Petko Dimitrov, ein bulgarischer Ozeanograph, der von ihrer Hypothese gehört und sie sogar bereits mit einem bemannten Tauchboot vor der heutigen Küste des Donaudeltas einem Test unterzogen hatte. In einer Tiefe von 123 Metern hatte Dimitrov Hinweise auf einen früheren Strand entdeckt. Außerdem hatte er Muscheln von diesem Ufer gesammelt und sie einer Radiokarbondatierung unterzogen, die ergab, dass sie 9000 Jahre alt waren. Das legte nahe, dass das Schwarze Meer ein durch irgendeine äußere Barriere vom Welt-meer getrenntes und zum Teil leeres Becken gewesen war. Sowjetische Forscher hatten im Asowschen Meer, östlich der Halbinsel Krim, bereits in den 60er Jahren ähnliche über-schwemmte Landstriche entdeckt, nachdem Ingenieure für den Brückenbau Bodenproben entnommen hatten. Aber damals verhinderte die Geheimniskrämerei und der Argwohn des Kalten Krieges internationale wissenschaftliche Zusammenarbeit, insbesondere zwischen Rus-sen und Amerikanern, und vor allem in einer so sensiblen Region, in der die Sowjets wichtige Marinestützpunkte unterhielten.

Jetzt erfuhren die Amerikaner, dass Wissenschaftler vom P.-P.-Schirschov-Institut für Ozeanographie in Moskau um westliche Hilfe für die Entnahme von Sedimentproben nahe der russischen und ukrainischen Küste nachsuchten, um die radioaktive Verseuchung durch die Atomkatastrophe in Tschernobyl 1986 zu messen. Ryan und Pitman meldeten sich bereitwillig und boten an, der Expedition hochentwickelte neue Sonargeräte zu leihen, mit welchen die Untersuchung auch weiter von der Küste entfernt durchgeführt werden konnte und es den Amerikanern möglich wurde, nach den früheren Uferlinien zu suchen. Candace Major, eine Geologiestudentin, schloss sich, nachdem sie sich selbst Kenntnisse in der Identifikation von Muschelfossilien beigebracht hatte, den beiden Professoren an. Sie sollte sich als unverzichtbare Expertin erweisen.

Die Amerikaner trafen mit ihren russischen Kollegen an Bord der *Aquanaut* zusammen, eines umgebauten Fischtrawlers, der zwar wenig Komfort bot, aber ein solides, seetüchtiges Schiff war. Professor Kazimieras Schimkus, der leitende Wissenschaftler, war von der Hypothe-se der Amerikaner und von ihrer Sonarausrüstung fasziniert. Er war bereit, so viel Zeit wie möglich für die Suche nach den früheren Ufern des Schwarzen Meers zu opfern, bevor man sich der Hauptaufgabe, der Suche nach radioaktivem Niederschlag, zuwenden würde.

Bei den ersten Sonarmessungen entdeckten die Wissenschaftler das eindeutige Profil ei-nes früheren Flussbetts unter dem Meeresbodensediment. Zudem zeigte das Sonar über-schwemmte Seitenkanäle des früheren Don an der einst – vor der Flut – trockenen Küste. Wo immer die *Aquanaut* die Bodenkonturen abtastete, war das Muster das gleiche: Ströme und Fluss-betten, jetzt mit Flusssedimenten gefüllt, waren auf den Sonarbildern zu sehen. Diese Flüsse waren einst aus den Steppen im Norden durch das Grasland der exponierten Ufer in den Süß-wassersee geflossen.

Die Russen waren sehr geschickt im Nehmen der Bodenproben: Sie verwendeten ein Kabel-Röhren-System, das recht tief in die Sedimentschicht eindrang und mit ordentlichen Proben auftauchte. Als Candace Major sich an die Untersuchung des kompakten Schlamms machte, entdeckte sie in einer Sedimentschicht winzige weiße Meeresmuscheln wie etwa die Herzmuschel (*Cardium edule*) und in tieferen Schichten Brack- und Süßwasserschalentiere. Das war der Beweis für eine Flut, nach dem Ryan und Pitman seit Jahren suchten: dass Meerwasser ein vorhandenes Süßwasserökosystem schnell zerstört hatte, wobei es eine sehr kurze Über-gangsperiode mit Brackwasser gegeben hatte.

Im Januar 1994 unterzog Glenn Jones im McLean Laboratory der WHOI Proben von Ryans und Pitmans Muscheln aus dem Schwarzen Meer der Radiokarbondatierung, wobei er die fort-schrittliche und genaue Technik der Massenbeschleunigungsspektrometrie einsetzte. Die Datierung ergab, dass die Muscheln, die von weit auseinanderliegenden Stellen stammten, alle zwischen 7580 und 7470 Jahre alt waren. Mit anderen Worten: Diese Meerestiere hatten sich in einer großen Woge nach Norden ausgebreitet, nicht durch allmählichen Zufluss.

Das legte die große Bosporus-Flut in eine Zeit, an die sich Menschen durchaus erinnern konnten. Tausende von Jahren wurde an den fruchtbaren Hängen des anatolischen Plateaus, nicht weit von den Ufern des Schwarzen Meeres entfernt, Land- und Viehwirtschaft betrieben. Ihre Untersuchungen veranlassten Ryan und Pitman zu der Annahme, dass diese Über-schwemmung nicht nur der Ursprung der Legende von der Sintflut war, sondern auch der Auslöser für den Exodus der prähistorischen Menschen aus dem fruchtbaren Schwarzmeerbe-

Der Hafen von Sinop war bei unseren Expeditionen von 1999 und 2000 unser Stützpunkt. Von Sinop aus – seit der Bronzezeit eine Hafenstadt – haben seit Jahrtausenden Schiffe das Schwarze Meer zur Halbinsel Krim überquert.

cken nach Europa und Asien. Jedenfalls war das eine faszinierende Möglichkeit.

Aber ich war im Hinblick auf die Ozeanographie und Geologie weit besser gerüstet als ein Ethnologe, ihre Hypothese zu beweisen. Wieder waren es glückliche Umstände, die den Verlauf der Expedition beeinflussten. Ich hatte mich, an der einzigartigen Hydrographie des Gewässers interessiert, mit Kollegen jahrelang darum bemüht, eine Expedition ins Schwarze Meer zu organisieren. Vor 25 Jahren hatte ich Willard Bascoms Buch *Deep Water, Ancient Ships* gelesen, in dem er Theorien darüber aufstellte, dass die sauerstofflosen Tiefen des Schwarzen Meeres alte Schiffswracks konservieren würden.

Angesichts der sterilen Bodenschichten hier würde jedes alte Schiffswrack, anders als die *Tanit* und die *Elissa,* bestens erhalten sein. Und dort könnten jede Menge Schiffe liegen. Das Schwarze Meer war seit Beginn der Bronzezeit (rund 3500 v. Chr.) oder sogar noch früher intensiv erkundet worden, und es wurde auf ihm reger Seehandel betrieben. Es war nur logisch, dass eine große Zahl alter Schiffe, von Kriegsgaleeren bis zu schwer beladenen Handelsschiffen, in die toten schwarzen Tiefen gesunken waren und unbehelligt auf einem Grund lagen, an dem es weder die holz fressenden Würmer noch kleinere, die Planken, Takelage und Segel jedes Schiffswracks zersetzenden Organismen gab.

Deshalb stellte ich mit Unterstützung der NATIONAL GEOGRAPHIC SOCIETY und des J. M. Kaplan Fund ein Team zusammen und lud den Sonarexperten Dave Mindell vom Massachusetts Institute of Technology, die Archäologen Fred Hiebert von der University of Pennsylvania und Cheryl Ward von der texanischen A&M University ein, die wichtigsten Land- und Unterwasseruntersuchungen zu leiten. Wir trafen uns in der ersten Juliwoche 1999 in der Türkei, gerade mal einen Monat nach unserer erfolgreichen Expedition vor Askalon, bei der die phönizischen Schiffe *Tanit* und *Elissa* entdeckt worden waren. Unser ursprüngliches Ziel war, Beweise für die Existenz eines gut erhaltenen alten Hafens an der Küste und gesunkene Schiffe im flachen Gewässer vor der Küste zu finden, die Suche dann nach Norden auf tiefere Stellen auszuweiten, um bestens erhaltene Wracks entlang der Handelsroute zwischen Sinop an der Nordküste der heutigen Türkei und der Halbinsel Krim aufzuspüren. Von ihr hatten die Historiker der Antike berichtet.

Unsere Expedition befand sich in der letzten Planungsphase, als wir überrascht die Forschungsergebnisse von Ryan und Pitman lasen, und wir waren von ihrem überzeugenden, populärwissenschaftlichen Bericht *Noah's Flood, The New Scientific Discoveries About the Event That Changed History* begeistert. Sie hatten einen Großteil ihres beruflichen Lebens ihrer Hypothese über die Flut des Schwarzen Meers gewidmet. In der Wissenschaft haben Untersuchungsergebnisse jedoch nur dann Gültigkeit, wenn sie wiederholt werden können. Ryan und Pitman hatten Beweise für eine plötzliche Überflutung eines Süßwassersees im Becken des heutigen Schwarzen Meers am Nordufer des damaligen Sees gefunden. Ihre überzeugendsten Entdeckungen waren offenkundig überschwemmte Uferformationen in einer durchschnittlichen

Tiefe von 169 Metern unter dem heutigen Meeresspiegel; auch fanden sie fossile Exemplare von Meeresmuscheln, deren Datierung ergab, dass sie 7500 Jahre alt waren. Konnte meine Expedition ihre Entdeckungen an der Südküste bestätigen und damit das Bild einer Flut wahrlich biblischen Ausmaßes vervollständigen, die das Schwarze Meer auf einen Schlag überflutete?

Ich stemmte mich gegen das schwankende Schiff und starrte auf die gelben Wirbel, die über den computergesteuerten Monitor des Side-Scan-Sonars huschten. Der kleine türkische Trawler *Guven* pflügte langsam durch das sonnenbeschienene Schwarze Meer. Unter uns glitt das Sonargerät in Torpedoform an seinem Kabel in einer Tiefe von 168 Metern knapp über dem steinigen Meeresgrund dahin und sandte sein akustisches Bild in digitalisierter Form herauf. Ich spürte, wie die Maschine des Schiffes ruckte, als wir diese Untersuchungsspur nach Norden beendet hatten. Der Kapitän auf der winzigen Brücke über diesem provisorischen Labor hatte sein Steuerrad hart herumgerissen, und das hölzerne Schiff fuhr nun wieder nach Süden, damit wir am Ende ein Sonarbild erhielten, das sich mit dem der vorherigen Linie in entgegengesetzter Richtung überlappte.

Die im beengten Vorschiff auf Holztischen aufgebaute elektronische Ausrüstung stellte die allerneueste Technik im Hinblick auf Empfindlichkeit und Miniaturisierung dar. Aber das Ziel dieser multidisziplinären, internationalen Expedition, die ich jetzt anführte, war eines der außergewöhnlichsten, mit denen ich es in fast vier Jahrzehnten manchmal bizarrer Unternehmungen zu tun gehabt hatte. Ich musste mich immer wieder selbst daran erinnern, dass wir in dieses Gewässer, zwanzig Meilen östlich der türkischen Stadt Sinop, in der Antike ein griechischer Hafen und einer der wenigen natürlichen Häfen an der Südküste des Schwarzen Meeres, gekommen waren, um zu entscheiden, ob die biblische Geschichte von der Sintflut – wie sie im Buch Genesis und in ähnlichen Berichten in anderen Kulturen erzählt wird – einfach eine poetische Legende oder eine wissenschaftlich nachweisbare Tatsache war.

Aufgrund ihrer Untersuchung mit der *Aquanaut* 1993 glaubten Ryan und Pitman, dass die ursprüngliche Uferlinie des früheren Sees im heutigen Schwarzen Meer in einer Tiefe von etwa 167 Metern liege. Das hatten zumindest ihre Sonaruntersuchungen und Bodenproben vor der russischen und ukrainischen Küste ergeben.

Aber als ich die große hydrographische Karte des Schwarzen Meeres studierte, versuchte ich mir die tatsächliche Überflutung über den Bosporus vorzustellen. Was hatte diese Katastrophe für die Menschen der Jungsteinzeit, die in verstreuten Dörfern aus Lehm- und Flechthütten an den Hügeln oberhalb des Sees lebten, bedeutet, als das Hochtal über ihnen durchbrach? Die erbarmungslose Gewalt des Weltmeeres – das fast drei Viertel der gesamten Erdoberfläche bedeckte – wäre durch diese enge Schlucht geschossen, ein ungeheurer, ohrenbetäubender Strom grünen Salzwassers und hoch aufspritzender Gischt. Ich malte mir aus, der Hoover-Damm am Colorado River würde an seiner Basis brechen, und multiplizierte die Katastrophe um das Tausendfache.

Die Menschen, die der Flut im Wege waren, wären augenblicklich getötet worden, ihre Dörfer und Viehherden wie Spielzeug davon geschwemmt. Die geballte Wucht der Flut hätte die früheren Seeufer ausradiert und über einem großen Teil des neu überschwemmten Seegrunds Sedimente abgelagert.

Aber ich wollte überzeugende Beweise für die jetzt überfluteten ehemaligen Seeufer haben, die weder von der Gewalt der Flut zerstört noch unter den Sedimenten der Flüsse begraben waren, die sich heute noch, lange nach der eigentlichen Flut, ins Schwarze Meer ergießen.

Deshalb wusste ich, dass ich mich sowohl vom Bosporus als auch den europäischen Flüssen, die an der Nordküste ins Meer münden, fern halten musste. Wenn heftige Überschwemmungen des Mississippi in Illinois die Dämme zerstören, steigt das Wasser stromabwärts in New Orleans dennoch nur um ein paar Zentimeter an. Konnte ich eine ähnliche Region finden, wo vor 7500 Jahren das Wasser des früheren Sees aufgrund der Flut einfach langsam zu steigen be-

Während unserer Expedition ins Schwarze Meer 1999 lassen wir das kleine ferngesteuerte Unterwasserfahrzeug *SeaROVER* zu Wasser. Obwohl wir Hightech-Ausrüstung dabei hatten, griffen wir doch auf einen einfachen Bagger zurück, um Muscheln für eine Radiokarbondatierung zur exakten Altersbestimmung zu bergen, mit der die Hypothese einer Überflutung vor 7500 Jahren vielleicht untermauert werden konnte.

gonnen hatte und die alten Seeufer nur wenige Zentimeter pro Tag überschwemmt worden sind,
so dass das alte Seeufer erhalten und unter Wasser sichtbar geblieben sind? Und konnte ich diese alte, erhaltene Uferlinie genau in der Tiefe entdecken, die Ryan und Pitman mir genannt hatten?

Ich kam zu dem Schluss, dass die Region vor der Küste nahe Sinop der ideale Ort für meine Suche sein könnte. Er befand sich viele Meilen östlich des Bosporus und weit entfernt von
den Sedimente transportierenden Flüssen. Ich glaubte, dass das Wasser der Flut hier langsam
angestiegen sein und die Konturen des ursprünglichen Seeufers erhalten haben könnte.

Hätte ich jedoch gewusst, dass diese Untersuchung eines der vorrangigen Ziele unserer
Expedition sein würde, dann hätte ich versucht, ein größeres, besser ausgerüstetes Forschungs-
schiff zu bekommen sowie eine Flotille an Kamera- und Videoschlitten und unser bewährtes
Tauchfahrzeug *Jason*, das im Moment leider nicht zur Verfügung stand. Aber ich war zuver-
sichtlich, dass wir, wenn die gewagte Theorie von Ryan und Pitman richtig war, sie auch mit der
Ausrüstung und den Schiffen, die wir hatten, relativ schnell nachweisen konnten.

Die Gestalt von Seeufern ist jedem Geologen bekannt, gleich ob es sich um das Ufer des
nordamerikanischen Eriesees oder des benachbarten Kaspischen Meeres (ebenfalls ein Binnensee) handelt. Ich hatte als Student viele Nächte damit verbracht, diese Formationen zu studieren. Am windabgewandten Ufer modelliert der ständige Wellengang den Seegrund zu typischen Formen, darunter einem Ufer mit recht großen Steinen und kleinen, ovalen Kieseln
sowie einem Hang aus Sand und Muscheln, an der Stelle, wo die Wellen den Grund abschleifen
und sich brechen, außerdem einen mit einem Rand versehenen hügeligen Seegrund und häufig eine Sandbank, die durch starke, am Ufer verlaufende Strömungen aufgeworfen wird. An
der gegenüberliegenden Seite des Sees gibt es gewöhnlich einen Uferwall, die typische Hochwas-
serlinie erodierender Wellen, und dann weiter vom See entfernt einen Abhang oder ein Kliff.

Ich sortiere das Material, das wir auf unserer Expedition 1999 vom überschwemmten Seeufer 167 Meter unter dem heutigen Wasserspiegel des Schwarzen Meeres herausgebaggert hatten. Die Radiokarbondatierung der von uns geborgenen Muscheln lieferten den endgültigen Beweis für Ryans und Pitmans Hypothese von einer großen Flut.

Wenn unsere Expedition Sonar- oder Videobilder eines solch unverkennbaren Seeufers — jetzt unter der Wasseroberfläche des Schwarzen Meers liegend — aufnehmen und Süßwassermuscheln und von Wellen rundgeschliffene Kiesel aus dem entsprechenden Abschnitt bergen könnte, würden wir einen bedeutenden Beitrag zu der von Ryan und Pitman seit drei Jahrzehnten geführten Untersuchung geleistet haben. Doch wie bei jeder Expedition ist die Zeit vor Ort teuer und kostbar, und die Bedingungen sind selten ideal. Da die sommerlichen Nordwinde dieser Region mit ihrem hohen Seegang uns auf dem offenen Wasser vor Sinop fast täglich stark behinderten, konnte unsere kleine Flotte gecharterter türkischer Trawler oft nicht die genaue Position über einem bestimmten Abschnitt des Meeresgrundes halten. Einem technisch besseren Forschungsschiff wie beispielsweise der *Northern Horizon*, ausgerüstet mit einem mit dem GPS verbundenen Feinsteuerungstriebwerk, wäre das sicherlich gelungen. Uns stand zwar ein GPS zur Feststellung unserer Position zur Verfügung, aber kein Feinsteuerungsantrieb, um über einem bestimmten Abschnitt des Meeresgrundes die Position halten zu können.

Deshalb war mir klar, dass sich in dieser Phase das mit dem Schiff verbundene Side-Scan-Sonar wohl als das wichtigste Forschungsinstrument erweisen würde, da es vom starken Wellengang weniger beeinträchtigt wurde als unsere beiden kleinen Unterwasserfahrzeuge zum Aufnehmen von Sonar- und Videobildern, *SeaROVER* und *Benthos-Mini-Rover Mark II*. Ich hatte den Kapitän der *Guven* an diesem Tag gebeten, von Sinop mit voller Kraft Richtung Osten zu fahren, bis wir die 155-Meter-Tiefenlinie erreicht hatten, die sich — parallel zur 30 Kilometer im Landesinneren liegenden, küstennahen Hügelkette — von Nordwest nach Südost dahinzog. Dann fingen wir mit der Sonarsuche an, kreuzten in engen Zickzacklinien nach Norden und Süden bis zu einer Tiefe von 182 Metern über dem Meeresgrund.

Jetzt drehten wir wieder nach Süden, parallel zur vorangegangenen Spur und näherten uns interessanten Mustern der Bodenstruktur in 168 Metern Tiefe — ganz in der Nähe jener Tiefe also, die Ryan und Pitman als diejenige der früheren Uferlinie angegeben hatten. Arnie Carr und Rob Morris von der American Underwater Search and Survey Company beugten sich über ihre Instrumente, um die Schärfe des Side-Scan-Sonars genauer einzustellen. Als das hellbraune Bild des tieferen Seegrunds klar wurde und eine glatte, sandige Oberfläche zeigte, blickte ich auf das geometrische Profilmodell, das mit dem computergesteuerten Tiefensonar gekoppelt war. Genau wie bei der vorangegangenen Spur nach Norden schienen wir den Hügel einer Sandbank zu überqueren, die Grenze des früheren Ufers. Jetzt fiel der Meeresgrund wieder ab und zeigte erneut das gekräuselte Muster, das wir auf der letzten Spur nach Norden bereits aufgenommen hatten. Schließlich zeigte das Sonarbild wieder glatten Boden, als die Tiefe geringer wurde und unser Gerät einen Hang feinen Gerölls hinauf glitt, höchstwahrscheinlich eine Mischung aus Sand und Muscheln. Plötzlich wurde dieser Hang sehr steil und nahm das Profil einer Uferböschung an. »Schau dir das an«, sagte Cathy Offinger, und ihre Stimme zitterte vor Aufregung. Wir fuhren über ein fast ebenes Kieselufer, dann kam ein kleines Kliff, bevor wieder der undifferenzierte Meeresgrund erreicht wurde, der sich gleichförmig zur konturlosen Küstenebenebis zur heutigen Schwarzmeerküste der Türkei ausdehnte.

Die Leute in dem provisorischen Kontrollraum um mich herum versuchten, sich ihre Begeisterung nicht anmerken zu lassen. Aber Cathy konnte sich ein breites Grinsen nicht verkneifen. »Ja«, sagte ich, »ich glaube, wir haben es.« Bei der nächsten Sonarspur war die deutliche Wölbung eines ehemaligen Seeufers sogar noch offensichtlicher, wieder in einer Tiefe von 167 Metern, nur zwölf Meter tiefer als die ursprüngliche Schätzung von Ryan und Pitman. Doch wir befanden uns Hunderte Seemeilen weiter südlich von der Stelle, die sie 1993 untersucht hatten. Ich war überzeugt, dass wir tatsächlich auf das Ufer eines ehemaligen Süßwassersees blickten, genau wie es die beiden Geologen von der Columbia-Universität vorausgesagt hatten.

Die klaren Bilder, die das Side-Scan-Sonar übermittelt hatte, schienen unstrittig zu sein: Dieser Abhang, die Kieselsteine, der Wall, die Kieselstreifen und die Sandbank 167 Meter unter dem Holzrumpf der *Guven* konnten sich, das sagte die Logik, in genau dieser Anordnung nur an einem Seeufer gebildet haben, das später von einer Flut überschwemmt wurde.

Meine Strategie, diesen Bereich des Meeresgrundes vor der Küste abzusuchen, schien sich auszuzahlen. Ryan und Pitman hatten für die Suche nach ihrem »vorsintflutlichen« Seeufer Sonargerät und Bodenproben vor der Halbinsel Krim eingesetzt, wo die immensen Sedimentablagerungen der europäischen Flüsse schon längst diese Art wunderbar feiner Details begraben hatten, die wir gerade mit dem Sonar entdeckt hatten. Die unvorstellbare Wucht hereinflutenden Meerwassers musste vom soeben aufgebrochenen Graben im Bosporus Millionen Tonnen an Sedimenten in alle Richtungen verteilt haben. Aber es gibt den Grundlehrsatz der Geologie, wonach Fluten — und Sedimente transportierende Flüsse — ihre Fracht stets exponentiell abladen: Je schwerer die Partikel, desto schneller lagern sie sich ab; je leichter die Teilchen, desto weiter werden sie hinausgeschwemmt. Ich musste also über 300 Kilometer vom Bosporus entfernt und vor einer Küste, an der es keine Flüsse gab, nach dem ehemaligen See suchen. Hinter Kap Ince stieg das Land steil zu spitzen Bergketten an; dort gab es keine schlammführenden Flüsse. Wenn das uralte Seeufer existierte, dann am ehesten hier.

Der Pionier der Unterwasser-archäologie, George Bass, erforschte in den 70er Jahren ein Schiffswrack aus der Bronzezeit in den relativ flachen Gewässern vor der türkischen Küste. 1999 besuchte er uns auf unserer Expedition im Schwarzen Meer.

Als der kleine Trawler wieder auf die steilen Hügel Anatoliens zusteuerte, war ich ziemlich sicher, dass wir soeben einen Beweis für die biblische Sintflut entdeckt hatten, und war von der Freude über eine erfolgreiche Erkundung erfüllt.

Dennoch war ich Wissenschaftler; als solcher hatte ich die Pflicht, widersprechende Hypothesen in Betracht zu ziehen. Die langjährige Arbeit von Ryan und Pitman verlangte ein solch strenges Vorgehen. Es war möglich, dass unser Side-Scan-Sonar ein bislang unentdecktes Phänomen aufgespürt hatte, das mit dem Kontakt von tiefen, sauerstoffarmen Gewässern und sauerstoffreichen, höheren Schichten des Schwarzen Meers zusammenhing. Oder wir hatten das Ufer eines weit älteren Sees entdeckt, der sich in der Vorzeit gebildet hatte: vielleicht vor Hunderttausenden von Jahren während einer der periodisch auftretenden wärmeren Epochen des Pleistozäns, das über eine Million Jahre dauerte. Wenn wir sicher gehen und hieb- und stichfest beweisen wollten, dass wir das in der sagenhaften Sintflut versunkene Ufer entdeckt hatten, war es am besten, unser kleines Unterwasserfahrzeug mit Präzisionskamera und Fotoapparaten einzusetzen, das Bilder von eventuell vorhandenen fossilen Süßwassermuscheln machen könnte.

An diesem Abend arbeitete ich noch spät mit den Mannschaften des Tauchfahrzeugs zusammen, stellte neue Zeitpläne auf und verteilte unsere begrenzten Ressourcen auf die gecharterten türkischen Schiffe, um unsere Kräfte zu bündeln. Aber nach unserem ersten Erfolg kam eine frustrierende Woche. Fast jeden Morgen erhoben sich starke Nordwinde und führten bis zum Nachmittag zu hohem Seegang. Obwohl die erfahrenen türkischen Trawlerskipper und unsere alten Mannschaften mit ihrem ferngesteuerten Unterwasserfahrzeug ihr Bestes gaben, gelang es uns nicht, das Tauchboot in diesen wechselhaften, recht flachen Gewässern lange genug genau auf Position zu halten. Bei einigen »Schnelltauchgängen« machte der *SeaROVER* zwar ein paar faszinierende Bilder von dem, was zweifellos das Uferkliff in einer Tiefe von 161 Metern bildete, sowie von einer niedrigen Sandterrasse weiter oben am Abhang. Über dem überschwemmten Ufer selbst steuerte Martin Bowen den *SeaROVER* geschickt in das Sediment hinein, um ein paar verstreut liegende weiße Steine von einer Art zu bewegen und hochzubringen, wie sie an der heutigen Küste des Schwarzen Meeres nicht vorkommt. Als das Tauchfahrzeug wieder an Bord gehievt wurde, entdeckte die Bergungsmannschaft einen kleinen schwarzen Basaltkiesel und weiße Splitter, die von einer Süßwassermuschel stammen konnten.

Das war eine der wenigen erfolgreichen High-Tech-Einsätze. Die böigen Winde und hohen Wellen behinderten uns weiterhin und machten es unmöglich, den *SeaROVER* von den Trawlern – denen der hochentwickelte und GPS-gesteuerte Feinsteuerantrieb der *Northern Horizon* zum Halten der Position fehlte – gleichmäßig über den relativ niedrigen Grund »schweben« zu lassen. Deshalb entschied ich mich bewusst für eine echte Low-Tech-Option. Kapitän Idin Yildiz rettete uns. Seine Familie besaß einen Trawler mit Stahlrumpf, dem wir den Namen »*Z Boat*« gaben, weil Zonguldak sein Heimathafen war. Außerdem holte er in Sinop die Schaufel eines Muschelbaggers vom Dock und ließ seine Mannschaft ihre rostigen Eisenzähne mit einem Sack verkleiden, in dem Sedimentproben heraufgebracht werden konnten.

Als wir am 17. Juli wieder an der Stelle unseres mit Sonar abgesuchten Seeufers waren, warfen die Leute des Kapitäns die vertäute Baggerschaufel einfach über Bord, nachdem wir ihnen ein Zeichen gaben, weil das GPS anzeigte, dass wir uns dem Hang aus Kieseln, Sand und Muscheln in 146 Metern Tiefe näherten. Dann zogen wir die Schaufel bis auf 150 Meter Tiefe, und schließlich hievte ihn die quietschende Schiffswinde wieder an Bord. Wir versammelten uns alle um den tropfenden, schlammigen Sack, und ich untersuchte mit den Fingern den zähen Schlamm. Ich entdeckte ein paar Klumpen dunkler Kiesel. Die Ränder der obersten Steinchen waren dort, wo sie dem Meerwasser ausgesetzt waren, mit einem rostigen Orange überzogen.

Die rostartige Ablagerung bestand aus Phosphorit und Mangan, die sich über die Jahrtausende aus dem Wasser gelöst und auf den Steinen eine Kruste gebildet hatten. Geologen wissen, dass dieser Prozess in Gang kommt, wenn eine Oberfläche allmählich mit sedimentfreiem Wasser überflutet wird. Wir hatten einen neuerlichen Beweis, dass dieses uralte Ufer langsam überschwemmt wurde – weit entfernt von der Flutwelle des Bosporus –, wahrscheinlich täglich nur um ein paar Zentimeter, so dass die feinen Merkmale wie die Sandrippen und der niedrige Wall erhalten geblieben sind. Diese auf der Leeseite des Süßwassersees einst unaufhörlich von Wellen umspülten Kiesel waren überflutet und damit Jahrtausende lang vor starken Brechern geschützt worden.

Ich hatte den Pionier der Unterwasserarchäologie, George Bass, eingeladen, einen Tag zu uns an Bord zu kommen. Er war in den 70er Jahren als erster in der Ägäis zu einem Wrack aus der Antike hinabgetaucht – zu einem minoischen Schiff, das er vor der türkischen Küste entdeckt hatte. Ich brach einen glatten, gräulichen Kiesel heraus und warf ihn George zu. George wischte ihn ab, besah ihn sich dann und machte eine Bemerkung über die von den Wellen polierte Oberfläche des Steins. An den dem Wind zugekehrten Küsten vieler ägäischer Inseln haben die Einheimischen seit Jahrhunderten solche *kouklakia* gesammelt und sie in ihren Häusern und Kirchen kunstvoll in Mosaikböden eingesetzt. »Ich bin jedenfalls am richtigen Tag hergekommen«, stellte George fest.

Wiederholte Fahrten mit der Baggerschaufel förderten Muscheln und durchweichte Holzstücke herauf. In den nächsten zwei Tagen kreuzten wir über dem überschwemmten Seeufer. Manchmal kam der Bagger leer herauf; mehrfach war der Sack aber voller brauner und weißer Muscheln. Nun hatten wir die kostbaren biologischen Proben, die wir für eine Radiokarbondatierung brauchten. Als das *Z Boat* am letzten Tag nach Sinop zurückkehrte, lag unsere ganze Hoffnung, zweifelsfrei zu beweisen, dass Ryans und Pitmans katastrophale Flut tatsächlich stattgefunden hat, in diesen Muscheln – darüber war ich mir völlig im Klaren. Wenn irgendeine dieser Muscheln einer Süßwasserspezies angehörte und wenn die Radiokarbondatierung ergab, dass sie älter als 7600 Jahre waren, dann hatte unsere Expedition die Sintflut bestätigt.

Am 17. November 1999 saßen meine Kollegen und ich in der Zentrale der National Geographic Society und unterrichteten die Weltpresse über die Ergebnisse unserer ersten Expedition ins Schwarze Meer. Unsere Side-Scan-Sonarprofile der überschwemmten Uferlinie des ehemaligen Süßwassersees lieferten den zwingenden Beweis, dass die kühne Hypothese von Ryan und Pitman tatsächlich der Wahrheit entsprach. Doch die überzeugendste Bestätigung lieferten die vom ehemaligen Ufer herausgebaggerten Muscheln. Gary Rosenberg von der Academy of Natural Sciences in Philadelphia hatte unter unseren Baggerproben sieben Spezies als eindeutige Salzwassermuscheln identifiziert, darunter *Mytilus* und *Trophonopsis*. Aber er hatte auch zwei ausgestorbene Süßwasserspezies gefunden – *Turricaspia* und *Dreissena* –, die jenen heutigen in Süßwasserbereichen des Kaspischen Meeres ähnlich sind. Exemplare jeder Spezies wurden für eine Radiokarbondatierung an die Woods Hole Oceanographic Institution geschickt. Diese Tests ergaben, dass die Salzwassermuscheln vor 2800 bis 6820 Jahren gelebt haben.

Doch besonders aufsehenerregend war, dass die Süßwasserspezies älter waren als die anderen und vor 7460 bis 15 500 Jahren in dem See lebten. Sie waren um etwa 5400 v. Chr. ausgestorben, als die Salzwasserflut sie tötete, also fast genau zu der Zeit, in der sich laut Ryans und Pitmans Theorie die große Flut ereignete. Das Aussterben dieser Süßwasserspezies fiel zeitlich mit dem Auftreten der Salzwassermuscheln zusammen, die Ryan und Pitman 1993 an der Nordküste des Schwarzen Meers gesammelt hatten. Wir hatten den Kreis also geschlossen. Niemand konnte mehr bestreiten, dass vor etwa 7500 Jahren eine große Flut stattgefunden hat.

Die von Wellen rund geschliffenen Kiesel, die wir vom früheren Ufer nahe Sinop heraufbaggerten, zeigten unverkennbar, dass sie am Ufer des ehemaligen Süßwassersees Jahrtausende lang glatt poliert wurden.

II

Geheimnisse des Meeres

Vorhergehende Seiten: Im Auftrag des russischen Zaren erforschte der dänische Seefahrer Vitus Bering im 18. Jahrhundert die arktischen Gewässer zwischen Sibirien und Alaska, die heute nach ihm benannt sind. Nachdem Bering den russischen Pelzhändlern eine Route in den äußersten Nordpazifik eröffnet hatte, kam er ums Leben, als sein Schiff auf eine Felseninsel vor der Halbinsel Kamtschatka lief.

Rechts: Der Bathyskaph *Archimede* der französischen Marine bereitet sich im August 1973, bei meiner ersten Teilnahme an einer großen internationalen Expedition, auf den Tauchgang zum Mittelatlantischen Rücken vor. In der engen Personenkapsel der *Archimede* brach in 1600 Metern Tiefe ein lebensbedrohliches Feuer aus.

Ich sah noch ein letztes Mal zum Horizont hin und kletterte dann in das Oberdeck der *Archimede*. Der gedrungene gelbe Bathyskaph dümpelte unweit des französischen Forschungsschiffs *Marcel de Bihan* 660 Kilometer vor den Azoren im leichten Seegang. Es war am Vormittag des 5. August 1973; ich sollte zwei Franzosen auf einen Tauchgang in 2800 Meter Tiefe begleiten, um den Mittelatlantischen Rücken zu erkunden. Dies ist ein Abschnitt jener großen Spalte im Meeresboden, die wie eine Naht um die ganze Erde verläuft, von der Arktis hinunter zwischen der Neuen und der Alten Welt und dann den Pazifik hinauf bis zur Kalifornischen Bucht. Die gewaltige Erhebung beiderseits dieser Spalte ist die längste Bergkette der Welt, doch bis zu diesem Zeitpunkt hatte sie noch kein Mensch mit eigenen Augen gesehen.

Vorangegangene ozeanographische Untersuchungen mit dem Sonar und Echolot hatten ergeben, dass der Rücken tatsächlich aus zwei parallel verlaufenden Wänden mit einer tiefen Spalte dazwischen besteht, die es an manchen Stellen – was die Tiefe anbelangt – mit dem Grand Canyon aufnehmen kann. Doch die genaue Gestalt dieser wichtigen Besonderheit der Erdkruste war lange Zeit ein geologisches Rätsel geblieben. Welche enormen Kräfte, welche die ganze Erde betreffende Dynamik hatte diesen Rücken geschaffen? Mit den herkömmlichen wissenschaftlichen Erkenntnissen war dieses eigenartige Phänomen nicht zu erklären. Dieses Geheimnis zu lüften, war das ehrgeizige Ziel des FAMOUS-Projekts, der French-American Mid-Ocean Undersea Study.

Unsere Hypothese war sehr weitreichend: Die neue Theorie der Plattentektonik besagte, dass alle Kontinente der Erde – wie auch die Meeresböden – Teil riesiger, langsam dahindriftender Platten der Erdkruste sind, die auf einer zähflüssigen Schicht geschmolzenen Magmas schwimmen. Die Theorie der Plattentektonik ging unter anderem auf die Beobachtung zurück, dass viele der heutigen Küstenlinien der Kontinente – insbesondere jene von Südamerika und Afrika – wie Puzzlestücke zu gut ineinander passten, als dass dies reiner Zufall sein konnte. Irgendwann in ferner Vergangenheit müssen die Kontinente miteinander verbunden gewesen sein, waren aber auf den schwimmenden Flößen ihrer Erdplatten auseinandergedriftet.

Doch eine solche Bewegung bedeutete zugleich, dass sich der Meeresboden, als sich die Platten trennten, geöffnet und erweitert hat und sich über Äonen durch vulkanische Spalten neues Erdmaterial gebildet haben muss, um die größer werdende Lücke zwischen den auseinanderdriftenden Kontinenten zu schließen. Die Theorie besagte, dass sich an den Stellen, an denen die Platten aufeinander stoßen, tiefe Ozeangräben bilden würden, da die Erdkruste hier in den Erdmantel eindringen und schmelzen würde, oder dass Gebirgsketten wie der Himalaya oder die Alpen aufgefaltet würden.

1973 war ich noch ein junger Doktorand der Geologie. FAMOUS war meine erste große internationale Expedition, und diese groß angelegte Untersuchung war für einen Jungakademiker wie mich etwas ganz Großartiges. An jenem heißen Augustmorgen fühlte ich mich besonders geehrt, weil ich zudem der erste amerikanische Wissenschaftler sein sollte, der zm Mittelatlantischen Rücken hinabtauchte und eine geologische Freilanduntersuchung unter Wasser führte, wobei ich die Bodenstruktur mit eigenen Augen sehen und Stücke ausgetretener Lava einsammeln würde, die vielleicht Beweise für wichtige Aspekte der Plattentektonik liefern konnten.

»Hier lang, Bob«, sagte Leutnant Gilbert Harismendy, der Pilot dieses Tauchgangs, mit starkem französisch-baskischen Akzent und deutete in den Schein des rostig gefleckten gelben Segels bei der schmalen Einstiegsluke, deren Leiter sechs Meter hinab in die Personenkabine der *Archimede* führt. Das Tiefseetauchboot, das Auguste Piccard entwickelt hatte, der berühmte Schweizer Ballonfahrer und Unterwasserforscher, erinnerte eher an ein schwerfälliges tauchendes Kleinluftschiff als an ein Unterseeboot: Der Rumpf war ein

Vorsichtig ziehen wir die Boden-
proben heraus, die das Tauchboot
Alvin 1974 während des FAMOUS-
Projekts vom Mittelatlantischen
Rücken entnommen hatte – in über
2700 Metern Tiefe.

mit Gas gefüllter Schwimmkörper; die Besatzung – ein Ingenieur und ein Wissenschaftler
sowie der Pilot – saß in einer beengten, dickwandigen Stahldruckkapsel. Um abzutauchen,
ließ der Bootsführer einfach Gas ab, sodass der Bathyskaph schwerer als Wasser wurde;
dann sank das Schiff mit einer Höchstgeschwindigkeit von 30 Metern pro Minute. Um den
Abstieg zu stoppen und auf einer bestimmten Höhe zu bleiben, löste der Pilot Ballast aus
Stahlkugeln ab, der sich – magnetisch gehalten – in speziellen Kammern befand. Horizon-
tales Vorwärtskommen und kurze vertikale Aufstiege vom Meeresgrund wurden mit kleinen elektrischen Antriebspropellern ermöglicht. Um zur Wasseroberfläche aufzusteigen,
warf der Pilot weitere Ballastkugeln ab, und die Auftriebskraft der Gastanks hoben das
Boot an.

Als ich durch die enge Einstiegsröhre kletterte, war ich trotz einer fiebrigen Halsentz-
zündung wild entschlossen, diesen Tauchgang durchzuführen. Dieses Unternehmen stellte jenen Punkt dar, an dem die Wissenschaft allein mit theoretischen Überlegungen nicht
mehr weiter kommt, sondern auf Forscher vor Ort angewiesen ist. Am Vortag hatten meine französischen Kollegen Xavier Le Pichon und Jean-Louis Michel (mit dem ich 1985 das
Wrack der *Titanic* entdecken sollte) den ersten Tauchgang in den knapp sechseinhalb Kilometer breiten Cañon zwischen den parallel verlaufenden Rücken unternommen. Sie waren mit Lavaproben zurückgekehrt und hatten von steilen Lavaklippen berichtet, die unsere Meinung zu bestätigen schienen, dass es sich bei diesem Teil des Rückens um eine
Bruchzone handelte, von der aus die nordamerikanische und die afrikanische Platte auseinander drifteten.

Obwohl dieser schwerfällige Bathyskaph für eine solche Erkundung nicht gerade
ideal war – verglichen mit dem wendigen kleinen amerikanischen Tauchboot *Alvin* oder

der französischen *Cyana*, die bereits für Tauchgänge an diesem Rücken im kommenden Jahr gebucht waren –, wollte ich zu dem Team gehören, das bei der Erkundung dieser mysteriösen Unterwasserberge und -schluchten Pionierarbeit leistete und die ersten kostbaren wissenschaftlichen Ergebnisse heraufbrachte.

In der beengten Druckkapsel zeigte mir der drahtige, schweigsame Ingenieur, den ich nur unter dem Namen Semac kannte, achtern den Beobachterplatz. Neben den anderen Unzulänglichkeiten besaß der Bathyskaph nur ein winziges Bullauge, durch das die Besatzung mittels verbundener Binokularoptik hinausspähen konnte. Dies war eine wichtige Vorsichtsmaßnahme wegen der gefährlichen Druckverhältnisse, mit denen es Tiefseetauchboote zu tun haben. Aber die beschränkte Sicht erschwerte einem interessierten Geologen die Arbeit und dämpfte ein wenig meinen Forschereifer, einen Teil der Erde zu betrachten, den noch kein menschliches Auge gesehen hatte.

Nachdem Harismendy und Semac den Verschluss der Luke sorgfältig geprüft hatten, leierten sie eine lange Checkliste herunter; ich konnte ihrem Französisch aber nicht folgen. Der Pilot und der Ingenieur klappten Schalter um, und ich hörte ein Zischen, als Gas aus dem Schwimmertank austrat. Wir waren auf dem Weg zum Meeresgrund, fast drei Kilometer unter uns.

Unsere Tauchstelle befand sich an der Ostseite des Rückens, an einer Reihe stufenähnlicher vertikaler Klippen oder – im Geologenjargon – »Böschungen«, von denen Xavier und ich annahmen, dass sie von kleineren seitlichen Rissen unterteilt wären und eine gute Auswahl neuer Lavaströme bieten würden, von welchen ich mir erhoffte, Proben nehmen zu können.

In der stahlummantelten Kugel wurde es schnell klamm, als wir unter die sonnenbeschienenen oberen Wasserschichten in die ewige Nacht der Tiefsee tauchten. Ich kauerte mich achtern zusammen und zog den Rollkragen meines Wollpullovers hoch, um meinen entzündeten Hals zu schützen. Wäre es mir gesundheitlich besser gegangen, hätte ich während des 90-minütigen Abstiegs durch die Bullaugenoptik hinausgespäht und versucht, einen flüchtigen Blick auf so bizarre Kreaturen wie den kleinen, aber Furcht erregend aussehenden Viperfisch zu erhaschen, der an der Unterseite pulsierende, neonartige Lichtorgane besitzt. Unterhalb von 600 Metern gibt es das Phänomen der Biolumineszenz nicht mehr. Die vereinzelt frei herum schwimmenden oder am Meeresgrund lebenden Tiere existieren in einer eiskalten und vollkommen lichtlosen Welt. Um zu unserer Untersuchungsstelle zu gelangen, verließ sich Harismendy auf ein Netz dreier akustischer »Leuchttürme«, die meine Kollegen vom Woods Hole erfunden hatten. Harismendy funkte die Bojen an, die sich an Ankern in Bodennähe befanden, indem er Sonartöne einer bestimmten Frequenz aussandte; die Bojen schickten Funksignale zurück und Harismendy bestimmte unsere Position anhand einer modifizierten nautischen Dreiecksberechnung.

Während wir sanken, döste ich fiebernd vor mich hin und wurde unsanft geweckt, als ich den Alarmton vom Schaltpult des Piloten hörte. Harismendy knipste zwei starke Scheinwerfer an, betätigte einen Schalter, um ein paar Ballastkugeln abzuwerfen und ließ die nach unten gerichtete Schiffsschraube an. Wir trafen mit einem Ruck, der in der stählernen Kugel ein dumpfes Dröhnen hervorrief, auf der felsigen Oberfläche auf.

»Am Meeresgrund, Bob«, stellte Harismendy fest.

Ich glitt zu meinem Okular hinüber und sah eine wirbelnde Wolke schmutzig hellbraun-grauen Sediments, das von der Schiffsschraube aufgewirbelt wurde. Wenigen Leuten ist klar, dass dieser graue Schmutz einen Großteil der Erdoberfläche bedeckt und aus »Meeresschnee« besteht – den biologischen Überresten der Billionen von Tonnen mikroskopisch kleiner Organismen mit oder ohne Wirbelsäule, die in den oberen Schichten der Ozeane leben; ihre Kadaver und Ausscheidungen sind im Lauf der Jahrtausende auf den Meeresgrund gesunken. Entlang der Spalte des Mittelatlantischen Rückens, wo der Meeresboden noch jung ist, bilden diese Sedimente nur eine dünne Schicht. An den Kontinentalrändern dagegen, wo sich der Meeresboden vor mehr als 150 Millionen Jahren gebildet hat, kann diese Sedimentschicht viele hundert Meter dick sein.

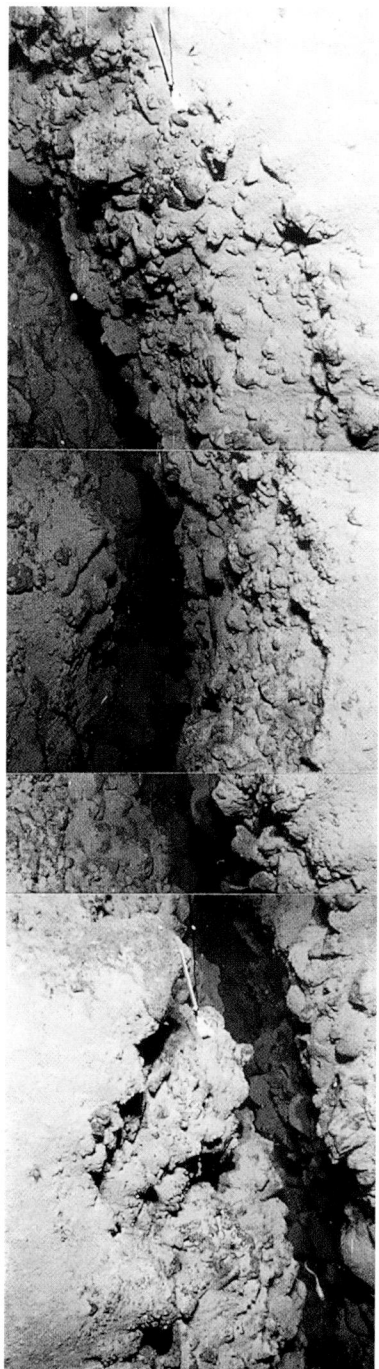

Diese Zusammensetzung mehrerer Aufnahmen zeigt eine Spalte, *gja* genannt, die sich zwischen den parallel verlaufenden Erhebungen des Mittelatlantischen Rückens am Meeresgrund dahinzieht.

Harismendy steuerte das plumpe Tauchboot mit erstaunlicher Geschicklichkeit, während wir die schwarzen Stufen der Böschung hinabtauchten. In der Personenkabine schepperte es, als wir mit einem Ruck auf dem felsigen Boden aufkamen. Dieses Mal konnte ich durch mein Okular deutlich Haufen schwarzer Lava erkennen, deren schimmernde Oberfläche mich an verbrannte Brotlaibe erinnerte. Auf dieser Lava gab es so gut wie keine Ablagerungen: Sie war neu. Austretende Lava kann bis zu 1200 ° Celsius erreichen. Sobald sie aus einer Spalte austritt, steckt sie in einem aussichtslosen Kampf gegen die eiskalten Wassertemperaturen und den enormen Druck, der auf dem Meeresgrund lastet. In dieser Tiefe von 2800 Metern beträgt der Wasserdruck 300 Atmosphären, etwas mehr als 310 Kilogramm pro Quadratzentimeter. Kleine »Lavaspritzer« wurden schnell zerdrückt. Nur große, durch Erdbeben hervorgerufene Brüche lassen genügend Lava aus dem Erdmantel austreten, um solche stufenartigen parallelen Rücken aufzuhäufen. Ich verspürte das berühmte Entdeckerkribbeln, als ich diese glühenden, glänzenden, schwarzen Lavaröhren sah, die direkt mit dem sich heftig bewegenden Erdmantel aus glühend heißem Magma verbunden gewesen waren. Einer der ersten Menschen zu sein, der diesen bis vor kurzem unbekannten Entstehungsprozess beobachten konnte, entfachte in mir einen unbändigen Forscherdrang.

Als Harismendy einen schönen Lavabrocken mit dem ungelenken mechanischen Arm des Bathyskaphs packte, presste ich das Gesicht an das Okular und war jetzt dankbar, dass diese alte Kiste von einem Tauchboot nur ein einziges kleines Bullauge aus Panzerglas besaß. Selbst das winzigste Leck würde in dieser Tiefe das Wasser mit hohem Druck hereinschießen lassen und uns drei innerhalb von Sekunden in Stücke reißen.

Harismendy fuhr noch zu einer anderen Lavastelle, die ich ihm mit einer Mischung aus Englisch und schlechtem Französisch zu benennen versuchte. Er verstand im Wesentlichen, in welche Richtung ich wollte, aber jedes Mal, wenn er versuchte, ein schönes Stück Lava zu greifen, das sich als glänzende schwarze Röhre abgetrennt hatte, trieb der Bathyskaph davon, und er musste den Schubantrieb anwerfen, der wiederum das Scheinwerferblickfeld durch das aufgewirbelte Sediment trübte. Als wir uns in einen besseren Winkel manövriert hatten, hörte ich Semac, den Ingenieur, murmeln: »*Ah, merde.*« Er klopfte auf eine Anzeige im Schaltpult. Eine große Nadel hatte sich unheilverkündend in die rote Zone geneigt; wir hatten einen gravierenden Energieausfall. Dann tauchte der Bathyskaph plötzlich Backbord voraus, und ich stürzte beinahe über die beiden anderen Besatzungsmitglieder. Es gelang mir, mich irgendwie mit allen Vieren festzuhalten, und sah die leuchtend roten Anzeiger auf dem Tiefenmesser unglaublich schnell aufblinken. Der Energieausfall hatte zum Ausfall der Elektromagneten in den Ballastkammern geführt, und wir hatten soeben alle Stahlkugeln an Bord abgeworfen.

Harismendy wandte sich mir im düsteren Schein der Instrumentenanzeigen zu und grinste bedauernd. »Wir steigen auf, Bob.«

Nicht so schlimm, dachte ich. Die festgelegte Tauchzeit war ohnehin fast vorüber. Wir hatten ein schönes Exemplar Lava geborgen. Alles in allem war es kein schlechter geologischer Feldtrip gewesen. Außerdem war ich erst der zweite Wissenschaftler, der den Rücken aus unmittelbarer Nähe gesehen hatte.

Mein Magen gab ein freudiges Grummeln von sich, als ich sah, dass Harismendy die Plastikfolie von unserem aus Käsebroten bestehenden Mittagessen entfernte, während Semac den Korken aus der Flasche Beaujolais zog.

Plötzlich stieß Semac den Korken wieder in die Flasche, packte Harismendy an der Schulter und flüsterte das Wort *incendie* — Feuer. In diesem Moment nahm ich den beängstigenden Geruch brennender Elektrokabel wahr. Die beiden machten sich hektisch an die Arbeit und schalteten die Batteriereihe des Tauchboots ab. Doch ihre Bemühungen waren erfolglos: Beißender Rauch erfüllte bereits den winzigen Raum. Meine Augen brannten fürchterlich und ich keuchte unter Schmerzen. Was für ein schrecklicher Ort, um zu verbrennen, mehr als 1600 Meter unter der ruhigen Oberfläche des Atlantiks.

Harismendy und Semac zogen ihre Sauerstoffmasken heraus, ich schnappte meine und versuchte verzweifelt, mich an die Gebrauchsanweisungen zu erinnern. Meine Kehle war fast krampfhaft zugeschnürt, als ich schließlich die Maske über den Kopf zog, die Gummibänder festmachte und zu atmen versuchte. Statt des erwarteten angenehm kühlen Sauerstoffs atmete ich beißenden Rauch ein. In der Panik riss ich mir die widerliche Gummimaske vom Gesicht. Aber Harismendy und Semac packten mich und zogen mir die Maske wieder über. Wieder versuchte ich zu atmen, um nur erneut nichts als Rauch abzubekommen. Schließlich schob sich Harismendy hinter meinem Rücken hindurch. »Pardon, Bob, pardon.« Er drehte an meinem Notfallsauerstoffschalter ein Ventil auf, das wir vergessen hatten.

»Jetzt ist alles okay, Bob«, beruhigte er mich in seinem gebrochenen Englisch.

Ich klammerte mich ganz hinten in dem Raum fest, atmete tief ein, als der Sauerstoff durch die Maske zischte, fuhr mir über den brennenden Hals und wischte mir die Augen trocken. Der pochende Puls an meinen Schläfen beruhigte sich allmählich wieder. Lange Zeit später sah ich durch mein Okular ein hellblaues Licht schimmern. Wir näherten uns der Wasseroberfläche. Ich war am Leben und würde weiter forschen können.

Im Juli 1769 geriet ein umgebauter Kohlefrachter namens *Endeavour* im Südpolarmeer in einen Sturm, und das Schiff kam unter gerefften Segeln nur langsam voran. Die armen Seeleute in der Takelage kletterten auf den Rahnocken herum und versuchten, mit verknoteten Seilen den Raufrost abzuschlagen. Auf dem stark geneigten Achterdeck stand der Kommandant des Schiffes, James Cook, Leutnant der British Royal Navy, in einem durchweichten Mantel aus Ölzeug und blickte zum verhangenen Himmel hinauf in der Hoffnung, die Wolken mögen sich auftun und ihm eine Sextantenmessung der Sonne ermöglichen. Die Sache erwies sich als aussichtslos: Entlang des 40. Breitengrades hatte die ganze Strenge des Winters auf der Südhalbkugel die absolute Herrschaft über das Meer übernommen.

Cook und seine tapfere Mannschaft konnten sich in dieser Jahreszeit nicht weiter nach Süden wagen, auf der Suche nach ihrem schwer fassbaren Ziel, der *Terra australis incognita*, dem legendären großen Südkontinent, der, so glaubten die Gelehrten vom Mittelalter bis zur Aufklärung, als »Gegengewicht« zu den bekannten Landmassen im Norden existieren müsse.

Ich habe es immer faszinierend gefunden, dass man diesen legendären Kontinent für wasserreich und fruchtbar hielt. Zudem ging man davon aus, dass der fehlende Südkontinent riesig sei: Auf der berühmten Weltkarte von Abraham Ortelius aus dem Jahre 1586 umspannt der Kontinent den gesamten unteren Teil der Erde und reicht an manchen Stellen bis in die Tropen hinauf. Den mysteriösen Südkontinent zu sichten und ihn für die Krone zu beanspruchen, das waren die Hauptziele dieser Fahrt, Cooks erster großer Forschungsreise.

Sowohl die Admiralität als auch die Royal Society glaubten, wenn jemand den mysteriösen großen Südkontinent finden könne, dann sei es Cook.

Nachdem sie im Südpolarwinter unglaubliche Härten ertragen hatten, steuerte Cook pflichtgemäß nach Westen, hatte unaufhörlich gegen Stürme zu kämpfen, aber er folgte den Instruktionen der Admiralität, bis er im Oktober desselben Jahres auf die Nordinsel Neuseelands stieß. Im Verlauf der folgenden sechs Monate erkundete und kartierte Cook mit der *Endeavour* die gesamte Küstenlinie Neuseelands sowohl der Nord- als auch der Südinsel. Dann erforschten sie die Ostküste Australiens von der Botany Bay — beim heuti-

Kapitän James Cook segelte mit der *Endeavour*, einem ehemaligen Kohlefrachter, zwischen 1769 und 1771 erstmals um die Erde. Die großen Laderäume des Schiffes boten reichlich Platz für die Vorräte für diese lange Reise. Aufgrund seines doppelwandigen Rumpfes und des geringen Tiefgangs war es für die trügerischen Untiefen und die Kartierung flacher Gewässer ideal.

gen Sydney — aus nach Norden durch die gefährlichen Gewässer des Great Barrier Reef mit seinen Korallenbänken.

Cook wurde nach seiner Rückkehr in England im Juli 1771 von König Georg III. empfangen, die Admiralität beförderte ihn zum Kommandanten, und die Royal Society empfahl, dass er eine weitere Expedition in die Südsee leiten solle, um zweifelsfrei zu beweisen, dass der mysteriöse Südkontinent existierte, oder dies endgültig zu widerlegen. Dieses Mal befehligte Cook zwei weitaus seetüchtigere Schiffe, die *Resolution* und die *Adventure* — beide ehemalige Kohlefrachter.

Cook bereitete sich gewissenhaft auf seine Reise vor. Auf der ersten Expedition hatte er keine zuverlässige Möglichkeit gehabt, den Längengrad (den Abstand nach Westen oder Osten zum Nullmeridian) zu bestimmen; er war auf der Suche nach Land gezwungen gewesen, parallel zu der durch Sextantenmessung bestimmten Breite zu segeln. Aber für diese Reise hatte Cook seine Schiffe mit einem neuen Instrument ausgerüstet, das das Problem der Längenbestimmung ein für allemal lösen sollte: John Harrisons Chronometer.

Harrisons nautisches Chronometer wurde von komplizierten Federn, Zahnrädern und Gegengewichten angetrieben. Es war viel genauer als Pendeluhren, die in der rollenden, schwankenden Schiffskabine auf See wenig hilfreich waren. Die Funktionsweise des Chronometers basierte auf dem Prinzip, dass sich die Erde alle 24 Stunden um 360 Grad dreht, das heißt in einer Stunde um 15 Grad. Ein in Greenwich bei London aufgestelltes Chronometer würde die Weltzeit vorgeben. Durch den Vergleich der Greenwich-Zeit mit »Mittag vor Ort«, wie ihn die Sextantenmessung der Sonne im Zenit ergibt, konnte ein Navigator genau bestimmen, wie viel Grad östlich oder westlich von Greenwich er sich befand, das heißt, welchen Längengrad das Schiff erreicht hatte. Jetzt konnten Cook auf der *Resolution* und sein Kapitänskollege Tobias Furneaux auf der *Adventure* von jedem Stück Land, das sie im Südpolarmeer entdeckten, den Breiten- und den Längengrad berechnen.

Die Schiffe segelten im zeitigen Frühjahr vom Kap der Guten Hoffnung nach Süden. In den folgenden drei Monaten wich Cook driftenden Eisschollen und Walen aus, durchstreifte die antarktischen Gewässer und suchte unverdrossen nach der geheimnisvollen *Terra australis incognita*, obwohl Furneaux bei dichtem Nebel in einem Eisfeld von ihm getrennt wurde und klugerweise nach Neuseeland zurückfuhr, wo sie vorsorglich für einen derartigen Fall einen Treffpunkt ausgemacht hatten.

Im Januar 1774 überquerte sein zerbrechliches Holzschiff den 71. Breitengrad, den südlichsten Punkt, an den sich Menschen bis dahin je gewagt hatten. Die Eisschollen waren gefährlich, und sein Instinkt sagte ihm, dass sich jenseits des im Nebel liegenden Horizonts im Süden eine geschlossene Eisdecke befinden müsse. Jetzt war sich der ehemalige Matrose aus Nordengland sicher, dass er das Rätsel um den Südkontinent mit angeblich

Auf seiner dritten und letzten Expedition zur Erforschung des Nordpazifiks ankerten Cooks Schiffe in der Kealakekua Bay auf der Insel Hawaii. Die Beziehungen zu den Eingeborenen verschlechterten sich, und Cook wurde am 14. Februar 1799 bei einem Streit um ein gestohlenes britisches Beiboot umgebracht.

gemäßigtem Klima gelöst hatte: Wenn er überhaupt existierte, dann war er für immer von Gletschern bedeckt und von undurchdringlichem Packeis umgeben.

Cook und seine Mannschaft überwinterten in den Tropen, wo sie eine Vielzahl von unbekannten Inseln erforschten und kartierten. Die unaufhörlichen Strapazen hatten Cooks Gesundheit angeschlagen; obwohl erst in den Vierzigern, war er vom Rheuma und den Folgen der schlechten medizinischen Versorgung fast gelähmt. Dennoch wollte er nicht aufgeben: Auf dem Rückweg nach England via Kap Hoorn wagte er sich auf der Suche nach dem mysteriösen Kontinent noch einmal weit in den Süden vor, obwohl er in sein Logbuch geschrieben hatte, dass er »diese hohen Breiten gründlich satt« habe. Als auf der Südhalbkugel der Winter nahte, wandte er sich schließlich nach Norden. Im Sommer 1775 wurde Cook in England wie ein Held empfangen. Angesichts seines schlechten Gesundheitszustands und nachdem er sein ganzes Leben in den Dienst seines Landes gestellt hatte, hätte er sich zur Ruhe setzen können. Aber wieder meldete er sich und nahm die nächste Herausforderung als Forscher an. Die Krone und die Admiralität wünschten sich die Klärung einer Frage, die sich Geographen und Seeleute schon lange stellten. Cook sollte die eisfreie Nordwestpassage entdecken, den Seeweg an der Nordküste des amerikanischen Kontinents vom Atlantik zum Pazifik.

Auf Kapitän Cooks letzter Expedition traf seine Mannschaft bei ihrer erfolglosen Suche nach einer eisfreien Nordwestpassage oberhalb des amerikanischen Kontinents auf Eisbären.

Cook, jetzt abkommandierter Kapitän der Royal Navy, nahm die Einladung der Admiralität an, eine Expedition mit zwei Schiffen in den äußersten Nordpazifik zu leiten, und fuhr an Bord der *Resolution* über Kapstadt in den Indischen Ozean, begleitet vom zweiten Schiff, der *Discovery*, kommandiert von Kapitän Charles Clerke. Im Januar 1778 sichtete er die üppig grünen Vulkankegel einer Inselkette, der er auf seiner Karte den Namen Sandwich Inseln gab (heute zu Hawaii gehörend), zu Ehren des Earl of Sandwich, der damals Erster Seelord und Oberbefehlshaber der Royal Navy war.

Die ganzen langen Tage des arktischen Sommers hindurch durchpflügten die *Resolution* und die *Discovery* die gletschergesäumten Fjorde der Halbinsel Alaska, wieder in den verhassten hohen Breitengraden – diesmal der Nordhalbkugel – und dem eisigen Nebel, den Cook am anderen Ende der Erde fürchten gelernt hatte. Trotz unaufhörlicher Bemühungen fanden Cooks Forscher keine Passage nach Osten, obwohl die *Resolution* über den 70. nördlichen Breitengrad hinaus weit ins Polarmeer vorgedrungen war.

Bei Einbruch des Winters kehrten Cook und Clerke zur Insel Hawaii zurück und ankerten in der geschützten Kealakekua Bay. Für die Einheimischen konnten diese seltsamen Wesen auf den riesigen geflügelten Kanus nur Götter sein, die zu den Sterblichen zurückgekehrt waren. Wie verquer die Vorstellung der Eingeborenen von den britischen Seeleuten wirklich war, davon hatte Cook jedoch keine Ahnung.

Doch als einer der Matrosen starb, wurde den Hawaiianern klar, dass auch die Seeleute sterblich waren. Das eröffnete die Möglichkeit, das eine oder andere aus dem Besitz der Briten zu entwenden, was schließlich zum Diebstahl des großen Beibootes der *Discovery* führte. Cook ging mit einem Trupp bewaffneter Matrosen an Land, um das Boot zurückzubekommen, das für die Küstenerforschung im nächsten Frühjahr dringend benötigt wurde. Infolge feindseliger Auseinandersetzungen wurde Cook schwer verletzt und zusammen mit vieren seiner Leute erschlagen.

Kapitän James Cook starb im Alter von 50 Jahren auf jener Expedition, mit der er einen ersten Hinweis darauf lieferte, dass es keine ganzjährig eisfreie Nordwestpassage gibt.

Anfang März 1977 stand ich an der Reling des Forschungsschiffs *Knorr* und beobachtete einen Seelöwen, der gemächlich durch die Discovery Bay der Galápagosinsel Santa Cruz schwamm. Wir waren vor dem Charles-Darwin-Institut an der Südküste der Insel vor Anker gegangen. Der Himmel war an diesem Morgen wolkenlos, die Sonne schien, und dennoch spürte ich eine kühle Brise, als ankerten wir vor einer jener trockenen, baumlosen Inseln vor der südkalifornischen Küste, 900 Kilometer westlich von Südamerika, und nicht direkt am Äquator. Hier beherrscht der kalte Humboldtstrom, der von der Antarktis nach Norden zieht, das Klima und vertreibt die äquatoriale Feuchtigkeit, so dass die flachen Küsten der Vulkaninseln von Kakteen, Grammagras und Dornenbüschen bewachsen sind. Nur an den höheren, steileren Hängen der Krater, wo die südöstlichen Passatwinde auf Land treffen, bilden sich regelmäßig Regenwolken.

Die Abgeschiedenheit und das einzigartige Mikroklima der Galápagosinseln hatten zu außergewöhnlichen und zum Teil beispiellosen Experimenten der Evolution geführt. Hier gibt es Leguane, die eigentlich Landreptilien sind, sich der Meeresumgebung aber perfekt angepasst haben und sich von Seegras ernähren. Die sechs Riesenschildkrötenarten – auf Spanisch *galápago*, die Namensgeber der Inseln – gehören zu den langlebigsten Tieren der Erde. Und dann die Vögel: Auf den 16 Inseln des Archipels leben einzigartige flugunfähige Kormorane, Flamingos, eine verwirrende Vielzahl von Finkenarten sowie Pinguine.

Der Anblick kleiner grauweißer Pinguine, die nahe am Äquator durch diese kalten Gewässer schwammen, war nur einer der bizarren Eindrücke, die sich uns hier und auf dem das Galápagosriff umgebenden Meeresgrund boten.

Unsere multidisziplinäre und von mehreren Institutionen zusammengestellte Expedition sollte die Auswirkung der Plattentektonik auf den dortigen Meeresgrund unter Einsatz des Kameraschlittens *ANGUS* und des bemannten Tauchboots *Alvin* untersuchen. Ziel der Expedition war es gewesen, die Unterwassergeologie des Galápagosriffs zu erforschen – ein Seitenstrang des mittelozeanischen Rückens – in dem wir auf Hot Spots zu treffen hofften. Wir entdeckten diese nicht nur, sondern konnten auch die dort seltsame Meeresflora und -fauna besichtigen.

Bei unserer ersten Aufklärungsfahrt das Riff hinab zeigte ein Temperaturfühler am Kameraschlitten *ANGUS* die Nähe hydrothermaler Schlote an, Fontänen superheißen Seewassers, das aus Magmakammern unter dem Meeresboden aus Lava herausprudelt. Fotos zeigten um diese Schlote herum seltsame Ansammlungen unbekannter Tierarten: riesige weiße Muscheln, gigantische Röhrenwürmer mit blutroten Mäulern sowie Kolonien einer völlig unidentifizierbaren Kreatur, die wie ein gewaltiger fleischfressender »Löwenzahn« aus einem alten Science-Fiction-Film aussieht. Noch überraschender war, dass die frisch erstarrte Lava in der Nähe fast frei von Sedimenten war, was bedeutete, dass nicht genügend konventionelle Nahrung vorhanden war, um solch große Ansammlungen verschiedenartiger Lebewesen zu ernähren.

Diese neu entdeckten Lebewesen existierten auf einer biologischen Grundlage, und zwar unabhängig vom Kreislauf der Photosynthese, die man bis dahin für die Lebenserhaltung als notwendig erachtet hatte. Durch die Entnahme von Wasserproben nahe der hydrothermalen Schlote fanden wir heraus, dass das Wasser reich an gelöstem Schwefelwasserstoff ist, der offenbar von Sauerstoff unabhängige Bakterien ernährt, die Grundlage dieser einzigartigen Nahrungskette. Tatsächlich waren wir auf einen neuen Zweig der Evolution gestoßen.

Die Galápagosinseln werden immer mit Charles Darwin, dem Begründer der Evolutionswissenschaft in Verbindung gebracht. In dieser biologisch einzigartigen Abgeschiedenheit begann Darwin seine revolutionäre Theorie zu entwickeln, die vor 140 Jahren die Grundmauern des konventionellen wissenschaftlichen Denkens und des religiösen Dogmas erschütterte.

Einer der größten Denker der Menschheit, der Engländer Charles Darwin, hätte seine Evolutionstheorie wahrscheinlich nie entwickelt, hätte er auf der fünfjährigen Reise mit der H.M.S. *Beagle* nicht ständig unter der Seekrankheit gelitten und deshalb an Land Zuflucht gesucht.

Folgende Seiten: **Die Galápagosinseln vor der Küste Ecuadors waren Darwins Laboratorium der Evolution. Er entdeckte faszinierende Unterschiede in Flora und Fauna zwischen den verschiedenen Inseln des Archipels.**

Im Gegensatz zu James Cook war Charles Darwin ein Kind privilegierter Eltern. Denn als Angehörige der Industriellenfamilie Wedgwood konnten sie ihm ein Leben lang ein großzügiges Einkommen sichern. In Cambridge begann er 1827 mit dem Studium der Theologie, fühlte sich aber zur neu aufkommenden Disziplin der Geologie hingezogen. Die vorherrschende Lehrmeinung – die noch immer im Einklang mit dem religiösen Dogma stand – besagte, dass die Erde und alle Lebewesen auf ihr vor etwa 6000 Jahren geschaffen worden seien. Die Theorie der erdgeschichtlichen Katastrophen, eine von vielen Lehrmeinungen in der Geologie, ging dagegen davon aus, dass es mehrere Schöpfungen gegeben habe, die jeweils durch eine Abfolge erdgeschichtlicher Katastrophen zunichte gemacht wurden.

Darwin war an diesen Fragen sehr interessiert und fand die Vorstellung faszinierend, dass die Naturwissenschaften die Geheimnisse des Planeten aufdecken könnten. Die frei gelegten Fossilien seltsamer, ausgestorbener wirbelloser Meerestiere in den nebligen walisischen Tälern weckten bei dem jungen Mann eine brennende Neugier.

Darwins früherer Professor in Cambridge, John Henslow, empfahl ihn als »Gentleman companion« des Kapitäns und als Naturforscher für die H.M.S. *Beagle*, mit der eine mehrjährige Forschungs- und Kartierungsexpedition nach Südamerika geplant war. Henslow sicherte Darwin zu, dass er reichlich Gelegenheit zum Sammeln von Exemplaren an Land und zur Erforschung des Landesinneren haben werde. Der Kapitän der *Beagle*, Robert FitzRoy, war nur vier Jahre älter als Darwin, aber bereits ein versierter Seemann. Der junge und völlig unerfahrene Naturforscher und Geologe konnte einer solchen Einladung schwer widerstehen. Und Darwin traf sich, nachdem er die Einwände seines Vaters ausgeräumt hatte, mit FitzRoy in London und verpflichtete sich zur Teilnahme an einer Reise, die zwei Jahre dauern sollte.

An der Südküste Englands ging er an Bord der *Beagle* und unternahm mit FitzRoy mehrere kurze Fahrten zu Versorgungsbasen, bis sie schließlich in Plymouth ankamen. »Allein schon beim Wort ‚Seekrankheit'«, so schrieb er an seine Schwester Susan, »wird mir übel.«

Im Dezember 1831 verließ das Schiff Plymouth mit Ziel Kapverdische Inseln und Brasilien. Schon nach einem Tag war Darwin schrecklich seekrank, ein Zustand, der die ganzen 533 Tage anhalten sollte, die er in den nächsten fünf Jahren an Bord verbrachte. Das war für einen jungen Mann mit romantischen Vorstellungen von Abenteuerreisen über die Ozeane äußerst niederschmetternd. Am Ende hasste Darwin Schiffsreisen. »Ich hasse, ich verabscheue das Meer und alle Schiffe, die darauf herumfahren«, schrieb er jetzt an seine Schwester.

Deshalb verbrachte Darwin möglichst viel Zeit an Land, um dort zu arbeiten. Als er an der Bahía Blanca, einem Abschnitt der argentinischen Küste, die mit einer Seemuschelkruste überzogenen Knochen ausgestorbener »Riesensäugetiere« fand, war ihm klar, dass diese Lebewesen entweder im Meer gelebt hatten oder ihre Überreste ins Meer gespült worden waren. Aber warum lagen sie jetzt mehrere Meter unter dem steinigen Boden, Meilen von der heutigen Küste entfernt?

Der junge Wissenschaftler war von Neugier und Zweifeln über die herkömmliche Theorie erfüllt. Später schrieb er in sein Tagebuch von seiner zunehmenden Skepsis darüber, dass alle Spezies – von den Mäusen über die Wale bis zum Menschen – auf einmal geschaffen wurden, dass aber einige andere aus unerfindlichen Gründen ausgestorben waren, während wieder andere, ähnliche Arten eigens dafür geschaffen zu sein schienen, deren Platz einzunehmen. Darwins Forschungen hatten in seinem Geist die Vorstellung von einer vom Konkurrenzkampf beherrschten Umwelt entstehen lassen, also von dem, was wir heute Ökosystem nennen.

Im September 1835 ging die *Beagle* bei den Galápagosinseln vor Anker, einem Archipel, das weit draußen im Pazifik westlich von Ecuador lag. Die Geologie warf keine Fragen auf: Es handelte sich eindeutig um vulkanisches Gestein, das von Gestrüpp bewachsen war. Aber die Fauna interessierte Darwin brennend. Er erfasste mehr als zwei Dutzend ver-

schiedene Spezies von Landvögeln wie etwa Finken und Spottdrosseln, die, wie seine englischen Naturlehrbücher ihm sagten, nur auf diesen Inseln zu finden waren. Noch interessanter war für ihn, dass sich die Spezies von Insel zu Insel deutlich unterschieden, obwohl sie miteinander verwandt zu sein schienen. Die Meeresleguane, die sich von Seegras ernährten, gab es ebenfalls ausschließlich auf diesem Archipel. Aber die außergewöhnlichsten Reptilien waren die Galápagos-Riesenschildkröten. Zunächst dachte Darwin, dass eine einzige Spezies dieser 300 Pfund schweren Kolosse alle Inseln bevölkerte. Aber dann wies ihn der Gouverneur auf die Tatsache hin, dass jede der kahlen, fast wüstenartigen Inseln ihre eigene Schildkrötenart beheimatete.

Darwin verließ die Galápagosinseln, grübelte aber weiter über eine revolutionäre Vorstellung nach, die sich allmählich in seinem Kopf entwickelte. Konnte sich eine Tierart zu einer anderen, ähnlichen, aber doch verschiedenen Spezies weiterentwickeln? Falls ja, warum? Welche Naturkräfte verursachten die Veränderungen, die er unter den Tieren der Galápagosinseln beobachtet hatte? Waren die ausgestorbenen Riesenvierbeiner, deren Knochen er in Argentinien ausgegraben hatte, in irgendeiner Weise mit den heutigen Säugetieren verwandt? Auf der langen Heimreise über den riesigen Pazifik und den Indischen Ozean kämpfte Darwin gegen seine Nemesis – die Seekrankheit –, indem er an seinen Forschungsberichten arbeitete und seine Theorie weiterentwickelte.

Dankbar ließ sich Darwin nach einer heldenhaften Forschungsreise von fast fünf Jahren auf der vertrauten *Terra firma* Englands nieder und machte sich sogleich an die Arbeit, um seine Gedanken zusammenzufassen. Sein erstes Werk war erstaunlich kühn für einen jungen Mann von noch nicht einmal 30 Jahren. Mit seiner Behauptung, dass sich eine Spezies langsam zu einer anderen entwickeln kann, formulierte er bereits in seinen

Diese Galápagos-Meeresleguane, einzige eingeschränkt an das Wasser angepasste Art dieser sonst rein landbewohnenden Gruppe, haben sich im Bemühen, die knappen Ressourcen dieser isolierten Inseln zu nutzen, auf Nahrung aus dem Meer umgestellt; die wechselwarmen Echsen müssen aber nach wenigen Minuten an Land zurück und sich an der Sonne aufwärmen.

Zum Spaß ritt Darwin manchmal auf dem Rücken einer Galápagos-Riesenschildkröte. Er fand heraus, dass jede Insel ihre ganz eigene Spezies beheimatete.

»Transmutation Notebooks« den Kern seiner gesamten späteren Arbeit. Darwins Theorie war eine intellektuell herausfordernde These, die sowohl den vorherrschenden religiösen Dogmen als auch den herkömmlichen Lehrmeinungen der Geologie widersprach.

Zweifellos veränderte sich die Erde, räumte Darwin ein, doch Organismen veränderten sich aufgrund anderer Kräfte als biblischer oder geologischer Umwälzungen.

Bald heiratete Darwin seine Cousine Emma Wedgwood und hielt damit das Familienvermögen zusammen. Das junge Paar ließ sich in Kent auf dem Lande nieder, und Darwin arbeitete geduldig an seinen Studien, unternahm gelegentlich Reisen nach London, da er inzwischen Mitglied der Royal Society geworden war. Dann las Darwin den pessimistischen *Essay on the Principle of Population* des englischen Nationalökonomen Thomas Malthus, der voraussagte, dass die Menschheit sich unweigerlich so stark vermehren würde, dass sie irgendwann nicht mehr ausreichend mit Lebensmitteln versorgt werden könne. Darwin erkannte, dass sich der Wettkampf um begrenzte Ressourcen innerhalb einer Spezies nicht auf den *Homo sapiens* beschränkte, sondern sich auf die gesamte Schöpfung erstreckte. Im Laufe der folgenden 20 Jahre arbeitete Darwin allmählich seine Theorie aus, dass sich eine Spezies durch einen Konkurrenzprozess, den er »natürliche Auslese« nannte, in eine andere entwickelt. Er behauptete, dass einzelne Pflanzen oder Tiere mit günstigen Eigenschaften überleben und sich fortpflanzen, während dies anderen, die solche Eigenschaften nicht besitzen — wie den ausgestorbenen argentinischen Riesen-Tetrapoden —, nicht gelingt.

Darwin arbeitete 1858 gerade an den letzten Kapiteln seines revolutionären Buches *Die Entstehung der Arten durch natürliche Zuchtwahl*, als er den Essayentwurf eines jungen englischen Naturforschers erhielt, Alfred Russel Wallace, der zum Malaiischen Archipel gereist war und – erstaunlicherweise vollkommen unabhängig von ihm – eine ähnliche Evolutionstheorie wie er entwickelt hatte. Noch im selben Sommer brachten sie gemeinsam bei der Linnean Society in London einen Artikel heraus. Im folgenden Jahr veröffentlichte Darwin sein Buch, in dem er mit fundierten Argumenten belegte, dass der Wettstreit innerhalb der Spezies – der Kampf des Einzelnen um Nahrungsressourcen, Partner und ein sicheres Territorium zur Fortpflanzung der eigenen Art – die Kraft sei, die seit Äonen den unsichtbaren Motor der Evolution angetrieben habe. Als Beweis führte er seine Fossilienfunde in Südamerika und die wunderbare Mannigfaltigkeit der Lebewesen auf den Galápagos an.

Das Buch löste zwischen Wissenschaftlern, die von seiner Brillanz beeindruckt waren, und vielen empörten kirchlichen und politischen Größen eine heftige Debatte aus. Darwin hielt sich aus diesem Streit heraus und setzte die Arbeit an seiner Forschung fort. Seine Erkenntnisse beruhten stets auf den bei seiner einzigen Forschungsreise gesammelten Daten, auf der er bedingt durch seine Seekrankheit mehr gelitten hatte als jemals sonst in seinem Leben.

Im Sommer 1982 lud mich die U.S. Navy ein, von Woods Hole zum Naval War College zu kommen und an einem hochkarätigen Strategieseminar teilzunehmen – ein recht ungewöhnliches Thema für einen Meeresgeologen. Aber ich hatte an einem Konzept gearbeitet, das ich »Geländekriegsführung« nannte und das auf die Zeit zurückging, da ich als junger Nachrichtenoffizier bei der Armee arbeitete, bevor ich meinen aktiven Dienst als Fähnrich zur See antrat. Die Armee hielt sehr viel von der Idee, das Terrain möglichst zum eigenen Vorteil zu nutzen; aber den Offizieren unserer Atom-U-Boote war – wie mir ein U-Boot-Kapitän sagte – stets beigebracht worden, dass der Meeresgrund etwas sei, von dem man sich in jedem Fall und koste es, was es wolle, fernhalten sollte, und dass er kein Gelände sei, das man nutzen könne.

Das lag, wie mir klar wurde, daran, dass sie sich das Terrain nicht vorstellen konnten. Die Navy brauchte eine geeignete Ausrüstung, mit der sie detaillierte Bilder der Schluchten und Spalten am Meeresgrund erhalten konnte, damit der U-Boot-Dienst genaue Karten der strategischen »Flaschenhälse« erstellen konnte, wie beispielsweise der grönländisch-isländisch-norwegischen Spalte im Nordatlantik, der Straße von Gibraltar oder der flachen Zugänge ins Japanische Meer.

Meine Kollegen und ich hatten mit dem *Argo-Jason*-Projekt am Woods Hole Deep Submergence Lab bereits erste Tests für ein solches bildgebendes System durchgeführt, nach denen schließlich ein an einem Kabel zum Meeresgrund herabgelassener Video-Sonar-Schlitten mit einem ferngesteuerten Unterwasserfahrzeug kombiniert wurde. Aber wir brauchten Geld, um weitermachen zu können. Viel Geld. Wir hatten dem Office of Naval Research den Vorschlag unterbreitet, uns zu sponsern, hatten jedoch bislang noch keine positive Antwort erhalten. Im Moment schien *Argo-Jason* ein Hirngespinst zu sein.

Auf dem Seminar verkündete ich den hohen Tieren von der Navy meine Botschaft, aber ich sah ihre zweifelnden Gesichter. Dennoch nutzte ich die Gelegenheit, den Marineminister John Lehman anzusprechen, der an meinem Konzept recht interessiert zu sein schien. »In Woods Hole entwickeln wir neue visuelle und auditive Systeme, die es uns ermöglichen werden, in größere Tiefen vorzudringen als je zuvor. Wie können wir das Meer wirklich transparent machen«, führte ich aus.

Ein paar Wochen später wurde ich nach Washington eingeladen und fand mich im Büro des Vizeadmirals Ron Thunman, Deputy Chief of Naval Operations for Submarine Warfare, im Pentagon ein. »Was zum Teufel erzählen Sie denn dem Marineminister, dass die Weltmeere transparent werden?« knurrte er.

Das war erst der Anfang seiner Attacke. Er wurde wirklich fuchsteufelswild. Ich fühlte Wut und Zorn in mir aufsteigen. Seine Beleidigungen musste ich mir nicht anhören. Verdammt, die Navy hatte mich gebeten, hierher zu kommen. Als ich die Weltkarte an der Wand des Admiralsbüros sah, ging ich hinüber und klopfte auf das leere blaue Feld, auf dem es nicht den geringsten Hinweis auf den Mittelatlantischen Rücken gab. Der Befehlshaber der amerikanischen U-Boot-Flotte sollte eigentlich eine bessere Karte besitzen.

»Ist Ihnen klar, welch gewaltige Bergketten es im Meer gibt?« brüllte ich ihn an. »Und ist Ihnen klar, dass Sie Ihre ganze U-Boot-Flotte in den großen Schluchten zwischen den Kontinentalplatten der Weltmeere verstecken könnten? Oder die Sowjets?«

Da grinste Admiral Thunman und streckte seine knochige Hand aus. »Nehmen Sie Platz, Dr. Ballard«, sagte er nun freundlich. »Lassen Sie uns miteinander reden.«

Ich hatte soeben den »Rickover-Test« bestanden, eine Prüfung, die Admiral Hyman Rickover, der Vater der Atom-U-Boote, vor vielen Jahren eingeführt hatte.

Bald war die U.S. Navy bereit, die Forschung und Entwicklung des *Argo-Jason*-Systems zu finanzieren. Im Zuge der Betriebstests von *Argo* erforschten wir 1984 das Wrack des amerikanischen U-Boots *Thresher*, das 1963 vor Neuengland in eine Tiefe von 2600 Metern gesunken war. Im Sommer 1985 erkundete *Argo* das nahe der Azoren untergegangene U-Boot der U.S. Navy, die *Scorpion*. Ein paar Wochen später entdeckte *Argo* die *Titanic*.

Es ist nur fair, zu erwähnen, dass ich einen Großteil meines Erfolges als Forscher der Unterstützung durch die U.S. Navy verdanke. Diese Art von Partnerschaft ist wahrscheinlich so alt wie die Meeresforschung selbst. Auf jeden Fall kannte das 19. Jahrhundert viele solcher Schirmherrschaften zwischen Kriegsmarinen und wissenschaftlichen Gesellschaften auf der einen und Forschern auf der anderen Seite.

Dreizehn Jahre nachdem Darwin sein Buch veröffentlicht hatte, arbeiteten die Royal Navy und die bedeutendsten britischen Wissenschaftlicher bei einer Expedition zusammen, die die Fahrt der *Beagle* vom Umfang her in den Schatten stellte. Die Royal Society bat die Admiralität 1872 um ein geeignetes Schiff für eine ausgedehnte wissenschaftliche Untersuchung des »physikalischen Zustands der Tiefsee« im Atlantik, im Pazifik und im Indischen Ozean. Die Admiralität überließ der Royal Society die H.M.S. *Challenger*, eine 2300 Tonnen schwere Dampfkorvette mit Holzrumpf, bei der für ausgedehnte Passagen Segel gesetzt wurden und die mit Kohle befeuerte Dampfmaschine nur kurzfristig zum Einsatz kam, wenn zum Beispiel während Ausbaggerungen oder Tiefseelotungen die Position gehalten werden musste.

Es war der britische Naturforscher Charles Wyville Thomson, ein untersetzter, bärtiger Professor für Naturgeschichte an der Universität von Edinburgh, der die Royal Society zur Durchführung der Expedition überredet hatte. Wyville Thomson war von der mysteriösen See fasziniert. Und er ärgerte sich, dass das rationale, aber selbstgefällige wissenschaftliche Establishment der viktorianischen Zeit so wenig über die Meere wusste, die fast Dreiviertel der Erdoberfläche bedecken. Und im Gegensatz zu vielen Gelehrten seiner Zeit, die einfach glaubten, dass in Tiefen unter 200 Metern kein Leben existieren könne, hatte er an einigen kleinen Expeditionen teilgenommen, die tatsächlich aus weit größeren Tiefen Tiere zu Tage gefördert hatten. Wyville Thomson und die zielstrebigen Wissenschaftler, die er für die Expedition um sich versammelte, waren entschlossen, auf der geplanten vierjährigen Fahrt möglichst viele Rätsel der Tiefseebecken zu entschlüsseln.

Im Dezember 1872 stach die H.M.S. *Challenger* in See. Ein Großteil des Platzes unter Deck dieses Dreimasters war in beengte Laboratorien und Aufbewahrungsfächer für die Tausende von Exemplaren umgebaut worden, die gesammelt werden sollten. Wyville Thomson und seine fünf Kollegen an Bord der *Challenger* repräsentierten die gesamte Skala der Naturwissenschaften des 19. Jahrhunderts, von der Botanik bis zur Physik. Als sie vier Jahre später zurückkehrten, hatten sie praktisch eine neue Wissenschaft aus der Taufe gehoben: die Ozeanographie.

Die Expedition führte an 362 sorgfältig ausgewählten Positionen Beobachtungen durch, maß die Temperatur des Meerwassers, den Salzgehalt und die vorherrschenden Strömungen. An 133 Stellen in drei Ozeanen nahmen die Wissenschaftler Ausbaggerungen

vor und förderten Tausende von Exemplaren zu Tage, viele unbekannte wirbellose Spezies wie etwa die in der Tiefsee beheimateten Holothurien, den wie Seesterne und Seeigel zu den Stachelhäutern gehörenden Seegurken, die sich auf hydraulischen, den sogenannten Ambulakralfüßchen durch das eisige schwarze Sediment pflügen. Schleppnetzfänge auf hoher See lieferten eine Fülle bis dahin unbekannten mikroskopischen Lebens, von Protozoen bis hin zu unzähligen nicht katalogisierten Planktonarten.

Die Tiefseelotungen gehörten eindeutig zum bedeutendsten wissenschaftlichen Beitrag der *Challenger*-Expedition. Mit Hilfe dampfgetriebener Kabelrollen maßen die Wissenschaftler an 492 Stellen, jeweils im Abstand von rund 325 Kilometern, die Tiefe, während das Schiff in den drei Meeren einem genauen Kurs folgte. Die Entdeckung dieser Expedition, nämlich dass sich zwischen der Alten und der Neuen Welt eine ganze Gebirgskette erhebt – der Mittelatlantische Rücken –, war völlig überraschend.

Außerdem staunten die Wissenschaftler der *Challenger,* als sie im Westpazifik Tiefen entdeckten, die so groß waren, dass der Wasserdruck sämtliche Apparate zerquetschte, die die geschickten Ingenieure an Bord bauen konnten. Welche ungeahnte Dynamik war in der Erdkruste am Werk und hatte solche Gräben geschaffen? Es sollte ein Jahrhundert vergehen, bis die Theorie der Plattentektonik die Geheimnisse des Mittelatlantischen Rückens und der Pazifikgräben lösen würde, Stellen, an denen die Platten kollidieren, in den Erdmantel abtauchen und als Teil des endlosen Fließbands der geologischen Erneuerung der Erde wieder geschmolzen werden.

Als die *Challenger* 1876 zurückkehrte, übernahm der jüngste Wissenschaftler an Bord, ein reicher, in Kanada geborener, aber in Schottland lebender Forscher namens John Murray, die Auswertung sämtlicher Daten, die während der Expedition in den Jahren 1872–1876 erhoben worden waren. Seine Ergebnisse fasste er in einem 50bändigen Werk zusammen, das erst im Jahr 1895 fertiggestellt wurde. Diese Studie, noch heute eine empfehlenswerte Lektüre, ist das Goldene Vlies der Gelehrsamkeit des 19. Jahrhunderts und verdeutlicht die letztlich gelungene Verschmelzung von Wissenschaft und Forschung. In vieler Hinsicht stützte ich mich auf die Erkenntnisse von Kapitän James Cook und den Wissenschaftlern der H.M.S. *Challenger*, als ich an jenem Augustmorgen 1973 in den Bathyskaph *Archimede* stieg und zu den submarinen Gebirgszügen hinabtauchte.

Forscher arbeiten während der vierjährigen Pionierexpedition der H.M.S. *Challenger* in den 70er Jahren des 19. Jahrhunderts in einem der Labors an Bord. Zum ersten Mal arbeiteten auf einer großen Expedition Forscher verschiedener Fachrichtungen zusammen und begründeten dabei den neuen Wissenschaftszweig der Ozeanographie.

III

Die Küsten verbinden

Ich lag bequem in der engen Beobachtungsstation des kleinen Atom-U-Boots *NR-1* der U.S. Navy, meine Unterarme auf eine Gummiauflage gestützt, das Gesicht nahe an dem Bullauge aus Panzerglas. Die starken Thalliumjodid-Scheinwerfer des Tauchboots warfen einen gespenstisch grünen Schein auf den ebenen, schlammigen Grund der Skerki Bank. Wir befanden uns nördlich von Tunesien und östlich des sizilianischen Hafens Marsala in 600 Metern Tiefe – einer Tiefe, die selbst die modernsten U-Boote zerdrückt hätte.

Aber die *NR-1* ist kein normales U-Boot. Mit seinem gehärteten Stahldruckrumpf und einem Atomreaktor von der Größe etwa einer Mülltonne kann das Boot in 900 Meter Tiefe tauchen, wochenlang unter Wasser bleiben und den Meeresgrund mit einer Vielzahl von Hightech-Sensoren abtasten. Zu ihnen gehören einige der stärksten Sonare der Welt, die selbst kleine, weit entfernte Objekte aufspüren können. Und sobald die Besatzung erst einmal das gesuchte Objekt lokalisiert hat, kann der Roboterarm der *NR-1* dieses mit seinen starken Greifern packen und in einen außen angebrachten Behälter verstauen – häufig handelt es sich auf streng geheimen Missionen dabei um militärisches Gerät.

»Wir nähern uns Stelle D«, meldete Fregattenkapitän Scott Swehla über die Bordsprechanlage von seinem Platz im Kontrollraum direkt über mir. Er steuerte das U-Boot mit Hilfe von Bildern auf Videomonitoren und Daten aus der Sonarkuppel im hydrodynamischen Bug durch einen mit Computern verbundenen Schalthebel. Scotts Kontrollstation erinnerte mich an den Pilotensitz eines Spaceshuttles. Und in der Tat ließen die ordentlich aufgereihten Besatzungsunterkünfte mit der winzigen Kombüse und den engen, übereinander angebrachten Kojen an eine Kreuzung zwischen Raumfahrzeug und Hightech-Wohnmobil denken.

Als ich hinsah, wurde das monotone Grau des Meeresgrundes plötzlich von geometrischen Formen unterbrochen. Scott verlangsamte die *NR-1*, und wir glitten kaum noch voran. Jetzt erkannte ich das Durcheinander langhalsiger und rundlicher Terrakotta-Amphoren, in einem Oval von etwa sieben Metern Länge liegend, das die Form des ehemaligen Schiffswracks markierte. »Bingo, Scott!«, rief ich zum Kontrollraum hinauf. »Wir haben wieder eines. Lass uns die Koordinaten festhalten.«

Bereits 1988 und 1989 war ich zur Skerki Bank gekommen, auf Expeditionen mit unterschiedlichen Zielen, bei welchen Kameraschlitten und ferngesteuerte Tauchfahrzeuge eingesetzt wurden, um unterseeische Vulkane mit ihren Schloten heißer Quellen zu untersuchen und um in dem schmalen Kanal zwischen Tunesien und Sizilien nach möglichen Schiffswracks zu suchen. Die Straße von Sizilien war ein nahe liegendes Gebiet für diese archäologische Untersuchung: Sie ist zum einen der schmale Wasserstreifen, der die Becken des östlichen und des westlichen Mittelmeers miteinander verbindet, zum anderen herrschte hier einst reger Schiffsverkehr zwischen den Küsten Italiens und den Provinzen des römischen Reiches im heutigen Nordafrika.

Die Expedition von 1989, eine Probefahrt für unsere neuen ferngesteuerten Tauchboote *Hugo* und *Jason* sowie den Kameraschlitten *Medea*, war ein beispielloser Erfolg gewesen. Einen wichtigen und außergewöhnlichen Aspekt dieser Fahrt stellten unsere ersten Live-Übertragungen per Satellit zu zwölf Museen und Forschungszentren in Nordamerika dar, das JASON-Projekt. Hunderttausende von Schülern hatten dadurch an der Frustration und dem Jubel der Entdeckung teilhaben können, als unser Forschungsschiff *Star Hercules* in den hohen Wellen des Mittelmeers über der Stelle schaukelte, an der wir ein Jahr zuvor auf dem Meeresgrund verstreut liegende Amphoren fotografiert hatten.

Für eine genauere Untersuchung setzten wir das raffinierte *Medea-Jason*-System ein. *Medea* ist eine Art Tiefsee-Auge, ausgerüstet mit Scheinwerfern und Videokameras, das über *Jason* wachen kann, unser ferngesteuertes Tauchboot, mit dem der Kameraschlitten durch ein elastisches Kabel verbunden ist.

Diese Technik schützt *Jason* vor dem unvermeidbaren Rucken und Zerren an dem langen Kabel, das *Medea* mit dem Forschungsschiff verbindet.

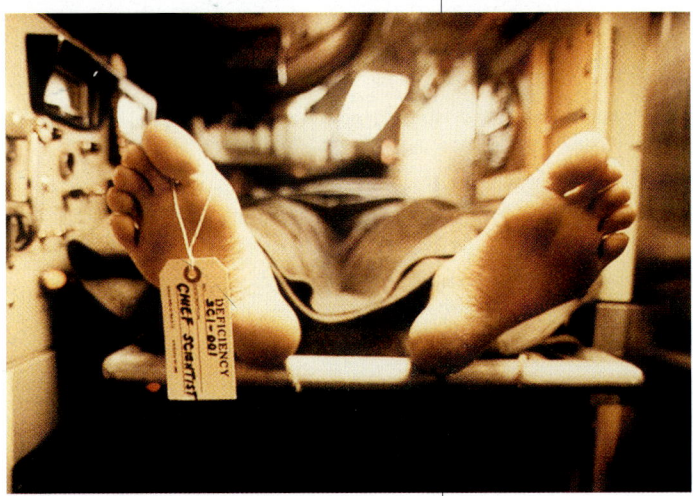

Der Autor blickt in der *NR-1* von seiner provisorischen Koje herab und scherzt mit dem Besatzungsmitglied Buckley Bailey, der in der engen Kombüse isst. Trotz der beengten Verhältnisse ist die Stimmung unter der Besatzung bestens.

Kleine Streiche lösen die Anspannung auf der *NR-1*. Hier hatte die Mannschaft auf einer früheren Expedition ein Schildchen mit der Aufschrift »Fehlbestand« an den großen Zeh des Chefwissenschaftlers, also den des Autors, gehängt.

Während die Schüler via Satellitenfernsehen zusahen, steuerte die 15-jährige Schülerin Louise Jones, eine der Teilnehmerinnen am JASON-Projekt, die beiden ferngesteuerten Tauchgeräte zum tiefen Meeresgrund hinab. Bald erfasste *Jasons* lichtempfindliche Videokamera eine Anhäufung unterschiedlich geformter Amphoren. Viele waren in einwandfreiem Zustand, andere zu wertlosen Scherben zerbrochen. Während *Jason* über die Amphorenansammlung hinwegschwamm, beugte sich Dr. Anna McCann, eine Archäologin, die sich am Trinity College, Dublin, auf römische Handelsgüter und Artefakte spezialisiert hat, im Kontrollraum über die Videomonitore. Anhand der Form der hellbraunen Terrakotta-Zylinder konnte sie das Schiffswrack vorsichtig auf das 3. oder 4. Jahrhundert n. Chr. datieren, also auf die Blütezeit der Wirtschaftsmacht des römischen Reiches. Professor McCann unterhielt sich mit den Schülern in Nordamerika und weckte ihre Begeisterung für den Reiz der Forschung. »Stellt euch das bloß vor. Ihr seht, was seit fast 2000 Jahren niemand gesehen hat.«

Unsere erste Videountersuchung der Stelle ließ den leicht tropfenförmigen Umriss eines ehemaligen Schiffswracks erkennen. Die flackernden Monitore zeigten die Kontur des Rumpfs eines möglicherweise römischen Handelsschiffs von fast 30 Metern Länge. Nachdem wir die Stelle sorgfältig vermessen und fotografiert hatten, steuerte *Jasons* Pilot, Martin Bowen, das Tauchfahrzeug über das Wrack, das wir zu Ehren der von den heidnischen Seefahrern rund ums Mittelmeer angebeteten Göttin *Isis* nennen wollten.

Der Schiffsbau war eine Kunst, die sich am Mittelmeer langsam von den Küstenbooten der Bronzezeit über die Rundboote der Phönizier — wie die *Tanit* und die *Elissa* — bis zu Hannos Flotte und Jahrhunderte später zur wirtschaftlichen und militärischen Seemacht Roms entwickelte. Im Grunde folgten die Schiffbauer der Antike jedoch der alten Technik des »Rumpfhülle zuerst« und fingen mit gebogenen Plankenreihen an, deren Ränder sorgfältig mit dem Beil geglättet wurden, wobei jedes Plankenpaar mit Nut und Zapfen miteinander verbunden wurde. Die quadratischen, riegelartigen Zapfen wurden in die gemeißelten Nuten geschlagen und an jedem Ende mit Haken gehalten. Erst nachdem die gesamte Plankenhülle des Rumpfes fertiggestellt war, setzte der Schiffbauer die Spanten ein — eine Konstruktionsweise von Holzschiffen, die jener im Mittelalter entstandenen und bis ins letzte Jahrhundert beibehaltenen genau entgegengesetzt war.

Die Nut- und Zapfen-Technik der Antike brachte höchst seetüchtige Schiffe mit so eng gesetzten Planken hervor, dass keine Teerung nötig war. Doch es war äußerst verschwenderisch, das überstehende Holz einfach wegzuhauen, damit jeder Plankenrand genau mit dem der nächsten Planke abschloss. Etwa im 1. Jahrhundert v. Chr. hatte der griechisch-römische Schiffsbau einen außergewöhnlich hohen Stand erreicht. Teile eines aus den konservierenden Grundsedimenten unweit des französischen Mittelmeerhafens Toulon gehobenen Wracks besaßen eine Doppelplankenkonstruktion, sozusagen eine Rumpfhülle in der anderen. Die äußere Plankenhaut war mit gehämmerten Bleiplatten verkleidet, auf welchen teergetränkte Flachsbahnen befestigt waren. Ein Schiff mit einem solchen Rumpf konnte schwere Frachten transportieren, vielleicht Tausende von Amphoren, gefüllt mit kostbarem Wein oder Olivenöl. Und der für jene Zeit typische Unternehmer, Händler und Kapitän in einer Person konnte beruhigt über die Meere segeln, weil er wusste, dass holzfressende Würmer seinem Schiff nicht ernsthaft etwas anhaben konnten. Doch die Investition in Arbeit und Holz muss enorm gewesen sein.

In der Tat glauben Historiker, dass der überhand nehmende Bau von Kriegs- und Handelsschiffen während der Jahrhunderte der griechischen und römischen Herrschaft über den Mittelmeerraum zur Abholzung großer Waldflächen führte, insbesondere in der Ägäis. Die Umweltfolgen dieser Technik können anhand veränderter Methoden der Plankenbefestigung zurückverfolgt werden: Bei den griechischen und römischen Schiffen der Antike wurden eng nebeneinander große Zapfen verwendet; zur Zeit des Zusammenbruchs des römischen Reiches waren die Zapfen klein und standen weit auseinander, was wahrscheinlich eine Kalfaterung notwendig machte.

Durch den vorsichtigen Einsatz von *Jasons* Roboterarm bargen wir an der Wrackstelle der *Isis* ein kleines Holzstück aus der konservierenden Sedimentschicht. Das Holz entpuppte sich als weiße Eiche, die in Europa wächst, nicht aber in Nordafrika oder im Nahen Osten – wir folgerten deshalb, dass das Schiff vielleicht im heutigen Italien gebaut worden war. Nachdem wir eine repräsentative Auswahl von Artefakten geborgen hatten, beschloss ich, das Wrack auf dieser Expedition nicht länger zu stören. Die *Isis* hatte hier 17 Jahrhunderte lang unbelästigt gelegen; wir hatten die genauen Koordinaten der Stelle, und wir konnten jederzeit zurückkommen, um eine gründliche archäologische »Grabung« durchzuführen, sobald uns bessere Unterwasser-Ausgrabungstechniken mit Robotern zur Verfügung stünden.

Das Artefakt der *Isis*, das mich am meisten faszinierte, war eine kleine, abgeflachte Öllampe aus Ton, die *Jasons* »Cow Catcher« – »Schienenräumer« – an unserem letzten Tag vor Ort geschickt aus den wirbelnden Sedimentwolken herausgefischt hatte. Als wir den Bergungsaufzug an Bord hievten, hing dieser kleine ockerfarbige ovale Gegenstand tropfend in den roten Netzen zwischen dem Rohrrahmen. Anna McCann nahm ein sauberes Tuch, um die zerbrechliche Tonlampe hochzuheben und in den offenen Handflächen zu halten, während sie unseren aus der Ferne am JASON-Projekt teilnehmenden Schülern erklärte, dass man das Artefakt aufgrund der deutlich abgerundeten Herzform auf das vierte Jahrhundert n. Chr. datieren könne.

Abgesehen von einem einzigen leeren Schneckenhaus am kurzen Griff fanden sich an der Lampe keine Meerestiere. Aber die Tonoberfläche war schwarz von der Flamme des mit Olivenöl getränkten Dochts, der vor so langer Zeit gebrannt hatte. Ich stellte mir einen jungen Seemann vor, vielleicht den Sohn des Kapitäns, der mit dem Kochen beauftragt war und gebeugt in der niedrigen Kombüse im flackernden Schein dieser Lampe stand und das letzte Mahl der Mannschaft zubereitete, Brot und Fischeintopf. Dann traf das Schiff eine Katastrophe – wahrscheinlich ein verheerender, das Meer gefährlich aufpeitschender Sturm wie jener, der auch die phönizischen Schiffe versenkt hatte. Der Schiffsrumpf wurde überflutet, die kleine Flamme erlosch, und die *Isis* sank mitsamt dieser zerbrechlichen Tonlampe auf den Meeresgrund.

Acht Jahre später, 1997, während unserer Suche nach antiken Wracks mit der *NR-1* westlich von Sizilien, lokalisierten der Fregattenkapitän Charles Richard, Kommandant des U-Boots, und seine Mannschaft fast täglich eine viel versprechende Wrackstelle. Nachdem Richard die Koordinaten des letzten Wracks sorgfältig eingetragen hatte, nahm ich ihn im engen Mannschaftsraum des U-Boots zur Seite. »Charlie«, sagte ich und deutete auf die fein säuberlich eingezeichneten kleinen Rechtecke auf unserer Untersuchungskarte. »Macht's weiterhin so super! Ich werd' auf die Carolyn umsteigen und die ferngesteuerten Tauchfahrzeuge einsetzen.«

Noch am selben Nachmittag stieg ich in das gut ausgestattete Forschungsschiff *Carolyn Chouest*, das ich auf früheren Expeditionen schon oft benutzt hatte. Zu meinem kleinen Team vom Institute of Exploration und der Woods Hole Oceanographic Institution gehörte auch Dana Yoerger, der sich mit der komplizierten Bedienung des leuchtend gelben ROV *Jason*, das 1,5 Tonnen wiegt, besser auskannte als die meisten Trainer des Kentucky Derbys mit ihren Vollblutpferden. Und abermals leitete Anna McCann das Archäologen- und Konservationsteam.

Die römischen Schiffswracks, die wir im Mittelmeer entdeckten, transportierten in Terrakotta-Amphoren die Reichtümer der Weltmacht, nämlich Wein, Olivenöl und Fischsauce. Anhand der charakteristischen Form dieser Amphoren können Archäologen jedes Schiffswrack datieren.

Folgende Seiten: Die atomgetriebene *NR-1*, die bis zu 900 Meter tief tauchen kann, verwendet starke Sonargeräte, ein spezielles Beleuchtungssystem und einen robusten Roboterarm, um ihre außergewöhnlichen Missionen zu erfüllen. Sie wird zu Recht als Untersee-Spaceshuttle bezeichnet.

Arabische Schiffskonstrukteure bauen in Dubai am Persischen Golf mit viel Geduld nach einer seit Jahrhunderten unveränderten Technik eine Dau. Zu ihren Werkzeugen gehören das Beil und der Bohrer, um Löcher in die Planken zu bohren.

Eine arabische Dau im blauen Wasser des Persischen Golfs. Zwar gibt es heute mit Diesel angetriebene Daus, aber noch beherrscht das Lateinsegel das Bild.

Unter Verwendung der Sonardaten der *NR-1* fuhren wir auf der etwa in Nordsüdrichtung verlaufenden Route zwischen dem einstigen Karthago und dem Hafen Ostia unweit von Rom an der Tibermündung im Zickzack hin und her. In diesem Untersuchungsgebiet lag der Schnittpunkt nicht nur der Seerouten zur Kornkammer des früheren römischen Reiches in Nordafrika, sondern auch der möglichen Kurse jener Schiffe, die zwischen dem östlichen und dem westlichen Mittelmeer kreuzten. Insgesamt lokalisierten wir acht Wracks, beschlossen aber, nur die ältesten fünf, die – wie wir glaubten – aus römischer Zeit zwischen dem 1. Jahrhundert v. Chr. und dem 4. Jahrhundert n. Chr. stammten, zu untersuchen, zu vermessen und Artefakte von ihnen zu bergen.

In diesem im Allgemeinen schmalen Korridor, in dem sich diese Wracks befinden, bestätigte sich unsere Hypothese, dass hier in der Antike eine stark befahrene Route zwischen Karthago und Ostia verlief. Und dass mit Handelsgütern schwer beladene Schiffe vom östlichen Mittelmeer auf ihrer Route nach Norden zu den Häfen des römischen Reiches an der dem Meer zugewandten Seite Siziliens vorbeifuhren – und damit die oft stürmische Straße von Messina umgingen. Nach acht Wochen sorgfältiger Videoerfassung und der Erstellung von Fotomosaiken wie auch der Bergung ausgewählter Artefakte, um die Wracks und die Handelsrouten zu datieren, hatten wir bewiesen, dass diese römischen Schiffe sowohl Waren aus dem östlichen als auch dem westlichen Mittelmeer und darüber hinaus eine Vielzahl von Gütern von den europäischen und nordafrikanischen Küsten des römischen Reiches transportiert hatten.

Als wir eines Abends im Labor der *Carolyn Chouest* arbeiteten, legte Anne McCann einen schwarz glasierten Teller aus dem Mittelitalien des 1. vorchristlichen Jahrhunderts beiseite und deutete auf zwei gedrungene cremefarbige Amphoren mit ungewöhnlich flachem Boden, die in einer Wanne mit Konservierungsflüssigkeit lagen, um ein zu schnelles Austrocknen zu verhindern. »Der Teller stammt aus der Campagna Romana«, sagte sie, »er wurde Mitte des ersten Jahrhunderts v. Chr. hergestellt. Aber diese Amphoren sind etwas Besonderes. Sie stammen aus Gallien und wurden zum Transport von Wein oder Bier benutzt. Vielleicht sind sie der früheste je gefundene Beweis für den Weinexport aus Gallien.« Der Ton dieser alten Weinbehälter war so fein, dass keine Behandlung mit Kiefernharz nötig war, um diese Amphoren innen abzudichten. Wir hatten einen ersten Hinweis auf einen frühen Unterschied zwischen den herben, harzigen Retsinaweinen des östlichen Mittelmeers und den feineren Weinen aus Südfrankreich gefunden.

Die Artefakte und Amphoren konnten der fabrikartigen Töpferei der Familie Sestius zugeordnet werden und hatten Anna davon überzeugt, dass das Schiff zweifellos im römischen Hafen Cosa an der tyrrhenischen Küste Italiens beladen worden war, bevor es nach Süden aufs offene Mittelmeer segelte.

Das am schwersten beladene dieser Handelsschiffe, das aus dem 1. Jahrhundert n. Chr. stammte, war mit erstaunlich verschiedenartigen Gütern beladen, darunter auch grob zugehauene Granitblöcke und -säulen, die bereits die Form hatten, als seien sie für die Baustelle eines kaiserlichen Bauunternehmers gedacht gewesen. Außerdem transportierte das Schiff große Amphoren, die wahrscheinlich Wein, Olivenöl und die stark gärende Fischsauce enthielten, *garum* genannt, welche der römische Gourmet so schätzte. Im Frachtraum befanden sich zudem Hunderte von Tontöpfen und Tellern, die offensichtlich alle für die Auslieferung an ein inzwischen längst vergessenes Tonwarengeschäft verpackt waren. Der schwere Anker mit Ankerflügeln bestand aus wertvollem Eisen statt, wie in der damaligen Zeit sonst üblich, aus dem billigeren Blei.

Die Römer wussten, dass die beste Zeit für Überfahrten zwischen Ende Mai und September lag. Bei dringender Notwendigkeit wagten sich so manche Händler wohl schon in der ersten Märzwoche bis zur zweiten Novemberwoche auf das Meer. Aber nur Dummköpfe verließen den Hafen im Winter. Doch es gab sicherlich kühne Kapitäne, die es riskierten, die Schifffahrtssaison auszudehnen und militärische Depeschen oder besonders wertvolle Güter auszuliefern, wie zum Beispiel in Alexandria umgeladene Gewürze aus Indien.

Bei einer Wiederholung der Reise des legendären Seefahrers Sindbad von Oman nach China in den Jahren 1980–1981 nähen indische Fischer in Bayport an der Kaliko-Küste ein neues Lateinsegel für die nachgebaute mittelalterliche Dau *Soar* zusammen.

Der auflandige Wintermonsun fegte Staub über die Straße, als mein alter Freund Clifford A. Hopson, Professor für Geochemie am Santa-Barbara-Institut der Universität von Kalifornien, mit dem Geländewagen von der ausgefahrenen, ungeteerten Straße abbog und unter dem lichten Schatten einer kümmerlichen Akazie anhielt. Das war im Januar 1981; wir waren ins Sultanat Oman an der südöstlichen Spitze der Arabischen Halbinsel gereist, um den Meeresgrund eines lange verschwundenen Ozeans zu untersuchen. Doch statt uns mit Tiefseekameraschlitten oder Tauchbooten auf die Suche zu machen, führten Cliff und ich, mit Wanderstiefeln und Geologenhammer ausgerüstet, herkömmliche geologische Feldarbeit durch.

Cliff war einer der weltweit führenden Experten für Ophiolithen, riesige Abschnitte ehemaligen Meeresgrundes, die durch tektonische Tätigkeit im Ganzen angehoben wurden. Er deutete auf einen aufragenden Bergrücken im Westen. »Das ist Al Jabal al Akhbar«, sagte er und starrte auf den dunklen düsteren Hügel, der sich über dem baumlosen vulkanischen Rücken der Bergkette Al Hajar, »der Grüne Berg«, erhob. Selbst aus dieser Entfernung erkannte ich, dass das Gestein kupferhaltige Mineralien enthielt. Die vor uns aufragenden Berge und Blöcke von Kissenlava waren vor 95 Millionen Jahren Meeresgrund gewesen, Teil des Mittelrückens im Tethysmeer. Dann waren die arabische und die eurasische Platte kollidiert, und der Meeresgrund war langsam angehoben und zu trockenem Land geworden. Vor uns lag ein gut konservierter fossiler Beweis der vielen Schichten dieses Meeresgrunds.

Am späten Nachmittag war ich beinahe gänzlich mit Lavastaub bedeckt, und meine Schultern schmerzten vom Herausbrechen der Steinblöcke, aber ich war rundum zufrieden. So sehr ich die Arbeit in einem Tauchboot wie *Alvin* mochte, es machte mir noch immer Spaß, in den Bergen herumzuwandern und mir die Hände schmutzig zu machen.

Später fuhr Cliff über die Küstenstraße nach Süden zurück zur Hauptstadt Maskat. Jetzt peitschte der Wind den türkisfarbenen Golf von Oman auf. Weit draußen glitten die Umrisse von Supertankern lautlos durch die fernen Wellen, scheinbar unbeeinträchtigt von der Gewalt des stärker werdenden Nordostmonsuns. Aber näher am Ufer sah ich traditionelle arabische Daus, die mit dem hohen Seegang zu kämpfen hatten, während sie mit dem Wind zu einem der modernen Häfen des Sultanats mit Betonwellenbrechern segelten, um dort Schutz zu suchen. Ihre dreieckigen, im Gischt glänzenden Lateinsegel wirkten irgendwie zeitlos.

Ein Straßenschild wies auf eine Abzweigung hin, und ich erhaschte einen flüchtigen Blick auf Derrickkräne und Masten — wahrscheinlich war es der Fischerhafen, den diese Daus ansteuerten.

»Das ist Suhar«, sagte Cliff, »angeblich der Geburtsort von Sindbad, dem Seefahrer.«

Während ich beobachtete, wie der Wind immer wieder neue Muster auf das Wasser zeichnete, dachte ich an Sindbad, einen Helden aus *Tausendundeiner Nacht*, der in jeder Hinsicht so mutig und einfallsreich war wie sein westliches Gegenstück Odysseus. Der legendäre Sindbad war im 8. Jahrhundert n. Chr. vom Persischen Golf in See gestochen und hatte sieben gefahrvolle Reisen nach Asien unternommen. Nach vielen Abenteuern war er reich zurückgekehrt und brachte — wie so viele legendäre Forscher — sein kostbares, hart erworbenes Wissen mit.

Die tatsächlichen Seehändler des Golfs taten ihm die großen Leistungen nach. Sie brachten von ihren Reisen das uralte Geheimnis der Monsune in ihre Heimat, Kenntnisse, die die Römer besessen hatten, die aber mit dem Zusammenbruch des Reiches verloren gegangen waren.

Bei meinem Studium der Meeresgeschichte ist mir klar geworden, dass sich viele wohlhabende römische Seehändler im 3. Jahrhundert n. Chr. nicht mit den Gefahren der Felsklippen und des unvorhersagbaren Wetters des Mittelmeers befassen mussten.

Sie hatten sich statt dessen auf ein im Großen und Ganzen weniger gefährliches Gewässer gewagt – das Arabische Meer – und sich auf die beruhigende regelmäßige Wiederkehr der Monsune verlassen, die ihre mit Rahsegeln betakelten Schiffe von den Außenposten des Reiches in Ägypten zu den exotischen Gewürzhäfen Indiens trieben. Denn zur Blütezeit des römischen Reiches wollten mehrere Millionen wohlhabende römische Bürger, Bewohner der Großstädte von Britannien bis zum Nahen Osten, mit Luxusgütern versorgt werden, insbesondere mit Gewürzen wie dem schwarzen Pfeffer und Nelken, um damit ihre immer raffinierteren Speisen zu verfeinern.

Diese Nachfrage spornte die unternehmerischen römischen Seehändler an, die 3000 Meilen lange Rundfahrt vom Roten Meer zu den Gewürzhäfen an der indischen Malabarküste zu wagen. Für die ersten römischen Seefahrer (die in Wahrheit wahrscheinlich Griechen aus Alexandrien oder Händler aus der Levante waren) müssen die offenen Gewässer des Arabischen Meers anfangs eine ungeheure Herausforderung gewesen sein. Aber unzählige Generationen einheimischer Fischer und Küstenhändler werden ihnen die Regelmäßigkeit des Südwestmonsuns und des Nordostpassats bezeugt haben. Und heute gehen die Gelehrten davon aus, dass wagemutige chinesische Händler, die, von Häfen an der Mündung des Yangtse-Flusses kommend, als erste Indien und den Persischen Golf erreichten, das Geheimnis der die Ozeane umspannenden Monsune – auch Passatwinde genannnt – an die Grenzen des römischen Reichs am Roten Meer getragen haben.

Diese Winde, nach dem arabischen *mawsim*, Jahreszeit, benannt, wurden mit den im Sommer vorherrschenden Nordwestwinden des Mittelmeers in Verbindung gebracht, die zu einem regelmäßig wiederkehrenden Tiefdrucksystem gehören, welches durch die hohe Wand des Himalaya über Persien und dem heißen indischen Subkontinent gehalten wird. Der Regen bringende Südwestmonsun bläst ständig über das Arabische Meer und den nördlichen Indischen Ozean, und monatelang folgt ein heißer Tag mit tiefen, schnell dahinziehenden grauen Wolken dem anderen, stets mit den mäßig feuchten Meereswinden, die vom Horn von Afrika bis zur Malabarküste ziehen. Im Winter ist es umgekehrt. Kalter Hochdruck strömt aus dem eisigen Zentralasien über den Himalaya und wird in ein großes Tiefdrucksystem über Äquatorialafrika gezogen. Das ist der böige Wind, den ich an der Küste von Oman kennen lernte.

Die römischen Seefahrer, die sich als erste auf diese Reise wagten, müssen der Stärke ihrer gut gebauten Schiffe und den Kenntnissen ihrer Kapitäne vertraut haben. Ich kann mir vorstellen, wie es war, als sie mit dem starken, feuchten Wind im Rücken dahinsegelten und wegen der Wolken weder Sonne noch Sterne sehen konnten. Der Steuermann an dem langen Steuerruder auf der gerundeten Seite des Heckschanzkleids wird wohl keinen bestimmten Anhaltspunkt gehabt haben, an dem er sich orientieren konnte. Die warmen tropischen Gewässer unter dem Bug werden aufgrund der Biolumineszenz unheimlich grün und weit intensiver geleuchtet haben, als die Seeleute es vom Mittelmeer her kannten. Die einzigen Konstanten waren der ständige Wind und der starke Seegang. Bei einer durchschnittlichen Segelgeschwindigkeit von fünf Knoten wird die Reise, ohne je Land zu sichten, mindestens zwei Wochen gedauert haben und noch länger, wenn kluge Kapitäne nachts die Fahrt verlangsamten.

Als diese Händler und Forscher kühner wurden, dehnten sie ihre Reisen um die Ostküste Indiens und sogar bis ins Südchinesische Meer aus. Es gibt Berichte aus dem 3. Jahrhundert n. Chr., dass römische Schiffe »Kattigara« angelaufen hätten, wahrscheinlich das heutige Hanoi in Vietnam. Archäologen haben in Indochina römische Münzen aus dieser Zeit ausgegraben, und römische Tonwaren waren an den Küsten Indiens zur damaligen Zeit allgemein gebräuchlich. Bei der Rückkehr von diesen Reisen, schwer beladen mit einer unschätzbar wertvollen Fracht aus Pfeffer, Kardamom, Gewürznelken, leuchtend weißem Elfenbein sowie schweren Ebenholzstämmen, werden die verwegenen Seehändler den Lohn ihres Wagemuts geerntet haben. Dieser auf dem Monsun basierende Handel mit stabilen Schiffen, ähnlich jenen, die wir auf unseren Expeditionen zur Skerki Bank untersuchten, blühte bis zum Zusammenbruch des römischen Reiches.

In nur wenigen Jahrhunderten hatten die Daus der muslimischen Seefahrer, die jetzt den Persischen Golf und das Rote Meer beherrschten, den Monsun-Gewürzhandel übernommen. Der legendäre Sindbad und die damaligen Seefahrer waren die Herren des Arabischen Meers. Ihre Boote hatten im Allgemeinen einen schmaleren Rumpf als die römischen Handelsschiffe und waren mit dem großen dreieckigen Lateinsegel betakelt, das aus dem östlichen Mittelmeer stammt und ideal für eine maximale Fahrt mit dem Monsunwind ist. Fern der Arabischen Halbinsel machten sich die muslimischen Seefahrer eifrig daran, ihre neue Religion zu verbreiten, und trugen den Islam schließlich bis zum fernen Indonesischen Archipel.

Die erbarmungslosen südöstlichen Monsunwinde fegten über das Gras an den Hügeln, so dass es wie wogende Wellen wirkte. Heute gehört die Insel zu Chile und ist die Heimat einiger hundert spanisch sprechender Polynesier, die Schafe züchten und die Touristen versorgen, die vom chilenischen Festland aus hierher fliegen. Jean Franceteau und ich wanderten zielstrebig auf die unheimlichen, senkrecht aufragenden Schatten zu, die sich in der Ferne auftürmten.

Es war im Januar 1983; wir befanden uns auf der Osterinsel, einem der abgelegensten Außenposten der Menschheit und damals noch ein touristischer Geheimtipp. Jean und ich waren von Chile 3700 Kilometer nach Westen geflogen, um uns der französisch-amerikanischen Expedition anzuschließen, die die tektonischen Formationen der umliegenden ostpazifischen Erhebung unter Mithilfe des Forschungsschiffs *Nadir* und des Tauchboots *Cyana* untersuchen wollte. Das Schiff lag vor dem Hauptort der Insel, Hanga-Roa, an der geschützten Westküste vor Anker.

Da wir vor der Abfahrt noch einen Tag frei hatten, beschlossen wir mit einigen anderen , uns die berühmten monolithischen Steinstatuen anzusehen. Aber wir waren nicht auf die unglaubliche Größe dieser monumentalen Artefakte gefasst, die aus dem dunklen vulkanischem Tuffstein der Insel gehauen wurden. Auf Steinquadern standen sie auf den *ahu*-Bestattungsterrassen, die in den Hügel gegraben waren. Was aus der Ferne wie schlanke Zylinder von etwa drei oder vier Metern Höhe ausgesehen hatte, entpuppte sich als immense, stilisierte Köpfe mit extrem großen Nasen, verlängerten Ohrläppchen und einer fliehenden Stirn. Jede dieser Figuren war mit einer gigantischen roten Kopfbedeckung aus Tuffstein, *pukao*, versehen, wodurch die Gesamthöhe dieser Statuen mehr als zehn Meter betrug.

»Dieser hier wiegt fast 60 Tonnen«, sagte Jean, nachdem er in seinem Reiseführer nachgesehen hatte.

Ich starrte auf die Reihe von Statuen. Die grasbewachsenen vulkanischen Hügel hinter uns fielen zu den Klippen über dem weiten blauen Pazifik ab, über dem Seevögel kreisten. Die blinden Augen der Statuen offenbarten nichts von der Gewalt, die auf dieser einsamen Insel geherrscht hatte.

Aber in dem Krater namens Rano Raraku konnten wir uns ein Bild von dem tragischen Höhepunkt der polynesischen Kultur machen, die einst hier blühte. Eine gigantische, unfertige Statue von fast 21 Metern Länge, zur Hälfte aus dem besonders bevorzugten graugelben Tuffstein geschlagen, lag vor uns auf der Seite, daneben noch immer die Steinspitzhacken, Keile und Hämmer der Arbeiter, die vor Jahrhunderten urplötzlich ihre Arbeit eingestellt hatten.

Dieser stumme Beweis für einen gewaltsamen Aufruhr deckte sich mit anderen unverkennbaren Hinweisen auf Zwistigkeiten. Hunderte von Statuen waren von ihren *ahus* gestoßen

Monumentale Statuen aus dunklem vulkanischem Tuffstein, jede mit einer massiven Kopfbedeckung, *pukao*, versehen, stehen auf der abgelegenen Osterinsel auf den Bestattungsterrassen, die man *ahu* nennt. Die fixe Idee, diese Statuen zu bauen, löste am Ende einen verheerenden Krieg zwischen den verschiedenen Bevölkerungsgruppen der Insel aus.

worden. Familienbesitz wie etwa Steinwerkzeuge und Skulpturen waren vor Plünderern in Höhlen versteckt worden. Bezeichnenderweise waren die meisten der Fundstücke, die Archäologen später entdeckten und mit dieser Zeit in Verbindung brachten, Waffenspitzen aus Obsidian, viele davon in den Kämpfen abgesplittert.

Was der tatsächliche Auslöser dieser menschlichen Katastrophe war, wird man wahrscheinlich nie erfahren. Aber als der holländische Admiral Jakob Roggeveen am Ostersonntag 1722 die Insel kurz anfuhr, stellte er fest, dass die Bevölkerung bereits aufgrund eines Bürgerkriegs dezimiert sein musste. Kapitän Cook kam zwei Jahre später und blieb länger hier als die Holländer. Er zählte weniger als tausend verarmte Polynesier, darunter nur 30 Frauen. Und sie zeigten nur wenig Interesse an den monumentalen Statuen.

Später fügten Archäologen gemeinsam mit den wenigen polynesischen Inselbewohnern, die noch volkskundliche Kenntnisse besaßen, das Puzzle der Kulturgeschichte der Osterinsel zusammen. Die Langohren, Aristokraten, die ihre Ohrläppchen beschwerten und in den Bestattungsstatuen stilisiert waren, herrschten über eine Mehrheit von Kurzohren. Die Angehörigen dieser Unterschicht führten die schweren Arbeiten in den Steinbrüchen aus, hackten die Steinblöcke und Statuen aus dem vulkanischen Tuffstein und rollten die tonnenschweren Monumente dann mit Hilfe von Palmstämmen über die Hügel. Im Lauf der Jahrhunderte wurde die Insel abgeholzt – wahrscheinlich, um Brennholz und freies Farmland, aber auch Stämme für den Transport der Statuen zu gewinnen –, der Boden erodierte, und das ökologische Gleichgewicht war zerstört. Eine Hungersnot war die Folge. Und die hungernden Kurzohren organisierten einen Aufstand.

Was diese Tragödie besonders verschlimmerte, war die vollkommene Isolation der Osterinsel; als der Konflikt erst einmal ausgebrochen war, gab es für die Bewohner kein Entrinnen. Sie waren zwar Nachfahren der polynesischen Entdecker, die die wagemutigsten Seefahrten unternommen hatten, doch sie waren selbst nicht in der Lage, die schwierigen Herausforderungen einer Fahrt über den Ozean zu meistern. Und sie hatten kein Holz mehr, das für den Bau seetüchtiger Schiffe notwendig gewesen wäre. Sie saßen in der Falle.

Ich starrte auf das windgepeitschte Gras und die Schafherden, die an den Hügeln zwischen den umgestürzten Monumentalstatuen weideten. Und ich überlegte, welchen Eindruck die Osterinsel wohl auf die ersten polynesischen Seefahrer gemacht hatte, als sie sie nach einsamen Wochen auf See zum ersten Mal erblickten. Sie hatten ihr den Namen Rapanui, Nabel der Welt, gegeben, ausgerechnet dem abgelegensten Ort des großen polynesischen Siedlungsgebietes. Die Insel war ihre Welt und ihr Grab geworden.

Als junger Geologe lernte ich, dass die Gletscher der Erde vor 40 000 Jahren, während des späten Pleistozäns, anwuchsen und wieder schmolzen und die Meeresspiegel damit in großem Ausmaß schwankten. Aber ich wusste auch, dass es nie eine Landverbindung zwischen dem asiatischen Festland und dem Inselkontinent Australien gegeben hat. Hunderte Generationen von Steinzeitmenschen mussten über tiefe Meeresabschnitte gefahren sein, als sie langsam, aber unaufhaltsam nach Osten und Süden vordrangen. Es gibt jedenfalls überzeugende archäologische Hinweise darauf, dass diese Vorfahren der heutigen Aborigenes bereits vor 50 000 Jahren das offene Gewässer der Timorsee nach Australien überquerten. Und etwa 20 000 Jahre später erreichten Menschen die Salomon-Inseln.

Man kann davon ausgehen, dass die ersten Reisen wohl zufällig erfolgten: Die Holzflöße der Küstenfischer wurden von einer Insel zur anderen getrieben. Es ist faszinierend zu spekulieren, wie diese vermeintlich Verschollenen zurückgekehrt sein könnten, um ihre Familien und Clans zu überreden, die Überfahrt zu dem neu entdeckten Ufer zu wagen. Aber Stammeskämpfe und Bevölkerungsdruck, denen viele Jäger und Sammler auf den kleineren Inseln ausgesetzt waren, lösten zweifellos Migrationswellen aus, ein Faktor, der wahrscheinlich auch im Lauf der folgenden Jahrtausende die Seefahrer beeinflusste.

Ich stelle mir jedoch gerne vor, dass es auch unter diesen frühen Inselbewohnern im Pazifik Forscher gab, die von Neugier und großem Abenteuergeist getrieben wurden.

Durch welche Motivation auch immer, die archäologische Sachlage ist eindeutig: Die frühesten Auswanderer wagten sich erst viel später auf den endlosen Südpazifik, der ein Drittel der Erdoberfläche bedeckt. Vor etwa 3000 Jahren machten sich die ersten Pazifikfahrer auf diese heldenhafte Reise. Sie gehörten der Lapita-Kultur an, deren Keramiken mit ihren charakteristischen, aufgeprägten Mustern an den verschiedensten Ausgrabungsstätten gefunden wurden – von Neukaledonien bis zu den Fidschi-Inseln. Diese Menschen waren die Vorfahren der heutigen Polynesier.

Sie waren forschende Seefahrer, die immer weiter nach Osten vordrangen bis zu den Hunderten von grünen, von Korallenriffen umgebenen Vulkan- und Koralleninseln der heutigen Cook-, Gesellschafts- und Marquesas-Inseln sowie zum Tuamotu-Archipel. Schließlich erreichten sie auch Hawaii und Neuseeland und am Ende die Osterinsel. Um etwa 1000 v. Chr. hatten sie gelernt, seetüchtige, für lange Reisen geeignete Boote zu bauen, und hatten sich auch die schwierigen Navigationskenntnisse angeeignet, die nötig waren, um Flecken oft kaum über Meereshöhe liegender Inseln in der Weite des Pazifiks zu finden.

Ich habe es immer für eine typische Überheblichkeit der westlichen Zivilisation gehalten, dass wir ihre Auslegerkanus mit einfachem oder doppeltem Rumpf so leichtfertig als »Boote« abtun, als nicht vergleichbar mit den stabilen Plankenschiffen der Antike oder den größeren Schiffen der späteren europäischen Forscher. Aber die Fahrzeuge der Pazifik-Inselbewohner waren in jeder Hinsicht so seetüchtig wie die *Isis* oder Cooks *Endeavour*. Als Cook 1774 die ferne Osterinsel erreichte, lebten die Polynesier bereits seit Jahrhunderten dort.

Die seetüchtigen Kanus sowohl der Mikronesier als auch der Polynesier waren in der Bauweise im Grunde gleich: Sie wurden von dreieckigen Latein- oder senkrechten Sprietsegeln getrieben, die aus den starken Fasern der Kokos- oder Pandanusblätter gewoben waren. Im Gegensatz zu den späteren europäischen Segelschiffen setzten sie nicht auf einen starken, mit Ballaststeinen beschwerten Tiefgang, sondern erreichten ihre Stabilität durch Ausleger, die mit Hartholzbalken beschwert waren, oder durch einen Doppelrumpf. Dieser Rumpf wurde aus massiven Baumstämmen herausgeschnitzt, die kunstfertig mit Feuer oder Steinäxten ausgehöhlt worden waren, damit ein optimales Verhältnis von Stärke und Gewicht erreicht wurde; dann wurde darauf mit aus Kokosfasern gedrehten Seilen ein Freibord aus gebogenen Planken gebunden, um einen hohen, die Wellen teilenden Bug und einen vor dem Gischt schützenden Plankengang zu bilden.

Diese Bauweise machte die Kanus der Pazifikfahrer leichter und schneller als die europäischen Schiffe vergleichbarer Größe. Ohne das Gewicht des Ballasts konnten die Inselbewohner ihren größten Katamaran, eine 30 Meter lange *pahi*, deren Doppelrumpf durch große Plattformen miteinander verbunden war, mit genügend Schweinen, Hühnern und Hunden – letztere zählten für sie eher zum Nutzvieh, als dass sie Haustiere waren – sowie Tarobündeln, Süßkartoffeln, Kokosnüssen und Zuckerrohr beladen. Damit konnten sie eine Mannschaft von 60 Siedlern wochenlang ernähren und dennoch genügend Ressourcen übrig haben, um prosperierende Siedlungen zu gründen, wenn sie die ferne Küste erst einmal erreicht hatten.

Diese unerschrockenen Seeleute navigierten über das offene Meer mit Hilfe einer Vielzahl von Himmels- und Seezeichen, die sie im umliegenden Ozean und am Himmel beobachteten. Die polynesischen *fa'atere* (Segelmeister) prägten sich den Zenit ein, den Punkt des Auf- und Untergangs Dutzender Sterne an dem in 16 gleiche Abschnitte unterteilten Horizont. Diese meisterhaften Navigatoren entwarfen komplizierte nautische Seekarten, die sich am Stand bestimmter Sterne zu bekannten Inseln orientierten. Die Anhaltspunkte am Himmel bewegten sich natürlich nicht nur über das Jahr, sondern auch über die Jahrzehnte und Jahrhunderte. In Wahrheit erstellten die polynesischen Seefahrer einen nautischen Almanach, der die europäischen wissenschaftlichen Forscher späterer Jahrhunderte beeindruckt hätte.

Die polynesischen Seefahrer lernten auch, ihre Position in Beziehung zu ihrem Aus-

Eine Lapita-Tonscherbe mit aufgeprägten typischen Mustern liefert den Beweis dafür, dass am Fundort Land suchende Seefahrer der Lapita-Kultur gewesen waren, die Vorfahren der heutigen Polynesier. Sie wagten sich vor etwa 3000 Jahren an die ersten Reisen über das offene Meer und segelten von Indonesien bis nach Neukaledonien und zu den Fidschi-Inseln.

Die polynesischen Doppelrumpf-*pahi*, die von ausgezeichneten *fa'atere*-Segelexperten geführt wurden und Reisen von mehreren tausend Meilen zurücklegen konnten, trugen auf verwegenen Seereisen die menschliche Kultur in die abgelegenen Ecken des Pazifiks.

gangspunkt anhand der jahreszeitlichen Veränderung der Winde und Strömungen einzuschätzen – eine einfache, aber effektive Form der Koppelkursrechnung –, obwohl diese Erscheinungen in den Kalmengürteln nahe am Äquator, wo viele dieser Forschungsreisen stattfanden, schwer auszumachen sind. Höhe, Abstände und Länge der Wellen sagten ihnen, ob vor ihnen Inseln lagen, da diese Einfluss auf die vorherrschenden Winde haben.

Am späten Nachmittag oder bei Sonnenuntergang konnte die flache, mit weißem Sand bedeckte Lagune eines fernen Riffs einen leuchtenden Schein auf die Wolken werfen. Und, wie ich es im Pazifik häufig gesehen habe, halten die steilen, mit Regenwald bewachsenen Hänge von Vulkaninseln die feuchten Winde fest und lassen deutliche Wolkenkappen entstehen, die bei günstigen Bedingungen noch aus mehr als 160 Kilometern Entfernung zu sehen sind. Die größeren Inseln schaffen häufig ihr eigenes Wetter, wenn thermische Aufwinde zur Bildung von Gewitterwolken führen. Der ferne Schein von Blitzen, die, anders als bei den schnell dahinziehenden Ozeangewittern, an Ort und Stelle zu bleiben scheinen, konnten demnach ebenfalls auf eine bergige Küste hinter dem tiefgrauen Horizont hinweisen. Fischende Vögel wie der weiße Seerabe brüten auf den Inseln, fliegen aber zum Fischen weit aufs Meer hinaus; sie zeigen jedoch die Nähe festen Landes an. Es war also ratsam, ihnen zu folgen.

Dank dieser komplexen Kenntnisse, die im Laufe von Jahrhunderten erlernt und in einer langen Lehrzeit von einer Generation von *fa'atere* an die nächste weitergegeben wurden, waren die Pazifiksegler in der Lage, erstaunliche Entfernungen zurückzulegen. So war die Überfahrt von Tahiti nach Hawaii, eine Strecke von mehr als 3200 Kilometern über das offene Meer, wahrscheinlich um 400 v. Chr. zum ersten Mal durchgeführt worden, eine nautische Meisterleistung, und zwar ohne die Hilfe der unterstützenden Monsune: Die europäischen Seefahrer waren dazu erst 1000 Jahre später in der Lage.

Waren diese verwegenen Pazifiksegler echte Forscher oder Wanderer, die von ökonomischer Not oder den profanen Launen des Wetters getrieben wurden? Waren Bevölkerungsdruck und Kriege bei der Vertreibung der Menschen von ihren Heimatinseln ausschlaggebend? Diese Fragen sind schwer zu beantworten; wahrscheinlich spielten alle diese Faktoren zu verschiedenen Zeiten eine Rolle. Aber es gab auch eine uralte polynesische Tradition namens »*imi fenua*«, die als ehrenvolle, aber unstillbare »Suche nach Land«, das auf den kleinen Inseln stets knapp war, übersetzt werden kann.

Die Forschungsreisen waren in der Regel unbequem und immer gefährlich. Im Gegensatz zu den europäischen Schiffen mit größerem Tiefgang konnte das polynesische Doppelkanu keinen adäquaten Schutz vor dem sintflutartigen Regen und der vom Sturm gepeitschten Gischt bieten. Eine *pahi* hatte kein Vorderdeck, nur einen dürftigen Schutz aus miteinander verwobenen Palmwedeln. Die Seeleute trugen Umhänge aus geflochtenen Gräsern oder Rindenstoff, aber diese einfachen Kleidungsstücke waren kaum so wasserfest wie das Ölzeug, das europäische Seefahrer in der Römerzeit entwickelt hatten. Zweifellos verfolgte das Schreckgespenst des Kältetods die polynesischen Seeleute. Die andere große Gefahr stellte das Wetter dar. Ich habe im Pazifik ungeheure Tropenstürme erlebt, aber glücklicherweise stets im gemütlichen Decksaufbau eines hochseetüchtigen Schiffs. Zudem wird die Region regelmäßig von Zyklonen – tropischen Wirbelstürmen – heimgesucht. Das sind die allerschlimmsten Stürme, die mit Sicherheit zahllose Familien dieser Seefahrtspioniere in den Tod gerissen haben.

Fortsetzung auf Seite 88

Folgende Seiten: **Polynesische Forscher erreichten nach Jahrhunderten gefährlicher Erkundungsfahrten die Marquesas-Inseln im Südpazifik. Wolken, die sich über Berggipfeln bilden, führten die Seeleute häufig zu den Inseln, jedesmal musste jedoch zuerst eine sichere Durchfahrt durch die Korallenriffe rund um die Inseln gefunden werden.**

Erlernt zu haben, wie man offene Gewässer ohne die Hilfe sichtbarer Landmarken überquert, war eine der größten Leistungen der Menschheit.

Doch die Navigation ist keine Fähigkeit, die man sich leicht aneignen konnte. Die Seefahrer vom Indonesischen Archipel und den Salomon-Inseln, die aus Gründen der Sicherheit stets an den Küsten entlang fuhren, fürchteten sich vor der blauen Leere des Südpazifiks. Und es dauerte Jahrhunderte, bis die Lapita-Seefahrer die Kunst der frühesten *fa'atere*-Segelmeister perfektioniert hatten.

Nach dem Untergang des römischen Reiches befuhren eine Zeitlang nur noch die Polynesier die Meere und – im Arabischen Meer und im Indischen Ozean – die muslimischen Händler sowie vereinzelt chinesische Kaufleute, die die Monsune nutzten. Diese jahreszeitlich auftretenden Winde sind in ihrer Richtung so konstant, dass die Seefahrer ohne Karten oder Instrumente navigieren konnten. Die Araber und Chinesen steuerten im 1. Jahrtausend n. Chr. ihre Boote bei klarem Himmel aber auch nach den Sternen.

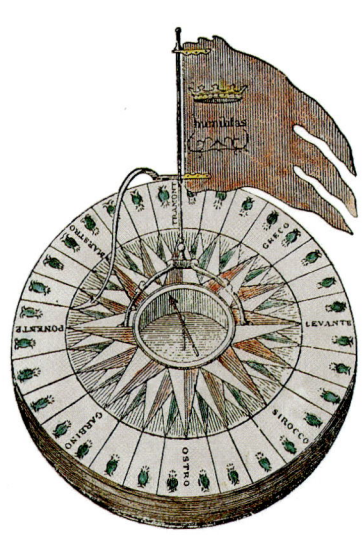

Richtung: Im frühen 12. Jahrhundert n. Chr. fingen die chinesischen und europäischen Seefahrer an, das erste wichtige Navigationsinstrument zu benutzen: den Magnetkompass. Obwohl man lange Zeit glaubte, der Kompass sei in China erfunden und dann rasch in anderen Seefahrerregionen verbreitet worden, gibt es inzwischen klare Hinweise darauf, dass das wichtige Instrument unabhängig voneinander und fast zeitgleich in China und Nordwesteuropa entwickelt wurde.

Dieser Kompass eines Seefahrers der Renaissance besitzt eine sich frei drehende magnetisierte Nadel. Die Kartenscheibe zeigt viele Richtungspunkte an, die bei modernen Kompassen durch Gradangaben ersetzt wurden. Die Karte auf diesem Instrument gibt außerdem die vorherrschenden Winde im Mittelmeer an, wie beispielsweise den Südostschirokko.

Sowohl chinesische als auch europäische Berichte aus dem Mittelalter beschreiben ein primitives Gerät, in dem eine durch einen Magneteisenstein (rohes Eisenoxid aus Eisenerz) magnetisch gemachte Nadel in einer Wasserschale auf einem Schilf- oder Holzstück schwamm. Die Nadel schlug in Nord-Süd-Richtung aus. Für die Europäer zeigte die Kompassnadel nach Norden zum Polarstern. Im frühen 14. Jahrhundert waren bereits fortschrittlichere Kompasse allgemein gebräuchlich, bei welchen die magnetisierte Nadel an einem Drehpunkt in der Mitte befestigt war.

Die Kaufleute aus Genua und Venedig rüsteten ihre Schiffe mit noch ausgeklügelteren Kompassen aus, in welchen die acht Richtungen der im Mittelmeer vorherrschenden Winde auf »Windrosen« eingezeichnet waren, die in die Schalen oder Rahmen der Instrumente eingefügt wurden. Eigenartigerweise blieb der Jahrtausende alte Begriff »Orientierung« erhalten, der sich auf den Osten – den Orient – bezieht, in dem die Sonne aufgeht und Jerusalem liegt, obwohl die Seefahrer den Norden als ihren Hauptanhaltspunkt nutzten.

Zheng Hes Schiffe waren alle mit kunstvollen Kompassen ausgerüstet, ebenso die großen Schiffe der portugiesischen Seefahrer, die Asien 80 Jahre nach der Seereise der Schatzflotte erreichten.

Breitengrad: Auch die Berechnung der Breite – die parallel verlaufenden Kreislinien nördlich und südlich des Äquators – setzte Einfallsreichtum voraus. Die polynesischen *fa'atere* beobachteten, dass bestimmte Sterne um so höher oder niedriger am nächtlichen Zenit standen, je weiter nach Norden oder Süden sie fuhren. Die europäischen Seefahrer des Mittelalters verwendeten einen einfachen Jakobsstab. Der Steuermann hielt ihn sich nachts vor das Auge und verschob den Querstab so, dass er ihn mit dem Polarstern und dem Horizont in Deckung brachte. Eine Einteilung auf dem Stab gab die Höhe des Sterns an, womit der Breitengrad des Schiffes bestimmt werden konnte. Dieses einfache, aber effektive Instrument war Jahrhunderte lang weit verbreitet.

Die Seefahrer des Mittelalters übernahmen auch das Astrolabium der griechischen Antike, das zur Messung der Breite aus einem beweglichen Zeiger

auf einer Scheibe bestand. Die griechischen Astronomen hatten das Astrolabium zur Messung der Sternen- und Planetenbahnen eingesetzt. Zu Beginn des Mittelalters stachen die Instrumentenbauer genaue Einteilungen der Sonnenneigung, der jahreszeitlichen Wanderung dieses Wegweisers am Himmel nördlich oder südlich des Äquators, in feine Stahl- oder Silberastrolabien. Mit einem Astrolabium ausgerüstet, konnten verwegene Seefahrer wie Vasco da Gama die 20 000 Seemeilen lange Hin- und Rückreise von Portugal nach Indien antreten.

Im 18. Jahrhundert waren der Jakobsstab und das Astrolabium durch den eleganteren Sextanten ersetzt worden. Dieses Instrument bestand aus Spiegeln und getönten Glasfiltern sowie einem kleinen beweglichen Teleskop, das an einem gebogenen Arm befestigt war. Ein Navigator berechnete den genauen Stand der Sonne, des Mondes, eines Sterns oder Planeten, indem er das Himmelsobjekt »anpeilte« – sein reflektiertes Abbild im Spiegel des Sextanten festhielt – und das Objekt mit dem Horizont in Deckung brachte. Durch Ablesen der Teleskopposition auf dem Gradbogen konnte die Höhe des Gestirns über dem Horizont bestimmt werden. Zwei oder mehrere Sextantenpeilungen konnten durch trigonometrische Berechnungen miteinander kombiniert werden und ergaben an jeder Stelle des Ozeans die genau Breite.

Als sich die astronomische Navigation durchsetzte, brauchten die europäischen Seefahrer genauere Kenntnisse über die relativen Positionen der wichtigsten Sterne im Jahresverlauf. Dieses uralte Wissen hatten sich zuerst die Astronomen im Nahen Osten angeeignet, dann war es von den Griechen der spät-

hellenischen Zeit zusammengetragen und von den Arabern in Wissenszentren wie Damaskus und Kairo bewahrt worden. Das ist der Grund, warum die wichtigsten Sterne für die Navigation in modernen nautischen Almanachen häufig arabische Namen tragen. Beteigeuze zum Beispiel, der hellste Stern im Gürtel des Orion, ist von dem arabischen Wort *bat al-dshauza,*

Ein Modell des von John Harrison entwickelten Chronometers Nr. 4 (links), mit dem im 18. Jahrhundert das »Problem der Länge« gelöst wurde. Der aus dem Astrolabium und dem Jakobsstab hervorgegangene Präzisionssextant (rechts) misst die Höhe eines Gestirns und ermöglicht den Seefahrern, so ihre Entfernung nach Norden oder Süden vom Äquator zu berechnen.

»die Schulter des Giganten« abgeleitet. Aldebaran, ein großer rötlicher Stern, wird im Arabischen »der Folgende« genannt. Er geht am Meereshorizont direkt nach der leuchtenden Gruppe des Siebengestirns auf.

Länge: Die Berechnung der geographischen Länge (der Entfernung nach Osten oder Westen zu einem nordsüdlich verlaufenden Nullmeridian) stellte die Seefahrer Jahrhunderte lang vor große Probleme. Im 15. Jahrhundert griffen die großen Seefahrernationen die Meinung der alten Griechen wieder auf, dass die Erde eine Kugel sei, die zur Bestimmung geographischer Koordinaten in parallele Breitenlinien und Längenmeridiane unterteilt werden konnte. Zudem erkannten die Geographen, dass die Erde alle 24 Stunden eine volle Umdrehung von 360 Grad zurücklegt, demnach 15 Grad pro Stunde. Durch den Vergleich der »lokalen« Zeit eines Schiffs – gewöhnlich zur Mittagszeit, wenn die Sonne im Zenit steht – an einem bekannten Meridian konnte der Kapitän berechnen, um wie viele Längengrade westlich oder östlich dieses Meridians sich sein Schiff befand.

Aber wie erhielt man die genaue Zeit? Für die britische Admiralität stellte sich das »Problem der Länge« im frühen 18. Jahrhundert als entscheidend dar. Immer wieder waren Schiffe, die nach Westen in die Karibik oder Richtung Osten nach Indien segelten, an Felsen zerschellt, weil ihre Kapitäne den Längengrad nicht berechnen konnten. 1714 setzte das Parlament einen »Längengradausschuss« ein, der einen Preis von sagenhaften 20 000 Pfund für denjenigen ausschrieb, der ein praktisches Gerät zur Lösung dieses Problems lieferte. Einige Seefahrer schlugen komplizierte astronomische Methoden vor, so etwa die Berechnung der Winkel zwischen Mond und Sternen, andere wollten sich am Verlauf der Jupitermonde orientieren. Doch John Harrison, ein Uhrmacher aus Yorkshire, war überzeugt, dass das Geheimnis der sicheren Bestimmung des Längengrads in einer exakten Uhr liege. Pendeluhren lieferten jedoch auf schwankenden, rollenden Segelschiffen keine genaue Zeit.

Harrison tüftelte jahrelang, baute große, mit Federn angetriebene Uhren, die nicht auf ein Pendel angewiesen waren. Erst im Jahr 1762 entsprach sein kleines Chronometer Nr. 4 den strengen Anforderungen des Ausschusses: An Bord eines Schiffes, das dieses kleine Instrument auf die Reise nach Jamaika mitführte, konnte man die Länge mit einer Abweichung von weniger als fünf Sekunden berechnen (was einem Bruchteil eines Grades entspricht).

Da die britische Regierung das Projekt finanziell unterstützt hatte, wurde dem königlichen Observatorium in Greenwich an der Themse bei London die Stelle des Nullmeridians zugedacht, zumindest für die Briten; die Spanier dagegen wählten Cadiz.

Geschwindigkeit: Auch die Berechnung der Segelgeschwindigkeit ist für Seefahrer wichtig, vor allem für jene, die sich mit dem Wind felsigen Küsten oder von Korallenriffen umgebenen Inseln nähern. In der Spätrenaissance begannen europäische Seefahrer, regelmäßig »das Log zu werfen«, einen Holzkeil, dessen spitz zulaufende Unterseite mit Blei beschwert war. Mit einem langen Seil verbunden, das alle 14,30 Meter mit einem Stoffknoten markiert war, wurde das Log achtern (auf der windabgewandten Seite) vom Schiff herabgelassen. Das schwere Log blieb an Ort und Stelle, während das Schiff weiterfuhr. Durch das Zählen der Stoffknoten, die abgespult wurden, während eine 28-Sekunden-Sanduhr ablief, konnte der Kapitän die Geschwindigkeit seines Schiffes berechnen. Der Begriff »Knoten« bezieht sich auf eine Seemeile (1,852 Kilometer) pro Stunde, was einer Minute (einem Sechzigstel) eines Längengrads entspricht.

Karten: Seekarten wurden unabhängig voneinander im Mittelmeerraum und in China entwickelt. Die Griechen der Antike zeichneten Karten mit parallelen Breitengraden, die durch die wichtigsten Handelshäfen wie etwa Rhodos oder Alexandria verliefen und weiter durch das östliche Mittelmeer gezogen waren. Chinesische Kartenzeichner malten die asiatischen Gewässer nahe des Kontinents und vervollständigten ihre Karten nach Zheng Hes Reisen. Die Kartographen des Mittelalters und der Renaissance zeichneten Portulankarten des Mittelmeers mit komplexen Netzen von Kompass-Kurslinien, die die beste Route unter Nutzung der vorherrschenden Winde von einem Hafen zum anderen angaben.

Als die Seefahrer die Möglichkeit hatten, ihre exakte Position und Geschwindigkeit zu bestimmen,

Bei der Wiederholung der legendären Reise Sindbads des Seefahrers verwendet der Forscher Tim Severin (links) zur Messung des Breitengrads ein *kamala*, eine Art Sextant. Er bringt das hölzerne Rechteck mit dem Horizont in Deckung und hält mit den Zähnen eine Schnur fest, die in bestimmten Abständen zur Markierung der Breitengrade mit Knoten versehen ist. Das Instrument ist zwar primitiv, aber es erwies sich als effektiv.

konnten sie genauere Karten zeichnen. Jene, in denen Phänomene wie die Passatwinde oder Meeresströmungen eingezeichnet waren, wurden buchstäblich wie Staatsgeheimnisse gehütet: Portugal behielt sein Wissen über die Passatwinde beispielsweise Jahrzehnte lang für sich. Karten, in denen Untiefen eingezeichnet waren oder die entscheidende Ortskenntnis verrieten, waren von unschätzbarem Wert. Abgesehen von seinen zahlreichen Großtaten ist Kapitän Ja-

mes Cook den Seefahrern späterer Generationen vielleicht insbesondere aufgrund seiner sorgfältigen Beobachtungen und genauen Karten in bester Erinnerung. Denn noch heute sind die fein gezeichneten Karten der britischen Admiralität, die auf Cook zurückgehen, in Gebrauch. So mancher Besitzer einer hochseetüchtigen Yacht hat schon das Vergnügen gehabt, eine Admiralitätskarte im Südpazifik zu verwenden.

Ich stand am Hotelfenster und war froh, dass es hier eine Klimaanlage gab, als ich den Sonnenuntergang über dem Hafen von Hongkong betrachtete. Es war im August 1992; ich hatte gerade mehrere Wochen auf den Salomon-Inseln verbracht und nach 13 in der Entscheidungsschlacht von Guadalcanal gesunkenen Kriegsschiffen der Japaner und der Alliierten gesucht. Unsere Expedition, in Zusammenarbeit mit der U.S. Navy, hatte das ferngesteuerte Tauchboot *Scorpio* (ein Vetter von *Jason*) und das Tauchboot *Sea Cliff* (ein Schwesterschiff der *Alvin*) eingesetzt, um nach diesen Wracks auf dem treffend benannten Iron Bottom Sound (Eisensund) zu suchen.

Ich befand mich auf Einladung der chinesischen Regierung auf dem Weg nach Peking, um mit ihren Vertretern über Unterwasserarchäologie zu sprechen. Die Regierung hatte um Hilfe gebeten bei der Suche nach weiteren alten Steinartefakten von der Art, wie sie von Fischern im Gelben Meer zwischen China und Korea geborgen worden waren. Ich hatte Interesse, eine Expedition in die Gewässer vor dem nahen Macau zu organisieren, wo 1276 eine Flotte kaiserlicher Dschunken untergegangen war. Vielleicht würde man sich in Peking ja auf einen Kuhhandel einlassen.

Im Moment war ich – nach der Wildnis der Salomon-Inseln im Südpazifik – von Hongkong begeistert. Das Ufer von Victoria Central war eine Wand aus gläsernen Hochhäusern, worin sich die Lichter des Hafens spiegelten. Und hier reflektierte sich auch der Sonnenuntergang hinter der Insel Lantau. Verwirrend viele unterschiedliche Schiffe und Boote fuhren zwischen Victoria und Kowloon hin und her. Da gab es kleine Sampans, jeweils von einem einzelnen Fischer beziehungsweise *wallah-wallah* (Händler) gerudert, die in der Dämmerung verschwanden, große Fähren vollbesetzt mit Passagieren, rostige Trampdampfer und gewaltige japanische Containerschiffe, die zu plump wirkten, um hochseetüchtig zu sein. Am anderen Ende des Hafens lag die dunkle graue Masse eines großen Kriegsschiffs vor Anker, wahrscheinlich ein Kreuzer der 7. U.S.-Flotte.

Aber die Schiffe, die mich am meisten faszinierten, waren die Dschunken. Ich sah kleine Fischerdschunken, in deren Tauwerk Wäsche flatterte, hart am Wind vor dem feuchten Südmonsun dahinsegeln. Es gab große dunkle Frachtdschunken mit hohem Heck und starkem Dieselmotor, die zielstrebig durch das Chaos des dichten Schiffsverkehrs pflügten. Und kaum mehr fahrtüchtig waren die fast wrackreifen Dschunken ungewissen Alters, deren Rumpf aus Teakplanken fleckig und nach außen gebogen, aber noch immer einsatzfähig war – zumindest für den Transport von Bauschutt oder Müll. Als der letzte Schein des Sonnenuntergangs verschwunden war und am Ufer der Mondschein mit dem Neonlicht konkurrierte, erblickte ich zufällig die Silhouette einer großen hochseetüchtigen Dschunke draußen in einer fernen Fahrrinne. Die Segel des Schiffes wurden gehisst, es neigte sich leicht in den steten Wind und wurde von Minute zu Minute kleiner. Der Anblick dieser gut gebauten Dschunke, die sich mit ihren im Monsun straff gespannten Segeln durch die See pflügte, während sie auf die Dunkelheit jenseits des sicheren Hafens zusegelte, ließ mich zwangsläufig an die alte chinesische Seefahrertradition denken.

Viele Seefahrtshistoriker glauben, dass es die chinesischen Seehändler gewesen sind, die die Römer mit dem Geheimnis der Monsune vertraut machten. Jahrhunderte lang fuhren chinesische Handelsboote die Malaiische Halbinsel hinunter, durch die Malakkastraße und weiter nach Indien. Diese Schiffe, die wir heute alle als Dschunken bezeichnen (abgeleitet von dem portugiesischen Wort *junco*), waren den römischen Handelsschiffen und den arabischen Daus, die ihnen folgten, überlegen. Die klassische hochseetüchtige chinesische Dschunke besaß häufig einen Rumpf aus drei Schichten genau abgerundeter Planken, die mit Hartholzdübeln zusammengehalten wurden und keine Kalfaterung benötigten. Im Gegensatz zu dem plumpen, seitlich angebrachten Steuerruder der Mittelmeerschiffe besaßen die Dschunken ein

großes Mittelruder, das an einem beweglichen Heckpfosten angebracht war. Eine Dschunke hatte mehrere Masten, die eine große Vielfalt von Segelkombinationen für fast alle Windrichtungen und -stärken möglich machten. Die Segel bestanden aus gewobenem Rattan, versteift mit horizontal über die gesamte Breite verlaufenden langen und federnden Bambusstäben, und konnten so gesetzt werden, dass sie den Wind von vorn oder von hinten nutzten. Dschunken hatten einen tiefen, in stabile Abteilungen unterteilten Rumpf, in dem eine beeindruckende Menge an Fracht untergebracht werden konnte. Mit ihrem flachen Kiel war es möglich, sie zum Be- oder Entladen auf Sand zu setzen. Diese schnellen, stabilen Schiffe waren Jahrhunderte lang absolut konkurrenzlos.

Doch China blieb bis zum Beginn des 15. Jahrhunderts in erster Linie eine Kontinentalmacht. Auch wenn die Handelsseefahrer mit Berichten über reiche Länder zurückgekehrt waren, die geplündert werden könnten, falls sich der Kaiser entschließen sollte, seine Vorherrschaft auch auf die See auszudehnen. Der Kaiserhof und die Regierung der Ming-Dynastie hatten ihren Sitz in Nanking. Aber die chinesischen Interessen waren auf die weiten Ebenen und Berge im Landesinneren ausgerichtet. Erst 1402 beauftragte ein neuer Kaiser namens Zhi Di seinen getreuesten Statthalter, den muslimischen Eunuchen Zheng He, den abgesetzten Kaiser Chu Yunwen zu verfolgen, der, so nahm man an, über das Meer geflohen war.

Ich habe Zheng He immer für einen der fähigsten und tatkräftigsten Seefahrer der Geschichte gehalten. Er bereitete sich sorgfältig auf seine erste Reise vor. Nun zum Großadmiral ernannt, stellte er über dreihundert große, bewaffnete Dschunken und kleinere Schiffe mit fast 30 000 Mann Besatzung und Soldaten zusammen, eine Armada von der Größe der Flotte des Phöniziers Hanno aus Karthago. Im Jahr 1405 stachen sie in See, fuhren nach Indo-

Eine chinesische Dschunke im Hafen von Hongkong. Diese stabilen Schiffe segeln seit Jahrtausenden über die asiatischen Gewässer. Die riesigen Dschunken von Admiral Zheng Hes Schatzflotte führten die weitesten Forschungsreisen des frühen 15. Jahrhunderts durch. Hätte China die Erkundungen fortgesetzt, wäre es wohl die führende Seefahrernation der Welt geworden.

china und suchten dann in den Buchten und Ankerplätzen der Malaiischen Halbinsel nach dem abgesetzten Kaiser Chu Yunwen.

In den folgenden acht Jahren führte Zheng He große Flotten auf zwei weiteren Expeditionen an der südöstlichen Küste Asiens entlang bis zum indischen Subkontinent. Zheng He tauschte mit den jeweiligen Herrschern großzügig Geschenke aus und stellte so die Überlegenheit der chinesischen Technik und der Handelsgüter unter Beweis, wie beispielsweise Wasseruhren, Messingkanonen, kostbares Porzellan und feinbestickte Seide. Zheng Hes Kapitäne kauften und tauschten wahre Schätze an Gewürzen, Elfenbein, Heilpflanzen, Hartholz und Duftölen ein – Güter, die alle in China von immensem Wert waren. Aufgrund dieser Reisen gab man seiner Armada den Namen »Schatzflotte.«

Als Zheng He 1413 erneut vom Jangtse lossegelte, hatte er vor, den Einfluss des chinesischen Kaiserreichs weit über die Region auszudehnen. Er war der Sohn und Enkel von *hadji*, gläubigen Muslimen, die die Pilgerreise nach Mekka unternommen hatten. Seine große Flotte segelte mit dem Nordostpassat durch den Persischen Golf, gelangte nach Aden und fuhr dann das Rote Meer hinauf, wo die besonders gläubigen Muslime aus Zheng Hes Mannschaft ins Landesinnere zu den Heiligtümern nach Mekka und Medina pilgerten.

Einer der Gesandten, die Zheng He mit an die Jangtse-Mündung brachte, hatte als Geschenk für den Kaiser eine junge Giraffe dabei. Von seiner fünften Reise – auf der Zheng He die Gesandten zu ihren Heimathäfen in den Nahen Osten zurückbrachte – kehrte er mit einer wahrlich exotischen Menagerie zurück, darunter Raubkatzen, Nashorne und Zebras.

Die sechste Reise dehnte den Machtbereich Chinas bis weit in den Süden der ostafrikanischen Küste aus. Zheng He knüpfte in den Handelshäfen Malindi, Mombasa und Sansibar Beziehungen zu den arabischen Herrschern. Man kann sich das Staunen der einheimischen Bevölkerung vorstellen, als die Menschen die dunklen Dschunken mit ihren hoch aufragenden Masten zum ersten Mal sahen, an deren Spitze leuchtende Seidenfähnchen flatterten. Weit südlich des Äquators wurde den Navigatoren und Kartographen Zheng Hes klar, dass sie sich der Südspitze des afrikanischen Kontinents näherten, einem Kap, vor dem arabische Seefahrer gewarnt hatten, es sei so stürmisch, dass man es nicht umsegeln könne.

Im Jahre 1424 starb in Nanking Kaiser Zhi Di, Zheng Hes Förderer, während dieser sich noch auf seiner sechsten Seereise befand. Zhi Dis Tod bedeutete die Abkehr von der Expansionspolitik zur See, die dieser Kaiser 20 Jahre lang verfolgt hatte. Sein Nachfolger, Hsuan-tsung, ließ sich von der neidischen Clique der Mandarine davon überzeugen, dass Zheng Hes Forschungsexpeditionen nichts als sinnlose Verschwendung seien. China, so behaupteten sie, habe es nicht nötig, Schiffe über den leeren Ozean zu entsenden, um die Häfen primitiver Barbaren ausfindig zu machen. Zheng He und seinen Verbündeten am Hof gelang es aber schließlich doch, die Zustimmung des neuen Kaisers zu einer letzten (siebten) Reise zu gewinnen, die er 1431 antrat. Wieder kehrte Zheng He an die ostafrikanische Küste zurück und wagte sich wahrscheinlich weiter nach Süden vor als bei den vorangegangenen Expeditionen.

Seekarten, die später nach diesen Reisen gezeichnet wurden, liefern den Beweis, dass zumindest einige von Zheng Hes Schiffen an der Inselgruppe der Kerguelen Halt gemacht haben, die etwa auf dem 49. Breitengrad am Rand des Südpolarmeers liegen. Diese Karten zeigen deutlich die Berge und Gletscher der Hauptinsel, Details, die nur von Reisenden in Erfahrung zu bringen waren, die sich tatsächlich so weit in die Kälte und die Stürme der hohen südlichen Breiten vorgewagt hatten. Damit wären sie Kapitän Cook und dessen Suche nach der *Terra australis incognita* um 300 Jahre zuvorgekommen.

Als die letzte Überseereise 1433 zu Ende war, setzten sich Mandarine um Kaiser Hsuantsung, die sich aufs Landesinnere konzentrierten, schließlich durch. Er ließ den Bau von großen, seetüchtigen Dschunken und selbst die Reparaturen an bereits vorhandenen Schiffen mit einem Schlag einstellen. Einige Kaufleute und Schiffbauer, die vor dem Bankrott standen, versuchten das kaiserliche Edikt zu umgehen. Sie wurden zur Warnung für alle, der sich wieder über die Meeresgrenze hinauswagen sollte, öffentlich geköpft. Das letzte Zebra und die letzte

Ein allegorisches Gemälde aus dem 15. Jahrhundert stellt Prinz Heinrich den Seefahrer dar, in dunkler Kleidung neben dem Schutzheiligen von Lissabon, dem hl. Vicente. Heinrich gründete seine Schule für Navigation in Sagres, von wo aus immer abenteuerlichere Forschungsreisen gestartet wurden, die am Ende die Route um Afrika nach Asien eröffneten.

Gazelle der kaiserlichen Menagerie verendeten. Wieder suchten Piraten die Küsten Chinas und die umliegenden Gewässer heim. Wie vorauszusehen war, begann für China der langsame Niedergang.

Zheng He befand sich auf einer kürzeren Reise im Hafen von Kalikut an der indischen Malabarküste, als er etwa 1435 starb. Wie es für diesen großen Seefahrer angemessen war, befand er sich noch am Ende seines Lebens an Bord eines Schiffes. Das unschätzbar wertvolle Wissen, das Zheng He von seinen wagemutigen Reisen mitgebracht hatte, lag vergessen in den kaiserlichen Archiven. Zheng Hes akribisch mit Bemerkungen versehene Seekarten auf Reispapier, die chinesische Seefahrer problemlos um Afrika herum oder durch den Indonesischen Archipel in den weiten Pazifik hätten führen können, verrotteten in ihren Ledereinbänden.

Hätte China die Herausforderung der Seefahrt rund um den Globus angenommen, dann hätten Zheng Hes Nachfolger auf noch größeren Dschunken wahrscheinlich Kolonien in Polynesien gegründet und vielleicht mit Hilfe von *fa'atere* als Navigatoren regelmäßigen Schiffsverkehr zur Westküste Nord- und Südamerikas eingerichtet, und zwar fast ein Jahrhundert, bevor europäische Forscher die Neue Welt aus der anderen Richtung kommend erreichten. Einige Historiker haben Überlegungen angestellt, was wohl geschehen wäre, wenn die chinesische Flotte die Westküste Afrikas hinaufgefahren und in der Frührenaissance als bedrohliche Erscheinung vor den Häfen Portugals und Spaniens aufgetaucht wäre. Hätte der Anblick solch furchterregender Armadas den aufkommenden Drang der Europäer gedämpft, sich auf die Meere hinauszuwagen? Wir werden es nie erfahren. Denn China wandte den Weltmeeren den Rücken zu. Und während es schlief, erwachte Europa.

Die *Star Hercules*, ein Versorgungsschiff für Ölbohrinseln, pflügte am 24. Mai 1989 früh morgens mit stampfenden Maschinen durch das Meer. Seit wir nach Sonnenaufgang den spanischen Hafen Cadiz verlassen hatten, verhüllte ein schimmernder Dunstschleier die nahe Küste der Iberischen Halbinsel. Wir waren auf dem Weg nach Nordwesten zum Kap São Vicente und auf den offenen Atlantik hinaus.

Hinter uns lag das Mittelmeer, wo wir das erste JASON-Projekt mit der Untersuchung des römischen Schiffes *Isis* erfolgreich abgeschlossen hatten. Etwa tausend Meilen vor uns lag das Schlachtschiff *Bismarck*, der einstige Stolz der deutschen Kriegsmarine, in seinem tiefen Grab im Atlantik. Nach einer der verzweifeltsten und blutigsten Verfolgungsjagden der Geschichte war es 1941 von der britischen Royal Navy versenkt worden. Wir hatten gute Positionskoordinaten von der Untergangsstelle des deutschen Schiffes. Dennoch war im vorausgegangenen Sommer unsere intensive Suche mit Hilfe des Videoschlittens *Argo* fehlgeschlagen. Jetzt waren wir entschlossen, das Wrack zu finden.

Ich hatte einige der wichtigsten Mitglieder der *Bismarck*-Expedition in der Messe versammelt, um den effizientesten Einsatz unserer begrenzten Mannschaft und Zeit zu planen, sobald wir erst einmal über der Wrackstelle nordwestlich von Irland angekommen waren. Ich wusste, dass meine alten Kollegen von Woods Hole, darunter Andy Bowen, Dana Yoerger und Cathy Offinger, ihre Aufgaben erfüllen würden, und ich stellte sicher, dass jeder ein Auge auf die neuen Expeditionsmitglieder warf, mit denen sie eine Wache teilten.

Während wir uns langsam wieder dem Suchgebiet näherten, war ich besonders dankbar, dass sich der ehemalige Navy-Hauptmann Jack Maurer unserer Expedition als Leiter der Wachen angeschlossen hatte. Jack, stämmig, schwarze Haare mit Bürstenschnitt, war neu in der Forschung, hatte aber mehr Erfahrung auf See als jeder andere von uns.

Mehrere der Schiffe von Vasco da Gama und zwei Schiffe der Flotte von Kolumbus waren Karavellen. Zwar sind Karavellen klein, aber sie besitzen große Laderäume für die für lange Reisen notwendigen Vorräte, und ihre Takelage konnte für die Fahrt mit den Passatwinden von Latein- auf Rahsegel umgerüstet werden.

Der portugiesische Forscher Vasco
da Gama macht 1498 dem Herrscher
von Kalikut an der indischen Malabarküste seine Aufwartung. Bald
sollten die Portugiesen Handelsposten einrichten. Danach folgten
Kriege zwischen den europäischen
Handelsmächten, die es den Portugiesen gleichtaten.

Als ich schließlich die Expeditionskarte aufrollte, entfaltete Jack eine große Atlantikkarte,
die unsere Route vom Mittelmeer zum Suchgebiet zeigte. Er klopfte mit einem Stift auf Kap
Vicente an der Südwestspitze Portugals. »Ein historischer Ort«, sagte er und blickte auf die Uhr.
»Dort befand sich die Navigationsschule von Prinz Heinrich. Wir sollten sie etwa jetzt sehen
können.«

Draußen an Deck hatte sich der Dunst gelichtet. Die dunkelbraune Küste der portugiesischen Algarve erhob sich steil aus dem Meer, das noch immer etwas von dem durchsichtigen
Blau des Mittelmeers bewahrt hatte. Weißgekalkte Touristenhotels und Ferienbungalows lagen
an den mit Olivenbäumen und Korkeichen bewachsenen Hügeln verstreut.

Als die Küste vorbeiglitt, sah ich eine Landspitze aus erodiertem Kalkstein. Das, so wurde mir klar, war Ponta de Sagres. Für einen Forscher kam das einer Pilgerfahrt gleich.

Heute gilt Portugal oft als eines der Stiefkinder Europas, in der modernen Geschichte der Kontinentalmächte kaum erwähnenswert. Im 14. Jahrhundert war Portugal einer der ersten Nationalstaaten Europas. Das ebnete einer Gestalt den Weg, die ich mit dem chinesischen Kaiser Zhi Di vergleichen möchte: Prinz Heinrich der Seefahrer.

Nachdem er als junger Mann in Nordafrika gegen die muslimischen Mauren gekämpft hatte, wurde Heinrich klar, dass es für die Portugiesen im Mittelmeerraum keine Expansionsmöglichkeiten gab: Die Araber kontrollierten die Südküsten; das mächtige osmanische Türkenreich beherrschte den Osten. Und gemeinsam besaßen sie das Handelsmonopol mit Indien und China.

Aber Heinrich war überzeugt, dass das kleine Portugal eine weltweite Bedeutung erwartete, die jedoch nur durch verwegene Reisen über weite Ozeane erreicht werden konnte. Eines seiner Ziele bestand darin, das Christentum nach Afrika und darüber hinaus zu verbreiten; die Segel aller Schiffe, die unter seiner Flagge fuhren, waren mit roten Kreuzen gekennzeichnet. Aber die Missionierung war nicht sein einziges Ziel. Weil die direkte Fahrt durch das Mittelmeer zu den Schätzen des Ostens blockiert war, hoffte er, durch Erkundungen auf eine alternative Seeroute zu stoßen. Und am Ende sollte die Suche nach einer günstigen Route um Afrika und hinauf zu den Gewürzhäfen Indiens zu seiner Lebensaufgabe werden.

Heinrich errichtete 1419, im Alter von 25 Jahren, auf der hoch aufragenden Landspitze am Kap Sagres, im äußersten Südwesten Portugals, einen königlichen Hof. An diesem entlegenen Ort versammelte er die fähigsten Astronomen Europas, Handwerker, die Erfahrung in der Anfertigung von Navigationsinstrumenten hatten, sowie Kartographen, Schiffsbauer und Kapitäne. Heinrich war sicher, dass diese Elite die navigatorischen Rätsel würde lösen können, die Portugal auf einen schmalen Landstrich der Iberischen Halbinsel beschränkte: Wie weit nach Süden erstreckte sich der große afrikanische Kontinent? Konnten portugiesische Seefahrer Afrika umsegeln und schließlich nach Indien gelangen?

Heinrich entsandte eine Expedition nach der anderen die Westküste Afrikas hinunter. Jede drang noch weiter nach Süden vor, bis schließlich der große grüne Küstenstrich des heutigen Sierra Leone erreicht war. Heinrichs Kapitäne berichteten von dem bis dahin unbekannten Phänomen der nordöstlichen Passatwinde. Innerhalb weniger Jahre fanden sie heraus, dass die nordöstlichen Passatwinde ein Schiff fast bis zum Äquator führten und der Kapitän danach die steten südöstlichen Passatwinde nutzen konnte. Dieses Wissen erwies sich für die späteren portugiesischen Seefahrer als unbezahlbar, die versuchten, die 3000 Meilen lange Strecke an der afrikanischen Küste entlang nach Süden zurückzulegen. Als Heinrich im Jahr 1460 starb, fuhren die portugiesischen Seefahrer bereits auf den offenen Atlantik hinaus.

Viele von Heinrichs Schiffen waren Karavellen, die von den Schiffskonstrukteuren in Sagres entworfen worden waren. Sie kombinierten die tiefen Frachträume und die Rahsegel der mittelalterlichen europäischen Handelsschiffe mit dem dreieckigen Lateinsegel des östlichen

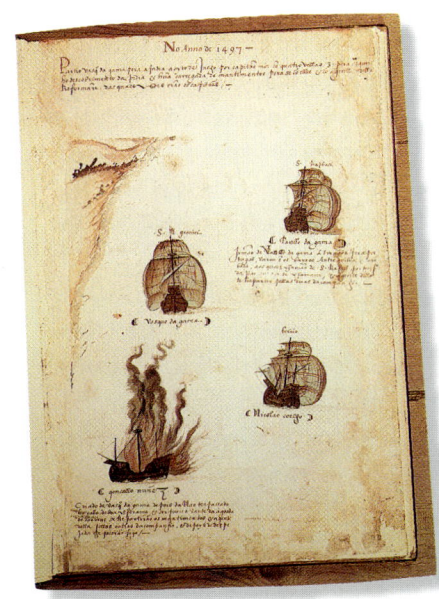

Ein zeitgenössisches Bild von Vasco da Gamas Flotte zeigt, dass sein Flaggschiff *São Gabriel* und die *São Rafael* (oben links und oben rechts) tiefgängige *Naos* waren. Die kleinere Karavelle *Berrio* (unten rechts) war ein Aufklärungsschiff für Küstengewässer. Da Gama setzte das Versorgungsschiff (unten links) in Brand, als die Lagerräume geleert waren.

Portugiesische Forscher unter
Bartolomeo Dias umrundeten
schließlich das Kap der Guten
Hoffnung und gelangten im
Spätjahr 1497 in den Indischen
Ozean, fast 30 Jahre nach dem Tod
Heinrichs des Seefahrers. Die Seeroute zu den Reichtümern Asiens
war nun gefunden. Innerhalb von
20 Jahren unternahmen Hunderte
portugiesischer Handelssegler
diese gefährliche 27 000 Meilen
lange Schiffsreise.

Mittelmeerraums. Diese Takelung ermöglichte es den Schiffen, sowohl vor als auch
hinter dem Wind gute Fahrt zu machen, eine für Schiffe, die regelmäßig sowohl mit
wie auch gegen die Passatwinde segelten, besonders wichtige Eigenschaft. Mit etwa 120
Tonnen waren sie relativ klein im Vergleich
zu den Tausend-Tonnen-Dschunken von
Zheng Hes Schatzflotte. Aber Karavellen
waren stabil gebaut und wendig. Unter dem
Kommando kompetenter und abenteuer-
lustiger Kapitäne waren diese Schiffe für
Weltumsegelungen geeignet.

1487 beauftrage der portugiesische
König Johann II. einen treuen Kapitän, Bartolomeo Dias, die Frage nach der flächen-
mäßigen Ausdehnung Afrikas nach Süden
zu klären. Um Weihnachten – der Sommer-
zeit auf der Südhalbkugel – befand sich seine
ramponierte Flottille noch immer unter gerefften Segeln in eisigen Stürmen auf dem
Weg nach Süden in Sichtweite der niedrigen
kahlen Küste, in die sich gewaltige Brecher
fraßen. Dias hatte keine andere Wahl als
weiterzusegeln. Er umschiffte gefährliche
Untiefen, verlor den Sichtkontakt zum
Festland und fuhr weiter ins Unbekannte.
Schließlich klarte der Himmel für kurze
Zeit auf, dass er mit seinem primitiven
Astrolabium eine grobe Messung des
Sonnenstands vornehmen und die erreichte
Breite einschätzen konnte. Es war nun
wieder Zeit, nach Osten zu steuern, um die
Erstreckung des scheinbar endlosen Landes
zu sondieren.

Aber als Dias und seine Kapitäne nach
Osten in aufklarendes Wetter fuhren, stellten sie fest, dass die Küstenwüste, an der sie
zuvor entlangfuhren, verschwunden war.
Jetzt drehten sie nach Norden, und schließlich tauchte vor ihnen Land auf, schroffe
grüne Berge mit üppig grasbewachsenen
Tälern. Dias näherte sich einer geschützten
Bucht unweit des heutigen Port Elizabeth, Südafrika. Er hatte die Südspitze des riesigen Kontinents erfolgreich umfahren, die Landspitze des hoch aufragenden Tafelbergs beim Kap der Guten Hoffnung aber nie gesichtet. Nachdem er sich vergewissert hatte, dass sich diese grüne was-
serreiche Küste ohne Unterbrechung weiter erstreckte, war Dias schließlich überzeugt, dass er
sich im Indischen Ozean befand. Prinz Heinrichs Wasserstraße zu den Reichtümern im Osten
war endlich gefunden.

1497 wurde der junge Adlige Vasco da Gama vom königlichen Hof beauftragt, eine Expedition bis nach Indien durchzuführen. Da Gama stellte eine kleine Flotte aus Karavellen und

Versorgungskaracken für die lange Reise zusammen. Sie segelte dem weiten Bogen der Passat-winde folgend den Atlantik hinunter und umfuhr schließlich im Dezember das Kap der Guten Hoffnung. Einen Monat später segelte sie die ostafrikanische Küste hinauf bis zum heutigen Mosambik, wobei die Mannschaft jeden Abschnitt ihrer Reise mit der Errichtung von Steinsäu-len mit Inschriften markierte, *padraos* genannt.

Die Überfahrt dauerte nur wenig länger als drei Wochen. Am 23. Tag sichtete der Aus-guck Regenwolken über den Westghats oberhalb des Gewürzhafens Kalikut. Prinz Heinrichs Traum von einer Seeroute um Afrika nach Indien war in Erfüllung gegangen.

IV | Die Neue Welt

Meine Stiefel knirschten auf der schneebedeckten Vulkanasche, als ich 1988 meinem Kollegen, dem Geologen Harulder Sigurdsson, den Westhang des Hekla, einem der großen Vulkane Islands, hinauffolgte. Über uns rauchte es aus einem breiten Krater, eine stumme Erinnerung an den letzten Ausbruch im Jahr 1980. Harulder deutete nach Süden auf den blaugrauen Atlantik.

»Heimaey ist ganz gut zu sehen«, sagte er. »Aber der Kegel von Surtsey ist viel kleiner.«

Die beiden Inseln liegen vor der isländischen Küste, dunkle Hügel gegen den blassen Himmel des Nordens. Die schwarze Lava der Insel Surtsey, die sich erst seit 1963 aus dem Meer erhebt, ist mit keinerlei Vegetation bedeckt, ein Zeichen ihrer Entstehung in jüngster Zeit und ein deutlicher Beweis dafür, dass Island in einer der aktivsten tektonischen Zonen der Erde liegt.

Das westliche Drittel des isländischen Staatsgebietes ist Teil der nordamerikanischen Platte, der östliche Teil liegt auf der eurasischen Platte. Dazwischen wölbt sich eine Kuppel geschmolzenen Magmas. Dieses füllt die durch das ungebrochene Auseinanderdriften der Platten entstehenden langen Spalten auf. Island ist eine Region intensiver Vulkantätigkeit, eine wachsende Erhebung des Mittelatlantischen Rückens, der über die Azoren zur Insel Ascension führt und sich schließlich nach Osten in den Indischen Ozean fortsetzt.

Zu unserer Rechten erstreckten sich hügelige Ketten grünen Weidelands, nur unterbrochen vom Gelb der Stoppeln vereinzelter frisch gemähter Heuwiesen, bis zur Hauptstadt Reykjavik, 110 Kilometer weiter im Westen. Zur Linken sahen wir weder Weideland noch Felder, nur nackte Ströme erstarrter Lava, vereinzelte blinkende Seen und dampfende Vulkankegel. Am Horizont im Osten zog sich der cremigweiße Gletscher Vatnajökull bis zum Gipfel eines weiteren Vulkans hinauf, des Grimsvötn.

»Jetzt weiß ich, warum man die Insel beim Fremdenverkehrsbüro als ›Land aus Feuer und Eis‹ bezeichnet«, sagte ich zu Haraldur.

Er lachte und nickte dann zu Heklas Hauptkrater hinauf. »Die Wikinger nannten diesen Berg das ›Tor zur Hölle‹.«

Haraldur erklärte mir, dass Hekla in der heidnischen Mythologie der ersten Siedler auf dieser Insel eine wichtige Rolle gespielt habe. Mutige norwegische Seefahrer hatten sich 900 n. Chr. von Skandinavien aus auf das Meer gewagt, um sich auf dieser unwirtlichen Insel niederzulassen. Wiederholte Vulkanausbrüche mit Strömen glühender Lava und Wolken giftigen Rauchs inspirierten zum apokalyptischen Wikingergedicht *Ragnarök*, »Das Götterschicksal«. In dieser großen Heldensage erheben sich dämonische Riesen aus dem Meer (neu entstandene Vulkanerhebungen wie Surtsey), der Himmel verdunkelt sich (durch die bei großen Eruptionen ausgestoßenen Aschewolken), das Land versinkt in den eisigen Wellen, um sich dann wieder aus ihnen zu erheben (eine treffende Beschreibung der Aufwölbung der Küsten an Verwerfungslinien). Als Haraldur mich mit dem Vortrag der rhythmischen Verse des altnorwegischen Gedichts amüsierte, wurde mir klar, dass die zur See fahrenden Wikinger das Phänomen der tektonischen Vulkantätigkeit ihrer Insel treffend beschrieben hatten — in den metaphorischen Grenzen ihrer Sprache — genau wie die frühen Griechen das Goldwaschen mit Hilfe von Schaffellen auf der Krim im Mythos von Jason und dem Goldenen Vlies.

Als Haraldur die alten Strophen aufsagte, wanderten meine Gedanken über die Jahrhunderte zurück zu einer der heroischsten Forscherepochen der Geschichte, den weiten Reisen der Wikinger über die Ozeane. Ich hatte eine Flotte *skuta*-Rundschiffe mit stabilem Plankenrumpf vor Augen, ihre im starken Nordostwind straff gespannten Rahsegel aus gewobener Wolle, eskortiert von einem Paar schmaler *sneekkja*-Langschiffe, bei welchen jeder Rudererplatz von einem polierten Schild geschützt wurde. In solchen Schiffen mit offenem Deck, kaum länger als 30 Meter, wurden für die Wikinger die stürmischen Gewässer des Nordatlantiks quasi zu

Auf einer Expedition nach Island 1988 steigt der Autor über eine aktive Spalte zum Krater des Vulkans Krafla hinauf. Island liegt direkt auf dem Mittelatlantischen Rücken. Das Staatsgebiet liegt sowohl auf der nordamerikanischen wie auch auf der eurasischen Platte. Starke Vulkantätigkeit und Geysire zeugen von einer geologisch aktiven Zone.

ihrer Heimat, sie kolonisierten Island und Grönland und gründeten schließlich die ersten europäischen Siedlungen auf dem nordamerikanischen Kontinent.

Die Wikinger waren Nachkommen skandinavischer Stammesvölker, die sich bis zum 9. Jahrhundert n. Chr. zu den fähigsten und kühnsten Seefahrern Europas entwickelt hatten. Sie waren die gefürchtetsten Krieger weit und breit, weil sie wiederholt die Grafschaften der britischen Inseln plünderten und später dort sowie in Frankreich entlang der Seine-Mündung und in der Normandie Kolonien gründeten. Diese Furcht erregenden Normannen ruderten ihre Langschiffe im Osten durch die niedrigen Gewässer der baltischen Küste und machten alles nieder, was sich ihnen in den Weg stellte. Die Wikinger drangen sogar über das eurasische Flusssystem ins russische Kernland vor und gelangten bis nach Kiew in der Ukraine.

Doch die Wikinger, die nach Westen auf den offenen Atlantik segelten, waren, obwohl sie ihr kriegerisches Können bewahrten, in erster Linie Entdecker und Siedler, nicht die Plünderer, die auf den britischen Inseln zahlreiche Siedlungen gegründet hatten. Sie folgten den Legenden von geheimnisvollen, möglicherweise fruchtbaren Ländern, die angeblich jenseits des großen Ozeans lagen.

Der faszinierendste dieser keltischen Mythen rankt sich um einen irischen Mönch, den heilige Brendan, der nach Aussage des mittelalterlichen Berichts *Navigatio Sancti Brendani* sieben

Jahre lang (566–573 n. Chr.) auf einer Missionsreise den westlichen Ozean befuhr – eine Fahrt, die an die Heldentaten in Homers *Odyssee* erinnert. Brendan und 17 Mitbrüder segelten in einer *curragh* aus Tierhäuten. Sie stießen auf »fellgekleidete Pygmäen« – wahrscheinlich Inuit –, und gelangten in eine beängstigende Gegend, in der das Meerwasser eine »geronnene Masse« war, vielleicht die schwimmenden gelben Seegrasmatten in der Sargassosee. Nachdem sie an der Küste eines »großen Kontinents« (vielleicht Nordamerika) nach Norden gesegelt waren, erblickten die Männer um Brendan einen Berg aus »Kristall«, wobei es sich wohl um die Beschreibung eines Eisbergs handelt. Auch wenn sie nie bestätigt wurde, besaß die fast mythische Reise des heiligen Brendan genügend faszinierende Beschreibungen, um den Appetit abenteuerhungriger Wikinger anzuregen.

Gleich, ob ihre Motivation nun reine Abenteuerlust, Bevölkerungsdruck in den dicht besiedelten Fjorden ihrer skandinavischen Heimat oder die Verbannung aufgrund irgendeines schweren Verbrechens war – und das war bei vielen Wikingern der Fall –, die Normannen nutzten jedenfalls die ab dem 9. Jahrhundert zunehmende Erwärmung auf der Nordhalbkugel. Wikinger aus Norwegen gründeten 874 eine erste Siedlung auf Island; die Gletscher hatten sich inzwischen aus den Küstentälern zurückgezogen und üppig grünes Weideland hinterlassen. In den umliegenden Gewässern lieferte Kabeljau ausreichend Nahrung. Aber das isländische Gemeinwesen der Siedler war trotz des relativ milden Klimas und der ergiebigen Fischgründe kein Utopia. Die Wikinger hatten ihre alte Tradition der Blutfehde von Skandinavien mitgebracht, bei der ein Mord in einem Clan durch einen weiteren im schuldigen Clan vergolten wurde. Strenge, autokratische Väter herrschten über ihre Sippe; schwere Arbeit wurde von Sklaven verrichtet.

Einer dieser wilden Normannen hieß Thorvald Asvaldsson; er war wegen Mordes aus Norwegen verbannt worden. Mit seiner Großfamilie und dem Gefolge von Sklaven legte Thorvald die über 1000 Kilometer lange Passage nach Island zurück, musste dort allerdings feststellen, dass die besten Weidegründe und das gute Farmland bereits im Besitz anderer waren. Er war gezwungen, sich auf den westlichen Hügeln in exponierter Lage anzusiedeln. Dort konnte sich seine Familie nur mühsam ernähren. Thorvalds Sohn, Erik der Rote, war bald in eine weitere

Frische Lavaströme aus dem neu entstandenen Vulkan Eldfell verschlangen 1973 die isländischen Küstendörfer und den Fischerhafen auf der vorgelagerten Insel Heimaey. Wie ihre wilden Vorfahren müssen sich auch die heutigen Isländer mit ihrer rastlosen Insel abfinden. Die Vulkantätigkeit liefert grenzenlose geothermische Energie, doch unvorhersagbare Lavaströme können über Nacht eine ganze Stadt zerstören.

Blutfehde verwickelt und wurde im Jahr 980 verbannt. Mitsamt seiner ebenfalls verbannten Sippe segelte er weiter nach Westen auf die schneebedeckten Berge zu, die er in seiner Kindheit schon gesehen hatte. Aber als sich Eriks Boot den aufragenden Gletschern näherte, wurde klar, dass diese Küste offensichtlich kein bewohnbares Exil war, nicht einmal eine Zufluchtsstätte, um zu überleben. Erik fuhr an eisblockierten Fjorden vorbei, ging an der geschützteren Südwestküste an Land und gründete eine Siedlung namens *Brattahlid*.

Der stets optimistische Erik sah die Möglichkeit einer großen Siedlung, basierend auf Ackerbau, Viehzucht und Fischerei. Im Sommer 985 kehrte Erik nach Island zurück, um für Siedlungen auf »Grünland« zu werben, denn diesen fälschlicherweise vielversprechenden Namen hatte er der riesigen, von Gletschern bedeckten Insel gegeben. Im darauffolgenden Jahr führte er eine Gruppe von 500 Siedlern auf 14 Schiffen an, die mit Vorräten für mehrere Jahre, mit Pferden und Vieh beladen waren. Solange das Klima mild blieb und die Siedler ihr Heu und Korn ernten konnten, ging es den Grönländern gut.

Aber die Wikinger hatten einen stets rastlosen Geist. Eriks zweiter von drei Söhnen, Leif, der etwa 980 auf Island geboren worden war, hatte seine Jugend mit dem Aufbau der Kolonie in Grönland verbracht. Doch er war auch ein geschickter und mutiger Seefahrer. Um etwa 1000 n. Chr. segelte er auf direktem Weg von Grönland nach Norwegen. Dort bekehrte König Olaf I. den jungen Wikinger zum Christentum und schickte ihn nach Grönland zurück, um hier den Glauben zu verbreiten. In Norwegen hörte Leif Berichte eines gewissen Bjarni Herjolfsson, der im Westen geheimnisvolle und verlockende Länder gesichtet hatte. Herjolfsson war auf dem Rückweg von Grönland nach Island durch heftige Stürme vom Kurs abgekommen. Nachdem er auf der Flucht vor dem Sturm tagelang weitergesegelt war, hatte er, bevor er sich wieder nach Norden, der Breite Grönlands, zuwandte, eine lange, bewaldete Küste gesichtet. Aber Herjolfsson war Kaufmann, kein Forscher; er hatte seine Fracht nicht durch einen wagemutigen Landgang aufs Spiel setzen wollen.

Leif Eriksson befragte den älteren Wikinger eingehend über die Route, die er gefahren war, dann kaufte er dessen Boot, ein stabiles *skuta*-Rundschiff, das eine große Mannschaft, Vorräte und – ebenso wichtig – auf dem Rückweg eine Ladung Holz transportieren konnte.

Eriksson fuhr mit 35 Mann von Grönland fast direkt nach Westen, in der Hoffnung, Herjolfssons Kurs zu folgen. Höchstwahrscheinlich trafen sie bei der gletscherbedeckten Spitze der Baffin-Insel erstmals auf den nordamerikanischen Kontinent. Leif nannte diese trostlose Gegend *Helluland* (Küste aus Felsplatten). Dort gab es nichts, was die Wikinger hätte an Land locken können. Deshalb wandten sie sich nach Süden. Nach mehreren Tagen gelangten sie in eine bewaldete Bucht, wahrscheinlich auf halber Strecke der Küste des heutigen Labrador. Zwar standen die Kiefern dicht, doch im Vergleich zu den großartigen Bäumen, die Herjolfsson beschrieben hatte, kamen sie ihnen kümmerlich vor. Eriksson und seine Männer setzten ihre Fahrt nach Süden fort und gelangten schließlich zur bewaldeten Landzunge einer Halbinsel. Ein schmaler Bach sprudelte aus einem Binnensee herab und lieferte reichlich Süßwasser. An den Stränden und Felsen gab es jede Menge Schalentiere. Die Wikinger beschlossen, hier ihr Winterlager aufzuschlagen.

Im Gegensatz zur Bauweise im holzarmen Grönland errichteten Erikssons Männer jetzt Holzhäuser mit Grasdächern, umgeben von einem großen Palisadenzaun aus miteinander verflochtenen jungen Bäumen und darüber einer Reihe angespitzter Pfähle. Diese erste europäische Siedlung in Nordamerika befand sich wahrscheinlich beim heutigen L'Anse aux Meadows an der äußersten Nordostspitze Neufundlands. Die Wikinger nannten den Ort *Leifrsbudir* (Leifs Hütten). Die Gewässer waren voller wandernder Fische, und die Männer konnten einen reichen Vorrat fangen, den sie für den Winter trockneten.

Im Jahr 1976 baute der Forscher Timothy Severin (Mitte) die *Brendan*, eine Kopie der mittelalterlichen *curragh* aus Tierhäuten. Mit Flachsfaden nähte er die Ochsenhaut auf ein Gerüst aus Eschenlatten. Das Boot wiederholte die Atlantiküberquerung des legendären irischen Mönchs Brendan.

Als die Wikinger die Gegend in kleinen Gruppen erkundeten, brachte eine von ihnen die aufregende Nachricht mit, dass es in den Wäldern um den See wilden Wein gebe – ein Hinweis darauf, dass die Halbinsel mit einem milden Klima gesegnet war. Eriksson nannte die Region deshalb *Vinland*.

Im Frühjahr 1002 kehrte Eriksson mit einer Ladung Holz und getrockneten Trauben nach Grönland zurück. Während er noch Pläne für eine größere Siedlungsexpedition nach Vinland schmiedete, starb Leif Erikssons Vater und hinterließ seinem Sohn die Verantwortung für die Siedlung auf Grönland. Die zukünftige Erforschung von Vinland blieb Leifs Bruder Thorvald überlassen. 1004 kehrte Thorvald nach Leifrsbudir zurück. Im folgenden Frühjahr führte er eine Gruppe weiter nach Norden nach *Markland* (Waldland) und wurde bei einem Zusammenstoß mit einem feindlichen Eingeborenenvolk der Küste, das die Wikinger *Skrälinge* (Schwächlinge) nannten und dem Leif Erikssons erste Erkundungsgruppe nicht begegnet war, ermordet.

Mehrere Jahre vergingen, bis sich die Wikinger wieder daran machten, Vinland zu erforschen. 1010 segelte eine Expedition mit 160 Männern und mehreren Frauen auf drei Schiffen los, um die Enklave *Leifrsbudir* weiter auszubauen. Mindestens ein Wikingerkind wurde in der Siedlung geboren, die die Normannen wahrscheinlich als Basislager nutzten, um von dort aus ein weit größeres Gebiet zu erkunden. Sie fällten Bäume und tauschten in Perioden unsicheren Friedens mit den *Skrälingen* Metallwaren gegen Felle ein.

Wie lange die Wikinger danach noch Kontakt mit Nordamerika hatten, darüber ist wenig bekannt, obwohl normannische Artefakte, die Archäologen in L'Anse aux Meadows ausgruben, darauf hinweisen, dass die Siedlung mehrere Jahre bewohnt und autark war. Aber die zunehmend feindlich gesonnenen Eingeborenen haben wahrscheinlich den Entdeckerdrang selbst der abenteuerlustigen Normannen empfindlich gedämpft.

George Melony zieht die *Brendan* am 26. Juni 1977 auf Peckford Island, Neufundland, auf den Strand. Das Schiff hielt der fünfwöchigen stürmischen Überfahrt problemlos stand. Severin wählte seine Route, indem er den in den Beschreibungen des mittelalterlichen Berichts über die Forschungsfahrt des irischen Mönchs im 6. Jahrhundert genannnten Kurs den vorherrschenden Winden und Strömungen korrrelierte. Die Überfahrt zeigte, dass der irische Mönch und Forscher Nordamerika 500 Jahre vor den Normannen erreicht haben könnte.

Im September 1967 nahm ich nach dem Studium als Praktikant bei der WHOI an meiner ersten großen wissenschaftlichen Expedition teil, einer seismischen Untersuchung des Sedimentgesteins der atlantischen Kontinentalschelfs, und zwar an Bord des Forschungsschiffs *Chain*, das der WHOI gehörte. Zur Untersuchung dieser Gesteinsschichten in 2400 Metern Tiefe verwendeten wir einen frequenzstarken Schallwellengenerator, den »Sparker«, der an einem Kabel hing und buchstäblich eine Blitz- und Donnermaschine war. Generatoren luden riesige Kondensatoren mit mehr als 100 000 Joule statischer Elektrizität auf und leiteten diese gewaltige Strommenge dann zum »Sparker«, der sie von der Spitze einer als riesige Zündkerze fungierenden Elektrode ins Wasser abgab.

Die daraus resultierende Explosion war hell genug, um nachts von Astronauten vom Weltall aus gesehen werden zu können. Die Druckwelle erschütterte das 1800-Tonnen-Schiff

über seine gesamte Länge von 60 Metern. Diese anhaltenden Donnerschläge erfolgten alle 20 Sekunden. Und das gewaltige Echo, das vom felsigen Meeresgrund heraufkam, war fast ebenso beängstigend.

»Das war eine gute«, murmelte mein Kollege Al Uchupi nach einer besonders lauten »Sparker«-Explosion in der zweiten Nacht auf See zwischen zwei Zügen an seiner kubanischen Zigarre.

»Daran muss ich mich wohl erst noch gewöhnen«, sagte ich und spähte nach achtern.

Die Schotten des Labors knarrten, und das Stahldeck unter meinen Bootsschuhen zitterte, als habe die *Chain* gerade eine Wasserbombe gezündet – oder als sei sie von einem Blitz getroffen worden. Aber draußen vor dem Bullauge schien das glänzende silberne Mondlicht auf das Meer, Schönwetterwolken zogen vorbei.

Um in dem Labor, das sich hoch oben im Aufbau des Schiffes befand, lesbar in die Datenlogbücher schreiben zu können, musste ich mich an meinen Arbeitsplatz zwängen. Al und ich hatten die »Friedhofswache«, von Mitternacht bis 4 Uhr, eine Herausforderung, die ich zugleich als anstrengend und berauschend empfand. Die Expeditionsleiter, darunter K. O. Emery, Professor am WHOI, trauten uns zu, wertvolle Daten zu sammeln. Das erfüllte mich mit dem Gefühl, zum ersten Mal einer groß angelegten Expedition richtig anzugehören. Ich war entschlossen, meiner Verantwortung gerecht zu werden.

In unserem Labor befanden sich Dutzende von Instrumenten, die wir ständig zu überwachen hatten. Sie surrten unentwegt und spuckten endlose Aufzeichnungen seismischer Daten aus. Auch das Aufnahmegerät des Echolots der *Chain*, mit dem die Tiefe gemessen wurde, warf einen langen Papierstreifen aus, während andere Instrumente die Magnet- und Gravitationsfelder der Erde maßen.

Wir mussten diese Daten alle fünf Minuten ablesen und eintragen. In den wenigen freien Augenblicken tauschten wir die Magnetbänder aus und füllten den Papiervorrat der Instrumente auf. Bei jeder Wache führten Al und ich dies mehrere Male routinemäßig durch und schoben uns schnell die zwei Dutzend Logbücher.

Bald kam ich hinter die spartanische Realität meiner so romantischen Vorstellungen von der Wissenschaft auf See. Auf einem Schiff wie der *Chain* zu leben, die während des Zweiten Weltkriegs als hochseetüchtiges Rettungsboot gebaut worden war, erwies sich als alles andere als bequem. Wie die meisten jungen Mitglieder der WHOI-Gruppe bezog ich in dem drangvollen Vorderdeck eine der oberen Kojen, so dass sich meine Pritsche nur 45 Zentimeter unter dem Hauptdeck befand. Am zweiten Morgen der Fahrt schlief ich trotz der ständigen Explosionen des »Sparkers« tief und fest. Da machte sich der Bootsmann Jerry Carter mit einem pneumatischen Rostschleifer an den Deckplatten direkt über meinem Kopf zu schaffen. Ich schnellte hoch, schlug mir den Schädel am Stahl an und zog mir eine klaffende Wunde an der Stirn zu. Daraufhin hielt ich meine Wachen mit verbundenem Kopf, in dem es jedes Mal hämmerte, wenn der »Sparker« losging.

Am 17. September zog der Hurrikan Dora über den warmen Gewässern des Golfstroms auf und direkt auf uns zu. Das Auge des Hurrikans lag weit draußen auf See, aber die *Chain* geriet zwischen den Sturm und die gefährlichen Sandbänke von Cape Hatteras, North Carolina. 1967 waren die Wettersatelliten noch nicht in der Lage, uns ein klares Bild von Doras voraussichtlicher Zugbahn zu geben. Innerhalb weniger Stunden hatte sich die langsam zunehmende östliche Brise des schwülen, bedeckten Tages in einen richtigen Sturm verwandelt. Es war nicht zu

Nachdem Leif Eriksson (Vordergrund) die erste europäische Expedition in die Neue Welt angeführt hatte, kehrten die Normannen in den folgenden zehn Jahren immer wieder zurück, um die Gegend um ihren Außenposten bei L'Anse aux Meadows in Neufundland weiter zu erkunden. Aber Konflikte mit den amerikanischen Eingeborenen trieben die Wikinger schließlich nach Grönland zurück. Hätten die Wikinger eine gastlichere Gegend weiter im Süden erreicht, hätte die Geschichte der westlichen Welt einen ganz anderen Verlauf nehmen können.

Auf diesem fantasievollen Gemälde aus dem 19. Jahrhundert wird Kolumbus, der am 3. August 1492 von Palos lossegelte, von seinen Förderern, Königin Isabella und König Ferdinand, verabschiedet. Das taten sie in Wahrheit nicht. Aber sie bereiteten ihm nach seiner Rückkehr von der ersten erfolgreichen Reise zu dem, was er für Asien hielt, einen königlichen Empfang.

glauben, aber in welche Richtung wir uns auch wandten, die donnernde Masse der Gewitterwolken und der tobenden, neun Meter hohen Wellen schien ebenfalls die Richtung gewechselt zu haben, als habe der Sturm unser neues Ziel vorausgesehen.

Irgendein Witzbold in der Mannschaft bemalte ein Sperrholzviereck mit einem Pfeil und dem Wort DORA und befestigte es an der Bugreling, um zu zeigen, dass wir auf den Sturm vorbereitet waren, der uns so hartnäckig verfolgte.

Jetzt war das Überleben des Schiffes, nicht die Wissenschaft, die Hauptaufgabe der Crew. Die Männer mühten sich unter großer Gefahr, den »Sparker« und unsere an Kabeln hängenden Unterwasseraufnahmegeräte heraufzuwinden, dann die Ausrüstung an Deck mit doppeltem Zurring aus Stahlkabel zu sichern. Dennoch schwankte der große blaue Mastenkran bedenklich, als der Wind die *Chain* mit Böen von 80 Knoten traf und jede Menge Wasser über das Deck schleuderte.

Der Kapitän hielt den Bug gegen die See und den Wind, und behielt genügend Fahrt bei, dass die gewaltigen Brecher die *Chain* nicht breitseits in die tiefen Wellentäler werfen konnten. Nachdem wir alle Luken und Bullaugen dichtgemacht hatten, blieb uns nichts anderes, als abzuwarten. Trotz der Abdichtung drang Wasser in das Schiff ein, schwappte durch die Gänge und vermischte sich mit dem Erbrochenen der Seekranken.

Am zweiten Morgen brauchte ich frische Luft und kämpfte mich zu einer geschützten Luke hinauf, die wir, so hatte uns die Crew erlaubt, für kurze Zeit öffnen durften. Der Sturm draußen war am Abklingen. Aber der Himmel war noch immer dunkelgrau, die Wolken hingen tief, und der Wind heulte. Die See blieb eine aufgewühlte, wogende Masse hässlicher Brecher, die über riesigen, schmutzig grünen hohen Wellen zusammenbrachen. Zwei Tage waren wir nach Südosten gefahren, hatten uns über den warmen Golfstrom, der den Hurrikan anheizte, immer weiter vom Land entfernt.

Vor uns lagen die Bahamas, die Karibik. Als ich die tobenden Überreste des Hurrikans Dora sah, der meine erste große Hochseeexpedition unterbrochen hatte, stellte ich mir die zerbrechlichen Schiffe der ersten europäischen Forscher vor, die diese Gewässer erreichten. Die kleinen Karavellen von Christoph Kolumbus hatten jeweils weniger als ein Zehntel der Verdrängung unserer *Chain*. Dennoch war seine kleine Flotte am Höhepunkt der Hurrikansaison zwischen den heimtückischen Riffen der Karibik hindurchgefahren. Hätten sie einen Sturm wie Dora überstanden? Natürlich nicht.

Während ich auf die tobende See draußen vor der Luke sah, fragte ich mich, welchen Verlauf die Geschichte wohl genommen hätte, wenn Kolumbus in einen solchen Sturm geraten wäre.

Als ich die Grundschule besuchte, war der Name Christoph Kolumbus ein Synonym für Forschung und Entdeckung. Aber eine Menge von dem, was ich damals über ihn lernte, war falsch. Kolumbus »bewies« nicht, dass die Erde rund ist, indem er auf der Suche nach Asien nach Westen über den Atlantik segelte; Denkern der Antike und fähigen Seefahrern der Renaissance hatten längst gewusst, dass die Erde eine Kugel ist.

Nichtsdestotrotz bleibt er der herausragende Forscher der neuzeitlichen Geschichte. Hätte er nicht beharrlich fast unüberwindliche Hindernisse hinter sich gebracht, wäre die Neue Welt vielleicht erst Jahrzehnte oder gar Jahrhunderte später entdeckt worden.

Kolumbus, in eine Genueser Familie hineingeboren, war schon mit 25 Jahren ein erfahrener Seemann und reiste schließlich zu seinem jüngeren Bruder nach Lissabon, wo sie zusammen als Kartographen arbeiteten. Christoph studierte die klassische Geographie und Marco Polos Bericht über seiner Reise nach China, vermischte dabei die zu geringe Schätzung des Erdumfangs durch Ptolemäus mit der groben Überschätzung der Ausdehnung der Landmasse Asiens nach Osten durch Marco Polo. In ihrem Kartengeschäft in Lissabon wurde eine Idee geboren: Der Ozean war nicht so riesig, wie viele dachten, die Strecke betrug lediglich etwas über 1000 Leguas – das damals gebräuchliche Entfernungsmaß –, was etwa 4800 Kilometern entspricht. Und Marco Polo hatte geschrieben, dass die reichen Inseln von Cipangu (Japan) genau östlich des asiatischen Festlands lagen. Ihre Breite war bekannt; es schien machbar zu sein, diese vorgelagerten Inseln und Asien selbst zu erreichen, wenn man nach Westen segelte.

1484 versuchte Kolumbus, den portugiesischen König Johann II. für seine »Unternehmung Indien«, die Idee, über den Ozean Richtung Westen nach Asien zu segeln, zu interessieren. Der portugiesische Hof trat jedoch noch immer für die Route um Afrika nach Indien ein, die in genau entgegengesetzter Richtung zu den Plänen Kolumbus' verlief. Und die königlichen Kartographen meinten, Kolumbus unterschätze die Entfernung nach Westen über den Atlantik Richtung Asien, die sie korrekt auf mindestens annähernd 15 000 Kilometer berechneten – es entspräche in etwa der Strecke von Westeuropa nach Ostsibirien. Kolumbus fand also keine Unterstützung durch den portugiesischen Thron.

Der spanische König Ferdinand und Königin Isabella setzten dagegen eine Kommission ein, die seinen Vorschlag prüfen sollte. Wieder fanden Geographen gravierende Fehler in seinem Vorhaben. Kolumbus stand kurz davor, seine Pläne aufzugeben, fand aber in den Franziskanern Verbündete, die begierig darauf waren, in Asien Missionen zu gründen, und ihm halfen, eine weitere Audienz bei Königin Isabella zu erwirken. Ihre Berater hatten ihre Meinung inzwischen geändert und drängten die Königin nun, sein Unternehmen zu unterstützen. Kolumbus wurde in den Rang eines Großadmirals der Ozeane erhoben und sollte 10 Prozent der Profite des Unternehmens erhalten.

Mit Kolumbus wurde härter umgesprungen, als er 1500 nach seiner dritten, mit Problemen behafteten Reise in die Neue Welt – er hatte in der Karibik rebellierende spanische Siedler aufhängen lassen – in Ketten nach Spanien zurückgebracht wurde.

Bei der Vorbereitung für seine heldenhafte Reise arbeitete Kolumbus mit einer spanischen Seefahrerfamilie zusammen, den Pinzons. Er wählte die *Santa Maria*, eine Galeone von etwa 100 Tonnen mit Rahsegeln, und zwei kleine Karavellen, die *Niña* und die *Pinta*. Auf den Rat von Martin Alonzo und Vicente Yanez Pinzon, die die Karavellen befehligen sollten, heuerte Kolumbus 90 erfahrene Seemänner an, keine ehemaligen Sträflinge, wie es in meinen Schulbüchern hieß. Kolumbus wandte sich an Juan de la Cosa, einen erfahrenen Seemann, und bat diesen, sein Navigator zu werden. Sorgfältig wählte Kolumbus die umfangreichen Vorräte für seine kleine Flottille, die Bewaffnung und die Handelsgüter aus.

Am Freitag, den 3. August 1492 – genau in der Hurrikansaison, wie wir inzwischen wissen – verließen die drei Schiffe frühmorgens bei Ebbe den spanischen Hafen Palos de Frontera und fuhren aufs offene Meer hinaus. Kolumbus nahm in der Überzeugung, dass Japan auf genau der gleichen Breite liege, Kurs auf die Kanarischen Inseln. Er nutzte den vorherrschenden Nordostpassat und meinte, nichts weiter tun zu müssen, als etwa 4800 Kilometer »am Breitengrad« entlang zu segeln, bevor er auf Land stoßen würde.

Jenseits der Kanaren gerieten sie mehrere Tage in frustrierende Flauten. Schließlich stießen sie wieder auf die Passatwinde, und die kleine Flotte segelte Tag und Nacht. Doch je weiter sie nach Westen gelangten, umso unruhiger wurde die Mannschaft. Diese bestand aus spanischen Seemännern, die es im Gegensatz zu ihren portugiesischen Kollegen nicht gewohnt waren, so weit von Land entfernt dem Nordostpassat zu folgen. Panik breitete sich unter der Mannschaft aus: Wenn die Theorien des Admirals korrekt wären, hätten sie Japan inzwischen erreichen müssen.

Dann setzten die Passatwinde zehn Tage lang aus, die Schiffe drifteten ziellos in den Wellen, die schlaffen Segel knatterten in der Hitze. Eine Unmenge bizarren gelben Beerentangs hing an den Seiten der Schiffe und verwickelte sich in ihren Rudern. Jetzt fing die Crew an, offen zu murren und zu meutern. Am 10. Oktober verlangte eine Delegation von Seeleuten an Bord der *Santa Maria* unumwunden, dass Kolumbus nach Spanien umkehren solle. Kolumbus gab den Kapitänen der beiden anderen Schiffe ein Zeichen, dass sie für eine Besprechung zu ihm kommen sollten. Martin Alonzo Pinzon war der Meinung, dass die Schiffe von der geplanten Breite nach Norden abgekommen seien; wenn sie sich nach Südwesten wenden würden, würden sie die Inseln Asiens schnell finden.

Kolumbus ordnete die Kursänderung an. Innerhalb von 24 Stunden sahen sie Palmwedel und Zweige im Meer treiben. Offenkundig näherten sie sich Land. Das Gerede, nach Europa zurückzukehren, verstummte. Vier Stunden nach Sonnenuntergang am 2. Oktober 1492 stand Kolumbus auf dem Achterkastell der *Santa Maria* und starrte gebannt nach Südwesten. Er wies den Steuermann an, das Schiff leicht vor den Wind zu drehen. Dann erhaschte Kolumbus einen flüchtigen Blick auf einen fernen orangefarbenen Funken. War es ein Feuer an Land oder nur ein Trugbild?

Drei Stunden später, um 2 Uhr am Morgen des 12. Oktobers, rief der Ausguck im Mastkorb der *Pinta*, Rodrigo de Triana, heiser durch die zum Trichter geformten Hände: »Tierra!« Er hatte in der Mondnacht eindeutig eine helle sandige Küste gesichtet.

Als es Tag wurde, ankerten die Schiffe in einer geschützten Bucht nahe eines von Palmen gesäumten Strandes. Kolumbus rief seine Kapitäne zu sich und verkündete, dass die Insel, die er San Salvador taufte, Besitz Spaniens sei.

Kolumbus führte noch drei weitere Expeditionen an und eröffnete Spanien damit die Möglichkeit, sich rasch zur reichsten Weltmacht zu entwickeln. Stets hatte er die Hoffnung, die Gewürzinseln lägen direkt hinter dem nächsten grünen Kap. Auf seiner letzten Reise segelte er, nachdem er Schiffbruch erlitten hatte und ein Jahr von der Außenwelt abgeschnitten gewesen war, im September 1504 bei schlechter Gesundheit von der Antilleninsel Hispaniola nach Cadiz. Es war zu bezweifeln, dass er noch einmal die Energie aufbringen oder die notwendigen Förderer finden würde, um eine erneute Forschungsreise zu unternehmen. Dennoch folgte er im April 1506 dem spanischen Königshof nach Valladolid in der Hoffnung, sich Unterstützung für eine weitere Forschungsreise zu sichern. Er starb am 20. Mai mit 55 Jahren in der alten Stadt, noch immer in dem Glauben, die Seeroute nach Asien entdeckt zu haben.

In den Jahren, als ich auf Cape Cod lebte, gab es in dem Dorf East Sandwich eine Stelle, an der ich etwa einmal pro Woche anhielt. Das Geschäft für Fliegenfischer und der Laden für antike Landkarten lagen direkt nebeneinander — optimal, um das Angenehme mit dem Nützlichen zu verbinden. Mit zunehmenden Fortschritten bei meinem nebenbei betriebenen Studium der Seefahrtsgeschichte begeisterte ich mich immer mehr für die staubigen Bände mit Pergamentkarten.

Je älter die Karten waren, um so ungenauer waren sie, und um so mehr interessierte mich ihre Geschichte. Die Frau, die das Geschäft führte, wusste, dass ich mir ihre wirklich wertvollen Stücke nicht leisten konnte, aber sie ließ sie mich freundlicherweise studieren, vorausgesetzt, ich trug wie ein Kurator baumwollene Handschuhe.

Am Ende mancher Winterabende stellte ich fest, dass ich auf dem Heimweg von Woods Hole drei Stunden mit dem eingehenden Studium von britischen Admiralitätskarten aus dem 18. Jahrhundert von den Inseln vor dem Wind oder von zerbröckelnden portugiesischen Kolonialkarten Amazoniens zugebracht hatte. Es lag nicht so sehr daran, dass diese kostbaren Dokumente akkurate Messungen der Erdoberfläche darstellten — obwohl viele erstaunlich genau waren, wenn man die Untersuchungsinstrumente berücksichtigt, die ihre Zeichner benutzt hatten —, sondern, dass sie greifbar gemachte Forschung bedeuteten. Die Reihe alter Karten stellte das sich vergrößernde Wissen des Menschen über unseren Planeten dar.

Das ruhige kleine Antiquitätengeschäft in einer der Seitenstraßen auf Cape Cod stellte für mich eine wichtige Verbindung zum großen Zeitalter der Entdeckungen her.

Als sich die Nachricht von den Reisen des Kolumbus verbreitete, gierten die europäischen Kartographen nach genauen Angaben über die Länder, die in dem bislang leeren blauen Meer auf ihren rudimentären Globen lagen. Die Festlegung, wie weit sich »Asien« genau nach Osten in das Weltmeer erstreckt, wurde Anfang des 16. Jahrhunderts zu einer vorrangigen Frage. Es war ein weiterer Italiener, Amerigo Vespucci, der dieses Rätsel lösen sollte. Und er gab dabei den beiden Kontinenten, die als die Neue Welt bekannt wurden, seinen Namen.

Vespucci, Sohn einer reichen florentinischen Kaufmannsfamilie, wurde in Sevilla nach Kolumbus' Rückkehr von seiner ersten Reise 1493 mit Seefahrtsangelegenheiten betraut. Vespucci wurde ein enger Freund des Forschers und seiner Offiziere, darunter auch eines jungen Spaniers namens Alonso de Ojeda. Als Ojeda Vespucci 1499 einlud, sich einer Entdeckungsexpedition anzuschließen, war der florentinische Kaufmann und Navigator gern dazu bereit und sicherte sich das Recht, auf eigene Faust zu forschen. Sein Ziel war, die Länge der »chinesischen« Küste südlich der von Kolumbus entdeckten Inseln zu bestimmen.

Vespucci, der vier kleine Schiffe befehligte, fuhr auf direktem Kurs mit dem Nordostpassat und erreichte auf Äquatorhöhe beim heutigen Brasilien Land. Dann folgte er der Dschungelküste nach Nordwesten und gelangte zur Mündung des Amazonas, wo er die gewaltige Menge Süßwasser entdeckte, die sich schmutzig braun weit in das blaue tropische Meer hinaus ergoss. Vespucci erkannte, dass solch ein gewaltiger Strom das Wasser eines ganzen Kontinents ableiten musste. Als er einige Wochen später die Mündung des Orinoko im heutigen Venezuela erreichte, erlag er dem gleichen Trugschluss wie Kolumbus auf seiner dritten Reise: Er war überzeugt, dass er ein Kap im Osten des asiatischen Kontinents entdeckt hatte. Wenn er weiter nach Süden gesegelt wäre, so überlegte er, wäre er von Osten in den Indischen Ozean gelangt und hätte die Gewürzinseln an der Malabarküste erreicht.

Aber wieder zurück in Spanien, gelang es Vespucci nicht, den Königshof für diesen Bereich der Forschung zu interessieren. Deshalb wandte er sich nun – genau in umgekehrter Reihenfolge wie Kolumbus zehn Jahre zuvor – an die Portugiesen. König Manuel I. war von Vespuccis Vorschlag begeistert, insbesondere, weil ein Großteil des Küstenabschnitts, den der Florentiner zu erkunden gedachte, auf der östlichen – portugiesischen – Seite der päpstlichen Demarkationslinie lag, die mitten durch das heutige Brasilien ging: Ein vatikanisches Konzil hatte das nichtchristliche Territorium im Ozean kurzerhand unter Spanien und Portugal aufgeteilt und den 1500 von Portugal entdeckten Ostteil Brasiliens den Portugiesen zugeschlagen (aus diesem Grund wird in Brasilien, anders als im übrigen, spanischsprachigen Südamerika, noch heute Portugiesisch gesprochen).

Im Mai 1501 verließen Vespuccis Schiffe, deren Segel mit dem roten Kreuz Prinz Heinrichs verziert waren, den Fluss Tagus. Dann erkundeten sie langsam die Küste Brasiliens, suchten bei jeder vielversprechenden Bucht und jedem Fluss nach einem möglichen Seeweg um den Kontinent in den Indischen Ozean. Aber die Küste zog sich ununterbrochen weiter nach Süden fort. Die Kontakte, die sie mit den Eingeborenen hatten, gaben keinerlei Hinweise darauf, dass dieses Land zu Asien gehörte; die einfachen Indianer wussten nichts von Gewürzen oder dem Großkhan. Dennoch blieb Vespucci entschlossen, so weit wie möglich nach Süden vorzudringen, obwohl er sich inzwischen ein ganzes Stück südlich des Äquators befand und noch keine schiffbare Durchfahrt nach Westen gefunden hatte. Schließlich drehte Vespucci, nachdem er sich an der kahlen, windgepeitschten Küste fast bis zum 50. Breitengrad vorgewagt hatte, nach Norden ab und trat die Rückreise Richtung Portugal an. Jetzt war er überzeugt, dass die lange Küstenlinie, die er erkundet hatte, Teil eines neu entdeckten Kontinents war, nicht eine Halbinsel Asiens. Als er auf der Rückfahrt an seinen Karten arbeitete, nahm Vespucci seine Feder zur Hand und schrieb auf das Pergament die Worte *Mundus Novus* (Neue Welt).

Sein veröffentlichtes Tagebuch dieser Expedition war unter den Gelehrten Europas eine Sensation und erschien schnell in vielen Ausgaben und Sprachen. Bald bezeichneten die Geo-

Ioan. Stradanus invent.

graphen nicht nur den neuen westlichen Kontinent, den Vespucci erkundet hatte, sondern das gesamte Territorium der Neuen Welt nach ihm als »America«.

Im Jahr 1981 ging ich in Valparaiso, Chile, an Bord des Forschungsschiffs *Melville*, das dem Scripps Institute of Oceanography gehört, und verbrachte zwei Monate draußen auf See mit der Untersuchung der hydrothermalen Schlote auf der Ostpazifikerhebung auf 20° Süd.

Diese extrem aktive tektonische Zone ist der sich am schnellsten ausbreitende Meeresboden der Welt, wo die Platten jährlich um 20 Zentimeter auseinanderdriften. Wie auf dem Galápagosriff fotografierte unser primitiver, aber getreuer Kameraschlitten *ANGUS*, auch »Dope on a Rope« — »Tölpel an der Leine«, genannt, Kolonien tellergroßer Muscheln, bizarrer und gigantischer rotmäuliger Röhrenwürmer und verschiedener anderer ungewöhnlicher Lebewesen, die ohne den Vorzug einer auf der Fotosynthese basierenden Nahrungskette die sulfidreichen heißen Tiefseequellen bevölkern.

Die Bestätigung, dass die Tierwelt des Galápagosriffs auch an anderen Stellen unter ähnlichen Bedingungen existiert, war jedoch nicht die größte Erkenntnis, die ich auf dieser langen Expedition gewann. Zwar hatte ich schon früher mehrere Wochen auf See verbracht, doch noch nie hatte ich ein so starkes Gefühl der völligen Isoliertheit empfunden. Unser Schiff kreuzte in einem Teil des Pazifiks, wo es fast keine Inseln gibt, jedenfalls näherten wir uns keiner. Woche um Woche war der endlose blaue Rand des tropischen Meeres alles, was wir am Horizont sahen. Manchmal gab es Delphine oder kleine Pilotwale, die auf unserer Bugwelle ritten, doch Vögel wagten sich nicht so weit aufs Meer hinaus.

Fortsetzung auf Seite 116

Auf diesem allegorischen Gemälde des 16. Jahrhunderts macht Vespucci (links), einen Wimpel und ein Astrolabium in den Händen, der unbekleideten Dame »America« seine Aufwartung. Im Hintergrund rösten ihre Stammesangehörigen ein menschliches Bein an einem Spieß, was die Verachtung symbolisiert, mit der viele Forscher der Renaissance den Eingeborenenvölkern begegneten.

Jahrhunderte lang raubten Piraten – kurz nach den plündernden Konquistadoren – vor den spanischen Kolonialküsten, den karibischen Inseln und den Küsten Zentral- und Mittelamerikas, die vielen in dieser Region verkehrenden Schiffe aus. Im 16. und 17. Jahrhundert besaßen die Piratenführer große Flotten mit Tausenden Männern Besatzung. Kein Schiff und kein Hafen waren vor ihrem Angriff sicher.

PIRATEN VOR DEN KÜSTEN DER SPANISCHEN KOLONIEN

MITTE DES 15. JAHRHUNDERTS verwendeten die Spanier den Begriff »Tierra Firma«, um die Küsten Zentral- und Südamerikas von den Inseln der Karibik zu unterscheiden. Die Engländer übersetzten diesen Begriff in »The Spanish Main« und gebrauchten ihn für die gesamte Region. Welche Worte auch verwendet wurden, das Gebiet wurde ein Synonym für unvorstellbaren Reichtum.

Der ursprünglich unregelmäßige Fluss von Gold aus der Karibik schwoll nach der Plünderung der alten Azteken- und Inkareiche durch die Konquistadoren zu einem wahren Strom an. Der erste Schatz, den Hernán Cortés 1520 vom Aztekenherrscher Moctezuma raubte, bestand aus dem Königsschmuck der Azteken und aus Palastverzierungen aus Edelsteinen sowie Nuggets und Goldstaub, der über Generationen aus den Flüssen gewaschen worden war. Zu ihrer Enttäuschung fanden die spanischen Kapitäne in Mexiko jedoch keine Goldminen, die sie hätten plündern können. Aber die eroberenden Europäer entdeckten reiche Silbervorkommen, die sie schonungslos ausbeuteten, wobei sie die einheimische Bevölkerung als Sklavenarbeiter einsetzten. Dieses grausame Spiel wiederholte sich, als Francisco Pizarro um 1530 die Inka von Peru überfiel. Als die Kolonie Cartagena an der heutigen kolumbianischen Küste gegründet wurde, wurde eine neue ergiebige Quelle an Gold und Edelsteinen entdeckt.

1535 versammelte sich in der Karibik die erste der vielen spanischen Silberflotten für die gemeinsame Rückfahrt nach Sevilla. Bezeichnenderweise transportierten diese bewaffneten Handelsschiffe Gold- und Silberbarren, Perlen, Smaragde und Goldschmuck, der aus Azteken- und Inkagräbern geraubt war. Später, als die spanischen Unternehmen die Minen in der Neuen Welt ausbauten, gründete die Krone in Mexiko und Peru Münzanstalten, in denen die berühmten »Pesos« geprägt wurden, die sich im münzhungrigen Europa schließlich zur Standardwährung entwickelten, und unter dem Namen »spanischer Dollar« bis kurz vor dem Bürgerkrieg auch in den Vereinigten Staaten offizielle Währung blieben. Der aus der Neuen Welt kommende Reichtum – zusätzlich zu dem anschwellenden Strom der Schätze aus Asien – beflügelte in Europa den Merkantilismus. Der neue Wohlstand kam den privilegierten Schichten zugute, die zur nachfol-

genden Aufklärung beitrugen. Und diese wiederum schuf die für die industrielle Revolution des 19. Jahrhunderts notwendige intellektuelle Grundlage.

Es war unvermeidlich, dass die Flut von Schätzen aus dem spanischen Mittel- und Südamerika sowohl unabhängige Piraten, die keinem Herrscher dienten, als auch Freibeuter anlockten – Kriegsschiffe, die mit dem »Kaperbrief« eines Monarchen ausgestattet waren, der dem Kapitän das Recht zusprach, feindliche Handelsschiffe zu plündern. Seeräuberei gab es natürlich nicht nur an den spanischen Kolonialküsten. Schon Homers Odysseus wurde nachgesagt, schamlos Schiffe und Küstenstädte geplündert zu haben; 1000 Jahre später musste der römische Feldherr Pompejus Magnus eine große Expedition organisieren, um das Mittelmeer von dreisten Piraten zu befreien, die den Handel abzuwürgen drohten. Aber zu keinem Zeitpunkt der Geschichte waren Piraten und Freibeuter so aktiv wie im 16. und 17. Jahrhundert vor der spanischen Küste Süd- und Mittelamerikas.

Und einer der dreistesten war ein Günstling der englischen Königin Elisabeth, Sir Francis Drake, den die Spanier »El Draque« (Der Drache) nannten. Drake, der 1540 in eine arme protestantische Bauernfamilie hineingeboren wurde, ging im Alter von 13 Jahren zur See und wurchs an Bord eines auf der sturmgepeitschten Nordsee verkehrenden Handelsschiffes zu einem geschickten Seefahrer heran. Als junger Mann schloss er sich zwei englischen Handelsreisen in die Karibik an, die dem spanischen Hoheitsanspruch zum Trotz in diese Region führten.

Auf der zweiten Reise 1568 kommandierte Drake die *Judith* und wurde an der mexikanischen Küste von den Spaniern in einen Hinterhalt gelockt. Viele von Drakes Männer wurden ermordet. Aber er brachte das beschädigte Schiff nach Hause zurück und schwor Rache gegen die »Dons« und ihren katholischen Monarchen Philip II.

Elizabeth I., eine erbitterte Feindin des spanischen Königshauses, war von Drakes Mut und seemännischem Können beeindruckt. Sie bezeichnete ihn als »meinen persönlichen Piraten« und gewährte ihm einen Kaperbrief: das Recht, die spanischen Gewässer als Freibeuter zu durchkreuzen. Drake segelte 1572 mit zwei Schiffen, der *Pasha* und der *Swan*, los, die kaum größer als Yachten waren. Dennoch hatte er ein kühnes Ziel, die Plünderung Cartagenas und Nombre de Dios' an der Karibikküste Panamas, bedeutende Umschlaghäfen für die Kostbarkeiten aus den spanischen Kolonien. Trotz einer Verwundung drang Drake ins Landesinnere vor und bestieg einen Berg, um einen Blick auf die blaue Weite des Pazifiks jenseits der Landenge zu werfen. Und dort betete er um Beistand, dieses Meer unter der Flagge Englands befahren zu dürfen.

Drake kehrte als reicher Mann nach Hause zurück, wurde aber aufgrund eines vorübergehenden Waffenstillstands zwischen England und Spanien nicht offiziell ausgezeichnet. Als der Krieg 1577 wieder aufflammte, wurde der Seefahrer von der Königin mit einem besonders waghalsigen Auftrag betraut, einer Reise auf der Suche nach neuen Ländern und möglichen Kostbarkeiten in den Süden und Westen des amerikanischen Kontinents: in Regionen, die die Spanier und Portugiesen für sich beanspruchten. Nachdem sie im harten südlichen Winter die Magellanstraße durchquert hatten, sank eines von Drakes Schiffen, ein anderes kehrte nach England zurück, und nur sein Flaggschiff, die *Golden Hind*, blieb übrig. Dessen ungeachtet plünderte Drake den spanischen Hafen Valparaiso und brachte eine Schatzgaleone, die *Cacafuego*, in seine Gewalt.

Mit erbeuteten spanischen Seekarten ausgerüstet, segelte Drake bis zur Vancouver-Insel in Nordamerika und reklamierte dann die Küste von Kalifornien

Henry Morgan (links), ein habgieriger Pirat, plünderte 1670 den reichen spanischen Umschlaghafen Panama an der pazifischen Küste der Landenge. Er nahm reiche Spanier wie Don Pasquale (rechts) als Geiseln und presste auch die noch letzte Goldunze und den letzten Edelstein aus ihnen heraus.

für die englische Krone. Er segelte weiter über den Pazifik und erreichte schließlich die Philippinen, wo er Schiffe der Spanier auf gleiche Weise in einen Hinterhalt lockte, wie diese es Jahre zuvor mit der *Judith* getan hatten. Bei den Molukken nahm er eine Ladung Gewürze an Bord, obwohl das Schiff schon mit Gold und Silber schwer beladen war. Im September 1580 kam Drake in Plymouth an. Er hatte die Erde umrundet und einen immensen Reichtum erbeutet. Die Königin schlug ihn noch an Bord seines Schiffes zum Ritter.

In den folgenden zehn Jahren diente Drake der Krone sowohl als Schiffskommandant — er war 1588 beim Sieg über die spanische Armada englischer Vizeadmiral — auch als Freibeuter. Mehrmals kehrte er zur spanischen Küste Mittel- und Südamerikas zurück, wo seine Anwesenheit unter den Spaniern Angst und Schrecken verbreitete. 1595 starb der große Seefahrer vor der Küste Panamas an der Ruhr.

Drakes Abenteuer lösten eine Woge der Piraterie und der Freibeuterei entlang der spanischen Kolonialküsten aus. Zu den dreistesten Banditen gehörten die »Brüder der Küste«, die berühmt-berüchtigt wurden, weil ihr Name für alle Zeiten mit ihrem blutigen Geschäft in Verbindung gebracht wird: die Bukanier. Anfang des 17. Jahrhunderts war die Nordhälfte Hispaniolas ein unbewohntes Stück Savanne, ein Zufluchtsort für flüchtige Leibeigene, Schiffsdeserteure und entkommene Sträflinge. Sie taten sich zwangsläufig zusammen und überlebten, indem sie das verwilderte Vieh der verlassenen spanischen Kolonien des 16. Jahrhunderts jagten. Der französische Begriff *boucanier* leitet sich von den qualmenden Holzfeuern ab, die die verzweifelten Männer nutzten, um Fleisch zu räuchern und dieses dann an vorbeikommende Schiffe gegen Schießpulver, Gewehrkugeln oder gelegentlich einen Krug Rum einzutauschen. Sie waren in Lumpen gekleidet, wuschen sich selten und schmierten sich mit Tierfett ein, um sich vor Moskitos und Zecken zu schützen.

Als die spanische Obrigkeit die verwilderten Rinder und Schweine ausrottete, fuhren die Bukanier in ihren Einbäumen aufs Meer und begannen, die Schiffe anzugreifen, mit denen sie bis dahin Handel getrieben hatten. Die Piraten verlegten ihre Basis auf die kleine Insel Tortuga, wo sie eine organisierte Föderation bildeten. Die offenen Boote wurden durch Schaluppen ersetzt, die mit Drehbassen ausgerüstet waren; die Schaluppen wiederum lösten gekaperte bewaffnete Handelsschiffe ab. Bald durchkämmten die

Tortuga-Piraten die Karibik in organisierten Verbänden und richteten unter der spanischen Schatzflotte verheerenden Schaden an.

Als sowohl die Engländer als auch die Franzosen und die Spanier die nominelle Herrschaft über Tortuga beanspruchten, zog sich die Hauptflotte der Piraten nach Port Royal zurück, einen befestigten Hafen an der Südküste Jamaikas. Zwar hatte Jamaika inzwischen offiziell den Status einer englischen Kolonie; dennoch überließ man die Verteidigung der Insel den Piraten. Da diese es bei ihren Beutezügen hauptsächlich auf die Spanier abgesehen hatten, bot England der Piratenföderation bereitwillig diesen sicheren Hafen an. Das Arrangement war für beide Seiten von Nutzen: Der Anteil, den die englische Krone von den Beutezügen der Piraten erhielt, war so üppig, dass London erwog, in Port Royal eine Münzanstalt zu bauen. Die Idee wurde wieder verworfen, denn die Piraten übergaben der Krone so viele Pesos, dass man auf zusätzliche Münzprägung verzichten konnte.

Die Glanzzeit der Piraten und die dunkelsten Tage für die Spanier in der Karibik brachen mit der Ankunft eines walisischen Seemannes namens Henry Morgan an. Als junger Offizier der Navy hatte er an der Expedition teilgenommen, bei der die Engländer 1655 Jamaika von den Spaniern eroberten. Morgan wusste, wie riskant Angriffe auf die spanischen Schatzkonvois waren, die von gut bewaffneten Eskorten geschützt wurden. Aber Dreistigkeit war der Schlüssel zum Erfolg. Sein erstes Opfer war Puerto Principe auf Kuba, das er erbarmungslos plünderte. In einem noch dreisteren Unterfangen führte Morgan 1668 einen brillant geplanten Angriff auf die Festung von Porto Bello an der Karibikküste Panamas an. Die Piraten eroberten die Zitadelle, folterten ihre Gefangenen so lange, bis sie ihnen verrieten, wo sie ihre Schätze versteckt hatten, und forderten dann für die Stadt ein Lösegeld von 100 000 Pesos. Als nächstes drang Morgans Piratenverband zum Maracaibosee vor, tief im Golf von Venezuela. Seine Schiffe kehrten mit Gold, Silber und Smaragden beladen nach Jamaika zurück.

Inzwischen ergriff jeder Gouverneur an der spanischen Kolonialküste Gegenmaßnahmen, entweder um seine Schatzkammer zu befestigen oder den wertvollen Inhalt weiter im Landesinneren in Sicherheit zu bringen. Aber die spanischen Obrigkeiten waren nicht auf Morgans Waghalsigkeit und die Brutalität seiner Piraten gefasst.

Im August 1670 versammelte Morgan 36 Schiffe und über 2000 Piraten und bereitete den Angriff auf Panama von der Pazifikküste des Isthmus aus vor. Nachdem ein Voraustrupp die Festung eingenommen hatte, die den Fluss Chagres überwachte, kam Morgan mit seiner Hauptflotte und setzte seine Männer an Land ab. Er verteilte 1200 Bukanier auf Beiboote und Kanus und trat die Reise flussaufwärts in das malariagefährdete Landesinnere Panamas an. Die Männer waren schwer beladen mit Entermessern, Gewehren, Kugeln und Pulver, hatten aber wenig Proviant dabei. Nachdem die Piraten zehn Tage lang über den Fluss gefahren und steile Dschungelpfade hinaufgestiegen waren, standen sie auf dem Bergrücken oberhalb des Pazifikhafens von Panama. Die spanischen Soldaten waren in dichten Reihen rund um die Stadtmauern postiert. Die spanische Kavallerie griff an, blieb aber im Schlamm stecken. Nachdem sich die feindlichen Truppen hinter die Stadtmauern zurückgezogen hatten, griffen Morgans ausgehungerte und erschöpfte Piraten die Zitadelle an und besiegten die Spanier.

Im Laufe der folgenden drei Wochen plünderten Morgans Männer die Stadt systematisch und brannten die ausgeplünderten Häuser wohlhabender Kaufleute nieder. Reiche Gefangene wurden gefoltert, bis sie preisgaben, wo sie ihren Familienschatz versteckt hatten. Andere wurden zur Lösegelderpressung als Geiseln genommen, danach wurde jeder Golddukaten oder Silberpeso, jede Perle und jeder Smaragd aus den armen Gefangenen herausgepresst.

Als die Piraten am 24. Februar 1671 endlich abzogen, lag Panama rauchend in Trümmern. Morgan nahm, als sich die überlebenden Piraten an der Karibikküste versammelten, die übliche Aufteilung der Beute vor. Er betrog seine Männer um den ihnen zustehenden Anteil und fuhr dann mit seinem mit Beute beladenen Schiff davon. So viel zur sprichwörtlichen »Ganovenehre«.

Pesos, die auch als »von den Spaniern geprägte Dollars« bezeichnet wurden, begannen sich im 16. Jahrhundert von der Karibik aus zu verteilen. Der große Reichtum fachte im geldgierigen Europa den Merkantilismus an, und die Münzen blieben in den Vereinigten Staaten bis zum Bürgerkrieg offizielles Zahlungsmittel.

Ich genoss das Gefühl der Einsamkeit, die Zeit, in der ich zwischen den eingeteilten Wachen im Kontrollraum oder im Labor lesen konnte. Das Schiff besaß eine gute Bibliothek und eine große Sammlung an Videokassetten. Und das Feierabendbier, das ich auf dem weit überstehenden Heck trank, war immer ein Genuss, wenn der Passatwind blies und jede Nacht das Kreuz des Südens leuchtete.

Doch nach sieben Wochen auf See, als wir unsere wissenschaftliche Arbeit beendet hatten und Richtung Westen Kurs auf Nuku Hiva auf den Marquesas-Inseln nahmen, stellte ich fest, dass ich geradezu danach dürstete, Land zu sehen.

Als am 23. Mai die unglaublich grünen Vulkanberge vor uns auftauchten, jubelten einige von uns, die wir alle an der Reling aufgereiht standen. Jetzt, so dachte ich, wusste ich endlich, wie es ist, auf See gewesen zu sein. Ich glaubte, erst jetzt richtig begreifen zu können, dass der Pazifik ein Drittel der Erdoberfläche einnimmt.

Die Rivalität zwischen Portugal und Spanien im 16. Jahrhundert führte zur vielleicht kühnsten Einzelfahrt in der Geschichte der Forschung, die erste Erdumrundung unter dem Kommando von Ferdinand Magellan.

Magellan, 1480 in den portugiesischen Kleinadel hineingeboren, kämpfte in den blutigen Schlachten seines Landes gegen die muslimischen Handelsrivalen entlang der indischen Küste von Goa bis zum Gewürzhafen Kalikut. 1513 wurde Magellan im Kampf gegen die Mauren in Marokko verwundet, eine Verletzung, die ihn für den Rest seines Lebens hinken ließ. Während er das Kommando über das Hinterland hatte, berichteten neidische Rivalen fälschlicherweise, er habe Portugal Unehre gebracht, weil er Vieh an den Feind verkauft habe. Zwar wurde Magellan rehabilitiert, aber er litt unter der Verleumdung stärker als unter seiner körperlichen Verletzung. Da seine Ehre befleckt war, gab er das Soldatenleben auf und widmete sich der Forschung und dem Handel. Als er König Manuel bat, eine Expedition zu den Gewürzinseln zu unterstützen, wies ihn der Monarch ab. Herausfordernd antwortete Magellan, dann werde er anderswo um Unterstützung nachsuchen. »Diene, wem du willst, Klumpfuß«, gab Manuel verächtlich zurück.

Magellan studierte die neuesten Erkenntnisse der europäischen Geographen, von denen einige meinten, es könne südlich des von Vespucci erkundeten amerikanischen Kontinents eine Wasserstraße nach Indien geben. Er kündigte seine Treue gegenüber Portugal auf, ging nach Valladolid an den spanischen Hof und bat König Karl I. um Unterstützung für diese neue Expedition.

Magellans Argument war überzeugend. Die Gewürzinseln, die er während seines Feldzugs nach Indien angefahren hatte, lagen unzweifelhaft westlich der päpstlichen Linie; auch wenn Portugal sie zuerst erreicht hatte, stand der reiche Archipel rechtmäßig Spanien zu. Wenn er nach Westen um Amerika herum und dann geradewegs durch den Indischen Ozean segelte,

Die schöne Bay of Virgins (Jungfrauenbucht) auf Fatu Hiva, Marquesas-Inseln, ist eine grüne Oase in einer blauen Wüste. Der Pazifik ist so unermesslich, dass Seefahrer in früheren Jahrhunderten wie der Weltumsegler Magellan und jene, die seine erstmalige Erdumrundung wiederholten, Monate lang kein Land sichteten. Unweigerlich forderten der Skorbut und der Mangel an Süßwasser ihren Tribut.

Die Expedition, die in so nobler Absicht angetreten wurde, artete nun in Piraterie aus, als
die Überlebenden João Lopez Carvalho, einen portugiesischen Offizier, zu ihrem Kommandan-

Eine allegorische Darstellung von Magellan, wie er 1520 die Meerenge passiert, die heute seinen Namen trägt. Geführt von Nymphen, aber von Ungeheuern bedroht, erreichte der Seefahrer nach 38 Tagen den Pazifik. Links sind die Feuer von Tierra del Fuego (Feuerland) zu sehen.

könne niemand Spaniens Anspruch in Zweifel ziehen. Der spanische König willigte ein. Magellan wurde zum Generalkapitän über eine aus fünf Schiffen bestehende Flotte ernannt. Unglücklicherweise wählte König Karl unerfahrene Adlige zu Kommandanten der vier Schiffe.

Magellans Flotte verließ Spanien am 20. September 1519. Nach drei schwierigen Monaten auf See ankerten sie schließlich an der brasilianischen Küste in der Bucht, in der heute Rio de Janeiro liegt. Jetzt waren erste Anzeichen von Skorbut festzustellen. Magellan ließ seine missmutigen Mannschaften ausruhen, dann befahl er die Weiterfahrt der Flotte entlang der Küste, um nach der Passage Richtung Asien zu suchen. Mitte Januar hatten sie einen breiten Golf erreicht – den heutigen Rio de la Plata –, und Magellan segelte ein paar Meilen flussaufwärts. Aber die Wasserstraße war offenkundig keine Salzwasserverbindung in den Indischen Ozean.

Die Flotte fuhr an der Küste entlang weiter nach Süden. Der Winter rückte näher, die Seeleute und ihre spanischen Kapitäne waren erschöpft und aufsässig, die Schiffe mussten repariert werden. Magellan beschloss, den Winter am geschützten Ankerplatz der Bahía San Julian, im äußersten Süden des heutigen Argentinien, zu verbringen. Die Seeleute handelten mit den Eingeborenen, die klobige, an *patas* (Pfoten) erinnernde Fellstiefel trugen. Deshalb gab Magellan der Küste den Namen Patagonien.

In der Osternacht 1520 führte der spanische Kapitän Gaspar de Quesada eine Meuterei an. Portugiesische Seeleute, die loyal zu Magellan hielten, halfen ihm, die Revolte niederzuschlagen. In einem kühnen Entschluss befahl Magellan, Quesada hinzurichten.

Schließlich führte Magellan im Oktober 1520 seine dezimierte Flotte auf der Suche nach der Passage gen Westen weiter die endlose Küste hinab. Die *San Antonio* fuhr voraus, um eine vielversprechende Bucht zu erkunden. Aber der Kapitän des Schiffes drehte kurzerhand Richtung Spanien ab. Unverzagt führte Magellan seine drei verbliebenen Schiffe in einen schmaler werdenden Kanal. In dieser mal sich verbreiternden, mal verengenden Wasserstraße tobten heftige Stürme von Westen, die gegen die Landspitzen prallten und die Schiffe mit backstehenden Segeln trafen. An manchen Tagen wurden sie sogar wieder zurückgetrieben und waren gezwungen, in exponierten Buchten zu ankern. Als sie die Südküste umfuhren, sahen die Seeleute, wie Signalfeuer die Berge erhellten. Deshalb gab Magellan dieser Küste den Namen Tierra del Fuego (Feuerland).

38 Tage, nachdem Magellan in die Meerenge, die später seinen Namen tragen sollte, eingefahren war, führte er seine drei Schiffe zu einem geschützten Ankerplatz unterhalb einer Landzunge, die er *Cabo Deseado* (Kap der Wünsche) nannte. Jetzt war es um Magellans eiserne Selbstdisziplin geschehen. Er schluchzte vor Freude, weil er nun bewiesen hatte, dass es eine Wasserstraße in dieses große südliche Meer gab. Da ihm das Meer nach den gewaltigen Strudeln und Fallströmen der Meerenge nun ruhig erschien, nannte er den neuen Ozean Pazifik.

Zuversichtlich, die Molukken schnell zu erreichen, wenn er nach Nordwesten segelte, machte sich Magellan an die Fahrt über den weiten Pazifik, nicht wissend, wie groß die Distanz zwischen der südamerikanischen Küste und Ostindien tatsächlich ist. Die drei kleinen Schiffe segelten wochenlang dahin, ohne je Land zu sichten. Das gepökelte Seehund- und Pinguinfleisch an Bord faulte in der Äquatorialhitze. Und der Skorbut forderte viele Opfer.

Ende Januar 1521 räumte Magellan seinen Kartentisch leer, schleuderte die kostbaren Pergamentrollen ins blaue Meer und verfluchte die Kartographen, die die Gewürzinseln willkürlich an seine aktuelle Position gesetzt hatten. »Die Molukken«, sagte er verzweifelt, »sind an der angegebenen Stelle nicht zu finden.«

Fast täglich wurde ein Seemann auf See bestattet. Manche Männer kauten auf gekochtem Leder herum, um ihren Hunger zu dämpfen. Wären die Seeleute in der Lage gewesen, ihre Schiffe nach Hause zu navigieren, dann hätten sie gewiss eine Meuterei angezettelt. Aber sie wären auf der anderen Seite dieses riesigen Planeten verloren gewesen, und es blieb ihnen nichts anderes übrig, als die Reise fortzusetzen.

Dann, am 6. März, nach mehr als 100 Tagen auf See, die Vorräte restlos aufgebraucht, sichteten sie eine große Insel mit sich weit ins Landesinnere erstreckenden grünen Hügeln. In den Dörfern entlang der Korallenbuchten stieg der Rauch von Feuerstellen auf. Als die sonnengebleichten Schiffe Anker warfen, kamen gesunde und fröhliche Menschen in Auslegerkanus vom Ufer herangefahren, um die Fremden in ihrem Land willkommen zu heißen. Magellan hatte den weiten Pazifik überquert und Guam erreicht, die größte Insel der Marianen.

Die großzügige Gastfreundschaft der Inselbewohner rettete Magellans Seeleute vor dem sicheren Tod, denn die Kokosnüsse und Süßkartoffeln sowie das frische Gemüse ließen die Skorbutanzeichen rasch verschwinden. Da es den Eingeborenen am europäischen Sinn für Privateigentum fehlte, stahlen sie jedes Stück Metall und jedes Werkzeug, das sie fanden. Deshalb gaben die Seeleute den Inseln den Namen *Ladronen* (Diebe).

Zehn Tage später ankerte Magellan bei den heutigen Philippinen. Sein Diener, Black Henry, der seinem Herrn seit den Feldzügen in Indien folgte, sprach Malaiisch wie die Eingeborenen. Magellan verhandelte mit dem Radscha von Cebu, den er – in einem zweckdienlichem »Quid pro quo« – im Gegenzug für die militärische Unterstützung zum Christentum bekehrte. Als ehrbarer Soldat hielt Magellan sein Wort und schloss sich dem Radscha zu einer Strafexpedition gegen einen Rivalen auf der Nachbarinsel Maktan an.

Als Anführer einer Gruppe von 50 mit Pistolen, Gewehren und Armbrüsten bewaffneten Europäern sah sich Magellan einer weit größeren Gruppe von Eingeborenenkriegern gegenüber. Als die verzweifelt kämpfenden Seeleute versuchten, sich zu ihren Booten zurückzuziehen, wurde Magellan von Giftpfeilen getroffen. Er lehnte jede Hilfe ab und schwang weiterhin sein Schwert, während sich seine überlebenden Männer in Sicherheit brachten. Das letzte, was sie von ihrem Generalkapitän sahen, war, dass er mit dem Gesicht auf dem Boden lag und Krieger mit Steinäxten auf ihn einhackten.

Der portugiesische Pionier und Forscher Ferdinand Magellan segelte für Karl I. von Spanien, kartierte die Seeroute um Südamerika in den Pazifik und weiter zu den Gewürzinseln.

Die Expedition, die in so nobler Absicht angetreten wurde, artete nun in Piraterie aus, als die Überlebenden João Lopez Carvalho, einen portugiesischen Offizier, zu ihrem Kommandan-

ten wählten. Am Ende erreichten die beiden verbleibenden Schiffe im November 1521 – angeführt von einem neuen Kapitän, einem Spanier namens Juna de Elcano – die Molukken, wo sie eine Ladung Gewürze erhandelten. Mit einer Handvoll Überlebender an Bord der *Victoria* verließ Elcano den Malaischen Archipel in Richtung Kap der Guten Hoffnung. Im September 1522 erreichte er schließlich Spanien, fast genau drei Jahre nach dem Aufbruch der Expedition. Zwar überlebte Magellan seine erste Weltumrundung nicht, doch als Berichte über diese unglaubliche Reise an die Öffentlichkeit drangen, konnten die Geographen endlich verlässliche Schätzungen über die Größe unseres Planeten, die Ausdehnung des amerikanischen Kontinents nach Süden und die wahren Ausmaße der Ozeane vornehmen.

Anfang April 1975 bat mich Bruce Heezen von der Columbia University, ein weltbekannter Meeresgeologe, für ihn bei einer Expedition ins Panamabecken auf der Pazifikseite der Landenge einzuspringen. Er musste an einer Erdölgeologie-Konferenz in Texas teilnehmen und einen prestigeträchtigen Preis entgegennehmen. Gut für ihn und gut für mich, dachte ich, und bestellte meine Flugtickets. Bei der Fahrt sollte das Tiefseeboot *Turtle* von der U.S. Navy, ein Schwesterschiff des Tauchboots *Alvin*, mit dem Forscher erstmals die untermeerischen Rücken erkundet hatten, sowie der gecharterte zivile Tender *Maxine-D* eingesetzt werden, um die Charakteristika des Meeresgrundes zu untersuchen. Ich sollte über Miami und Cali zum kolumbianischen Pazifikhafen Buenaventura fliegen und dort an Bord des Schiffes gehen. Die erste Aprilwoche kann in Cape Cod trostlos sein, scheußlich und nass; Professor Heezen brauchte mich also nicht zweimal zu bitten.

Ich beschwerte mich nicht darüber, mehr als hundert Pfund an Ausrüstung für das Schiff und Schachteln mit 70-mm-Filmen für das U-Boot mitzuschleppen. Aber als ich spät abends am 3. April in Cali am Zollschalter stand, fing ich dann doch an, mir Gedanken zu machen. Der Zollbeamte sah missmutig auf die Filmschachteln und ächzte, als er vergeblich versuchte, eine Ecke des Kartons mit der Ausrüstung anzuheben.

Auf seiner ersten Weltumrundung führte Magellan eine aus fünf Schiffen bestehende spanische Flotte an. Sie stach 1519 in der Absicht in See, Südamerika zu umfahren, dann den Pazifik zu überqueren und reiche asiatische Besitztümer für König Karl I. zu reklamieren. Magellan hatte mit Meuterei, Skorbut, Hunger und wildem Seegang zu kämpfen, bis er sein Ziel erreichte. Bei Kämpfen gegen Inselbewohner auf den heutigen Philippinen wurde er getötet. Nur ein Schiff vollendete die Reise, überquerte den Indischen Ozean und umrundete Afrika, wie diese angesichts der damaligen Mittel erstaunlich genaue zeitgenössische Weltkarte zeigt.

»Was haben Sie da drin, Señor?«

»Ersatzteile«, sagte ich mit einem unsicheren Lächeln.

»Für ein Auto?«

»Für einen Freund«, brachte ich heraus.

Er schüttelte skeptisch den Kopf. »Für einen Freund ...«

Ich warf verstohlen einen Blick auf meine Uhr. Die Anschlussmaschine von Air Zapata nach Buenaventura sollte in 20 Minuten starten. Wenn ich diese nicht bekäme, würde ich die ganze Nacht in Cali festsitzen.

Jetzt versuchte er, die dicke Folie um den 70-mm-Film abzuziehen.

»Bitte seien Sie vorsichtig«, sagte ich. »Das sind Filme. Ich bin Tourist.«

Er musterte mich von oben bis unten. »Wo ist Ihre Kamera?«

»Hier ist mein Reisepass«, sagte ich und händigte ihm das blaugraue Dokument aus. Ich hatte drei zusammengefaltete Zwanziger hineingesteckt, etwas, wovon ich zwar gehört, es aber nie selbst ausprobiert hatte. Was geschähe, wenn der Mann das Geld an sich nahm und dann die Polizei wegen versuchter Bestechung rief? Ich konnte mir durchaus vorstellen, wie es im hiesigen Gefängnis aussah.

Ein Lächeln erschien unter dem Schnurrbart, als er flink das Geld einsteckte und mein Zollformular abstempelte. »Wo wollen Sie als Tourist hin?«

»Nach Buenaventura. Ich muss jetzt gleich den Flieger von Air Zapata bekommen.«

Jetzt legte er die Stirn in Falten. »Air Zapata, Señor? Die fliegen schon seit Jahren nicht mehr. Es gibt keine Flüge nach Buenaventura.«

Ein Gepäckträger schob meinen Berg Gepäck grinsend auf den verlassenen Gehsteig hinaus und redete in Spanisch wie aus einer Maschinenpistole geschossen auf mich ein. Die einzigen Wörter, die ich verstand, waren »Taxi« und »Buenaventura«.

Eine halbe Stunde später döste ich im Fond eines großen alten Chevrolet-Taxis vor mich hin. Die Nachtluft im Valle del Cauca war kühl. Die Berge machten im Mondschein einen fruchtbaren Eindruck. Wir fuhren an stillen Lagerhäusern vorbei, aus denen ein scharfer Kaffeegeruch drang. Ich würde am Morgen einen starken Espresso trinken; jetzt wollte ich ein bisschen schlafen.

Das Licht der Taschenlampe blendete mich. In ihrem Schein sah ich eine Gewehrmündung etwa fünfzehn Zentimeter vor meiner Stirn herumwackeln. Eine weitere Waffe war aus dem anderen Fenster auf den Rücksitz gerichtet. Der Taxifahrer hielt duckmäuserisch die Hände hoch. Was war das, eine Straßensperre der Polizei?

»*Norte American*«, murmelte ich in meinem schlechten Spanisch. »Geologe.«

Der Kerl, der mir den Karabiner ins Gesicht hielt, leuchtete mit der Lampe die Rückbank ab, und der Lichtstrahl verweilte auf meiner Brieftasche. Ich sah, dass alle Männer an der Straßensperre rote Armbänder trugen, die mit den Emblemen ihrer kommunistischen Guerillagruppe versehen waren. Auf dem Flug herunter von Miami hatte ich kolumbianische Passagiere von »*La Violencia*« sprechen hören, als handele es sich um irgendeine Art von Krankheit. Jetzt verstand ich die Bedeutung dieser Worte.

»*Tu dinero*«, knurrte der Mann an meinem Fenster und schob die Waffe näher heran »*¡Ahora!*«

Ich gab ihm meine Brieftasche mit zitternder Hand. Er nahm das Geld heraus, warf die leere Brieftasche wieder ins Auto und winkte uns durch. Glücklicherweise hatte ich mir noch im Flughafen genügend einheimisches Geld in den Schuh gesteckt, so dass ich wenigstens den Taxifahrer bezahlen konnte. Jetzt war ich wach. Die kühle Luft des oberen Cauca-Tals wich tropischer Hitze und Feuchtigkeit. Fliegende Termiten klatschten an die Windschutzscheibe. Die Nacht stank nach verrottender Vegetation. Irgendwie gelang es mir, wieder einzuschlafen. Ich erwachte mit Fliegen auf dem Gesicht. Das Taxi war in einer Rauchwolke brennenden Mülls am Krabbenkai von Buenaventura abgestellt. Die Mauern des Hafens aus dem 16. Jahrhundert um mich herum waren an manchen Stellen mit Kletterpflanzen überwachsen.

Die *Maxine-D* lag nicht am Handelspier, wo sie eigentlich sein sollte. Ich fasste nach unten, um das Geld herauszuziehen, das ich zwischen meinen Socken und den Schuh gesteckt hatte. Es war verschwunden. Ich musste es verloren haben, als ich mich auf dem Flughafen mit meinem Gepäck abmühte.

»*Momentito*«, beruhigte ich den Fahrer und hoffte, dass es spanisch klang. Er würde sowieso nicht wegfahren, bis ich ihn bezahlt hatte.

Bruce Heezens hatte mir geraten, das amerikanische Konsulat aufzusuchen, wenn ich ein Problem haben sollte. Das Gebäude befand sich oben auf dem Hügel. Ich ging also los.

Zuerst musste ich aus dem Gewirr von feuchten, alten Befestigungsanlagen rund um den Hafen herausfinden. Die Mauern aus Kalksteinblöcken trugen die Spuren der Einschläge von Kanonenkugeln, die Piraten und allerlei Rebellen im Laufe der Jahrhunderte auf sie abgeschossen hatten. Als ich durch die engen Gassen zwischen den doppelten Mauern ging, zischten Huren und griffen aus schattigen Ecken heraus nach mir. Als ich die Festung erst einmal hinter mir hatte, umringten mich Männer, die ihren Morgenkaffee tranken und auf die Gelegenheit zu bezahlten Dienstleistungen warteten – und sich als Träger für mein Gepäck vom Taxi zum Pier anboten.

Schweißgebadet und außer Atem erreichte ich 15 Minuten später das amerikanische Konsulat. Das Eisentor war verschlossen. Auf einem Schild stand, dass die Geschäftszeit um 8 Uhr 30 begann. Inzwischen war ich von einem Rudel gieriger Gassenjungen umringt.

Einer von ihnen deutete auf den Fluss hinunter »*¡Tu barco!*« rief er. Mein Schiff, die *Maxine-D*, kam den Fluss herauf und umfuhr die grüne Insel Cascajal. Ich machte mich daran, den Hügel wieder hinunterzuhasten, ein erneutes Spießrutenlaufen durch die Gruppen der Gelegenheitsträger und Huren. Jetzt standen an den Toren der Stadtmauer bewaffnete Soldaten Wache, junge Kerls in Tarngrün mit automatischen Waffen. Ich versuchte, entschlossen auszusehen und murmelte etwas von »*el barco*«.

Glücklicherweise wartete des Taxi noch immer auf dem Krabbenkai. Ich gab dem Fahrer so gut ich konnte zu verstehen, dass er schon noch bezahlt werden würde, ging dann das ganze Dock entlang, dem sich das Schiff näherte.

»Ich brauche 40 Dollar, um mein Taxi zu bezahlen«, rief ich zu einem Mann auf dem Decksaufbau hinauf.

Er gab mir ein Zeichen, dass er verstanden hatte. Jetzt würde doch noch alles gut werden, dachte ich.

Dann reichte einer von der Mannschaft einem der Gassenjungen auf dem Dock ein Tau, der Junge schnappte sich die Armbanduhr des Seemanns und sprang damit ins Wasser. Ein Einbaum voller Huren glitt auf der anderen Seite des Schiffes heran, und die Mädchen schickten sich an, an Bord zu klettern, wobei ihnen ein paar der Seeleute bereitwillig halfen. Das Anlegemanöver war im Begriff, völlig danebenzugehen.

Ein nervöser junger Offizier ergriff ein M-16-Sturmgewehr und schoss in die Luft. Das war in einem seit Jahren von Gewalt heimgesuchten Land keine gute Idee. Die Leute am Kai warfen sich auf den Boden. Die Wachsoldaten an den Stadtmauern richteten ihre Waffen auf das Schiff. Ich fühlte mich auf dem Dock schrecklich exponiert. Aber der Augenblick der Anspannung ging vorüber. Die Gemüter beruhigten sich. Und die Seeleute machten das Schiff endlich fest. Ich bezahlte den geduldigen Taxifahrer und fand schließlich meine Koje in einem recht gut klimatisierten Kajütenabteil. Alles, was ich jetzt wollte, waren acht Stunden ungestörten Schlafs.

Aber das erwies sich als unmöglich. Ich erwachte, spürte ein eigenartiges Gewicht auf der Matratze und rollte mich zur Seite. Das Gewicht war noch immer da. Als ich die Augen aufschlug, war da ein Schatten, der sich über mir bewegte: Eine junge kolumbianische Hure hockte am Ende meiner Koje und durchsuchte meine Brieftasche.

Als wir am nächsten Morgen ablegten, schloss sich der Dschungel über den Flussufern, und es lag ein durchdringender Geruch von Schimmel und Verfall in der Luft. Ich blickte zurück auf die zerbröckelnden Mauern von Buenaventura.

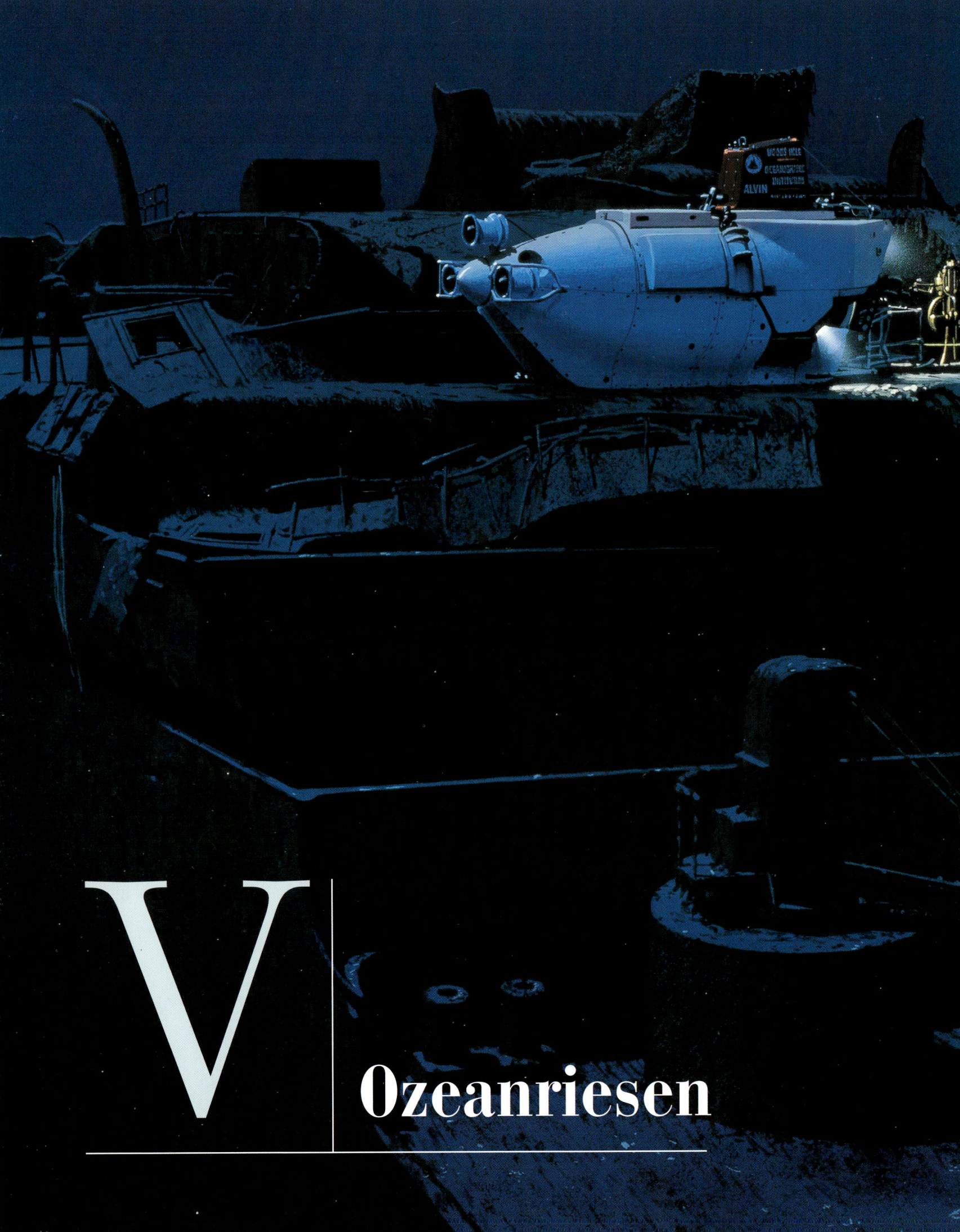

V | Ozeanriesen

Vorhergehende Seiten: Mit Hilfe des Tauchboots *Alvin* (oben links) erforschten wir 1986 das Grab der *Titanic*, das wir im Jahr davor entdeckt hatten. Hier steht die *Alvin* auf der Brücke des Schiffes, während das kleine ferngesteuerte Fahrzeug *Jason Jr.* (rechts) den umgekippten Mast untersucht.

Auf dem Bildschirm erschien das Spektralbild des zylindrischen Mastkorbs der *Titanic*, von dem aus der Ausguck Fred Fleet Alarm geschlagen und gerufen hatte: »Eisberg direkt voraus!« Das gewaltige Schiff, das mit 22 Knoten dahinfuhr, konnte die folgenreiche Kollision nicht mehr verhindern.

Wie ein glupschäugiges Alien untersucht *Jason Jr.* die stalaktitenartigen Rostausblühungen, die sich im Laufe der Jahrzehnte seit jener tragischen Nacht im April 1912 am Backbordanker der Titanic gebildet haben.

M eine Finger umfassten die Bugreling der *Knorr*, als ich auf die Sturmfront blickte, die den Sonnenuntergang über dem Atlantik verschleierte. Es war Samstag, der 31. August 1985, und bereits die fünfte Woche der gemeinsamen französisch-amerikanischen Suche nach der *Titanic*. In fünf Tagen würde die Schiffs-Charter ablaufen, und wir würden das Suchgebiet rund 500 Kilometer südöstlich von Neufundland verlassen müssen. Alles, was wir bis jetzt auf dem Meeresgrund, in einer Tiefe von 3600 Metern, gefunden hatten, war grauer Schlamm und welliger Sand sowie gelegentlich eine Seeschnecke.

Als wissenschaftlicher Leiter des Projekts musste ich die Möglichkeit eines Fehlschlags ins Auge fassen. Meine Kollegen vom Institut Français de Recherches pour l'Exploitation des Mers (IFREMER), angeführt von meinem alten Freund Jean-Louis Michel, hatten das Gebiet bereits einen Monat lang vergeblich von Bord des französischen Schiffs *Le Suroît* mit ihrem ultrasensiblen Side-Scan-Sonar, SAR, abgesucht, bevor sie sich meiner Gruppe von der Woods Hole Oceanographic Institution anschlossen. In den letzten acht Tagen hatten wir von Bord der *Knorr* mit unserem hochentwickelten Videoschlitten *Argo* ohne jeden Erfolg nach der *Titanic* gesucht. Das riesige Unglücksschiff musste in der Nähe liegen, entzog sich uns aber, genau wie schon bei früheren Expeditionen. Als ich an Steuerbordseite nach achtern ging, kam ich an dem vorstehenden Kran mit dem dünnen Kabel des Kameraschlittens *Argo* vorbei, das senkrecht hinabführte. Der Schlitten glitt direkt über dem Meeresgrund dahin, und sein sensibles Kameraauge vollendete gerade eine weitere Suchbahn. In dem blau schimmernden Kontrollraum, dem Nervenzentrum der Mission, saßen die Leute, die Wache hatten, zusammengekauert auf ihren Plätzen. Ihre normalerweise optimistische Einstellung war der allgemein schlechten Stimmung gewichen. Bald würde das lange Kabel zum letzten Mal aufgespult werden, die lustige weiße Schwanzflosse der *Argo* würde aus dem Meer auftauchen, und das Schiff würde Richtung Westen mit Kurs auf Neuengland nehmen.

Und die Presse würde sich auf uns stürzen und wissen wollen, warum unsere erstklassige Ausrüstung so enttäuschende Ergebnisse liefert. Mich persönlich würden diese Fragen ganz besonders treffen. Denn ich hatte leichtsinnigerweise geprahlt, dass das Auffinden der *Titanic* eine »relativ einfache Angelegenheit« sei, sobald ich genügend finanzielle Mittel für die notwendige Hightech-Ausrüstung und das richtige Team zusammen hätte. Na ja, es gab keine besseren Suchwerkzeuge als das französische SAR – das genaue Sonar-Schattenbilder liefert, ähnlich wie Schwarzweißfotos – beziehungsweise unser Videoschlitten *Argo*, der mit seinen starren silikonverstärkten Zielkameras lange Bahnen des Meeresgrunds visuell abtasten kann. Und unsere Mannschaft bestand aus der Crème de la Crème der Unterwasserforschung.

Ich fragte mich plötzlich, ob der optimistische Medienrummel beiderseits des Atlantiks die Expedition nicht irgendwie verhext hatte. Obwohl ich bei einem so unsinnigen Gedanken gleich den Kopf schüttelte, war an einem Tiefpunkt wie diesem die Annahme naheliegend, dass das traurige Vermächtnis dieses großen Schiffes jeden vernichten würde, der es wagte, nach seinem Grab zu suchen.

Die Legende der *Titanic* beruhte eindeutig auf deren Tragik. Die fast mythische Größe des Schiffes, beinahe 275 Meter Länge vom spitzen Bug bis zum elegant geformten Heck, und seine Wasserverdrängung von über 45000 Tonnen machten es und sein Schwesterschiff, die *Olympic*, zu den größten bis dahin je zu Wasser gelassenen Schiffen. Und Kapitän Edward J. Smith von der White Star Line war ein tollkühner Seemann. Am 14. April 1912 hatte Smith auf der Jungfernfahrt des Schiffes von Europa nach New York die Funkbotschaft eines Cunard Liners einfach ignoriert, dass sich auf seiner geplanten Route unweit der Großen Neufundlandbank »Eisberge, Eisschollen und Treibeis« befanden. Während sich andere Kapitäne entschlossen, vorsichtig durch die klare, mondlose Nacht zu fahren, dampfte Smith einfach mit 22 Knoten weiter.

Wir lassen auf der *Titanic*-Expedition von 1985 das *Sonar Acoustique Remorqué* (SAR) gegen Ende der Suchphase der französischen Fachleute zu Wasser. Auch wenn sie erfolglos blieb, so grenzte die SAR-Suche das Suchgebiet für die folgende Erkundung mit dem amerikanischen Videoschlitten *Argo* immerhin ein. Später stellten wir fest, dass das SAR in nur 1000 Metern Entfernung am Trümmerfeld der *Titanic* vorbeigekommen war, bevor der Video-Sonarschlitten *Argo* die Suche übernahm.

Seine Waghalsigkeit wurde tragisch bestraft, als ein Eisberg die Steuerbordseite unterhalb der Wasserlinie aufschlitzte und der Doppelbodenrumpf des »unsinkbaren« Liniendampfers voll Wasser lief. Als sich die *Titanic* fast senkrecht aufrichtete und um 2 Uhr 20 krachend und donnernd in den eisigen Atlantik tauchte, musste Smith den bitteren Preis für diese anmaßende Unbekümmertheit bezahlen. Aber nicht nur er war unklug. In der Überzeugung, dass ihr Schiff unsinkbar sei, hatte die White Star Line nicht genügend Rettungsboote für alle 2200 Menschen an Bord, Passagiere und Besatzung, zur Verfügung. Mehr als 1500 kamen ums Leben.

Weil das Schiff der Inbegriff des technischen Fortschritts und Luxus war, hatte die Jungfernfahrt die Elite der britischen Aristokratie und ihres amerikanischen Pendants angelockt. Die Überfahrt in einer schön ausgestatteten Suite der ersten Klasse kostete so viel, wie ein Arbeiter in einem Jahr verdiente. Aber der Untergang erteilte allen eine bittere Lektion: Trotz ihres unermesslichen Reichtums konnte ein Astor oder ein Guggenheim genauso ertrinken wie ein namenloser polnischer Auswanderer vom Zwischendeck.

In dieser Nacht sank ein Schiff, und mit ihm ging auch der grenzenlose Glaube an die Wohltaten der Technik unter, der im 19. Jahrhundert vorherrschte. Vier Jahre später erlosch dieser Fortschrittsglaube in den höllischen Materialschlachten an der Westfront endgültig.

Argo, das Tauchfahrzeug, das wir 1985 bei der Entdeckung der *Titanic* einsetzten, fuhr in großen Abständen Suchbahnen ab – »mähte den Rasen«. *Argos* starre Video- und Sonaraugen suchten rund um die Uhr unaufhörlich nach Trümmern.

Folgende Seiten: Am 14. April 1912 kollidierte die *Titanic*, der Stolz der White Star Line, auf ihrer Jungfernfahrt mit einem Eisberg. Sie sank um 2 Uhr 20, und mehr als 1500 Menschen ertranken.

Und nun, meine eigene drohende Niederlage vor Augen, dachte ich an die Ereignisse, die mich zu dieser denkwürdigen Fahrt bewogen hatten.

Als ich – noch in meinen Teenagerjahren – in Südkalifornien den packenden Bericht *A Night to Remember* las, war ich vom Bild der *Titanic* fasziniert, von ihrer großen Freitreppe, der Lichtkuppel und den Kristallleuchtern, die nun für immer als Zeugnisse eines Goldenen Zeitalters auf dem unerreichbaren Meeresgrund konserviert sein würden. Doch in den 70er Jahren wurde mir in Woods Hole klar, dass die *Titanic* in Wahrheit vielleicht nicht in für Menschen unerreichbarer Tiefe lag. Das Tauchfahrzeug *Alvin* sollte eine neue Druckkammer aus Titan bekommen, die Tauchgänge in Tiefen von über 3700 Metern erlauben würde, also der Tiefe, in der der große Passagierdampfer liegen musste. Aber das kleine Tauchfahrzeug war ein schlechtes Suchschiff, deshalb stellte ich mir einen raffinierten Videokamera- und Sonarschlitten vor, der es uns ermöglichen würde, den Ozeangrund abzusuchen.

Das Ergebnis dieser Überlegungen war die *Argo*. Im Jahr 1984 hatte ich mir die finanzielle Unterstützung der U.S. Navy gesichert, um dieses fortschrittliche System in Woods Hole zu

The New York Times.

THE WEATHER.
Unsettled Tuesday; Wednesday, fair, cooler; moderate southerly winds, becoming variable.

VOL. LXI...NO. 19,596.   NEW YORK, TUESDAY, APRIL 16, 1912.—TWENTY-FOUR PAGES.   ONE CENT

TITANIC SINKS FOUR HOURS AFTER HITTING ICEBERG; 866 RESCUED BY CARPATHIA, PROBABLY 1250 PERISH; ISMAY SAFE, MRS. ASTOR MAYBE, NOTED NAMES MISSING

Col. Astor and Bride, Isidor Straus and Wife, and Maj. Butt Aboard.

"RULE OF SEA" FOLLOWED

Women and Children Put Over in Lifeboats and Are Supposed to be Safe on Carpathia.

PICKED UP AFTER 8 HOURS

Vincent Astor Calls at White Star Office for News of His Father and Leaves Weeping.

FRANKLIN HOPEFUL ALL DAY

Manager of the Line Insisted Titanic Was Unsinkable Even After She Had Gone Down.

HEAD OF THE LINE ABOARD

J. Bruce Ismay Making First Trip on Gigantic Ship That Was to Surpass All Others.

The Lost Titanic Being Towed Out of Belfast Harbor.

CAPT. E. J. SMITH,
Commander of the Titanic.

Biggest Liner Plunges to the Bottom at 2:20 A. M.

RESCUERS THERE TOO LATE

Except to Pick Up the Few Hundreds Who Took to the Lifeboats.

WOMEN AND CHILDREN FIRST

Cunarder Carpathia Rushing to New York with the Survivors.

SEA SEARCH FOR OTHERS

The Californie Stands By on Chance of Picking Up Other Boats or Rafts.

OLYMPIC SENDS THE NEWS

Only Ship to Flash Wireless Messages to Shore After the Disaster.

LATER REPORT SAVES 866.

BOSTON, April 15.—A wireless message picked up late to-night, relayed from the Olympic, says that the Carpathia is on her way to New York with 866 passengers from the steamer Titanic aboard. They are mostly women and children, the message said, and it concluded: "Grave fears are felt for the safety of the balance of the passengers and crew."

PARTIAL LIST OF THE SAVED.

Includes Bruce Ismay, Mrs. Widener, Mrs. H. B. Harris, and an Incomplete name, suggesting Mrs. Astor's.

CAPE RACE, N. F., Tuesday, April 16.—Following is a partial list of survivors among the first-class passengers of the Titanic, received by the Marconi wireless station this morning from the Carpathia, via the steamship Olympic:

Mr. JACOB P. — and maid. Mr. HARRY ANDERSON. Mrs. ED. W. APPLETON. Mrs. ROSE ABBOTT. Mrs. G. M. BURNS. Miss D. D. CASSEBEER. Mrs. WM. M. CLARKE. Mr. B. CHIBINACE. Miss E. G. CROSSBIE. Miss H. ROSEBIE. Miss JEAN HIPACK. Mrs. HY H. HARRIS. Mrs. ALEX. HALVERSON. Mrs. MARGARET BAYS. Mr. BRUCE ISMAY. Mr. and Mrs. ED. KIMBERLEY. Mr. F. A. KENNYMAN. Mr. and Mrs. A. F. LEADER. Miss G. F. LONGLEY. Miss BERTHA LAVORT. Mrs. ERNEST LIVES. Mrs. MARY CLINES. Mrs. SINGRID LINDSTROM. Mr. GUSTAVE J. LESNEUR. Miss GIORGETTA A. MADILL. Mr. MELICARD. Mrs. J. B. THAYER. Mr. J. B. THAYER, Jr. Mr. HENRY WOOLMER. Miss ANNA WARD. Mr. RICHARD M. WILLIAMS. Mrs. F. M. WARNER. Miss HELEN A. WILSON. Miss MARY WICKS. Mrs. GEO. D. WIDENER and maid. Mrs. J. STEWART WHITE. Miss MARIE YOUNG. Mrs. THOMAS POTTER, Jr. Mrs. EDNA S. ROBERTS. Countess of ROTHES.

Mr. C. ROLMANE. Mrs. SUSAN P. ROGERSON. (Probably Ryerson). Miss EMILY B. ROGERSON. Mrs. ARTHUR ROGERSON. Master ALLISON and nurse. Miss K. T. ANDREWS. Miss NINETTE PANHART. Miss R. W. ALLISON. Mr. and Mrs. D. BISHOP. Mr. H. BLANK. Miss A. BARBINA. Mrs. JAMES BAXTER. Mr. GEORGE A. BATT*** Miss C. BONNELL. Mr. J. M. BROWN. Miss G. C. BOWEN. Mr. and Mrs. R. L. BECK*** Miss NATH TALISIO. Miss ELLA THOR. Mr. and Mrs. E. Z. TAYLOR. GILBERT M. TUCKER. Mr. J. B. THAYER. Mrs. J. B. ROGERSON. Mrs. M. ROTHSCHILD. Miss MADELEINE NEWELL. Mrs. MARJORIE NEWELL. HELEN W. NEWSOM. Mr. FIENNAD OMOND. Mr. E. C. OSTBY. Miss HELEN B. OSTBY. Mrs. MAMAM J. RENAGO. Miss OLIVIA. Mrs. D. W. MERVIN. Mr. PHILIP EMOCK. Mr. JAMES GOOGHT. Miss RUBERTA MAIMY. Mr. PIERRE MARECHAL. Mr. W. E. MINEHAN. Mrs. KARL H. BEHR. Miss DESNETTE.

Mrs. WILLIAM BUCKNELL. Mrs. O. H. BARKWORTH. Mrs. H. B. STEFFASON. Mrs. ELSIE BOWERMAN.

The Marconi station reports that it missed the word after "Mrs. Jacob P." In a list received by the Associated Press this morning this name appeared well down, but in THE TIMES list it is first, suggesting that the name of Mrs. John Jacob Astor is intended. This supposition is strengthened by the fact that, except for Mrs. H. J. Allison, Mrs. Astor is the only lady in the "A" column of the ship's passenger list attended by a maid.

NAMES PICKED UP AT BOSTON.

BOSTON, April 15.—Among the names of survivors of the Titanic picked up by wireless from the steamer Carpathia here to-night were the following:

Mr. and Mrs. L. HENRY. Mrs. W. A. HOOPER. Mr. MILE. Mr. J. FLYNN. Mrs. ALICE FORTUNE. Mrs. ROBERT DOUGLAS. Miss HILDA SLATTER. Mr. P. SMITH. Mrs. BRAHAM. Miss LUCILLE CARTER. Mr. WILLIAM CARTER. Miss CUMMINGS. Miss FLORENCE MARE. Mrs. ALICE PHILLIPS. Mrs. PAULA MUNGE. Miss JANE. Miss PHYLLIS O. HOWARD B. CASE. Miss NINEHAN. Miss BERTHA.

The admission that the Titanic, the biggest steamship in the world, had been sunk by an iceberg and had gone to the bottom of the Atlantic, probably carrying more than 1,400 of her passengers and crew with her, was made at the White Star Line offices at 8:20 o'clock last night. Then P. A. S. Franklin, Vice President and General Manager of the International Mercantile Marine, conceded that probably only those passengers who were picked up by the Cunarder Carpathia had been saved. Advices received early this morning tended to increase the number of survivors by 200.

The admission followed a day in which the White Star Line officials had been optimistic in the extreme. At no time was the admission made that every one aboard the ship was not safe. The ship itself, it was confidently asserted, was unsinkable, and inquirers were informed that she would reach port, under her own steam probably, but surely with the help of the Allan liner Virginian, which was reported to be towing her.

As the day passed, however, with no new authentic reports from the Titanic or any of the ships which were known to have responded to her wireless call for help, it became apparent that authentic news of the disaster probably could come only from the Titanic's sister ship, the Olympic. The wireless range of the Olympic is 500 miles. That of the Carpathia, the Parisian, and the Virginian is much less, and as they neared the position of the Titanic they drew further and further out of shore range. From the Titanic's position at the time of the disaster it is doubtful if any of the ships except the Olympic could establish communication with shore.

Titanic Sank at 2:20 A. M. Monday. In the White Star offices the hope was held out all day that the Parisian and the Virginian had taken off some of the Titanic's passengers, and efforts were made to get into communication with these liners. Until such communication was established the White Star officials refused to recognize the possibility that there were none of the Titanic's passengers aboard them.

But by nightfall came the message from Capt. Haddock of the Olympic to Cape Race, Newfoundland, telling of the foundering of the Titanic and of the rescue of 655 of her passengers by the Cunarder Carpathia, which, the wireless message said, reached the position of the Titanic at daybreak. All they found there, however, was lifeboats and wreckage. The biggest ship in the world had sunk at 2:20 o'clock yesterday morning.

Mr. Franklin admitted late last night that the Parisian and the Virginian, though they were among the first to answer the Titanic's calls for help, could not have reached the scene before 10 o'clock yesterday morning, seven and a half hours after the big Titanic buried her nose beneath the waves and pitched downward out of sight. The Carpathia, so the wireless dispatch from Capt. Haddock to Cape Race announced, reached the scene of the Titanic's foundering at daybreak, several hours before the expected arrival of the Virginian and the Parisian.

CAPE RACE, N. F., April 15.—The White Star liner Olympic reports by wireless this evening that the Cunarder Carpathia reached, at daybreak this morning, the position from which wireless calls for help were sent out last night by the Titanic after her collision with an iceberg. The Carpathia found only the lifeboats and the wreckage of what had been the biggest steamship afloat.

The Titanic had foundered at about 2:20 A. M., in latitude 41:16 north and longitude 50:14 west. This is about 30 minutes of latitude, or about 34 miles, due south of the position at which she struck the iceberg. All her boats are accounted for and about 655 souls have been saved of the crew and passengers, most of the latter presumably women and children. There were about 2,100 persons aboard the Titanic.

The Leyland liner California is remaining and searching the position of the disaster, while the Carpathia is returning to New York with the survivors.

It can be positively stated that up to 11 o'clock to-night nothing whatever had been received at or heard by the Marconi station here to the effect that the Parisian, Virginian or any other ships had picked up any survivors, other than those picked up by the Carpathia.

First News of the Disaster.

The first news of the disaster to the Titanic was received by the Marconi wireless station here at 10:25 o'clock last night (as told in yesterday's New York Times.) The Titanic was first heard giving the distress signal "C. Q. D.," which was answered by a number of ships, including the Carpathia.

Continued on Page 2.

40

bauen. Einer der ersten Tests der *Argo* bestand darin, Videoaufnahmen vom Grab des atomgetriebenen U-Boots *Thresher* zu machen, das in 2560 Metern Tiefe vor Neuengland liegt. Am 10. April 1963 hatte die *Thresher* eine zweite gründliche Testfahrt am Rand des Kontinental-schelfs durchgeführt. Als sich das U-Boot seiner maximalen Sicher-heitstiefe von 300 Metern näherte, war ein Seewasserrohr geborsten und hatte einen lebensnotwendigen elektrischen Schaltkreis unter-brochen, was zur Abschaltung des Atomreaktors führte. Ohne An-trieb sank das U-Boot hilflos in die Tiefe des Ozeans, in dem ein mör-derischer Druck herrschte, der Rumpf implodierte, und 129 Männer fanden den Tod. Da die *Thresher* in drei Stücke zerbrach, zog sie bei ih-rem langen Sinken zum Meeresgrund eine Bahn zahlreicher Trüm-mer hinter sich her.

Unsere Suche 1984 mit der *Argo* war die erste umfassende Do-kumentation der Wrackstelle. Und dabei entdeckte ich den entschei-denden Schlüssel für die Erforschung von Schiffswracks: Ein in die Tiefsee gesunkenes Schiff hinterlässt ein Trümmerfeld, eine von der Strömung bestimmte Spur, die nicht etwa kreisförmig ist, wie bislang angenommen wurde. Bei der *Thresher*, und allen anderen Wracks in großer Tiefe, die ich später erforschte, lagen die leichtesten Trümmer-stücke – Plastik und Isoliermaterial aus Schlackenwolle – am weites-ten entfernt von den schwersten Wrackstücken. Das waren massive Teile des Stahlrumpfs, die sich fast senkrecht in tiefe Krater gebohrt hatten.

Als ich einen geballten Gummihandschuh und das Band einer folienbeschichteten Rohrisolierung auf dem Videobildschirm vorbei-ziehen sah, wurde mir endlich klar, was an jenem tragischen April-morgen geschehen war, als schwache Strömungen die schwereren und die leichteren Trümmerstücke voneinander getrennt hatten. Ich stellte mir die Bauern von früher vor, die ihr gedroschenes Getreide in die Luft warfen, so dass der Wind die leichtere Spreu davontrug. Alles Papier, Gummi und Plastik der *Thresher* – die Spreu – lag am weitesten von den Rumpfteilen entfernt. Die Trümmerspur kam einem Pfeil gleich, der auf das Herz des Wracks zeigte.

U nd das war in diesem Sommer das Prinzip meiner Suche nach der *Titanic*. Nachdem es dem Team von Jean-Louis Michel nicht gelungen war, mit seinem SAR den Rumpf des gesunkenen Passagierdampfers zu finden, ging ich davon aus, dass wir dieses Such-gebiet abhaken konnten. Von der letzten gemeldeten Position der *Titanic* waren die Rettungs-boote mehrere Meilen nach Südosten getrieben worden, bis sie von dem Liniendampfer *Carpa-thia* noch vor der Dämmerung aufgenommen wurden. Leider hatten wir angesichts der Fehler in der Längenangabe bei astronomischer Navigation keine verlässlichen Koordinaten der Unter-gangsstelle. Aber wahrscheinlich waren die Breitenangaben der *Titanic* korrekt, so dass das Wrack nicht weiter südlich liegen konnte als die leichtesten »Trümmer«, die Rettungsboote. Wir planten, das Gebiet, das das SAR am Meeresgrund abgesucht hatte, teilweise noch einmal abzusuchen, wollten unser Suchareal dann aber mit Hilfe der *Argo* Richtung Osten erweitern.

Ich war sehr zuversichtlich gewesen, als die *Argo* am 24. August als Hauptsuchgerät der Expedition die Arbeit aufnahm. Angesichts der geringen Breite (30 Meter) des *Titanic*-Rumpfes waren die Franzosen gezwungen gewesen, ihre 800 Meter breiten Sonarbahnen zu überlappen, als sie geduldig »den Rasen mähten«, also das torpedoförmige SAR vor- und zurückzogen. Aber

Kapitän Edward J. Smith, ein alt-gedienter Kapitän der White Star Line, fuhr unbekümmert mit 22 Kno-ten durch Eisfelder, in dem arro-ganten Vertrauen, der Doppelbo-denrumpf und die Schotten würden das Schiff in jedem Fall vor dem Sinken bewahren.

Im Glauben, ihr Schiff sei unsinkbar, hatte die White Star Line nicht ge-nügend Rettungsboote für alle 2200 Menschen, Passagiere und Mannschaft, an Bord der *Titanic* installiert. Hier erreicht eines der wenigen Rettungsboote der *Titanic* den Passagierdampfer *Carpathia*.

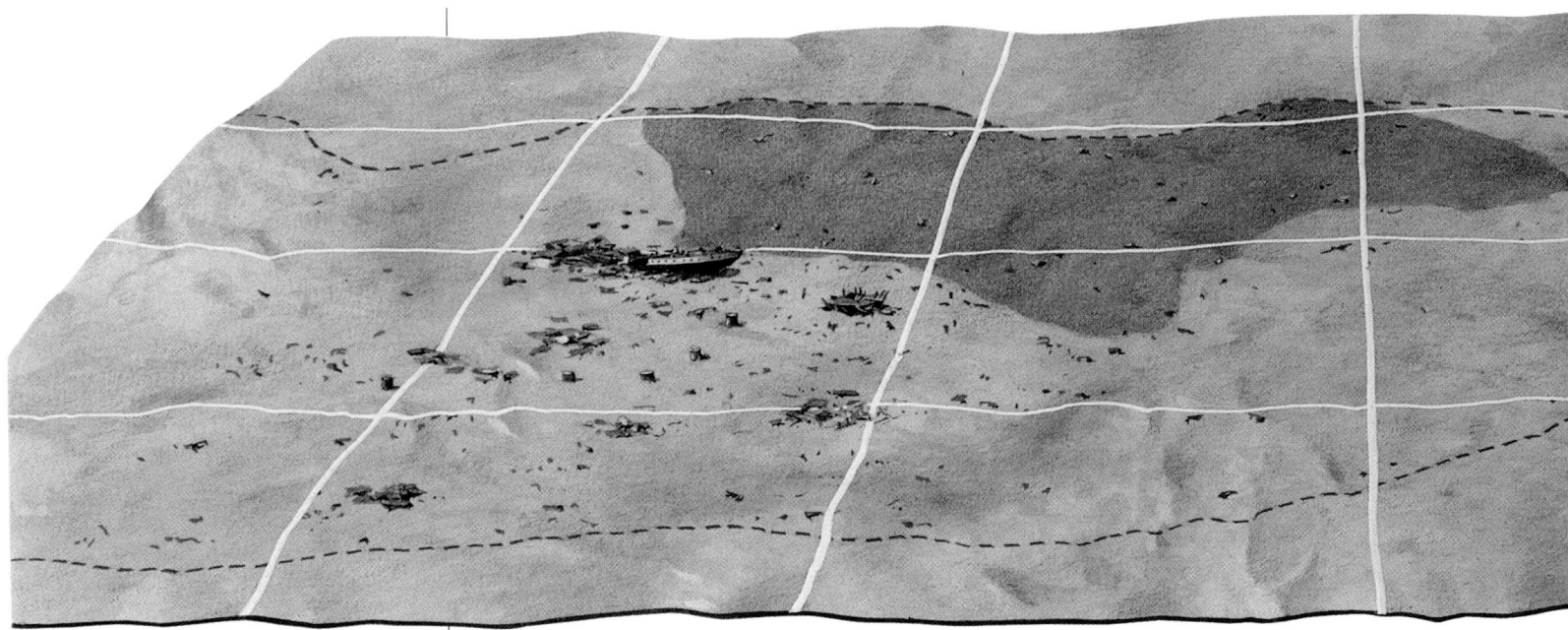

Auf diesem Diagramm des Wrack- und Trümmerfelds der *Titanic* liegen der große Bugteil (rechts) und der Heckabschnitt (links) rund 800 Meter voneinander entfernt. Ein kleinerer Teil des Mittelschiffs liegt unweit des abgebrochenen Hecks.

ich wollte, dass die *Argo* zuerst die Spur des Trümmerfelds in Strömungsrichtung zum Hauptwrack der *Titanic* lokalisierte, nicht den Rumpf selbst. Deshalb konnte ich meine Suchbahnen in Abständen von 1800 Metern einteilen und damit in der gleichen Zeit ein doppelt so großes Stück vom Meeresgrund abdecken. Der Kameraschlitten sollte nach Osten und Westen schwenken, um so eine größere Chance zu haben, auf die Trümmerspur zu stoßen. Die *Knorr* war für diese Aufgabe das ideale Schiff. Es fuhr langsam die Suchbahnen entlang, angetrieben von starken Zykloidalpropellern, die wie riesige Rührstäbe unter Bug und Heck angebracht waren. Da sich das Schiff mit gleichmäßiger Geschwindigkeit auf geradem Kurs bewegte, konnte der Pilot der *Argo* für die Videoaufnahmen im Scheinwerferlicht eine genaue Höhe über dem Meeresgrund beibehalten.

Abgesehen von einer Beinahekatastrophe, als sich das Kabel des Schlittens in der Deckwinde verheddert, funktionierte das System tadellos. Es hatte keinerlei technische Ausfälle gegeben. Wir hatten die Trümmer der *Titanic* einfach nicht lokalisiert. Wache um Wache hatte die Mannschaft auf die Videobildschirme gestarrt, auf denen nur grauer Schlamm und langsam dahindriftendes Sediment zu sehen war. Die Sonaraufzeichnungen blieben flach, zeigten keinerlei Erhebungen. Die Stimmung der Mannschaft verschlechterte sich zusehends. Jetzt wurde auch noch ein Sturm mit Windstärke 8 vorhergesagt. Die tobenden Wellen und starken Strömungen würden die *Argo* vorübergehend außer Gefecht setzen.

Ich war pessimistisch, als ich spät an diesem Abend im Kontrollraum am Zeichentisch saß. Ich war zwar müde, aber ich blieb, bis Jean-Louis die Wache um Mitternacht übernahm, um sicher zu gehen, dass jeder den Verlauf der Suchbahnen 9 und 10 verstanden hatte, die ein Gebiet des Meeresgrunds von einer Meile Breite und fünf Meilen Länge abdecken sollten, wobei die *Argo* über den nordöstlichen Rand des früheren SAR-Suchgebiets hinausfahren würde.

Ich hatte großes Vertrauen in dieses Team. Als Leiter der Wache war Jean-Louis die Ruhe selbst. Er würde das Schiff auf seiner Suchbahn mit Hilfe von zwei Schalthebeln steuern, die die Zykloidaltriebwerke kontrollierten. Earl Young, ein Techniker aus Neuengland mit trockenem Humor, war an diesem Abend der Pilot. Er bediente die Windenkurbel, die die *Argo* über ein drei Kilometer langes Kabel hochzog und herunterließ – eine Aufgabe, die viel Fingerspitzengefühl erforderte, um den hydrodynamischen Auftrieb des Schlittens zu erhalten und zu verhindern, dass er wie ein fallendes Blatt auf den Grund niedersank. George Rey, Leutnant zur See, saß daneben an der Sonarkonsole und beobachtete das endlose Kurvenmuster auf dem Papierstreifen seines Schattenrekorders.

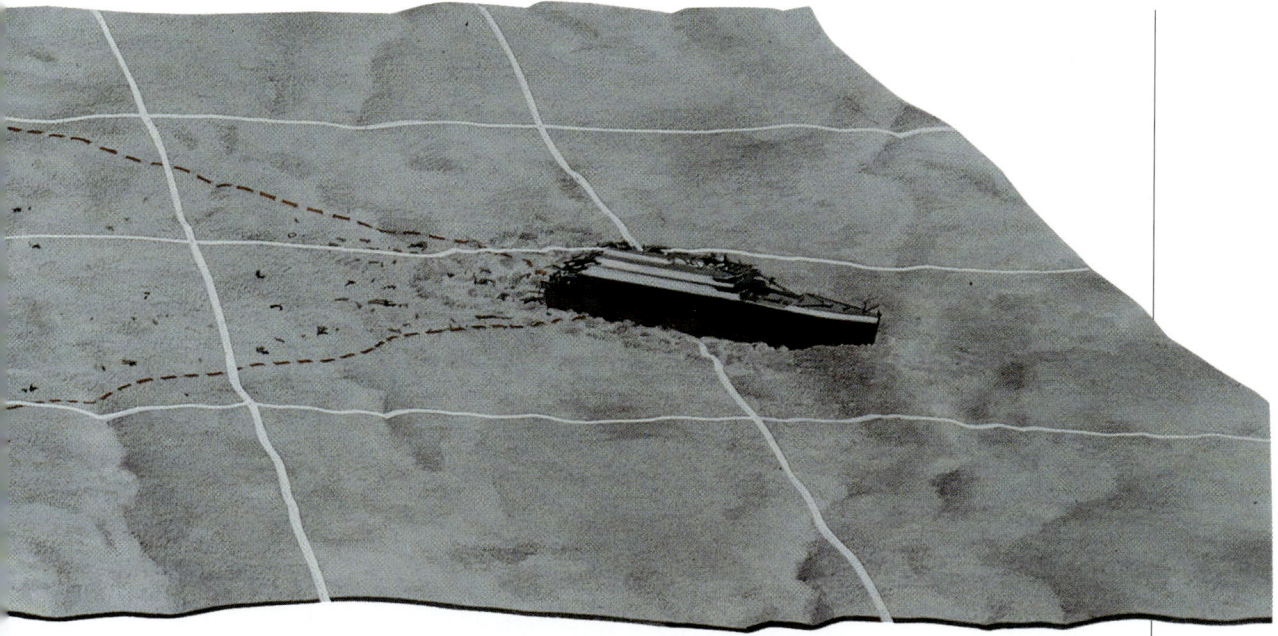

Eine abgebrochene Rumpfplatte und Kohlestücke von der *Titanic* liegen auf dem Meeresgrund wie leichte Spreu um die schwereren Rumpfabschnitte herum. Frühere Suchexpeditionen hatten mich gelehrt, immer nach langen Trümmerspuren zu suchen, nicht nach den schweren Rumpfteilen selbst.

Bevor ich mich zu meiner Kabine aufmachte, um ein wenig zu schlafen, ließ ich meinen Blick noch einmal durch den Kontrollraum wandern. Die roten Lichter waren gedämpft und vermischten sich mit dem unheimlichen blauen Schein der Videomonitore und Computerbildschirme. Das einzige Geräusch war das Zirpen der Datendrucker und das monotone Piepsen der Sonare. Irgendjemand schob eine Kassette in die Stereoanlage: »Let's try the Golden Oldies«. Die Leute machten es sich für ihre vierstündige Wache bequem, die, so nahmen wir alle an, genauso erfolglos verlaufen würde wie die vorangegangenen.

»Ich lege mich aufs Ohr«, sagte ich und ging zur Tür, während der Rhythmus von »I Heard It Through the Grapevine« den Raum erfüllte. Oben in meiner Kabine versuchte ich, meine Probleme zu vergessen, indem ich Chuck Yeagers Autobiographie las. Auch die Schallgrenze zu durchbrechen scheint einst ein technisch unlösbares Problem gewesen zu sein. Aber die Air Force hatte beharrlich weitergearbeitet, bis sie Erfolg hatte.

Jason Jr., mit der *Alvin* verbunden, nähert sich den großen Pollern der *Titanic*. Das Metall war zwar verrostet, aber noch ganz, während die einst makellosen Deckplanken von holzzersetzenden Organismen aufgefressen waren. Ich wollte die *Titanic* als ein unberührtes Denkmal erhalten, spätere Expeditionen aber bargen Objekte aus dem Wrack.

Im Kontrollraum fragte der Videotechniker Bill Lange den *Argo*-Ingenieur Stu Harris: »Womit halten wir uns heute Nacht wach?« Es war 0 Uhr 48 am Sonntag, den 1. September 1985. Zu Hause in den USA war das der Tag der Arbeit, und hier an Bord der *Knorr* erwartete die Mannschaft wieder eine Nacht mit einer undankbaren Aufgabe. Noch bevor Stu antworten konnte, driftete ein eckiges, sich deutlich vom konturlosen grauen Schlamm abhebendes Objekt über den Monitor. »Da ist was«, sagte Stu, und schaltete von der Vorwärtskamera auf das nach unten gerichtete Zoom um. Jetzt rief Stu aus: »Da kommt es!«

Bill Lange beugte sich über den Bildschirm und rief: »Ein Wrack!«

Das Objekt erinnerte an einen stählernen Gegenstand. Jetzt sah die Mannschaft im Kontrollraum im Scheinwerferlicht eine Reihe rostiger Rohre und Installationen vorbeiziehen, die schon lange auf dem Meeresgrund zu liegen schienen.

»Ich stoße auf etwas Hartes«, meldete George Rey vom Sonarstand.

Mehrere Minuten lang zeigten die Videomonitore nur eintönigen Schlamm, dann faszinierendere Objekte, einschließlich genieteter Rumpfplatten. Die Mannschaft war sich so gut wie sicher, dass die *Argo* neun Meter über dem Trümmerfeld der *Titanic* dahinschwebte. Plötzlich

waren weitere Wrackteile auf den Videobildschirmen zu sehen: Teile von Außenhaut und Deckbelag.

»Jemand sollte Bob holen«, schlug Bill Lange vor. Aber alle waren zu gebannt, um sich in Bewegung zu setzen. Schließlich kam John Bartolomei, der Schiffskoch, angerannt, um mich zu holen. Um 1 Uhr 15 schwebte die *Argo* über eine große Scheibe, deren verschlammte Oberfläche von drei gleich großen runden Löchern durchbrochen war.

»Ein Heizkessel?« überlegte Jean-Louis und griff nach dem *Shipbuilder* von 1911, der einen Artikel über den Bau der *Titanic* enthielt. Das Foto des gewaltigen Kessels auf der Werft Harland & Wolff in Belfast passte zu dem Bild auf dem Videomonitor. »Es ist ein Heizkessel«, rief Jean-Louis mit einem breiten Lächeln und voller Überschwang aus, den er sonst nie an den Tag legte.

In meiner Kabine angekommen, versuchte John Bartolomei seine Aufregung zu unterdrücken und sagte: »Die Jungs meinen, Sie sollten in den Kontrollraum herunterkommen.«

Sofort war mir klar, dass es für Jean-Louis nur einen Grund geben konnte, mich zu wecken: *Argo* hatte etwas Wichtiges entdeckt. Im Kontrollraum kam Stu Harris mit freudestrahlenden Augen auf mich zu. Alle grinsten. Das erste Wort, das ich verstand, war »Heizkessel«.

Aus einem Messing- und Kristallleuchter, der einst an der Decke einer der eleganten Räume der *Titanic* gehangen hatte, ragt eine Federkoralle heraus. Vorsichtig erkundete *Jason Jr.* den großen Treppenaufgang der Decks der ersten Klasse und machte ähnlich obskure Videoaufnahmen.

Es dauerte Stunden, bis unser Sonar- und Transpondernetzwerk für die Navigation neu positioniert war und wir dem Trümmerfeld folgend bis zum Hauptwrack der *Titanic* vorstoßen konnten. Während wir bei der Arbeit waren, verkündete Kapitän Richard Bowen, dass das rückständige, aber starke Echolot des Schiffes ein »wirklich großes Sonarziel« erfasst habe. Ich wusste, dass es die *Titanic* war, und plante, die *Argo* in einem Bogen darüber chweben zu lassen, um ein gutes Sonarbild von dem großen Objekt zu bekommen, bevor wir Videoaufnahmen aus der Nähe machten. Aber nach mehrmaligem Vorbeischwimmen wussten wir immer noch nicht, ob das Wrack aufrecht oder auf der Seite lag. Und wir konnten nicht wissen, ob die vier Schornsteine oder die Funkmasten mit ihren Antennen und die Takelage noch immer aufrecht standen — eine gefährliche Situation, wenn wir mit der *Argo* zu nahe herankamen. Aber ich war entschlossen, die bestmöglichen Videoaufnahmen zu bekommen, selbst auf die Gefahr hin, dieses teure, neue Tauchfahrzeug zu verlieren.

Als wir uns dem großen Wrackteil näherten, verstummten die Leute, die sich im Kontrollraum drängten. Wir kamen ans nördliche Ende des Trümmerfelds, wo noch weitere große Heizkessel lagen. Das war das äußerste Ende der abgetriebenen »Spreu«. Der Rumpf der *Titanic* musste vor uns liegen. Ich wies Earl an, die Höhe von 50 Metern beizubehalten, genug, um über die Aufbauten des Schiffs hinwegzukommen, falls der Rumpf mit noch intakten Schornsteinen und Masten aufrecht dalag.

Linien auf Earls Bildschirm markierten den Grund und die langsam abnehmende Höhe des Videoschlittens darüber. »Die Höhe beträgt jetzt 25 Meter«, meldete er gelassen.

»Halte sie«, sagte ich und hielt den Atem an. »Hol kein Kabel ein.«

Das erste schimmernde Bild des Rumpfs der *Titanic* erschien auf den Monitoren, eine schwache vertikale Linie, die auf dem Bildschirm näher kam. »Pilot, fünf Meter tiefer«, befahl ich Earl ganz formell und entband ihn damit jeder Verantwortung, sollten wir die *Argo* verlieren.

Fortsetzung auf Seite 140

Die grössten Segelschiffe

SO SEHR ICH DIE DAMPFSCHIFFE auch liebe, die auf den Transatlantikrouten ganz allmählich die Segelschiffe verdrängten – es hat mich immer gefreut, dass das große Zeitalter von Rundholz und Segeltuch der Klipper mehrere glorreiche Jahrzehnte währte. Diese großen Schiffe gingen aus den schlanken Baltimore-Klippern hervor – Schonern mit Marssegel, die die Freibeuter und Schmuggler im frühen 19. Jahrhundert bevorzugten. Ein großer Klipper besaß genauso wie ein kleiner die schmale, herzförmige Schiffskörpersektion, einen vorspringenden Bugspriet, einen scharfen Vordersteven und ein elegantes Heck. Die meisten waren mit Rahsegeln und vielen Spieren versehen und somit in der Lage, eine erstaunliche Menge Leinwand aufzuspannen. Manche späteren Klipper erreichten regelmäßig Geschwindigkeiten von 16 oder 18 Knoten. Und Klipperkapitäne vermerkten in ihren Logbüchern unglaubliche Sprints von 20 Knoten, Geschwindigkeiten, die bis zum Erscheinen des von einer Dampfturbine getriebenen Passagierschiffs nicht erreicht wurden. Die im Gegensatz zu den Ostindienfahrern nicht für große Frachtkapazitäten, sondern für schnelle Fahrt entwickelten Klipper machten sich zuerst als Passagierschiffe einen Namen.

Der Goldrausch in Kalifornien 1849 löste eine kaum zu befriedigende Nachfrage nach Überfahrten von der amerikanische Ostküste über Kap Hoorn nach San Francisco aus, eine Reise von beinahe 20 000 Kilometern – dem halben Erdumfang. In den folgenden sechs Jahren wurden auf den amerikanischen Schiffswerften schlanke Klipper gebaut, von welchen viele am Zeichenbrett des Bostoner Schiffskonstrukteurs Donald McKay entworfen wurden. Im Juni 1851 nahm McKays *Flying Cloud* an einer inoffiziellen Wettfahrt von New York nach San Francisco gegen die *Challenge* teil, die von einem der damals berühmt-berüchtigtsten Skipper befehligt wurde, Robert »Bully« Waterman. Dieser trieb seine Männer erbarmungslos an, schwang schon mal die Peitsche und gab mitunter gar einen Pistolenschuss ab, wenn die Matrosen seine Befehle nicht schnell genug ausführten. Trotz Watermans schlimmer Schinderei – er prügelte die Männer und erschoss einmal sogar einige seiner Leute – schlug ihn die *Flying Cloud*, die auf ihrer Fahrt nach San Francisco einen neuen Rekord aufstellte.

Zu den wertvollsten Ladungen gehörte damals die erste Teeernte der Saison, die die Händler in den chinesischen Häfen einkauften und vor den Konkurrenten in London zur Auktion ausliefern wollten. Diese jährlichen »tea races« – »Teerennen«, also Wettfahrten solcher mit Tee beladener Segler, auf denen der ästhetische Anblick dieser schönen Schiffe mit der Gefahr verbunden war, sie auf Teufel komm raus westwärts, um die Südspitze Afrikas und gegen den Wind durch die »Roaring Forties«, den Gürtel stürmischer Westwinde etwa zwischen dem 35. und 50. südlichen Breitengrad, zu jagen, regten die Phantasie der viktorianischen Öffentlichkeit an.

Im großen Segel-»Rennen« von 1872 wetteiferten die *Thermopylae* und die *Cutty Sark* miteinander. Beide Klipper waren 65 Meter lang; beide legten schwer beladen mit Teekisten am selben Tag in Schanghai ab. Doch die *Cutty Sark* wurde am 15. August nahe am Kap der Guten Hoffnung von einem gewaltigen Brecher erwischt und verlor ihr Ruder. Tagelang lag sie manövrierunfähig in den tobenden Stürmen des Südwinters, während ihre Crew an Seilen vom Heck hing, um unter großer Gefahr ein Notruder anzubringen. Als die notdürftigen Reparaturen abgeschlossen waren, wollten viele Seeleute den Hafen von Kapstadt anlaufen. Aber es handelte sich schließlich um ein Teerennen. Die *Cutty Sark* setzte die Fahrt nach London fort, wo sie am 18. Oktober eintraf.

Doch noch während dieses Rennen ausgetragen wurde, führte der zunehmende Dampfschiffverkehr durch den erst kurz zuvor eröffneten Suezkanal zum weiteren Verlust der Bedeutung von Segelschiffen. Bei der Fahrt von Europa nach Asien half die Route durch den Suezkanal, Tausende Meilen einzusparen. Zahlreiche Kohlehäfen entstanden.

Moderne Großsegler, zumeist Schulschiffe für die Kadetten der Kriegs- oder Handelsmarine, bewahren bei diesem Rennen vor den Bermudas ein stolzes Erbe. Solche Schiffe sind im Hinblick auf Konstruktion und Geist Nachfahren der Klipper des 19. Jahrhunderts, deren hohe Masten und riesigen Segelflächen sie in Rekordgeschwindigkeit vorantrieben.

Auf einer Schiffswerft in Amsterdam wird im 17. Jahrhundert ein Ostindienfahrer für die niederländische Ostindien-Kompanie fertig gestellt. Holländische Kolonialhandelsschiffe waren für ihre Frachtkapazität und Segeltüchtigkeit bekannt, Vorzüge, die die kleinen Niederlande im 17. Jahrhundert zu einer Weltmacht werden ließen.

»Verstanden«, meldete er.

Das Videobild wurde plötzlich scharf und zeigte eine dunkle senkrechte Seite des Schiffsrumpfes. »Sie steht aufrecht«, sagte ich. Jetzt erschienen das Bootsdeck und der Hauptaufbau. Überraschenderweise schienen die einst tadellosen Holzdecks der *Titanic* noch immer vorhanden zu sein, allerdings mit einer Sedimentschicht bedeckt (Letzteres erwies sich als Illusion: Meeresorganismen hatten das Holz zerfressen und nur Reihen von Abdichtungsmaterial intakt gelassen). Ich sah leere Aussparungen für Rettungsboote, deren unzureichende Zahl stumme Zeugen der Arroganz der White Star Line waren. Als die *Argo* über den Aufbau schwebte, stellte ich fest, dass die rechteckige Brücke fehlte. War sie beim Aufprall auf den Meeresgrund zusammengebrochen? Während ich auf den Bildschirm starrte, dachte ich an Kapitän Edward J. Smith, der auf dieser Brücke stand, als das große Schiff unterging. Die *Argo* überquerte das Vordeck, die Kamera zeigte den umgestürzten Mast mit seinem zylindrischen Krähennest, von dem aus der Ausguck Fred Fleet Alarm geschlagen hatte: »Eisberg direkt voraus!« Das alte Telefon aus Bakelit musste noch immer in diesem Ausguck sein. Das alles war wie eine Besichtigungstour auf dem Schlachtfeld von Gettysburg 70 Jahre nach dem tragischen Kampf, als die zerschmetterten Kanonen und vereinzelten Musketen noch immer, von den Aasgeiern unberührt, herumlagen.

Ich versuchte vorauszudenken, um den bestmöglichen Einsatz der Ressourcen unserer Expedition in den wenigen uns noch verbleibenden Tagen vor Ort abzuwägen. Und wie würde ich mit dem unweigerlich immensen Medieninteresse umgehen und dennoch die genaue Position des Wracks nicht preisgeben, um es vor habgierigen Plünderern zu schützen? Und dann musste die Expedition im kommenden Jahr geplant werden, wenn die *Alvin* für eine Untersuchung aus unmittelbarer Nähe zu dem Wrack hinabtauchen würde. Aber all meine Sorgen lösten sich mit einem Male auf, denn unser Kameraschlitten *Argo* hatte die *Titanic* entdeckt, das Goldene Vlies der Unterwasserforschung.

Als ich noch ein Kind war, hatte ich, wenn ich an Ozeanfahrten dachte, immer die großartigen Passagierdampfer des frühen 20. Jahrhunderts wie die Titanic vor Augen. Aber die Seefahrtgeschichte hat mich gelehrt, dass in den westlichen Zivilisationen Schiffe schon seit mindestens 500 Jahren die entscheidende Aufgabe erfüllen, nämlich Passagiere und Fracht zwischen den Kontinenten hin und her zu transportieren.

Ich habe gelernt, dass Fernreisen geradezu etwas Alltägliches wurden, nachdem europäische Forscher die Seerouten zu den Gewürzhäfen Asiens und zu den Umschlaghäfen für die Schätze der Neuen Welt erst einmal eröffnet hatten. Eines der ersten Schiffe, das schon im 16. Jahrhundert regelmäßig zwischen Europa und Asien verkehrte, war die portugiesische *carraca*, Karacke, nicht unähnlich der bekannteren spanischen Galeone, aber leichter als diese. Das waren gewöhnlich bewaffnete Dreimast-Rahsegler mit einer Mannschaft, die groß genug war, um das Handelsschiff verteidigen zu können. Außerdem hatten sie große Frachträume für Vorräte und Wasser. Im Gegensatz zur langen Reise nach Asien dauerte die Atlantiküberfahrt meist weniger als drei Monate, deshalb befuhren noch mehrere Jahrhunderte nach Kolumbus haupt-

sächlich kleinere Schiffe den Atlantik. Die *Mayflower* beispielsweise, die im September 1620 die ersten puritanischen Siedler nach Plymouth brachte, war nur 27 Meter lang und hatte weniger als 200 Tonnen Verdrängung.

Die spanische Galeone war in jeder Hinsicht eine Ausnahme. Unmittelbar mit der Gründung der Kolonien in der Neuen Welt begannen Piraten, die voll beladenen spanischen Schiffe zu überfallen. Als Reaktion darauf bauten die Spanier schwer bewaffnete Galeonen. Sie stellten massive Kanonen auf der Breitseite auf, die ein Entern äußerst riskant machten. Während die Spanier auf die Galeonen setzten, bauten jene europäischen Nationen, die sich auf den Handel mit Asien konzentrierten, einen anderen Schiffstyp, den Ostindienfahrer. Das waren große Dreimast-Rahsegler, die im 17. Jahrhundert schon mehr als 1500 Tonnen Verdrängung hatten — fast zehnmal mehr als Vasco da Gamas Karavellen. Ostindienfahrer waren nicht mit Kanonen bestückt, fuhren aber häufig in Konvois und benötigten zu ihrer Verteidigung eine Marineeskorte.

Zur Blütezeit des Handels mit Asien gründeten England, die Niederlande, Frankreich und selbst Dänemark eigens private Handelskompanien, die der ehemaligen Beherrschung des Fernosthandels durch Portugal ein Ende machten.

Die Schiffe der britischen Ostindischen Gesellschaft legten regelmäßig die sechsmonatige Fahrt von England nach Bombay und Madras zurück. Als die Holländer einen Handelsposten der englischen Gesellschaft auf der Molukkeninsel Ambon, im Herzen des Gewürzinsel-Archipels, angriffen, drohte zwischen den Rivalen ein Krieg auszubrechen. Von diesem Zeitpunkt an stationierten die konkurrierenden Nationen Tausende Meilen von ihrer Heimat entfernt Marinegeschwader. Der lukrative Seehandel war die Grundlage für weltweite geopolitische Erwägungen und Auslöser eines Wettlaufs zur Gründung dauerhafter Kolonien.

Im Jahre 1689 beherrschten englische Kaufleute drei Provinzen Indiens, ein Prozess, der sich fortsetzte, bis die »John Company«, die noch immer von einem kleinen Verwaltungsrat in der City von London geleitet wurde, am Ende der unumstrittene Herrscher über den riesigen Subkontinent und über 100 Millionen Untertanen war. Die Ostindien-Kompanie der Holländer übte eine ähnliche Kontrolle über Java, Sumatra und die Gewürzinseln, die heutigen Molukken, aus. Ein Jahrhundert lang regierten Geschäftsleute aus den Niederlanden, einer kleinen, von Kriegen heimgesuchten ehemaligen Provinz Spaniens, dieses riesige, ungemein reiche asiatische Territorium. Als die holländische Krone Anfang des 19. Jahrhunderts die Kompanie über-

Im Jahr 1844 hackten die Bürger Bostons eine Rinne in das den Hafen blockierende Eis, das den neuen Seitenraddampfer *Britannia* der Cunard Line festhielt. In den folgenden Jahrzehnten wurden Schaufelräder durch Schiffsschrauben und der Holz- durch einen Stahlrumpf ersetzt. Der moderne Ozeandampfer war geboren.

Folgende Seiten: Im Jahr 1900 waren an diesem Ankerplatz in Puget Sound Schoner und Rahsegler, die Fracht von Northwest Lumber aufnahmen, den dampfgetriebenen Schiffen zahlenmäßig noch überlegen. Segelschiffe konnten unabhängig von Kohlehäfen große Entfernungen zurücklegen.

Der kühne und visionäre britische Schiffskonstrukteur Isambard Kingdom Brunel ließ 1845 sein Dampfschiff *Great Eastern*, das er für Non-Stop-Reisen um Afrika nach Australien entworfen hatte, zu Wasser. Es war bei weitem das größte bis dahin gebaute Schiff, und der Rumpf wurde hauptsächlich von Kohlenbunkern eingenommen.

nahm und die Herrschaft fast auf den gesamten Indonesischen Archipel ausdehnte, waren die kleinen Niederlande zu einer der reichsten Nationen Europas geworden.

V on der Gründung der britischen Kolonien in Nordamerika bis ins 19. Jahrhundert hinein kamen viele europäische Siedler mit kleinen, privaten Handelsschiffen, Paketboote genannt, in Amerika an. Ein Vorfahre von mir, Oberst Thomas Ballard, landete 1635 mit

Die 210 Meter lange *Great Eastern* besaß zwei Seitenschaufelräder und eine große Schiffsschraube. Aber kleinere Schiffe, die durch den neu eröffneten Suezkanal fahren konnten, verdarben der *Great Eastern* das erhoffte Geschäft. Brunels »großes Baby« verlegte jedoch 1866 die ersten Telegrafenkabel im Atlantik.

einem solchen Schiff im Hafen Williamsburg am James River in der Kolonie Virginia. Die Überfahrt war oft rau, in der Regel unbequem und häufig tödlich, weil sich in den feuchten, schlecht belüfteten unteren Decks Epidemien ausbreiteten. Die amerikanische Revolution dämpfte allerdings die Auswanderungswelle nach Amerika. In dieser Zeit entwickelten jedoch zwei amerikanische Erfinder, John Fitch und Robert Fulton, eine Technik, die nicht nur das Geschäft mit den Atlantikpassagieren verändern, sondern auch zu schnellen Ozeandampfern und Frachtschiffen führen sollte. Diese Schiffe verbanden die Kontinente miteinander.

Fortsetzung auf Seite 150

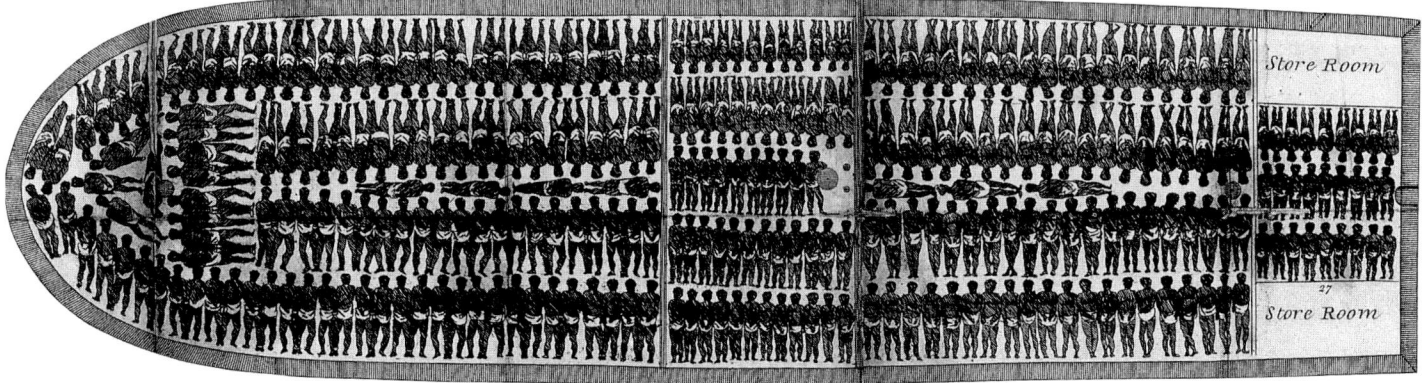

Store Room

Store Room

EINWANDERER IN KETTEN: SKLAVEN UND STRÄFLINGE

EINES DER GRAUSAMSTEN KAPITEL der Geschichte spielte sich in den 300 Jahren zwischen dem 16. und dem 19. Jahrhundert auf dem Atlantik ab: Spanische, portugiesische, britische, französische und holländische Sklavenschiffe transportierten unzählige Millionen afrikanischer Gefangener auf der gefürchteten Mittelpassage von ihrem Heimatkontinent in die Neue Welt, eine Fahrt, die zum Synonym für Elend und Tod wurde.

Die Institution der Sklaverei gab es schon im Altertum, aber mit dem mehrstufigen Handel, der als Drei-Etappen-Sklavenhandel bekannt wurde, wurde diese Praxis auf eine unrühmliche Spitze getrieben. Der Drei-Etappen-Handel erhielt seine Bezeichnung durch die drei Reisestationen eines Sklavenschiffs. Im 16. Jahrhundert begannen spanische und portugiesische Kolonialherren mit dem Transport afrikanischer Sklaven über den Atlantik.

In der Regel verließ ein Sklavenschiff einen europäischen Hafen mit Handelsgütern beladen, häufig auch mit Fässern voll Rum, der aus Melasse aus der Karibik destilliert worden war, sowie mit Ballen billigen bedruckten Stoffs, aus Baumwolle hergestellt, die aus der Neuen Welt stammte. Als nächstes ankerte das Schiff bei einer der vielen »Fabriken«, die an der Sklavenküste am Golf von Guinea in Westafrika lagen. Eingeborenenstämme tauschten Gefangene, die sie auf Raubüberfällen im Landesinneren festgenommen hatten, gegen die Güter ein, die das Sklavenschiff mitführte. Die bemitleidenswerte menschliche Fracht wurde an Bord getrieben und in die niedrigen, beengten Laderäume verfrachtet, die Männer an den Knöcheln aneinandergekettet, um Meutereien vorzubeugen; Frauen und Kinder wurden seltener gefesselt. Alle wurden auf übereinander angeordneten Plattformen gestapelt, die die Frachträume wie Regale anfüllten. Es blieb nicht einmal genügend Platz, um sich aufrecht hinzusetzen oder sich umzudrehen. Es gab fast keine Belüftung und keine Sanitäranlagen.

Auf dem dritten Abschnitt des Drei-Etappen-Handels, in Amerika, füllten die Kapitäne der Sklavenschiffe, nachdem die menschliche Fracht entladen worden war, ihre Frachträume mit Fässern voll Melasse oder Baumwollbündeln, die in Europa zu Rum beziehungsweise Stoff verarbeitet wurden. Der Kreis dieses brutalen Handels schloss sich, wenn die Sklavenschiffe dann wieder nach Afrika segelten.

Auf der eigentlichen Überfahrt forderte die Ruhr ihre Opfer, wenn die Schiffe, häufig mit bis zu 600 Sklaven beladen, die lange Reise von Westafrika zu den Häfen in der Karibik oder den amerikanischen Kolonien zurücklegten. Erfahrene Kapitäne von Sklavenschiffen rechneten stets mit durchschnittlich 20 Prozent »Verlusten«, wenn sie ihre Schiffe mit möglichst geringen Rationen an Hirse, Süßkartoffeln oder Getreide beluden. Jeden Tag folgten Haie den Sklavenschiffen, denn die Leichen wurden kurzerhand über Bord geworfen. Auf den meisten Schiffen versuchte man jedoch, die kostbare Ladung am Leben zu erhalten, indem man die Sklaven tagsüber auf das Deck brachte und die unwilligen Gefangenen, durch die Peitsche angetrieben, »tanzen« (sich bewegen) ließ.

Meutereien waren auf Sklavenschiffen sowohl für die Mannschaft als auch die Gefangenen eine ständige Gefahr. Es gibt mehr als 50 gut dokumentierte Berichte über Rebellionen, zu denen es zwischen dem 17. und 19. Jahrhundert auf Schiffen kam. Oft wurden die Sklaven mit einem Geschosshagel aus Gewehren auf einer drehbaren Lafette massakriert; manchmal knüppelten die Sklaven besonders grausame Mannschaftsmitglieder nieder und warfen sie ins Meer. Zur berühmtesten Meuterei kam es in den 1830er Jahren auf der *Amistad*. Sklaven übernahmen an der kubanischen Küste das Kommando über den spanischen Schoner, und die Mannschaft segelte schließlich in amerikanische Gewässer. Präsident John Quincy Adams vertrat die Sklaven erfolgreich vor dem amerikanischen Supreme Court. Die Überlebenden der *Amistad* bekamen die Freiheit geschenkt.

Der Frachtraumplan des 1781 gebauten Sklavenschiffs *Brook* aus Liverpool sieht für jeden erwachsenen Sklaven einen nur schmalen Platz vor, Schulter an Schulter eingekeilt, der Kopf an den Füßen der Mitgefangenen; bei den Frauen und Kindern herrschten noch beengtere Verhältnisse. Das Schiff, das für den Transport von 500 Sklaven gebaut war, hatte manchmal über 600 Gefangene an Bord, weil der Besitzer von vornherein mit »Verlusten« durch Krankheiten und Misshandlungen rechnete. Es gab kaum Belüftung und keine Sanitäranlagen. Um Rebellionen zu verhindern, wurden neu gefangene Sklaven in Ketten gelegt. Dennoch erhoben sich viele gegen ihre Peiniger.

Afrikanische Sklaven waren jedoch nicht die einzigen, die als Gefangene in Ketten den Atlantik überquerten. Der britische Transportation Act aus dem Jahr 1718 begründete die Praxis, die Gefängnisse zu leeren, indem man Gefangene in die fernen amerikanischen Kolonien verbannte. Die Verurteilten wurden oft vor die zweifelhafte Wahl zwischen der unfreiwilligen Knechtschaft in Übersee oder dem Galgen gestellt. Über 50 000 entschieden sich für die Überfahrt.

Die Gründung einer neuen Strafkolonie unweit der Botany Bay in Australien war die praktische, wenn auch grausame Alternative. Denn während die Sträflinge, die den Atlantik überquerten, eine Reise von etwa zwei Monaten zu überstehen hatten, mussten jene, die nach Australien transportiert wurden, gut und gerne viermal so lange an Bord eines Schiffes ausharren. Und bevor im Mai 1787 die elf Schiffe der First Fleet zusammengestellt waren, hatten viele Sträflinge bereits Monate, wenn nicht gar Jahre auf dreckigen, unbeheizten Kähnen vor sich hin vegetiert. Aber Arthur Phillip, Kapitän der Royal Navy, sorgte bei seinem Konvoi während der 250-tägigen Reise ans andere Ende der Welt für Ordnung.

Doch bald überließ die britische Regierung ihre Transportflotte privaten Auftragnehmern, darunter auch ehemaligen Sklavenhändlern. Zwischen 1787 und 1868 verließen 825 Schiffe mit über 160 000 Sträflingen Großbritannien in Richtung Australien. Das Elend der Gefangenen unterschied sich oft kaum von dem der Afrikaner auf der Mittelpassage: Unter Deck angekettet, häufig von eisigem Meerwasser durchnässt, waren sie von Läusen befallen und litten an Furunkeln. Die hygienischen Zustände waren bestenfalls primitiv. Korrupte Kapitäne kürzten die Rationen, um ihre übrigbleibenden Vorräte in Australien mit immensem Gewinn zu verkaufen. Bereits auf bloßen Streit – insbesondere unter politischen Gefangenen aus Irland – wurde mit brutaler Grausamkeit reagiert. Einem Kapitän, Thomas Dennott, bereitete es 1796 auf der Überfahrt von Cork sadistisches Vergnügen, Sträflinge zu Tode zu prügeln.

Sträflinge besteigen ihr schwimmendes Gefängnis, ein ausrangiertes Schiff der britischen Kriegsmarine aus dem 19. Jahrhundert. Manche vegetierten so Jahre lang an Bord dahin, bis sie nach Australien deportiert wurden. Nachdem die Krone Sklavenhändler mit den Gefangenentransporten beauftragte, kam es vermehrt zu Akten der Grausamkeit.

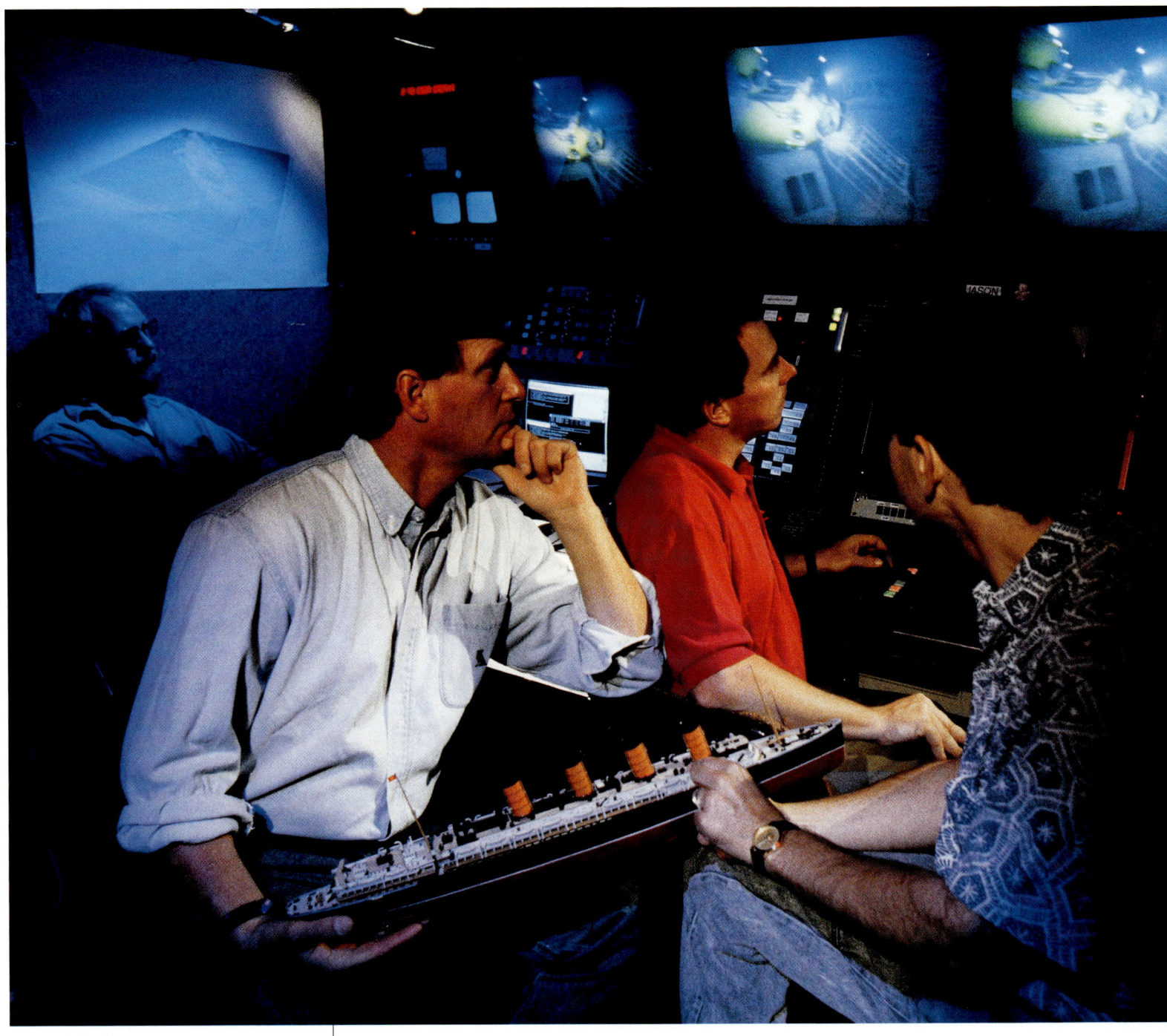

1993 untersuchten wir das Wrack der *R.M.S. Lusitania*, die von dem U-20 der deutschen Kriegsmarine im Mai 1915 vor der irischen Küste versenkt wurde. Pilot Martin Bowen (Mitte) manövriert das Unterwasserfahrzeug *Jason*, während Bob Elder (ganz links) die Computer des Roboters bedient. Der Künstler Ken Marschall und ich nutzen ein Modell des Schiffes, um nach erkennbaren Objekten auf dem Wrack zu suchen.

In der Schule habe ich gelernt, dass Robert Fulton das Dampfschiff erfunden habe. In Wahrheit gebührt diese Ehre rechtmäßig John Fitch, einem Veteranen des Unabhängigkeitskrieges, der sich am Delaware River niederließ. In der Hoffnung, eine Version der Dampfmaschine des schottischen Erfinders James Watt auf einem Boot einsetzen zu können, versuchte Fitch 1785 vergeblich, vom Continental Congress finanzielle Unterstützung zu bekommen. Daraufhin bemühte er sich um private Mittel für den Bau eines 13 Meter langen Schaufelraddampfers, den er schließlich auf dem Delaware erfolgreich vorführte. Die Presse von Philadelphia lobte Fitchs Schiff, das »Passagiere mit großer Pünktlichkeit an beiden Enden seines Kurses« absetzte. Weil es ihm nicht gelang, genügend Geld für die Investition in seine Erfindung aufzutreiben, reiste Fitch in der Hoffnung nach Frankreich, das Interesse der wissenschaftsfreundlichen republikanischen Regierung an seinem Projekt wecken zu können. Wieder hatte er kein Glück. Er starb 1798, und seine Erfindung geriet weitgehend in Vergessenheit.

Robert Fulton wurde auf einer Farm in Pennsylvania geboren, als Fitch 22 Jahre alt war. Fulton studierte in England Malerei, aber seine Neigung galt mehr der Technik als der Kunst. Als wissenschaftlich orientierter Forscher, der seiner Zeit weit voraus war, beschäftigte er sich mit Schifffahrtstechnik, konnte aber die europäischen Kriegsmarinen nicht überreden, sein U-Boot *Nautilus* zu kaufen. Doch seine Arbeit in Frankreich führte zu Kontakten zu Robert Livingston, dem amerikanischen Gesandten am Hof Napoleons. Sie gründeten eine Gesellschaft, um einen kleinen Schaufelraddampfer, ähnlich Fitchs erstem Boot, zu bauen. Die Franzosen waren beeindruckt, investierten aber nicht.

Livingston hatte in New York seine politischen Beziehungen spielen lassen, um sich das Monopol auf Dampfschiffe zu sichern, vorausgesetzt, Fulton könne ein Schiff bauen, das mindestens sechseinhalb Kilometer in der Stunde zurücklegte – eine damals erstaunliche Geschwindigkeit für ein Flussboot. Ich kann mir die Mischung aus Angst und Skepsis auf den Gesichtern der Zuschauer gut vorstellen, die am 17. August 1807 am Manhattan Dock standen, als Fultons berühmte *Clermont*, ein 45 Meter langer Schaufelraddampfer, den Hudson Richtung Albany hinauf stampfte und schnaubte. Das Schiff legte tatsächlich ohne zu explodieren ab und kam in nur 32 Stunden an seinem Ziel an, fast viermal schneller als Segelschiffe. Livingston hielt an seinem Patent fest. Es hatte sich gezeigt, dass Dampfschiffe einsetzbar waren. Und für die lange Herrschaft der Segelschiffe, die mindestens seit der Zeit der sagenumwobenen Helden Homers und der Schiffe wie der *Tanit* und der *Elissa* angedauert hatte, bedeutete das den Anfang vom Ende.

Im Mai 1819 verließ ein 300-Tonnen-Segelpostschiff, die *Savannah*, die eilig umgebaut und mit zwei keuchenden Dampfmaschinen und mit Schaufelrädern versehen worden war, ihren Heimathafen in Georgia in Richtung Liverpool. Das Schiff war im Prinzip ein Segelschiff mit Hilfsdampfmaschinen, die mit Tonnen von Holzscheiten aus den Wäldern Georgias befeuert wurden. Bei gutem Wind ließ der Kapitän auf der 24-tägigen Überfahrt die Segel setzen. Aber bei Windstille rollte man die Segel zusammen, heizte die Kessel ein, und schon dampfte man weiter. Nahe Irland kam ihr ein Rettungsboot entgegengesegelt, weil man den schwarzen Rauch, der aus dem Schornstein des Schiffes qualmte, für ein Zeichen hielt, dass dort ein unkontrolliertes Feuer ausgebrochen sei.

Das erste Schiff, das den Atlantik ausschließlich mit Dampfantrieb überquerte, war die *Sirius*, ein kleiner Schaufelraddampfer mit zwei Masten, dessen Schaufelräder in der Presse als »gefällig geformt und ganz schwarz angemalt« gepriesen wurde. Im Mai 1838 brachte das Schiff 40 Passagiere von Großbritannien nach New York. Da starke Gegenwinde herrschten, wurde die Mannschaft aufmüpfig, und der Kapitän, ein Leutnant der Royal Navy namens Richard Roberts, fuchtelte mit einem großen Revolver, um die beginnende Revolte im Keim zu ersticken. Er machte schnelle Fahrt, um ein größeres Dampfschiff, die Rivalin *Great Western*, zu schlagen. Aber als die 400 Tonnen Kohle, die die *Sirius* an Bord hatte, wenige Meilen vor dem Hafen von New York verbraucht waren, ordnete Roberts nicht etwa an, die Segel zu setzen, sondern befahl barsch, die Masten und Nocken zu zersägen und in die Kessel zu werfen, um bis zum Leuchtturm Sandy Hook unter Dampf zu fahren. Sein Schiff hatte den Atlantik in einer Rekordzeit von 17 Tagen überquert.

Die New Yorker jubelten, als die *R.M.S. Lusitania* am 1. Mai 1915 Richtung Liverpool ablegte; trotz Warnungen der Deutschen sollte das Schiff bei England in von U-Booten kontrollierte Gewässer fahren. Sechs Tage später wurde die Lusitania von einem Torpedo getroffen.

Folgende Seiten: **Der Torpedo des *U-20* traf die *Lusitania* auf der Steuerbordseite unterhalb der Wasserlinie und löste eine zweite große Explosion aus. Ihre Fahrt schob die *Lusitania* noch ein Stück voran, dann sank das Schiff in nur 18 Minuten, und 1195 der 1955 Menschen an Bord fanden den Tod, darunter 123 Bürger der neutralen Vereinigten Staaten.**

Mit der Untersuchung des *Lusitania*-Rumpfes 78 Jahre nach ihrem Untergang wollten wir unter anderem feststellen, ob das Schiff Munition geschmuggelt hatte, wie manche Leute lange Zeit behaupteten. Zwar liegt das Wrack auf seiner Steuerbordseite, wodurch die Einschlagstelle des Torpedos verdeckt ist, aber wir fanden auf dem Meeresgrund verstreute Kohle und schlossen daraus, dass die *Lusitania* sank, weil der Kohlestaub in einem fast leeren Bunker explodiert war.

Der in Kanada geborene Samuel Cunard schloss sich 1839 mit englischen Partnern zusammen und gründete die britisch-nordamerikanische Royal Mail Steam Packet Company. Die Firma, die bald als die Cunard Line bekannt wurde, bot den ersten regelmäßigen Schiffsverkehr mit Liniendampfern über den Atlantik an. In dieser Zeit überwand der schwedische Ingenieur und Erfinder John Ericsson Probleme bei der Herstellung einer Metalllegierung für eine Schiffsschraube, die leistungsfähig genug war, um das Schaufelrad zu ersetzen. Das Zeitalter der Ozeandampfer war angebrochen.

Mit zunehmendem Fortschritt der Dampftechnik erschütterten neue, seitlich angebrachte Motore die Planken der noch aus Holz gebauten Schiffsrümpfe so sehr, dass diese fast barsten. Aber die mit diesen Maschinen erreichbare beispiellose Geschwindigkeit war zu kostbar, als dass man darauf hätte verzichten wollen. Der visionäre britische Schiffskonstrukteur Isambard Kingdom Brunel löste dieses technische Problem mit dem für ihn typischen Elan. Sein legendäres Schiff *Great Britain*, vielleicht der erste richtige Ozeandampfer, wurde 1845 zu Wasser gelassen. Der Rumpf bestand aus genieteten Eisenplatten, er hatte wasserdichte Schotten und einen doppelten Boden. Und er war der erste Ozeandampfer, der mit Schiffsschrauben, nicht mit Schaufelrädern angetrieben wurde. Aber das Schiff war wirtschaftlich kein Erfolg. Es lief 1846 vor Irland auf Grund, und obwohl die 180 Passagiere gerettet wurden und man das Schiff später wieder flott machte, gingen seine Eigner bankrott.

Dennoch blieb Brunel ein kühner Denker. Sein nächstes Schiff, die *Great Eastern*, bot sowohl in der Konstruktion als auch im Design Superlative. Brunel plante ein Schiff, das bis zu 4000 Passagiere nach Indien und weiter nach Australien transportieren konnte. Diese ungeheuer lange Reise würde riesige Kohlenbunker erforderlich machen – der Grund für die unerhörte Länge von 230 Metern und eine Verdrängung von 32 160 Tonnen. Brunels Schiff, das er liebevoll sein »großes Baby« nannte, besaß zwei gewaltige seitliche Schaufelräder und eine gigantische Schiffsschraube. Außerdem war es mit Segeln an sechs großen Masten ausgestattet. Das Schiff hatte zahlreiche technische Probleme und wurde schließlich in den profaneren Atlantikpassagierdienst statt auf den ursprünglich geplanten weltumspannenden Route eingesetzt. Aber seine herausragende und vielleicht

größte Leistung war 1866 die Verlegung des ersten Telegrafenkabels im Atlantik. Nordamerika und Europa waren jetzt mit einem Kommunikationsnetz verbunden, das Nachrichten praktisch in Sekundenschnelle übermittelte.

Wenn auch Dampfschiffe einen Großteil des 19. Jahrhunderts hindurch weiterhin ihre Masten und Takelage beibehielten, unterschied sich ihr Inneres radikal von dem früherer Segelschiffe. Wie ich beim Studium der Segelschiffe feststellte, befanden sich bei ihnen die teuersten Kabinen achtern, im trockensten, stabilsten Teil des Rumpfes. Aber beginnend mit der 1871 gebauten *Oceanic* der White Star Line wurden die Luxuskabinen immer weiter nach vorn verlegt, weg vom Lärm der Maschinen und den rumpelnden Antriebswellen der Schiffsschrauben. Ich erkannte die Logik der Konstrukteure: Angesichts der Gesamtbreite des Rumpfes, die es auszunutzen galt, bauten sie geräumige Kabinen, luxuriöse Salons und Speisesäle für die Passagiere der ersten Klasse. Das ließ achtern ungenutzten Platz für Kabinen im »Zwischendeck«, wo sich die Schiffsmaschinen befanden.

Als ich mich im Vorfeld der Erforschung der Liniendampfer *Titanic*, *Britannic* und *Lusitania* mit der Schifffahrtsgeschichte befasste, wurde mir außerdem klar, warum die englischen Liniendampfer die unangefochtenen Herrscher auf dem Atlantik wurden. Cunard und seine Konkurrentin, die White Star Line, bauten immer schnellere und luxuriösere Schiffe. Starke Rumpfplatten aus Stahl ersetzten das Eisen. Jetzt trieben mehrere Schrauben die Schiffe an.

Aber Deutschland hatte etwas gegen die britische Vorherrschaft in diesem einträglichen Geschäft. Es ist bezeichnend für die damalige Zeit, dass Kaiser Wilhelm II. 1889 nach der Besichtigung des neuen Liniendampfers der White Star Line, *Teutonic* mit seinen beeindruckenden Annehmlichkeiten an Bord – darunter ein Friseur, der einen elektrischen Haartrockner besaß – sagte: »Solche Schiffe brauchen wir auch.« Schon ein Jahrzehnt später jagte der deutsche Liniendampfer *Kaiser Wilhelm der Große* den Briten das begehrte Blaue Band für die schnellste Atlantiküberquerung ab. Das Schiff war aber nicht nur recht schnell, es war der Inbegriff von Luxus und Eleganz. Die hohen Decken der Gesellschaftsräume waren mit kunstvollen Schnitzereien und die Wände mit symbolhaften Reliefs verziert. Leuchtendes Jugendstilbuntglas war Zeichen der pompösen Großartigkeit des Schiffes. Dieses und seine deutschen Schwesterschiffe waren bald die vornehmsten Schiffe auf der Nordatlantikroute.

Um in diesem Wettstreit mitzuhalten, überredete 1902 der Vorstand von Cunard, Lord Inverclyde, die britische Regierung, der Gesellschaft für den Bau zweier neuer Luxusliner, die das Blaue Band von den deutschen Rivalen zurückerobern würden, unerhörte 2,6 Millionen Pfund zur Verfügung zu stellen. Die *Mauretania* und die *Lusitania* sollten 230 Meter lang werden, eine Verdrängung von über 31 000 Tonnen haben und damit die größten Schiffe seit Brunels »großem Baby«, der *Great Eastern*, werden.

Zwar boten die Schiffe die erwartete Mischung aus Prunk in der ersten Klasse und spartanischen Kabinen im Zwischendeck, doch es war ihr Antrieb, der wirklich außergewöhnlich war. Um eine optimale Geschwindigkeit zu erreichen, ging Cunard das Risiko ein, die bewährten Kolbenmaschinen durch noch im Experimentierstadium befindliche Dampfturbinen zu ersetzen. Die von einem Ingenieur, einem Herrn namens Charles Parsons, entwickelten Schiffsturbinenmotore nutzten den Dampf maximal aus. Aber es bestand die Gefahr, dass diese Turbinen, die erstaunliche 68 000 PS Leistung erbrachten, zu viel Kohle verbrauchen würden, um profitabel zu sein. Damit stieß die technische Forschung an ihre Grenze.

Doch die Maschinen erwiesen sich als effizient. Und die *Lusitania* erreichte im Juli 1907 bei Geschwindigkeitstests gleichmäßig 26 Knoten. Noch im selben Jahr eroberte das Schiff das Blaue Band von den Deutschen zurück, als es den Atlantik von Irland nach New York in weniger als fünf Tagen überquerte. Bald darauf schlug die *Mauretania* ihr Schwesterschiff um 24 Minuten. In den folgenden sieben Jahren waren die beiden Schiffe freundliche Rivalen, und sie erreichten hinsichtlich ihrer Geschwindigkeit und Zuverlässigkeit ein derartiges Niveau, dass sie sich die in-

Ein englisches Anwerbungsplakat im Krieg setzt auf die Entrüstung über die Versenkung der *Lusitania*, um antideutsche Ressentiments zu schüren. Die Empörung hätte beinahe schon 1915 zum Kriegseintritt der Vereinigten Staaten geführt.

offizielle Bezeichnung »Atlantikfähre« erwarben. Leider blieb die Rivalität der europäischen Mächte nicht auf solch friedliche Wettrennen beschränkt. 1914 brach der Erste Weltkrieg aus.

Während der Untergang Titanic auf menschliches Versagen zurückging, wurde die Lusitania durch einen direkten, brutalen Akt zerstört. Am 7. Mai 1915, zehn Monate nach Ausbruch des Ersten Weltkriegs, fuhr der Liniendampfer auf seiner Rückreise von New York vor der Südküste Irlands durch Nebelbänke. Ihr Kapitän, William Turner, vertraute darauf, dass seine unglaubliche Geschwindigkeit das Schiff vor den deutschen U-Booten schützte, die – so wurde gemeldet – vor dem irischen Hafen Queenstown lagen. Als das Schiff aus dem Nebel herauskam, passte Turner den Kurs an und erhöhte die Geschwindigkeit. Sein neuer Kurs führte ihn direkt auf die U-20 zu, das von Kapitänleutnant Walther Schwieger von der deutschen Kriegsmarine kommandiert wurde.

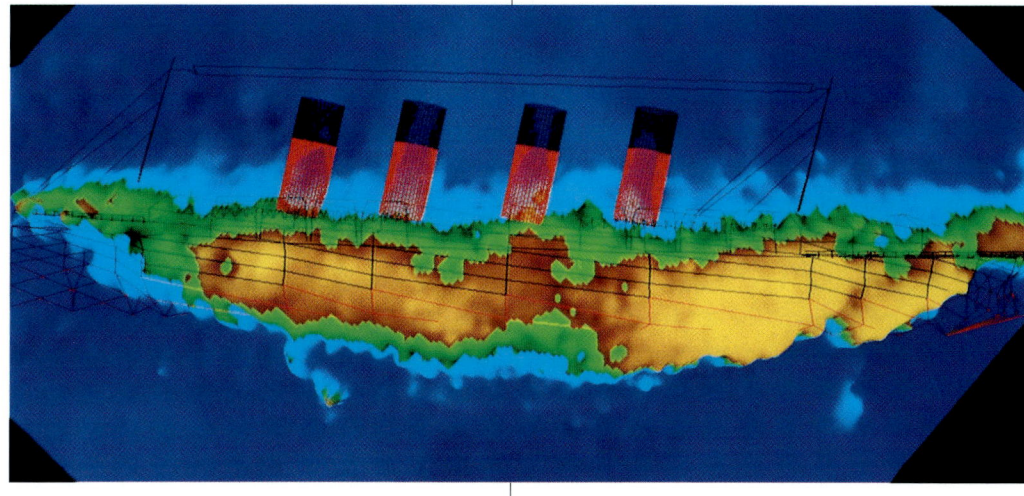

Das U-Boot feuerte den einzigen noch vorhandenen Torpedo ab, der die Lusitania auf der Steuerbordseite traf. Die erste Explosion löste eine gewaltige zweite aus, die einen langen Schlitz in den Rumpf riss. Das mächtige Schiff bekam schwere Schlagseite und sank innerhalb von 18 Minuten in eine Tiefe von 90 Metern. Die Zahl der Opfer war fürchterlich, 1195 Tote, darunter 123 Amerikaner. Die Deutschen behaupteten, das Schiff sei ein legitimes Angriffsziel gewesen, weil Cunard Warnungen ignoriert habe, dass die Gewässer um Großbritannien Kriegsgebiet seien. Und manche Leute sahen in der zweiten Explosion den Beweis dafür, dass die Lusitania Tonnen von Munition aus dem neutralen Amerika schmuggelte. Andere entwarfen eine wilde Konspirationstheorie, nach der Kapitän Turner sein Schiff bewusst in die U-Boot-Falle gesteuert habe, damit ihr Untergang die antideutsche Stimmung der Amerikaner schürte.

Die Tragödie wurde zur Cause célèbre und trug schließlich zum Entschluss der Vereinten Staaten bei, 1917 auf Seiten der Alliierten in den Krieg einzutreten. Es gab jedoch keinerlei Beweise, dass Turner die Tragödie mitverursacht hatte. Aber warum war der große Liniendampfer so schnell gesunken? Diese Frage blieb fast das ganze 20. Jahrhundert über ungeklärt.

V on Bord der Northern Horizon aus erforschte ich 1993 das Wrack der Lusitania mit Hilfe der ferngesteuerten Tauchboote Jason und Homer sowie des kleinen Forschungs-U-Boots Delta. Eines der Ziele unserer Woods Hole Expedition bestand darin, nach Möglichkeit die Ursache für die zweite schreckliche Explosion zu klären, die an jenem Morgen im Mai 1915 für den Liniendampfer das Todesurteil war.

Unsere erste Videountersuchung mit dem ferngesteuerten Tauchboot ergab, dass der Dampfer auf seiner Steuerbordseite liegt und seine Rumpfplatten eingedrückt sind wie Blechhütten nach einem Sturm. Aus unserer Sicht war die Lage des Rumpfes eine Enttäuschung: Die Steuerbordseite war zum Teil unter einem Durcheinander von Deckwrackteilen und dem eingestürzten Aufbau begraben. Schlimmer noch: Abgerissene Fischernetze, die das Wrack wie Spinnweben umgaben, machten eine Untersuchung aus der Nähe sowohl für die beiden ferngesteuerten Fahrzeuge als auch für das Mini-U-Boot Delta äußerst riskant.

Aber wir hielten daran fest, eine komplette Sonar- und Videovermessung der Lusitania durchzuführen, obwohl drei Mitglieder der Expedition – der Künstler Ken Marschall, der Historiker Eric Sauder und der Pilot Chris Ijames – vorübergehend in der Falle saßen, als sich das Ruder und die Schraube der Delta in den Fischnetzen verfingen. Das Wrack lag zu tief, als dass

Mit *Jasons* Hochfrequenzsonar erstellten wir ein Computerbild des Wracks und legten darüber ein Größendiagramm des tatsächlichen Schiffs. Wir stellten fest, dass der zusammengedrückte Rumpf der *Lusitania* zwischen dem dritten und vierten Schornstein auseinandergebrochen war, an einem Schwachpunkt, der jenem der *Titanic* ähnlich ist und dem wohl ein Konstruktionsfehler zugrunde liegt.

Unter Einsatz der ferngesteuerten Tauchfahrzeuge *Jason* und *Homer* untersuchen wir den zerdrückten, von Fischernetzen umhüllten Rumpf der *Lusitania*. Das U-Boot *Delta* mit dem Künstler Ken Marschall, dem Historiker Eric Sauder und dem Piloten Chris Ijames an Bord verfing sich in den Fischernetzen. Da sie sich anders nicht befreien konnten, musste James den Ruderpropeller-Sektor absprengen.

Taucher hinabtauchen und einen Rettungsversuch hätten wagen können. Chris, der über 2000 Tauchgänge hinter sich hatte, bemühte sich, das U-Boot freizubekommen. Am Ende blieb ihm nichts anderes übrig, als den Sektor mit der Ruderpropeller abzusprengen, eine Notfalleinrichtung, die bei der Konstruktion des Bootes klugerweise bedacht wurde.

Wir rannten an die Schiffsreling und suchten sorgenvoll die schiefergraue Irische See ab. Dann schoss die *Delta* wie ein zitronengelber Korken – umgeben von einer leuchtenden Wolke aus Luftblasen – an die Oberfläche. »Gott sei Dank, sie haben es geschafft«, sagte ich. »Wir müssen ein bisschen vorsichtiger sein, Leute.« Von nun an führten wir unsere Untersuchung mit noch größerer Vorsicht durch. Die Steuerbordseite der *Lusitania* war schlitzartig unterhalb der Wasserlinie aufgerissen, ein Beweis für die Gewalt der zweiten Explosion. Aber der Abschnitt des Schiffes, in dem sich das Schiffsmagazin befand, ein feuerfester Frachtraum, in dem die kleine Ladung an offiziell gestatteter Munition gelagert wurde, war noch intakt. Eine Inspektion mit der *Delta* und den ferngesteuerten Fahrzeugen aus unmittelbarer Nähe ergab jedoch, dass der Meeresgrund in der Nähe des geborstenen Rumpfs mit Kohlestücken übersät war. Der Torpedo des *U-20* war in einen fast leeren Kohlenbunker auf der Seite des Schiffs eingedrungen und hatte Tonnen lockeren Kohlestaubs aufgewirbelt, der sich entzündet und den Bunker in eine gigantische Bombe verwandelt haben muss.

Ich bin froh, dass unsere gründliche Untersuchung wahrscheinlich eines der am längsten ungeklärten Geheimnisse des 20. Jahrhunderts gelüftet hat. Die *Lusitania* hatte nicht Tonnen explosiver Munition an Bord, wie manche Leute behaupteten, sondern nur geringe Mengen korrekt angegebenen Kriegsmaterials, wie beispielsweise Dreizoll-Artilleriezünder, die im Schiffsmagazin gelagert wurden. Und dieses war, wie wir überprüften, intakt geblieben.

Der Erste Weltkrieg stellte einen tiefen Einschnitt im goldenen Zeitalter der Transatlantikreisen dar. Doch nach diesem blutigen Konflikt erlebten die Wilden Zwanziger eine Wiederauferstehung glänzender Luxusliner, die die Routen zwischen Amerika, Großbritannien und dem Kontinent befuhren. Jetzt stellten die Franzosen die Vorherrschaft der Briten mit Schiffen wie der Ile de France und der Normandie in Frage. Aber die nach dem Krieg unter den Amerikanern vorherrschende Neigung zum Isolationismus, der Verschärfungen der Einwanderungsgesetze nach sich gezogen und den Zustrom von Passagieren auf dem Zwischendeck zu einem Rinnsal ausgedünnt hatte, führte dazu, dass die großen Schiffe nur noch mit einer Handvoll Passagieren fuhren.

Die Rettung der Transatlantikdampfer waren die amerikanischen Touristen der Mittelschicht und die ersten Studenten, die in Europa Ferien machten. Reiseagenturen überredeten die Dampfschiffgesellschaften, ihre einfachen Kabinen als »Touristenklasse« anzubieten. Bald statteten die Linien ihre Schiffe mit einer ganzen Hierarchie an Kabinen unterhalb der ersten Klasse aus, von kleinen Viererkabinen für Familien bis hin zu schwimmenden Schlafsälen für Verbindungsstudenten in Mänteln aus Waschbärfell.

Diese Zusammensetzung der Passagiere blieb bis zum Zweiten Weltkrieg unverändert. »Die Europareise« an Bord eines Liniendampfers wie der *United States* oder der *Queen Mary* wurde für viele Amerikaner fast zu etwas Alltäglichem. Dann wurden die ersten Langstreckenfluglinien eingeführt. Die Ozeandampfer, die Angriffe von U-Booten und die Beschränkung der Einwanderung überstanden hatten, wurden schließlich von der Boeing 707 und der DC-8 verdrängt. Mitte der 60er Jahre kam der regelmäßige Schiffsverkehr über den Atlantik fast zum Erliegen.

Aber der Glanz des Lebens an Bord ist sicherlich nicht erloschen. Inzwischen haben sich Kreuzfahrten zur beliebtesten Form des Tourismus entwickelt. Für die Passagiere ist es noch immer aufregend, auf den geschrubbten Deckplanken zu stehen, während das Schiff durch den schwarzen Ozean pflügt und sich der Sternenhimmel in seinem phosphoreszierenden Kielwasser spiegelt.

VI
Krieg auf hoher See

Vorhergehende Seiten: Im August 1588 fuhren englische Feuerschiffe mitten in die spanische Armada hinein, die vor der französischen Küste vor Anker lag. Viele spanische Matrosen gerieten in Panik, durchschnitten die Ankertaue. Zahlreiche Schiffe trieben in die Nacht davon.

Ein einziges 38-Zentimeter-Geschoss des deutschen Kriegsschiffes *Bismarck* versenkt den britischen Schlachtkreuzer *Hood* (Hintergrund), während sein Begleitschiff *Prince of Wales* Wrackteilen ausweicht. In wenigen Sekunden kamen über 1400 Seeleute ums Leben. Tage später half die *Prince of Wales* bei der Versenkung der *Bismarck.*

Es war am 5. Juni 1989 und schon fast Mitternacht, aber an Schlaf war in dieser Nacht nicht zu denken. Ich musste, als ich im Kasino der *Star Hercules* in eine mit Kunstleder ausgekleidete Nische gezwängt saß und eine Runde *Trivial Pursuit* spielte, immer wieder an die Parallelen zwischen dem deutschen Schlachtschiff *Bismarck*, das irgendwo da unten in etwa 4800 Metern Tiefe lag und sich mir bislang bei zwei Expeditionen entzogen hatte, und der *Titanic* denken, die wir vor vier Jahren um ein Haar nicht gefunden hätten. Beide Schiffe waren als technische Wunderwerke gepriesen worden, das eine der Inbegriff des Prunks der edwardianischen Pax Britannica, das andere als die schlagkräftigste Waffe der Kriegsmarine Nazi-Deutschlands. Beide galten als unsinkbar und haben eine schreckliche Zahl an Opfern mit in die Tiefe gerissen.

Ich hatte schon im vorangegangenen Sommer vergeblich Jagd auf die *Bismarck* gemacht und hatte jetzt acht erfolglose Tage und Nächte lang mit unserem Kameraschlitten *Argo* die Hänge eines zerklüfteten unterseeischen Vulkans abgesucht, der sich von der Abyssalebene südwestlich von Irland erhebt. Die Navigatoren der Schiffe der Königlich Britischen Marine, denen es am 27. Mai 1941 endlich gelungen war, das feindliche Schiff zu versenken, hatten die Untergangsposition des Kriegsschiffes präzise angegeben. Doch obwohl unser Suchgebiet über das genannte Areal hinausreichte, blieb das riesige Schlachtschiff von 250 Metern Länge und einer Verdrängung von fast 45 000 Tonnen für Sonar und Videokameras der *Argo* unauffindbar.

Aus britischen Berichten wusste ich, dass die *Bismarck* mit intaktem Rumpf gesunken war. Angesichts ihrer starken Panzerung war ich mir sicher, dass das Schiff in einem Stück auf dem Meeresgrund angekommen sein musste. Vielleicht konnte mein Team einfach deshalb keine Trümmerspur finden, weil es nur wenige Bruchstücke gab? Die *Star Hercules* vibrierte, als wir uns langsam nach Steuerbord drehten, um mit unserem wackeren kleinen Fahrzeug am Ende seines fast 4,8 Kilometer langen Kabels eine neue Suchbahn zu beginnen, bei der es 27 Meter über dem Kamm des unterseeischen Berges dahinschweben würde.

Am Abend des 19. Mai 1941 traf sich das gewaltige neue Schlachtschiff *Bismarck* mit seinem schweren Begleitkreuzer *Prinz Eugen* in der Ostsee, und gemeinsam fuhren sie in Richtung Nordsee. Die erst vor kurzem fertiggestellte *Bismarck* wirkte stark und trotz ihres ge-

panzerten Rumpfes sehr schnell. Sie erreichte 30 Knoten und damit eine höhere Geschwindigkeit als die älteren Kriegsschiffe der britischen Heimatflotte, die möglicherweise den Versuch unternehmen wollte, die Durchfahrt des deutschen Spezialverbandes in den offenen Atlantik zu verhindern. Dort hatten die deutschen Schiffe den Befehl, Jagd auf die verwundbaren Versorgungskonvois aus Nordamerika zu machen.

Die *Bismarck* war für diese Aufgabe bestens geeignet. Ihre acht 38-Zentimeter-Geschütze auf vier Gefechtstürmen konnten Granaten von einer Tonne über 30 Kilometer weit feuern. Und das Schlachtschiff war mit den neuesten Radar- und stereoskopischen Feuerleitgeräten ausgerüstet, die zerstörerische Salven mit grausamer Genauigkeit lenkten. Die *Prinz Eugen* und die *Bismarck* hatten zudem Arado-Schwimmerflugzeuge an Bord, die die Konvois von weitem ausmachen konnten, sodass sich die Kriegsschiffe ungesehen nähern und ihr Geschosse schon hinter dem Horizont abfeuern konnten.

Für den Fall, dass die *Bismarck* von britischen Kreuzern oder Schlachtschiffen angegriffen wurde, waren die potenziell verwundbaren Kessel, Turbinen und Munitionsmagazine des deut-

Im Juni 1989 suchten wir vom Forschungsschiff *Star Hercules* aus mit dem ferngesteuerten Tauchfahrzeug *Argo* nach dem deutschen Kriegsschiff *Bismarck*. Nach endlos langer Suche mit Video und Sonar entdeckten wir schließlich in fast 4900 Metern Tiefe auf dem Hang eines unterseeischen Berges Trümmerteile. Bald darauf stießen wir auf das gewaltige Wrack.

schen Schiffes von einer dick gepanzerten inneren Kammer umschlossen. Die Decks und Gefechtstürme waren mit den stärksten gehärteten Panzerplatten verkleidet, die die deutschen Stahlwerke herstellen konnten; die Platten konnten direkten Treffern von sämtlichen britischen Geschützen, mit Ausnahme des allergrößten, standhalten. Das Schlachtschiff, das den Namen des »eisernen« Kanzlers der Kaiserzeit, Otto von Bismarck, trug, war das Musterbeispiel deutscher Schiffsbaukunst, »eine unsinkbare Geschützplattform«.

Die Bedrohung, die die *Bismarck* und ihr Begleitschiff für die lebenswichtigen Versorgungskonvois darstellte, war mit einem auf das Herz Großbritanniens gerichteten Dolch zu vergleichen. Im Mai 1941 war das britische Empire eine Kriegsmacht, die noch immer die Achsenmächte bekämpfte. Deutsche Truppen beherrschten Europa von der Nordspitze Norwegens bis nach Ägypten, wo das Afrikakorps von Feldmarschall Erwin Rommel den Suezkanal bedrohte. Flugzeuge der Luftwaffe stießen weit über den Atlantik vor, bombardierten harmlose Handelsschiffe und koordinierten Attacken ganzer U-Boot-Geschwader, so genannter »Wolfsrudel«, auf die Versorgungskonvois. Falls es den deutschen U-Booten und Flugzeugen, verstärkt durch schwere Kriegsschiffe, gelingen sollte, das nordatlantische Konvoisystem zu zerstören, würde in Großbritannien eine Hungersnot ausbrechen. Die Regierung von Premierminister Winston Churchill wäre dann gezwungen, Friedensverhandlungen zu beginnen. Der Faschismus hätte den Sieg über ganz Europa errungen.

Die Zerstörung des Konvoisystems war jedenfalls die kühne Zielvorgabe, die die Kriegsmarine Admiral Günther Lutjens gestellt hatte, dem Kommandierenden der deutschen Sondereinheit. Er plante, von Norwegen nach Nordwesten zu fahren, und zwar nördlich an Island vorbei, dann durch die Dänemarkstraße nahe an Ostgrönland vorbei und weiter in den Atlantik, um sich dort mit einem Tanker zu treffen und die Öltanks des Schiffes aufzufüllen. Eine Aufklärungs-Spitfire der Royal Air Force fotografierte die *Bismarck* und die *Prinz Eugen* in dem schmalen norwegischen Grimstadfjord. Damit war sicher, dass die *Bismarck* »ausgebrochen« war, aber die britische Marine kannte die Pläne des Feindes nicht. Und selbst für eine Flotte von der Größe der Royal Navy war der Atlantik zu groß, um ihn mit Schiffen zu kontrollieren.

Das Glück blieb Lutjens treu. Niedrige Wolken und Nebel hingen die ganze Strecke bis Island über dem Europäischen Nordmeer und verhinderten eine erfolgreiche britische Aufklärung. Nachdem sie Island passiert hatten, fuhren die deutschen Schiffe nach Süden nahe am grönländischen Packeis vorbei und schlängelten sich durch eine schmale Rinne westlich des britischen Minenfelds hindurch, das sich nordwestlich der Vulkaninsel in Richtung Grönland erstreckte. Aber am Abend des 23. Mai besserte sich das Wetter; die *Bismarck* und die *Prinz Eugen* wurden von den britischen Kreuzern *Norfolk* und *Suffolk* gesichtet, die sie dann mit ihrem Radar verfolgten. Das Kriegsschiff *Prince of Wales* und der schwere Schlachtkreuzer *Hood* eilten mit voller Fahrt nach Nordwesten, um Lutjens' Sonderverband abzufangen. Zumindest theoretisch waren sich die Gegner ebenbürtig. In Wahrheit sprachen die Fernkampfgeschütze für die Deutschen. Die Eröffnungssalven wurden abgefeuert, als sich die Schiffe einander in der Morgendämmerung des 24. Mai näherten. Bevor auch nur ein Geschoss der Briten traf, krachte eines der 38-Zentimeter-Geschosse der *Bismarck* durch das Deck der *Hood* und explodierte im Inneren des Schiffs, wodurch Tonnen von Munition in einem Magazin entzündet wurden. Das Schiff explodierte wie ein Vulkan, zerbrach in zwei Hälften und sank innerhalb von Sekunden. Von den 1419 Mann Besatzung überlebten nur drei. Die Geschütze der *Bismarck* hatten in Sekunden soviel wie ein ganzes Armeeregiment ausgelöscht. Die beschädigte *Prince of Wales* ergriff die Flucht.

Aber die deutschen Schiffe, die bei dem Gefecht ebenfalls getroffen wurden, konnten nichts gegen die beiden britischen Kreuzer unternehmen, die ihnen ein wenig außerhalb der Reichweite der großen Geschütze auf den Fersen waren. Veraltete Swordfish-Torpedoflugzeuge des Flugzeugträgers *Victorious* griffen die *Bismarck* in der Mitternachtssonne des 24. Mai an und beschädigten sie nur unwesentlich. In der Verwirrung des Gefechts ordnete Lutjens an, die *Prinz Eugen* solle nach Süden fahren und Angriffe auf Konvois starten. Er selbst machte mit der *Bismarck* wieder kehrt, um die sie beschattenden britischen Kreuzer abzuschütteln. Widerstrebend funkte Kapitän Robert Ellis von der *Suffolk* die Nachricht: »Haben den Kontakt zum Feind verloren«.

Ohne Verfolger fuhr der deutsche Admiral nun nach Südosten in Richtung auf das besetzte Frankreich und den Schutzschild der Langstreckenbomber der Luftwaffe. Die *Bismarck* war aufgrund beschädigter Tanks knapp an Treibstoff, außerdem war ein Kesselraum geflutet. Sie konnte nur mit reduzierter Geschwindigkeit fahren.Lutjens war zuversichtlich, dass er das Trockendock in Saint Nazaire für die notwendigen Reparaturen erreichen würde. Unklugerweise brach er die Funkstille, und die Botschaften der *Bismarck* wurden von den Briten aufgefangen.

Früh am 26. Mai gelang es einem Catalina-Flugboot der Royal Air Force, die Flak-Abwehr der *Bismarck* zu durchbrechen und einen genauen Bericht über Geschwindigkeit und Fahrtrichtung des Schiffes zu übermitteln. Fast zwölf Stunden später näherten sich Swordfish-Doppeldecker vom Flugzeugträger *Ark Royal*, aus zwei Richtungen in geringer Höhe über der stürmischen See fliegend, dem Schlachtschiff. Zwei Torpedos explodierten auf der dicken Panzerung der Rumpfhülle der *Bismarck*, ohne jedoch Schaden anzurichten. Doch einer schlug in die verwundbaren Doppelruder ein und verklemmten sie hart nach Steuerbord. Das deutsche Schiff drehte sich manövrierunfähig nach Backbord im Kreis, während sich die Ingenieure mühten, den Schaden zu beheben, und Kapitän Ernst Lindemann erfolglos versuchte, sein Schiff durch variablen Schub auf die Schiffsschrauben zu steuern.

Die *Bismarck* fuhr unaufhaltsam Richtung Norden auf Irland zu und entfernte sich damit vom Schutzschild der Luftwaffe. Am 27. Mai nach Sonnenaufgang zogen die Verfolger der Royal Navy die Schlinge um das deutsche Kriegsschiff immer enger. In schwerem Sturm eröffneten die Schlachtschiffe *Rodney* und *King George V* 480 Kilometer südwestlich von Irland das Feuer, während sie rasch näher kamen. Die manövrierunfähige *Bismarck* erwiderte das Feuer, allerdings wirkungslos. Sie wurde im Laufe der folgenden zwei Stunden von Hunderten

Zu den Trümmern der *Bismarck* gehörte auch dieser einsame Seemannsstiefel: alles, was von einem deutschen Matrosen geblieben ist, der beim Untergang ums Leben kam. In der Nähe befanden sich schreckliche Ansammlungen von Stiefeln jener Männer, die – an den Rettungswesten aneinandergebunden – ertranken.

16-Zoll-Geschossen und kleineren Kalibern getroffen, bevor das Feuer aus allen ihren Gefechtstürmen eingestellt wurde und das Schiff ohne Fahrt still auf dem Wasser lag. Rauch stieg aus den brennenden Decksaufbauten auf, während sich die deutschen Matrosen um die Rettungsflöße drängten oder einfach in das eisige Wasser sprangen. Kapitän Lindemann befahl, das Schiff durch das Zünden von Sprengladungen zu versenken. Der schwere Kreuzer *Dorsetshire* gab der *Bismarck* mit einem Torpedo den Todesstoß und hielt sich dann zusammen mit dem Zerstörer *Maori* bereit, die überlebenden Feinde zu retten.

Die Besatzungen der britischen Schiffe beobachteten mit grimmiger Genugtuung, wie sich die *Bismarck* immer weiter zum Heck senkte, sich dann zur Backbordseite neigte und kurz ihre rot bemalte flache Unterseite zeigte, bevor sie in den hohen Wellen versank. Das geschah am 27. Mai 1941 um 10 Uhr 39. Die Besatzungen des Kreuzers und des Zerstörers machten sich daran, unter Schock stehende und verwundete Deutsche aus dem kalten, öligen Wasser zu ziehen. Aber erst 115 Überlebende waren an Bord geholt worden, als der britischen Einheit ein dringender U-Boot-Alarm durchgegeben wurde. Und mehrere Hundert deutsche Matrosen, an ihren Rettungswesten in langen Reihen aneinandergebunden, mussten völlig entsetzt zusehen, wie die britischen Schiffe mit hoher Geschwindigkeit im Zickzack davonfuhren. Die im Wasser treibenden Männer starben im Laufe des Tages

Die Matrosen der *Dorsetshire* jubeln, nachdem sie der *Bismarck* die Todesstöße versetzt hatten. Nach dem Torpedoangriff auf die *Bismarck* hielt sich die Mannschaft des schweren Kreuzers bereit, feindliche Überlebende aus dem Wasser zu bergen.

an Unterkühlung. Insgesamt waren die 115 schon Geretteten die einzigen Überlebenden der aus 2206 Mann bestehenden Besatzung, die neun Tage zuvor die Ostsee verlassen hatte. Die *Hood* war gerächt. Die Atlantikschlacht zwischen Konvoi-Eskorten und U-Booten wurde noch drei Jahre fortgeführt. Aber die deutsche Kriegsmarine entsandte nie wieder große Schiffe über Wasser, um die verwundbare Versorgungslinie über den Nordatlantik anzugreifen.

Ich spürte eine Hand auf meiner Schulter, blickte auf und erkannte meinen alten Kumpel, den Geologen Al Uchupi. »Bob«, sagte er mit seinem typischen Bronx-Akzent, »wir sind auf ein paar Trümmer gestoßen, die du dir meines Erachtens anschauen solltest.« Im Kontrollraum starrte die Wachmannschaft der *Argo* auf einen Klumpen kleiner, verschwommener schwarzer Objekte, die diagonal über den Monitor drifteten. Ich hatte inzwischen genügend Trümmerspuren gesehen, um dieses Material als von Menschenhand gemacht zu erkennen. Ich nickte der wachhabenden Navigatorin Cathy Offinger zu, die fein säuberlich »Trümmer« ins Logbuch eintrug. Es war 23 Uhr 52 am 5. Juni 1989. Als ich mir die Videoaufzeichnungen der Trümmer ansah, erkannte ich verstreute Ansammlungen schmaler Rohre und verbogener Stahlplatten.

»Wenn es die *Bismarck* ist, haben wir zwei Möglichkeiten«, murmelte ich und redete gleichermaßen mit mir selbst wie auch mit der Mannschaft. »Entweder ist dieses Zeug bei der Schlacht abgeschossen worden, oder es ist Teil des Trümmerfelds des Wracks.« Dann sagte Mel Lee, der das Sonar bediente: »Wir empfangen auf dem Side-Scan keine Signale mehr.«

Das bestätigte meinen Verdacht: Die *Argo* war über eine Ansammlung von leichten Trümmerteilen geschwebt, die in den letzten zwei Stunden des Kampfes von den Decksaufbauten der *Bismarck* heruntergeschossen wurden. Die Objekte auf dem Bildschirm stellten wahrscheinlich nicht die vorhersagbare Spur dar, die uns zum eigentlichen Wrack führen würde. Eine Stunde später veränderte sich die Lage urplötzlich. Der graue gleichförmige Schlamm wurde von einem ganz eigenartigen Muster aus Felsen und Sedimenten abgelöst. Blickten wir etwa auf den Rand des Aufschlagskraters der *Bismarck*? Dann sahen wir wieder den glatten, konturlosen Schlamm, ohne auf weitere Trümmer zu stoßen. Frustriert drehten wir mit der *Star Hercules* langsam einen großen Bogen nach Westen und trafen schließlich wieder auf vereinzelte kleinere Trümmer. Bei der Rückfahrt nach Osten folgte *Argo* einer Spur kleiner verbogener Metallobjekte, bis er wieder aufgerissenen Schlamm erreichte. Das Schlachtschiff musste hier liegen. Doch als wir den Rand des Kraters abfuhren, fanden wir nichts als einen sanften Abhang aus Schlamm ohne jegliche Trümmer. Beim Betrachten des fast konturlosen Bildes auf dem Monitor kam mir ein düsterer Gedanke. Vielleicht war der gepanzerte Rumpf der *Bismarck* mit solcher Wucht aufgeprallt, dass das gesamte Wrack jetzt von Bodensedimenten bedeckt war. Vielleicht hatten wir ja bereits alle Wrackteile »entdeckt«, die wir je finden würden.

Dann erkannte Al Uchupi die Bedeutung der aufgewühlten Landschaft, die wir nun seit mehreren Stunden absuchten: Es handelte sich um eine Schlammlawine, die von dem unterseeischen Berg abgegangen war. Als er uns seine Theorie erklärte, begriff ich, dass die 45 000 Tonnen schwere *Bismarck*, die mit hoher Geschwindigkeit auf den Hang aufgeprallt war, wahrlich genug Energie freigesetzt hatte, um eine solche Lawine auszulösen. Irgendwo am Rande des Erdrutsches, so hoffte ich, würde das Schiff liegen. Jetzt mussten wir uns nur an der Achse der Lawine orientieren und die *Argo* auf einer schmalen Bahn suchen lassen, bis wir den Rumpf lokalisierten. Das war zumindest die Theorie. Die endlosen Suchbahnen lieferten faszinierende Bilder, führten aber, als der Videoschlitten langsam die Flanke des unterseeischen Vulkans erklomm, nicht zu dem Wrack selbst. Auf dem Videomonitor war eine abgerissene verschweißte Stahlplatte und ein Stück Leiter zu sehen. Dann huschte das bedrückende Bild eines einsamen, im aufgewühlten Sediment liegenden Stiefels über den Monitor. Die *Argo* stieg über der Lawine weiter auf: keine größeren Trümmer, nur vereinzelte kleinere Wrackteile. Ich war, nachdem ich nun über 30 Stunden lang nicht geschlafen hatte, erschöpft, aber dennoch von der fast paranoiden Gewissheit erfüllt, dass der Hauptrumpf hier unter dem Schlamm liegen musste.

»Dafür ist die Sedimentschicht nicht dick genug, Bob«, überlegte Al Uchupi. Er behauptete, das Schiff sei wohl mit dem Erdrutsch den Berg hinabgeglitten, aber auf dem abgegangenen Bodenmaterial geblieben. Wir machten kehrt und fuhren den Hang wieder hinab.

Auf halber Strecke stießen wir auf eine große Ansammlung von Stiefeln – alles, was von den Überlebenden geblieben war. Die nächsten Stunden vergingen wie in Trance. Ich döste vor mich hin und trank hin und wieder eine Dose Cola. Jedes Mal, wenn ich mir über das Gesicht fuhr, um wach zu werden, waren die Bartstoppeln wieder länger. Trotzdem, noch immer

Fast das erste, was wir sahen, als wir 1989 das Wrack der *Bismarck* in Augenschein nahmen, war das von der *Argo* fotografierte Hakenkreuz, das für die Luftaufklärung auf das Achterdeck aufgemalt war – verhasstes Symbol der schrecklichen Tyrannei der Nazis.

Folgende Seiten: Eine Vierlingsgeschützlafette zur Flugabwehr auf dem schweren amerikanischen Kreuzer *Quincy*, der 1942 während der Schlacht vor der Insel Savo bei Guadalcanal auf den Iron Bottom Sound (Eisensund) sank. Die zerstörten Rümpfe der gesunkenen amerikanischen und japanischen Schiffe legten Zeugnis für die Heftigkeit der Schlacht ab.

nichts von der *Bismarck*. Erneut hatte Jack Maurers Gruppe Wache. Ich hatte das Abendessen schon wieder verpasst.

»Das sieht wie eine Bremsspur aus«, rief Al und deutete auf den Monitor.

»Wow!« rief Kirk Gustafson vom Schaltpult des Tauchfahrzeugs aus. »Schaut euch das an!«

Das runde Bild war klar und unverkennbar der Ring eines großen Zahnrads, der Dreh-mechanismus eines 38-Zentimeter-Geschützes. Hunderte Zeugen von der Royal Navy hatten gesehen, wie sich die *Bismarck* auf die Seite legte, bevor sie sank. Die großen »Barbette«-Gefechts-türme waren wohl abgebrochen und separat vom Rumpf gesunken: die schwersten Stücke der Trümmerspur. Ich maß den Durchmesser des Bildes mit einem Plastiklineal ab, und trotz mei-ner Müdigkeit gelang mir die Umrechnung mit einiger Mühe. Wir hatten ein Objekt von acht Metern Durchmesser lokalisiert. »Das ist ein auf dem Kopf liegender Hauptgefechtsturm«, sagte ich entschieden. Aber wieder verging ein frustrierender Tag, an dem die *Argo* ein paar weitere Wrackteile fand, darunter ein Teil des mit einer Reihe von Bullaugen versehenen Aufbaus, aber keine Spur eines intakten Rumpfes. Ich lag am Morgen des 8. Juni völlig erschöpft in meiner Ka-bine, blickte auf den Übertragungsmonitor und schwankte, ob ich zuerst die dringend nötige Dusche nehmen oder zum Frühstücken gehen sollte. Plötzlich zeigte sich statt des eintönig grauen Schlamms das klare Bild zweier Schiffsgeschütze, die aus einem eckigen Gefechtsturm herausragten. Und die dunkle, waagrechte Linie am linken Bildschirmrand war keine weitere steile Rinne. Es war die Kante des gepanzerten Rumpfes der *Bismarck*. »Wir haben sie!« schrie ich und rannte ohne Schuhe, nur in Strümpfen, in den Kontrollraum.

Sechs Stunden später saß ich mit einem Plastikmodell des Schiffes neben dem *Argo*-Pilo-ten Billy Yunk. Die empfindlichen SIT-Kameras auf dem Schlitten schwebten weniger als 20 Meter über die von Einschlägen gezeichneten Decks des Schlachtschiffs hinweg. Die *Bismarck* lag aufrecht und beinahe intakt in 4785 Metern Tiefe in einer Senke an den tiefer gelegenen Hängen des unterseeischen Berges. Ihr spitzer Bug zeigte nach Südwesten, in entgegengesetzter Rich-tung zu ihrem Zufluchtshafen Saint Nazaire.

Die vier großen Gefechtstürme waren nicht mehr da und hatten große Löcher hinterlas-sen – wie die fehlenden Backenzähne beim Kieferknochen eines riesigen Fossils. Aber die klein-kalibrigeren Turmgeschütze waren noch vorhanden. Das Schiff sah eigenartig gefechtsbereit aus. Die schlimmsten Schäden des Beschusses fanden wir mittschiffs auf der Backbordseite, wo eines der 40-Zoll-Geschosse der *Rodney* die Panzerung durchschlagen hatte. Bei dieser Explosion müssen viele deutsche Matrosen umgekommen sein.

Aber dieses durch das Geschoss entstandene Einschlagloch war die einzige größere sicht-bare Beschädigung in dem schwer gepanzerten Rumpf. Die Schotten des Schiffes mussten be-reits geflutet gewesen sein, bevor es die Implosionstiefe erreichte. Das war der Beweis, der die Aussage der deutschen Überlebenden stützte, dass Kapitän Lindemann befohlen hatte, die *Bis-marck* zu versenken, bevor die Mannschaft das Schiff verließ.

Als sich das nach unten gerichtete Zoom über die noch intakten Teakdecks nach achtern bewegte, tauchten eigenartig eckige Zeichen auf. Ich hatte ähnliche Flecken bereits am Bug ge-sehen, zweifellos auf Holz gemalte Farbe. Jetzt erkannte ich das Zeichen: ein großes Haken-kreuz, damit die Luftwaffe das Schlachtschiff erkennen konnte. Das verhasste Symbol des Nazi-terrors war in Europa ausradiert worden, aber hier auf dem tiefen Meeresgrund befand es sich als stummes Zeugnis des Sieges über Hitler. Ich blickte mich im Kontrollraum um und auf die Gesichter meiner Kollegen, die alle betroffen auf das Hakenkreuz starrten.

Schon seit die altsteinzeitlichen Menschen anfingen, in ihren Einbäumen Steinäxte mit-zuführen, sind Krieg und Seefahrt miteinander verbunden. Zur Zeit Homers war das Wort Schiff zum Synonym für Kriegsschiff geworden. Jahrhunderte lang brachten diese Schiffe kriegerische Truppen an feindliche Küsten, wie zum Beispiel bei der Belagerung Trojas. Den-noch kamen direkte Kämpfe zwischen bewaffneten Schiffen erst vor relativ kurzer Zeit auf. In den letzten drei Jahrtausenden waren Seeschlachten häufig Wendepunkte, die die Geschichte der Welt entscheidend mitbestimmten.

Einen außergewöhnlichen Eindruck von dieser Art der Kriegsführung erhielt ich, als ich zusammen mit der Fernsehproduzentin Christine Weber von NATIONAL GEOGRAPHIC und dem Filmemacher Peter Schnall im August 1987 eingeladen wurde, den Nachbau einer antiken griechischen Triere auf der ägäischen Insel Paros zu begutachten.

Nach Aussage der Geschichtsbücher, die ich las, waren Trieren die schnellsten, wendigsten und zerstörerischsten Kriegsschiffe der Antike. Das schmale, leichte Schiff war aus den früheren Kriegsgaleeren hervorgegangen, die auf die Zeit der mythischen Helden wie Jason zurückgingen. Mit Fortschritten in der Schiffsbautechnik wurde die eine Rudererbank durch zwei ersetzt — die Biere —, und schließlich wurden es drei. Trieren waren etwa 35 Meter lang, aber nur 5,5 Meter breit. Die mit einer dünnen Beplankung mit den Schlitz-Zapfen-Verbindungen der damaligen Zeit gebauten Schiffe wogen weniger als 40 Tonnen.

Trieren der persischen und griechischen Flotten stoßen 480 v. Chr. bei Salamis aufeinander. Dieser Kupferstich zeigt die Kriegsschiffe mit gesetzten Segeln, in Wahrheit vertrauten sie während der Schlacht jedoch einzig auf die Kraft der Ruderer. Der Sieg der Griechen hatte entscheidenden Einfluss auf die Geschichte der westlichen Welt, indem die Perser aus der Region vertrieben wurden.

Im 5. Jahrhundert v. Chr. erreichten die Trieren durch die einzigartige Anordnung ihrer Ruderer eine noch nie dagewesene Geschwindigkeit. Zwischen 150 und 170 Ruderer saßen auf jeder Seite in abgestuften Dreierreihen. Die größeren Trieren wiesen je 27 Ruderbänke auf der untersten und mittleren Stufe und 31 ganz oben auf einem Ausleger des Schiffsrumpfs auf. Zudem konnten zwei quadratische Segel an zusammenklappbaren Masten gesetzt werden, während des Kampfes wurde das Schiff nur durch die Ruder angetrieben. Die Ruderer saßen sowohl horizontal als auch vertikal versetzt, sodass ihre über vier Metern langen Ruder mit maximaler Hebelkraft ins Wasser eintauchten, sich aber dennoch nicht berührten.

Nach Aussage des Triere-Trusts, einer Gruppe von Engländern, die in Zusammenarbeit mit der griechischen Marine die Nachbildung der *Olympias* geplant und durchgeführt hat, konnten die Schiffe bei kurzen Sprints Geschwindigkeiten von fast 10 Knoten erreichen, was sie zu den schnellsten Fahrzeugen ihrer Zeit machte. Der offizielle Geschwindigkeitstest im griechischen Marinestützpunkt auf Paros war der Grund, warum Chris, Peter und ich an diesem schönen, windstillen Morgen in Piräus auf dem Dock für Tragflügelboote inmitten der drängelnden Menge warteten.

Als das rumpelnde, futuristische Schiff sich auf seinen Tragflügeln erhob, qualmten ganze Wolken von Diesel aus seinen Auspuffen. Ich stand an einer offenen Luke und bekam die künstliche Brise ab. Das käferartige Fahrzeug preschte nach Südwesten über das glasige Wasser des Saronischen Golfs. Hinter uns verschwanden Athen und Piräus im braunen Smog.

Nachdem wir schnell auf Paros angekommen waren, verging der heiße Vormittag mit den unvermeidlichen und langwierigen Prozeduren der Marineprotokolle und Filmproduktion. Gegen Nachmittag waren wir bereit, den offiziellen Geschwindigkeitstest der Nachbildung über eine abgemessene Strecke außerhalb des Hafens zu filmen. Die Mannschaft bestand aus Freiwilligen, jungen Männern und Frauen von Ruderklubs aus Oxford.

Ich beobachtete mit zunehmendem Interesse, wie sie das große, mit dunklen Planken versehene Schiff in Position manövrierten. Dann senkten sich die Ruder im Gleichtakt und begannen zu schlagen. Die Triere sah im ägäischen Sonnenlicht unglaublich schön aus; ich ver-

Die nachgebaute Triere *Olympias* unternimmt mit einer Besatzung aus britischen Freiwilligen 1987 bei Paros Geschwindigkeitstests. Zwar erreichte das Schiff bei kurzen Sprints fast zehn Knoten, konnte dieses Tempo aber nicht lange halten. Doch die Schiffsbauer bewiesen, dass die Triere in der Antike ein ausgezeichnetes Kriegsschiff gewesen war.

gaß, was für eine tödliche Waffe sie einst gewesen war. Ihr Heck erhob sich wie ein Schwanenhals in einer anmutigen Biegung. Der Bug war mit einem stechenden Augenpaar leuchtend bemalt.

Die Hauptwaffe der Triere ragte vom Bug unterhalb der Wasserlinie hervor: ein bronzeverkleideter hölzerner Rammsporn. Und an Bord der Trieren befanden sich Gruppen von bis zu 50 gut bewaffneter *epibatai*, Seesoldaten. Ihr Auftrag bestand darin, feindliche Schiffe zu verfolgen, zu entern und einzunehmen. Schiffe wie dieses waren die *Bismarcks* ihrer Zeit. An diesem Nachmittag erreichte die nachgebaute Triere fast die Zehn-Knoten-Grenze, aber die Ruderer waren durch die Anstrengung so erschöpft, dass ich bezweifelte, ob sie wohl danach noch hätten richtig kämpfen können. Und die Schlacht war einziger Sinn und Zweck dieses Schiffes.

Als wir ein paar Tage später an einem glühend heißen Nachmittag mit dem Tragflügelboot wieder nach Athen zurückfuhren, sah ich deutlich die Hügel von Salamis, die sich gegen die höheren Berge des griechischen Festlands im Norden abzeichneten. Während der Geschwindigkeitstests hatten wir stundenlang zugesehen, wie die nachgebaute Triere vor und zurück fuhr und ihre nassen Ruder im Sonnenlicht blitzten. Jetzt erwartete ich fast, weitere Trieren aus der Dämmerung auf uns zukommen zu sehen – die Geister des berühmten Konflikts, der 480 v. Chr. auf diesen glitzernden blauen Gewässern der Ägäis ausgetragen wurde.

Am 29. September jenes Jahres, einem heißen Tag, stießen die vereinigten Flotten von Athen und seinen griechischen Alliierten in der schmalen Wasserstraße zwischen der Insel Salamis und dem Festland bei Athen auf die zahlenmäßig überlegenen Streitkräfte des persischen Kaisers Xerxes. Bei diesem Kampf stand nicht weniger als die Zukunft der westlichen Welt auf dem Spiel.

Im Jahr 480 v. Chr. war der Perserkönig Xerxes in Griechenland mit einer langsam vorrückenden Armee eingefallen, die mehrere Hunderttausend Männer umfasste und von Versorgungslinien auf dem Seeweg abhängig war. Die Frachtschiffe, die diese Versorgungsgüter transportierten, waren schwerfällige, große Rundboote. Aber die Flotte des Xerxes besaß darüber hinaus mehr als 800 Trieren, die die Perser als Offensivwaffen einsetzen wollten, sobald sie die Routen für ihre Versorgungskonvois gesichert hatten. Etwa zwei Drittel ihrer Trieren hatten Besatzungen, die aus Ägyptern und Phöniziern bestanden. Viele weitere Ruderer kamen aus den griechischen Küstenstädten Kleinasiens, die Persien schon früher unterworfen hatte.

Als sich die Nachricht verbreitete, dass Xerxes eine Invasion plane, überzeugte Themistokles, Feldherr der Athener, seine Landsleute, eine weitere Ladung Silber aus der Silberader der Laurium-Minen in eine hastige Schiffsbaukampagne zu investieren. Das war die wahrscheinlich klügste Investition aller Zeiten. Athen hoffte, 200 Trieren zur geplanten vereinigten griechischen Flotte beisteuern zu können, zu welcher auch Schiffe aus Sparta, Korinth sowie aus kleineren Städten und Inseln gehörten. Insgesamt wollten die Griechen 400 Trieren mit gut trainierten Besatzungen zusammenstellen, bevor die Perser ihre Küsten erreichten.

Während sich Athen auf den unvermeidlichen persischen Überfall vorbereitete, wurde deutlich, in welch kritischer Lage sich die Stadt befand. Die neuen Trieren waren hastig aus grünem Holz gebaut worden, weil nicht genügend abgelagerte Planken zur Verfügung standen. Diese Schiffe waren schwer und langsam. Schlimmer noch, die frisch angeheuerten Mannschaften waren ungeübt in der komplizierten Flottentaktik des Durchbruchs, *diekplous,* oder der Einkreisung zur Zersprengung oder Umzingelung einer feindlichen Formation. Deshalb musste die Flotte Athens eher auf das Entern als auf die schwierigen Manöver der Rammspornattacke setzen.

Im Frühling des Jahres 480 rückten Xerxes' Armeen langsam an den Küsten von Thrakien und Makedonien vor, während die Flotte direkt an der Küste entlang folgte. Die Spartaner unter ihrem Großkönig Leonidas führten die Hopliten-Truppe von 5000 schwer bewaffneten Fußsoldaten zur heroischen, aber vergeblichen Verteidigung des Gebirgspasses bei den Thermopylen. Zwar wurden die Spartaner vernichtend geschlagen, doch die vereinigte griechische Flotte bremste bei Artemisium die Weiterfahrt der persischen Schiffe. Die Griechen müssen ihre Schwäche hinsichtlich der Schiffe und der Erfahrung ihrer Besatzungen erkannt haben. Wenn sie gegen die persischen Trieren gewinnen wollten, mussten sie diese in schmalen Gewässern angreifen, wo größere Manöver unmöglich waren.

Die Nachricht von der herannahenden persischen Armee löste in Athen Panik aus, die durch eine furchtbare Prophezeiung des Orakels von Delphi noch verschlimmert wurde. Aber Themistokles schickte einen weiteren Gesandten nach Delphi. Dieses Mal war die Botschaft des Orakels beruhigender: »Alles andere wird zwar verloren sein, aber der allmächtige Zeus lässt unzerstört allein die hölzernen Mauern.« Themistokles deutete die »hölzernen Mauern« als die Phalanx der Trieren, die die Stadt erst jüngst aufgestellt hatte. Doch Athen sollte nicht etwa durch ein Wunder gerettet werden. Nach einer allgemeinen Evakuierung marschierten die siegreichen Perser ein, setzten die alten, aus Holz erbauten Tempel auf der Akropolis in Brand und plünderten die Stadt. Die griechische Flotte wurde bei der nahen Insel Salamis in Buchten auf Sand gesetzt, und ihre Besatzungen mussten hilflos zusehen, wie sich der Horizont im Osten rot färbte. Während die Seeleute Athens angstvoll abwarteten, beriet sich Themistokles mit seinen Verbündeten über die Strategie. Mehrere sprachen sich für einen Rückzug durch die Meerenge nach Korinth aus. Doch Themistokles erinnerte sie daran, dass die feindliche Flotte jederzeit Truppen hinter jeder beliebigen Verteidigungslinie absetzen konnte, solange die persischen Schiffe die Ägäis kontrollierten. Widerwillig akzeptierten die vereinigten Griechen ihn als ihren Führer.

Angetrieben von den in mehreren Reihen sitzenden Ruderern, drangen die Trieren mit ihrem bronzeverkleideten Rammsporn, ihrer wichtigsten Waffe, unter der Wasserlinie in den Rumpf des feindlichen Schiffes ein. Marineinfanteristen an Bord verstärkten den Angriff mit Speeren und Pfeilen. Später kamen zu diesem Arsenal noch griechische Feuerschiffe hinzu.

Themistokles' taktischer Plan war einfach, aber höchst riskant. Wenn die Griechen die Perser in die Meerenge zwischen Salamis und dem Festland locken könnten, in einen Flaschenhals von – nach heutigen Messungen – weniger als anderthalb Kilometern Breite, würde seine zahlenmäßige Überlegenheit dem Feind nichts nützen. Aber wie konnten die Griechen die erfahrenen phönizischen, ionischen und ägyptischen Schiffskommandanten in eine so offensichtliche Falle locken?

Der Führer der Athener dachte sich eine List aus. Am Abend des 28. September schickte er seinen Sklaven Sicinnus, in den er volles Vertrauen hatte, auf einem Nachen mit dem Auftrag über den dunklen Kanal, den persischen Admiral aufzusuchen. Themistokles, so berichtete der Sklave, habe die Uneinigkeit zwischen den griechischen Verbündeten satt und sei zur Kapitulation bereit. In Berichten über die Schlacht von Salamis habe ich gelesen, dem griechischen Geschichtsschreiber Herodot zufolge habe Sicinnus' irreführende Botschaft damit geendet, dass die Perser bei einem Angriff auf die griechischen Schiffe in der Meerenge von Salamis selbst feststellen konnten, wie sehr sich diese untereinander bekämpften.

Die Perser fielen auf die List herein. Als der Mond aufging, fuhren 450 persische Trieren aus den Buchten des Festlandes heraus und bildeten in der Hoffnung, sie könnten die Griechen bis zum Morgen einkeilen, Schlachtlinien, die die Zufahrten in die Meerenge von Salamis blockierten. Auch das war Teil des Plans von Themistokles. Der Feind würde die ganze Nacht patrouillieren und die Ruderer erschöpfen, während sich die Griechen ausruhten.

Als die Sonne am 29. September aufging, ruderten die phönizischen und ionischen Geschwader der Perser, immerhin mehrere Hundert Schiffe, ständig um die Insel Pystalia herum, den »Korken« im Flaschenhals der Meerenge. Vor ihnen rückte in der Morgendämmerung eines klaren attischen Tages die griechische Flotte, bestehend aus Kontingenten aus Ägina, Athen und Sparta, an der engen Stelle in einer Reihe vor. Als die Perser zum Angriff übergingen, zogen sich die griechischen Trieren, deren lange Ruder im Sonnenlicht glänzten, ein Stück zurück. Auch dies schien die hinterhältige Botschaft von Themistokles zu bestätigen. Die griechischen »Verbündeten« seien zu entmutigt, um sich dem Kampf zu stellen.

Die persischen Trieren preschten vor und bildeten feste Kolonnen für den *Diekplous*-Angriff, mit dem die feindlichen Linien durchbrochen werden sollten. Der griechische Dichter Aischylos, der an Bord einer Triere bei Salamis mitkämpfte, verfasste einen bewegenden Bericht über das, was nun folgte. Statt sich weiter zurückzuziehen, stimmten die Spartaner ihr Kriegslied, *Paian*, an. Von den Felsen des Festlands klang das Echo einer Trompete wider. Tausende Ruder schlugen ins Wasser, und die griechischen Schiffe preschten vor.

Für kunstvolle Manöver war weder Zeit noch Platz. Die beiden Flotten prallten mit einer Endgeschwindigkeit von über 15 Knoten aufeinander. Das Kontingent aus Ägina befand sich im rechten Winkel zur Hauptformation der Trieren, und so bildeten die griechischen Linien einen sichelförmigen Hinterhalt. Bevor die Perser ihre Linien neu formieren konnten, hatten die griechischen Schiffe sie umringt. Was eigentlich eine koordinierte Flottenattacke hätte werden sollen, artete in ein blutiges Chaos aus. Die persischen Schiffe kollidierten miteinander, ihre Rammsporne aus Bronze fügten den eigenen Schiffen schwere Schäden zu. Vergeblich versuchten die Perser, die griechischen Schiffe abzuwehren, die sie umringten und ihre Entergruppen aus wild entschlossenen Hopliten absetzten. Die persischen Schiffe wurden der Reihe nach versenkt oder außer Gefecht gesetzt.

Auf einem nahen Hügel saß Xerxes auf seinem goldenen Thron und sah wuterfüllt zu, wie die Schlacht in ein wildes Chaos mit unzähligen zersplitterten Schiffen und im Wasser um sich schlagenden Überlebenden ausartete. Lange nach Mittag zogen sich die geschlagenen Perser aus der Meerenge von Salamis zurück, die Griechen verfolgten sie. Bei der Schlacht hatten die Griechen 40 Schiffe verloren, die Perser dagegen 200. Das machte die kämpfenden Flotten fast ebenbürtig – für Xerxes eine unhaltbare Situation.

Nach der Schlacht von Salamis zogen sich die Perser endgültig aus Griechenland zurück. Perikles, ein anderer Führer Athens im 5. Jahrhundert, baute die Stadt wieder auf und krönte die

Ab dem 18. Jahrhundert waren Kriegsschiffe mit Vorderladerkanonen ausgerüstet, die ihre Kugelgeschosse über große Distanzen feuern konnten. Häufig gewannen diejenigen Kanonenmannschaften die Schlacht, die das schwierige Laden, Zielen und Abfeuern am schnellsten beherrschten.

Folgende Seiten: In den Kriegen des 17. Jahrhunderts, in denen es um die imperiale und wirtschaftliche Vorrangstellung ging, wurde schonungslos gekämpft. 1602 zerstörte ein holländisches Kriegsschiff eine spanische Galeere, deren angekettete Rudersklaven – viele davon Holländer und andere, mit ihnen verbündete Kriegsgefangene – ertranken.

Akropolis mit dem wunderschönen Parthenon aus Marmor. Athen blühte als Zentrum der Philosophie. Sokrates unterrichtete Platon, der wiederum einen vielversprechenden Schüler aus der Provinz namens Aristoteles aufnahm, dessen eigener Schülerkreis sich mehr als hundert Jahre nach der Entscheidungsschlacht von Salamis noch weiter vergrößerte. Diese Philosophen hatten großen Einfluss auf die Römer, die neuen Herrscher über das Mittelmeer. Unsere Vorstellungen von Demokratie und schriftlich fixierter Gesetzgebung stammen aus der späteren griechisch-römischen Kultur, ermöglicht letztlich durch eine List, die ein treuer Sklave für seinen Herrn ausführte, und die Tapferkeit der griechischen Seeleute, die ihre Heimat verteidigten.

In den nächsten 2000 Jahren nach Salamis änderten sich die westlichen Schlachttaktiken auf See wenig. Das von Ruderern angetriebene Kriegsschiff blieb weiter vorherrschend. Aus der römischen Triere entwickelte sich die Galeere des Mittelalters. Und erst im 14. Jahrhundert rüsteten die Seemächte rund um das Mittelmeer ihre Galeeren mit leichten Feuerwaffen aus.

Um eine Chance gegen die mit Kanonen bewaffneten Galeeren zu haben, wurden Segelschiffe mit hohen »Verteidigungsburgen« an Bug und Heck gebaut, die mit Schießscharten für Armbrustschützen und Drehbassen versehen wurden. Die spanischen Galeonen, mit denen sich die Forscher aufmachten und die die Silberflotte aus der Neuen Welt vor Piraten schützten, waren mit schweren Bronzekanonen für den Nahkampf ausgerüstet. Diese Artillerie konnte

massive Eisenkugeln von 20 bis 30 Kilogramm Gewicht abfeuern, allerdings nur mit kurzer Reichweite. Das Gewicht dieser Kanonen sowie ihr schrecklicher Rückstoß setzten allerdings voraus, dass die spanischen Galeonen extrem schwer gebaut wurden und damit schlechte Segler waren. Diese Galeonen hatten zudem große Truppenkontingente zur Verteidigung sowie Enterkommandos an Bord. Die Spanier betrachteten ihre Kriegsschiffe als schwimmende Festungen und das sie umgebende Meer als schützenden Wassergraben.

Spaniens Hauptrivale, das protestantische England unter der Regentschaft von Elisabeth I., versuchte, neue Methoden des Seekriegs zu entwickeln. König Heinrich VIII. führte eine neue Kanone ein, die durch eigens in den Rumpf eingebaute Schießscharten feuerte. Das ermöglichte es den Engländern, ihre schwersten Kanonen tief zu platzieren, nahe dem Schiffsschwerpunkt, was die Zielschwierigkeiten bei hohem Seegang verminderte. Die englische Taktik bevorzugte das tödliche »Bestreichen« der feindlichen Decks — die während der Vorbeifahrt senkrecht zu dessen Bug oder Heck unter Beschuss genommen wurden.

Diese gegensätzlichen Taktiken der beiden Gegner sollten in einer der berühmtesten Schlachten der abendländischen Geschichte auf die Probe gestellt werden: dem Zusammenprall der Flotte von Königin Elisabeth mit der spanischen Armada im Jahr 1588. Durch die Reformation war Europa in Katholiken und Protestanten gespalten, Spanien war die stärkste und reichste katholische Macht. Das England von Königin Elisabeth besaß kein Weltreich und war im Vergleich zu Spanien eher arm. Doch Francis Drakes kühne Angriffe auf die spanischen Besitzungen in der Karibik hatten bereits gezeigt, dass die Engländer entschlossen waren, sich ihren Anteil an den Reichtümern der Neuen Welt zu erkämpfen.

Das war für König Philipp II. ebenso wenig hinnehmbar wie die Tatsache, dass die Engländer die protestantischen Rebellen unterstützten, die in den Niederlanden, einer spanischen Provinz, gegen die Armee des Herzogs von Parma kämpften. Philipp sann nach einer Strategie, mit der er beide Probleme auf einen Schlag lösen konnte. Er wollte eine riesige Flotte entsenden, die sich in Flandern mit der Armee des Herzogs von Parma zusammenschließen und mit einer vereinigten Streitmacht von über 30 000 Mann England überfallen sollte.

Im Mai 1588 stach die Flotte, bestehend aus Spaniern und ihren Verbündeten, unter dem Kommando des Herzogs von Medina-Sidonia in See. Dieser befehligte 130 Galeonen, Karacken und Transportschiffe, die mit insgesamt 2400 Kanonen bestückt waren. Sein Flaggschiff, *San Martin*, hatte eine Verdrängung von beinahe 1500 Tonnen und beförderte 500 Mann. In der Flotte gab es 50 dieser schweren Galeonen, dazu jede Menge kleinerer Kriegsschiffe. Außerdem transportierte die Armada 8000 Matrosen und 19 000 Infanteristen — damit war sie die größte Seestreitmacht, die die Welt bis dahin gesehen hatte.

Die Engländer stachen unter dem Kommando des Adligen Charles Howard, dessen Vizeadmiral Sir Francis Drake war, in der Hoffnung in See, die Armada im Golf von Biskaya abfangen zu können. Aber Stürme trieben beide Flotten auseinander. Mit beschädigten Schiffen und knapp an Vorräten kehrte Howards und Drakes Flotte nach Plymouth zurück, um sich neu auszurüsten. Der Legende nach sollen die beiden englischen Admiräle am 29. Juli 1588 auf dem Plymouth Hoe gerade bei einer Partie Boule gewesen sein, als sie die Nachricht erhielten, dass die riesige Sichelformation der Armada vor Lizard Point im nahen Cornwall gesichtet worden sei. Irgendwie hatten sich die Spanier nach dem Sturm wieder vereint und auf dem Weg nach Flandern den Ärmelkanal schneller erreicht, als man normalerweise annehmen konnte. Medina-Sidonia hatte die britische Flotte in der denkbar verwundbarsten Lage erwischt. Der aus Süden wehende Wind trieb die Spanier voran. Die britischen Schiffe waren beängstigend knapp an Schießpulver, Kugeln, Lebensmittelvorräten und Wasser, und die starke Flut drückte direkt in den schmalen Hafeneingang und verstärkte damit den Gegenwind, den die Engländer überwinden mussten, um aus der möglicherweise tödlichen Falle zu entkommen.

Doch laut der Legende soll keiner der beiden englischen Admiräle in Panik geraten sein. Sogleich war der Hafen von Plymouth ein Ort intensiver, aber wohlüberlegter Geschäftigkeit. Howard wies die Kapitäne der 64 Kriegsschiffe an, den Hafen zur Überwindung des Gegenwinds und der Flut an der »Warpleine« zu verlassen. Das große Beiboot eines jeden Schiffes warf einen Anker aus, so weit seine Kette reichte. Die Mannschaft drehte dann die Ankerwinde und zog das Schiff gegen die hereinströmende Flut vorwärts. Dann wurde der Vorgang wiederholt, bis das Schiff Seeräumte gewann, Segel setzen und beginnen konnte, gegen den Wind vom Ufer anzuluven und im Zickzackkurs an der Küste entlang zu fahren.

Die englischen Schiffe waren für diese schwierige Aufgabe mehr als geeignet. Diese eigens auf Schnelligkeit ausgelegten Galeonen unterschieden sich deutlich von ihren schweren spanischen Gegenstücken. Die englischen Galeonen lagen flach im Wasser. Auf das hohe Heck und das Vorderdeck hatte man verzichtet. Ihr Rumpf war schlanker und hatte einen tieferen Kiel. Ihre Segel bauschten sich weniger auf und konnten flacher angeholt werden, um gegen den Wind schneller Fahrt zu machen. Sie waren außerdem leichter bewaffnet als die schwerfälligen gegnerischen Galeonen, konnten aber rascher und wendiger manövrieren.

Als die Spanier vor Plymouth ankamen, sahen die Seeleute den Schein von Alarmfeuerzeichen, die eines nach dem anderen an den Landspitzen entzündet wurden. Francis Drake hätte gewiss angegriffen und trotz der massiven Hafenbefestigungsanlagen den Wind und die Flut genutzt. Aber Medina-Sidonias strategisches Ziel war der Zusammenschluss mit den Invasionstruppen des Herzogs von Parma in Flandern, dessen Truppentransporter er nach England eskortieren wollte.

Bei Sonnenaufgang am 31. Juli blickten die Spanier luvwärts und sahen kleine englische Formationen – darunter auch Howard mit seinem Flaggschiff *Ark Royal* und Drake an Bord der *Revenge* – vor dem auffrischenden Wind, der auf Westen gedreht hatte, heransausen. An jedem Ende der Sichelformation der Armada befanden sich Galeonen in Stellung, und schreckten jedes britische Schiff ab, in Reichweite ihrer 20-Kilo-Kanonen zu kommen.

Auf der englischen Seite machte der Stolz darüber, dass man die Schiffe aus Plymouth herausgebracht hatte, der Bestürzung beim Anblick der dicht aufgereihten Armada Platz, die sich im Osten am Horizont auf sechs Meilen erstreckte. Howard und Drake beschlossen, beide Spitzen der Sichel gleichzeitig anzugreifen, um zu verhindern, dass die schweren Galeonen sich gegenseitig zu Hilfe kommen konnten.

Nach donnernden, aber weitgehend ineffektiven Kanonaden befahl Howard seinen Streitkräften den Rückzug. Sie sollten die spanische Flotte nun lediglich beschatten. Die Armada fuhr im hellen Sonnenschein weiter nach Osten den Ärmelkanal hinauf. Im Laufe der nächsten Woche folgten die Engländer dem Feind und beschossen ihn mit ihren weit reichenden Kanonen. Doch die Armada segelte langsam weiter Richtung Flandern. Der Wind legte sich, und die sie verfolgende britische Flotte, die dringend Nachschub an Schießpulver und Kanonenkugeln brauchte, entsandte Schoner und Fischerschmacken – damals gebräuchliche Fischerboote – zu Küstenforts, um die dortigen Kommandanten um Nachschub zu bitten.

Am dunklen stürmischen Samstagnachmittag des 6. August 1588 ankerte die Armada in den Untiefen vor dem französischen Hafen Calais. Medina-Sidonia wurde die Nachricht überbracht, dass Parmas Frachtkähne noch nicht bereit seien. Das bedeutete, die Armada musste entweder in diesen gefährlichen Untiefen vor Anker bleiben, weiter nach Osten in noch seichtere Gewässer fahren oder einen Angriff gegen die britische Flotte wagen, um die Kontrolle über den Ärmelkanal zu gewinnen. Die Moral der Spanier verschlechterte sich. Die schnellen, geschickten Manöver der englischen Schiffe – und ihr treffsicheres Kanonenfeuer – hatten in der Armada Angst verbreitet.

Unter diesen Umständen brachten die Briten am Sonntagabend, den 7. August, ihre Überraschungswaffe zum Einsatz. Die englischen Kommandanten stellten fest, dass der gleichmäßige Westwind zur Küste blies und die Flut gegen Mitternacht vom britischen Ankerplatz auf die Armada zuströmen würde. Sie beschlossen, brennende Schiffe gegen die Spanier loszuschicken. Als um 23 Uhr der Gezeitenwechsel einsetzte, steuerten erfahrene Seeleute, die sich auf dem Ärmelkanal bestens auskannten, acht Schiffe, beladen mit Holz und Pech, direkt auf den Ankerplatz der Armada zu. Die teerbeschmierten Rümpfe der brennenden Schiffe wurden in

Sir Francis Drake, Mitkommandant der britischen Flotte, die die spanische Armada besiegte, rettete England vor einer Invasion. Drakes Mut trug dazu bei, den Kampf gegen einen überlegenen Gegner zu gewinnen.

Brand gesteckt, die Doppelschusskanonen, die losgehen würden, sobald die Flammen die Decks erreichten, wurden noch ein letztes Mal überprüft, dann fuhren die tapferen Mannschaften in Beibooten davon.

In der Armada kam Panik auf. Keiner hatte je brennende Schiffe von dieser Größe gesehen. Viele spanische Seeleute schnitten ihre Ankertaue durch und flohen mit dem Wind. Die unüberwindliche Sichelformation war aufgebrochen. Die britischen Geschwader nutzten dieses Durcheinander und verfolgten die Spanier in Richtung Gravelins an der französischen Küste. Drake steuerte direkt auf das Schiff Medina-Sidonias, die *San Martin*, zu, und geriet schnell in

die tödliche Kanonenreichweite der Galeone. Die *Revenge* wurde getroffen, aber die zielsicheren englischen Kanonen feuerten weiter. Ein englisches Schiff nach dem anderen folgte Drake, und alle konzentrierten ihre Schüsse auf das Deck und die Takelage der *San Martin*.

Unter Wolken erstickenden grauen Rauchs dauerten diese schrecklichen Gefechte stundenlang an. Die spanischen Schiffe wurden systematisch beschossen, verloren ihre Rundhölzer, ihre Takelage und Ruder.

Als am späten Nachmittag ein heftiger Gewitterregen einsetzte, befahl Howard seinen Schiffen, etwas zurückzuweichen, den Spaniern aber weiterhin auf den Fersen zu bleiben. Der Wind wehte stürmisch aus Nordwesten, und es schien, als würden die angeschlagenen spanischen Schiffe auf die englische Flotte zu oder in Richtung der Untiefen vor dem Festland getrieben werden. Als der Wind auf Südwest drehte, flohen die noch übrigen Schiffe der Armada in Richtung Nordsee. Die Gefahr einer Invasion war gebannt.

Widerwillig entschloss sich Medina-Sidonia, nach Hause zurückzukehren, wobei er fast 1800 Meilen zurücklegte, da er zuerst nach Norden und Westen um die britischen Inseln herum und dann nach Süden Richtung Spanien fuhr. Unterwegs zerschellten 15 Schiffe an der felsigen irischen Küste. Nur 60 der 137 Schiffe der vermeintlich unbesiegbaren Armada kehrten nach Spanien zurück. Bis zu 15 000 spanische Seeleute und Soldaten waren ums Leben gekommen. Die Engländer hatten kein einziges Schiff verloren; zwar waren mehrere hundert englische Matrosen gestorben, die meisten jedoch an Krankheiten.

Die Seeschlacht der spanischen Armada stellte die ersten Flottengefechte zwischen Segelschiffen dar, die mit Kanonen bewaffnet waren. Dadurch, dass sie die Gefahr einer spanischen Invasion gebannt hatte, festigte Elisabeth ihre protestantische Monarchie. Der eindeutige Sieg Englands verlieh der kleinen Nation eine weltweite Vormachtstellung als Seemacht und führte zur Entstehung des Empires. Elisabeth gründete vor ihrem Tod die Ostindische Gesellschaft und erwarb Kolonien in Nordamerika. Zwei Jahrhunderte später beherrschte Großbritannien die Weltmeere.

Die Navy-Kapelle spielte ein bewegendes Stück, als die Offiziere und Ranghöchsten sich in ihren makellos weißen Uniformen unter die zivilen Würdenträger in der ersten Reihe der Zuschauer mischten. Werftarbeiter standen im Hintergrund und besahen sich voller Genugtuung ihr Werk. Alle blickten auf den dunkelgrauen Rumpf des U-Boots, das über dem James River in Newport News, Virginia, mit Keilen auf den Gleitbalken gehalten wurde.

Es war der 13. Oktober 1984; die U.S.S. *Chicago*, das neueste der schnellen, atomgetriebenen U-Boote der *Los-Angeles*-Klasse, sollte zu Wasser gelassen werden. Die Champagnerflasche zerbrach. Die Gleitbalken knackten laut, mehrere tausend Tonnen Stahl klatschten in die Rinne, und das rot-weiß-blaue Fahnentuch, das den Rumpf zierte, wurde nass. Jetzt stimmte die Kapelle »Anchors Aweigh« an.

Eine Stunde später trank ich in der angenehmen morgendlichen Herbstsonne beim Empfang auf der Werft einen Punsch mit Admiral Ron Thunman, mit dem ich mich einst im Pentagon gestritten hatte, der aber inzwischen einer meiner besten Freunde in der Navy war.

Schlanke, auf schnelle Fahrt ausgelegte britische Galeonen bedrängten die schwereren Schiffe der riesigen spanischen Armada, die auf dem Weg in die Niederlande war, um sich dort mit Bodentruppen zusammenzuschließen und England anzugreifen. Die Engländer, die außer Reichweite der Spanier blieben, beschossen die Armada mit ihrem Fern-Kanonenfeuer.

Er, der selbst viele Jahre U-Boot-Kommandant gewesen war und aus Chicago stammte, hatte mich zu dieser Zeremonie eingeladen. Ich blickte den breiten Fluss hinab zu den vielen Marinebasen von Norfolk und seinen Vorstädten. Der dunkle Umriss eines großen Kriegsschiffs bewegte sich schwerfällig, von Schleppern gezogen, durch Hampton Roads in Richtung Meer.

Plötzlich schien das Gewicht der Seefahrtsgeschichte allein in dieser kleinen Ecke Amerikas immens zu sein. Nicht weit entfernt an der Küste hatte die Flotte unserer französischen Verbündeten während des Unabhängigkeitskriegs verhindert, dass die britische Armee von Lord Cornwallis entweder verstärkt werden oder aus der Belagerung Yorktowns durch Washington ausbrechen konnte. Und außerdem spielte hier in Hampton Roads während des amerikanischen Bürgerkriegs ein weiteres Kapitel der Seefahrtsgeschichte.

Um das Jahr 1850 war klar geworden, dass man zur Verteidigung gegen explosive Weitstreckengeschosse eine Panzerung brauchte. Aber erst mit der Schlacht zwischen der *Monitor* und der *Merrimack* brach das Zeitalter des modernen Kriegsschiffs an. Im verzweifelten Bemühen, die Blockade zu durchbrechen, die die Unionisten gleich zu Beginn des Bürgerkriegs eingerichtet hatten, griffen die Konföderierten auf kühne Improvisationstaktiken zurück. Nachdem die Unionisten ihre Dampffregatte Merrimack versenkt hatten, bevor sie 1861 ihre Marinebasis bei Norfolk aufgaben, hoben die Konföderierten das Schiff wieder. Sie setzten einen schrägen Aufbau darauf und verkleideten diesen mit ganzen Reihen von Eisenbahnschienen und dicken Eisenplatten. Außerdem rüsteten sie die *Merrimack* mit einem Rammsporn und zehn schweren Kanonen aus. Als das Schiff im Frühjahr 1862 wieder zu Wasser gelassen wurde, bezeichneten es einige der kritischen Südstaatler als »schwimmendes Scheunendach«.

Aber diese außergewöhnliche Waffe entpuppte sich bald als äußerst wirksam. Am 8. März 1862 verließ sie die Portsmouth-Werft in Virginia, und ihr Kapitän, Flottillenadmiral Franklin Buchanan, beschloss, die Tauglichkeit des Schiffes der begeisterten Menge am Ufer des James Rivers vorzuführen. Buchanan dampfte durch den Granatenbeschuss der am anderen Ufer von den Yankees stationierten Batterien direkt auf die aus hölzernen Kriegsschiffen der Unionisten bestehenden Blockade in Hampton Roads zu. Die *Merrimack* fuhr in die Schiffe der Yankees hinein und versenkte die *Cumberland* sowie die Dampffregatte *Congress*. Auf der Flucht vor dem erbarmungslosen Beschuss des Schiffs der Konföderierten fuhr die *Minnesota* hart auf Grund. Kapitän Buchanan plante, sein Werk am nächsten Morgen zu vollenden.

Die U.S. Navy hatte jedoch andere Pläne. In der Nacht war ein ebenso sonderbares Kriegsschiff wie das von Buchanan an der Mündung des Chesapeake angekommen. Das war die eigenartig eisenverkleidete *Monitor*, entworfen vom schwedischen Erfinder John Ericsson, der bereits früher die dampfgetriebenen Kriegsschiffe mit Schiffsschrauben ausgestattet hatte. Sein neuartiges Schiff war mit 40 verschiedenen patentierten Neuerungen versehen. Ein schwer gepanzerter und drehbarer zylindrischer Gefechtsturm mit einem Paar 11-Zoll-Geschützen stand in der Mitte des länglich-ovalen Schiffsdecks, das fast auf Wasserhöhe lag. Als dieses Schiff der Unionisten herandampfte, um die *Merrimack* anzugreifen, gaben die Konföderierten Ericssons Schiff verächtlich den Namen »die Yankee-Käseschachtel auf einem Floß«. Aber sein Kapitän, Leutnant John Warden, wusste, dass es kein Spielzeug war. Als die *Merrimack* flussabwärts gefahren kam, um der gestrandeten *Minnesota* den Rest zu geben, griff Warden ein und ließ den Gefechtsturm der *Monitor* sich langsam bedrohlich drehen, um auf das feindliche Schiff zu zielen und dann zu feuern. Die Schiffe beschossen sich aus unmittelbarer Nähe mit Granatfeuer, das Schiffe mit Holzrumpf schnell versenkt hätte, aber die Geschosse explodierten, ohne an der Panzerung der *Monitor* Schaden anzurichten, und prallten von dem schrägen, eisenverkleideten Aufbau der *Merrimack* einfach ab. Das Schiff der Konföderierten besaß mehr große Geschütze, die an der Breitseite angeordnet waren, aber Wardens Schiff war wendiger, und sein beweglicher Gefechtsturm machte die Übermacht des Feindes mehr als wett. Am 31. Dezember 1862 sank die *Monitor* in einem Sturm vor Cape Hatteras, North Carolina.

Der Norden konzentrierte seine industrielle Stärke auf den Bau von Flotten vieler *Monitors* und größerer Varianten, die für Ozeanfahrten geeigneter waren. In England baute die Royal Navy ihre hölzernen Linienschiffe rasch in Panzerschiffe um und rüstete sie mit drehbaren Gefechtstürmen aus. Aus Ericssons Käseschachtel auf einem Floß entwickelte sich schließlich das schwere Schlachtschiff des 20. Jahrhunderts. Da der Süden nicht die wirtschaftliche Stärke des Nordens besaß, konnte er nicht Schritt halten. Die Konföderierten waren schließlich gezwungen, die *Merrimack* trotz ihres großen Vernichtungspotentials zu zerstören.

Im Ersten Weltkrieg hielten die meisten Marinetaktiker moderne Schlachtschiffe für unbesiegbar. Diese mit Dampfturbinen angetriebenen Giganten waren mit 15- oder 16-Zoll-Geschützen in vier Gefechtstürmen ausgerüstet, die schwere Geschosse 25 Kilometer weit feuern und mit Geschwindigkeiten von bis zu 25 Knoten Manöver ausführen konnten. Aber abgesehen von der Schlacht vor dem Skagerrak 1916 zwischen der deutschen Hochseeflotte und der Grand Fleet der Royal Navy, die keine Entscheidung herbeiführte, kamen Schlachtschiffe im Ersten Weltkrieg nicht mehr zum Einsatz.

Mitte November 1942 standen sich amerikanische und japanische Schlachtschiffe noch immer in den Gewässern des Iron Bottom Sound (Eisensund) gegenüber. Die Seeleute der Alliierten hatten dem Kanal zwischen den Inseln Guadalcanal und Savo diesen düsteren Namen

Nachdem die *Monitor* der Unionisten in der ersten Schlacht zwischen gepanzerten Schiffen im März 1862 erfolgreich gegen die eisenverkleidete *Merrimack* der Konföderierten in Hampton Roads gekämpft hatte, fuhr sie nach Süden. Da die *Monitor* nicht für schweren Seegang gebaut war, sank sie am 31. Dezember 1862 vor Cape Hatteras in einem Sturm.

WES LOWE

zur Erinnerung an die Seeschlachten gegeben, die nach der Landung der Amerikaner im August zur Vertreibung der Japaner von diesem entferntesten Außenposten ihres Machtbereichs dort getobt hatten. Viele Nächte lang fuhren die schweren japanischen Kriegsschiffe des »Tokio-Express« durch die Meerenge und beschossen die Amerikaner, die sich um Henderson Field auf Guadalcanal eingegraben hatten, dem strategischen Feldflugplatz der U.S. Marines.

Ein besonders starker japanischer Flottenverband mit den Schlachtschiffen *Hiei* und *Kirishima*, der, begleitet von einem Kreuzer und einem dichten Schutzschirm aus Zerstörern, Truk verließ, hatte den Befehl, den amerikanischen Flugplatz so heftig zu beschießen, dass keines der Flugzeuge mehr in der Lage sein würde, die zeitgleich mit dem Angriff geplante Truppenlandung zu gefährden. Doch ein amerikanischer B-17-Bomber entdeckte den feindlichen Verband auf dem Weg nach Guadalcanal.

Zwei Nächte lang wüteten wilde Seeschlachten aus nächster Nähe über dem Iron Bottom Sound, wobei die japanischen Schiffe ihre tödlichen Long-Lance-Torpedos effektiv einsetzten. In der ersten Nacht des Kampfes, der Nacht vom 12. auf den 13. November, wurden amerikanische Kreuzer und Zerstörer getroffen, als sie in der Dunkelheit nahe an die japanischen Schlachtschiffe heranfuhren und deren hohe Aufbauten mit panzerbrechenden Geschossen unter Beschuss nahmen.

Nachdem die primitiven Radarantennen durch Geschosse von den Schiffen abgesprengt worden waren, mussten sich die Besatzungen auf Suchlichter und den Bogen der orangefarbenen Leuchtgeschosse verlassen, die das schwarze tropische Gewässer in einen unheimlichen Glanz tauchten. Am Ende der ersten Nacht waren mehrere amerikanische Zerstörer und Kreuzer versenkt. Aber auch der japanische Flottenverband war getroffen. Das Schlachtschiff *Hiei* war an seiner Steuerung und im Maschinenraum beschädigt, fast wie die *Bismarck*. Als der Morgen anbrach, fuhr es langsam im Kreis. Nach stundenlanger Bombardierung sank das Schiff westlich der Insel Savo.

In der folgenden Nacht führte das verbliebene Schlachtschiff *Kirishima* den Tokio-Express tapfer wieder auf den Iron Bottom Sound. Aber die amerikanische Pazifikflotte war zur Verstärkung herbeigeeilt, eskortiert von neu angekommenen Kreu-

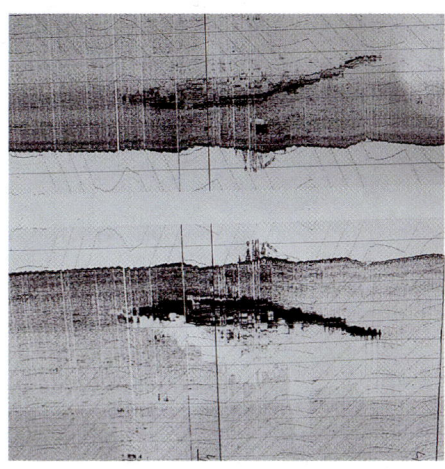

Im November 1942 war der leichte amerikanische Kreuzer *Atlanta* (links) vor Guadalcanal in Gefechte mit einem überlegenen feindlichen Verband verwickelt. Der Kampf entwickelte sich zu einem Beschuss aus nächster Nähe, und die Atlanta wurde sowohl von feindlichen als auch von Geschossen ihrer eigenen Landsleute getroffen. Sie wurde später versenkt.

Nördlich der Atlanta fanden wir den schweren amerikanischen Kreuzer *Northampton*, der aufrecht auf dem Iron Bottom Sound liegt, wie dieses Sonarbild (oben) zeigt.

zern und Zerstörern. Durch Manöver in den schmalen Gewässern zwischen Savo und Guadalcanal hielten die Amerikaner die Japaner davon ab, das Ufer zu bombardieren, wobei die *South Dakota* von den schweren Geschützen der *Kirishima* übel zugerichtet wurde. Doch der *Washington* gelang es, ihre 16-Zoll-Geschütze auf die *Kirishima* zu richten und sie unter der Wasserlinie zu treffen, das Ruder zu blockieren und zwei ihrer 14-Zoll-Geschütze herauszusprengen. Das japanische Schiff war tödlich getroffen. Der hoch aufragende Aufbau der *Kirishima* neigte sich um etwa 3 Uhr 30 am 15. November 1943 westlich der Insel Savo nach Steuerbord, und die restliche Besatzung sprang in das schwarze, ölige Wasser. Das riesige Schiff, von dem aus Kaiser Hirohito die kaiserliche Flotte vor ihrem Auslaufen in den Südpazifik inspiziert hatte, kippte um und versank. Und mit der *Kirishima* verschwand der Rest der starken japanischen Bedrohung von Guadalcanal.

Nach diesen grausamen Gefechten wurden die amerikanischen Kriegsschiffe hauptsächlich als schwimmende Geschützplattformen genutzt, um während des langen Feldzugs von Insel zu Insel auf dem Weg nach Tokio die feindlichen Küsten sturmreif zu schießen. Doch in jenen schrecklichen historischen Gefechten vor Guadalcanal waren mehr als 50 Schiffe, große und kleine, versenkt worden. Tausende Männer waren getötet oder verwundet worden.

Die *Sea Cliff* der Navy, ein Schwesterschiff der *Alvin*, wird auf unserer Expedition von 1992 vor Guadalcanal von der *Laney Chouest* zu Wasser gelassen. Wir erkundeten die größte Ansammlung von versunkenen Kriegsschiffen in der Tiefsee, Zeugnisse der Brutalität, mit der die Seeschlachten dort geführt wurden.

Fast 50 Jahre, nachdem die 16-Zoll-Geschütze der *Washington* die *Kirishima* versenkt hatten, saß ich zusammengekauert in der klammen Stahldruckkapsel des Tauchboots *Sea Cliff,* einem Nachbau der Navy von *Alvin.* Wir befanden uns auf dem Grund des Iron Bottom Sound in 880 Metern Tiefe und krochen auf das riesige Sonarziel des versunkenen japanischen Schlachtschiffs *Kirishima* zu. Aber ich war absolut nicht auf das gefasst, was ich vor dem kleinen Bullauge sah. In unseren Scheinwerferlichtern erschien nicht etwa das normale Bild eines von Geschossen zerrissenen, aber erkennbaren Rumpfs und der Gefechtstürme eines Kriegsschiffs, ich sah nur eine scheinbar endlose rostige, von Schwämmen übersäte Fläche verbogenen Stahls.

Die *Kirishima* hatte sich beim Sinken ganz auf den Rücken gelegt. Da ihr hoch aufragender gepanzerter Aufbau wie ein Kiel gewirkt hatte, war es ihr nicht gelungen, sich während des Sinkens wieder aufzurichten. Ich starrte auf einen Berg aus Stahl, nicht auf ein einst so stolzes und gefährliches Kriegsschiff. Es ist, als sei das riesige Schiff ausgelöscht worden, nicht nur gesunken, dachte ich. Die *Kirishima* war zu einer buckligen Erhebung aus Panzerstahl zusammengedrückt worden und kaum als das gewaltige Kriegsschiff wiederzuerkennen, das einst als die Geißel des Pazifiks galt. Als unser Tauchboot vorsichtig näher an den Rumpf heranglitt, suchte ich an dem Wrack nach bekannten Formen. »Mein Gott«, flüsterte ich, »schau dir das an.«

Wir befanden uns über einem der vier riesigen dreiflügligen bronzenen Schiffsschrauben des Kriegsschiffs. Im Scheinwerferlicht ragten die Schrauben an ihren Halterungen empor wie albtraumhafte Windmühlen. Sie waren in ausgezeichnetem Zustand, ein Beweis für das Können der japanischen Stahlkocher. Jeder der riesigen Flügel der Schraube war größer als die *Sea Cliff* insgesamt. Ich hatte noch nie ein so gewaltiges Wrack gesehen, selbst bei meinen Tauchgängen zur *Titanic* nicht.

Doch dieses Ungeheuer lag umgekehrt da, sein Bug und sein Heck weggesprengt, zerschmettert und hilflos – ein umgeworfener Dinosaurier, der sich nie wieder aufrichten würde.

Eitelkeit, dachte ich, und mir ging eine Passage aus der Bibel durch den Kopf. Es ist alles ganz eitel. Ich fühlte die kalte Präsenz der toten jungen Matrosen um mich herum, die in diesem blutigen Gewässern gekämpft und ihr Leben verloren hatten.

Nach den Seeschlachten vor den Salomon-Inseln wurden während des erbitterten Kampfes zwischen Amerikanern und Japanern Flugzeugträger zur beherrschenden Waffe über Wasser. Flugzeugträger hatte man zwischen den beiden Weltkriegen recht schnell entwickelt. Die Schiffe mit den kurzen provisorischen Flugdecks, die ursprünglich als Kreuzer ausgelegt waren, machten großen Geschwaderträgern Platz, die eigens dafür gebaut wurden, bis zu 50 Torpedoflugzeuge oder Sturzkampfbomber sowie mehrere Geschwader von Jagdflugzeugen zur Verteidigung gegen feindliche Flieger zu transportieren. Genau genommen ersetzte das durch die Bomber eines Flugzeugträgers im Kampf eingesetzte Kriegsmaterial die weitreichendsten Geschütze eines Schlachtschiffs. Ein »Schlachtwaggon« wie die *Washington* konnte Schiffe in 20 oder 30 Kilometern Entfernung treffen, die Reichweite von Maschinen, die von Flugzeugträgern starten, beträgt dagegen mehrere hundert Kilometer.

Der entscheidendste Test der Flugzeugträger fand 1942 in der leeren blauen Weite des Pazifiks nordwestlich der winzigen Midway-Insel statt.

Im Mai jenes Jahres schlurfte ein brillanter, exzentrischer Befehlshaber der U.S. Navy, Joseph Rochefort, in einer geheimgehaltenen Einheit am Stützpunkt der U.S. Navy in Pearl Harbor zwischen den überladenen Tischen hin und her. Rochefort hatte sich seit dem Luftangriff der Japaner am 7. Dezember 1941 in der Stellung Hypo tagelang eingenistet. Er verließ seinen Keller nur selten und war dazu übergegangen, Hausschuhe und einen alten Flanellbademantel über seiner Khakiuniform zu tragen. Seine fixe Idee war, den feindlichen Marinekode JN25 zu knacken, ein Gewirr aus 45 000 fünfstelligen Zahlen, die Wörter oder Sätze bedeuteten. Einige von Rocheforts Dekodierungsexperten waren ehemalige Mitglieder des Marinemusikkorps. Ihr musikalisches Talent, so seine Überlegung, machte sie für die dem feindlichen Kode innewohnende Logik empfänglich.

Am 8. Mai dechiffrierte Rocheforts Team Botschaften, denen zufolge die Japaner eine große Operation im mittleren Pazifik planten. Rochefort war überzeugt, dass ihr Ziel Midway sei, ein winziges Atoll, dessen Landefeld der westlichste amerikanische Posten war. Aber er hatte keinen Beweis. Bei dem dechiffrierten Funkverkehr wurde das Ziel einfach mit »AF« bezeichnet. Um Washington zu überzeugen, dass die Insel bedroht war, griff er auf eine schlaue List zurück. Die Midway-Basis übermittelte eine unkodierte Nachricht, mit der dringend um einen Wassertanker gebeten wurde, weil die Wassergewinnungsanlage »ausgefallen« sei. Keine zwei Tage später dekodierte Station Hypo einen japanischen Bericht, dass »AF« unter Wasserknappheit leide.

Rochefort hatte nicht nur die Absichten des Feindes erfahren, sondern konnte Admiral Chester Nimitz, den Oberbefehlshaber der Pazifikflotte, gleichzeitig darüber in Kenntnis setzen, dass der massive feindliche Verband von Flugzeugträgern angeführt wurde. Nimitz wollte nicht, dass die U.S. Navy noch einmal wie bei Pearl Harbor überrumpelt würde.

Aber Admiral Isoroku Yamamoto, der japanische Oberbefehlshaber, war ebenso entschlossen. Seit Monaten hatten seine Verbände im Westpazifik und in den südostasiatischen Gewässern gekreuzt. Im Mai dieses Jahres entsandte die kaiserliche japanische Marine einen Invasionsverband mit dem Ziel, in Richtung Port Moresby in Neuguinea das Korallenmeer zu kontrollieren und die Seewege zwischen Australien und Amerika zu blockieren.

Nimitz stoppte sie bei der entscheidenden Schlacht im Korallenmeer – der ersten Seeschlacht, die ausschließlich zwischen Flugzeugen und Schiffen ausgefochten wurde. Zu den Verlusten der Japaner gehörten unzählige Flugzeuge und ein Flugzeugträger. Aber sie versenkten die *Lexington* und erzielten mit einer 250-Kilo-Bombe einen direkten Treffer auf das Flugdeck der *Yorktown*.

Gerade jetzt, da die Japaner sich anschickten, Midway anzugreifen, war die *Lexington* verloren und die *Yorktown* schwer beschädigt. Der riesige japanische *kido butai* (Angriffsverband) sollte mit einer Angriffsspitze von vier schweren und vier leichten Flugzeugträgern vorrücken, von denen aus Hunderte von Jagdflugzeugen und Bombern starten konnten. Als Nimitz seine Verteidigung plante, ordnete er an, die *Yorktown* müsse so schnell wie möglich repariert werden.

Folgende Seiten: Die *Sea Cliff* nähert sich dem gigantischen japanischen Kriegsschiff *Kirishima*, das umgedreht auf dem Grund des Iron Bottom Sound liegt. Das sinkende Schiff schlug um, und sowohl Bug als auch Heck brachen ab.

Irgendwie brachten es die Arbeiter in Pearl Harbor fertig, diese Aufgabe in nur drei Tagen zu erledigen, nachdem das Schiff vom Korallenmeer zurückgekehrt war. Aber Yamamotos Flotte hielt schon auf Midway zu, und Nimitz musste entweder seine Verbände in die Schlacht schicken oder die Insel angesichts der Überlegenheit des Feindes aufgeben. Nimitz setzte darauf, dass er die Japaner in einen Hinterhalt locken könnte. Er teilte seine drei Flugzeugträger, *Yorktown*, *Enterprise* und *Hornet*, zwei Verbänden zu, kommandiert von den Konteradmiralen Frank Fletcher und Raymond Spruance. »Halten Sie Ihre Schiffe nordöstlich von Midway versteckt«,

befahl er ihnen, »und folgen Sie dann dem 'Prinzip des kalkulierten Risikos': Greifen Sie nur an, wenn Sie mehr Schaden zufügen können, als Sie Ihrerseits zu erwarten haben.« Am Morgen des 3. Juni 1942 machte ein amerikanisches Flugboot der Catalina-Klasse die Kolonne der japanischen Invasionsschiffe aus, die von Südwesten auf Midway zusteuerte. Nimitz warnte die Kommandanten seiner Verbände, dass der Hauptangriff der feindlichen Flugzeugträger wahrscheinlich von Nordwesten her erfolgen würde. Frühmorgens am 4. Juni beschossen 108 japanische Bomber und Kampfflugzeuge Midway. Doch bevor die feindlichen Bomben auf das Flugfeld der Insel fielen, hoben sechs landgestützte amerikanische Grumman-Avenger-Torpedobomber in Richtung der feindlichen Flotte ab.

Am 4. Juni 1942 mühen sich Besatzungsmitglieder der *Yorktown*, die Beschädigungen des Flugdecks durch japanische Bomben zu reparieren. Nach nur zwei Stunden waren Starts und Landungen von Flugzeugen auf dem Schiff wieder möglich. Der Angriff hatte die Heizkessel beschädigt und verlangsamte das Schiff.

Während die japanischen Flugzeuge Midway beschossen, flogen die Avengers des Torpedogeschwaders 8 in dichtem Flugabwehrfeuer auf Wellenhöhe, um ihre Mark-14-Torpedos auf die japanischen Träger *Kaga* und *Akagi* abzufeuern. Die amerikanischen Torpedos waren unzuverlässig, und die japanischen Träger konnten schnell manövrieren. Die Japaner kamen ohne Schaden davon; von den Avengers kehrte nur eine Maschine nach Midway zurück.

Inzwischen hatten die japanischen Aufklärer die Position der amerikanischen Träger im Osten ausgemacht. Der japanische Kommandant, Admiral Chuichi Nagumo, plante einen entscheidenden Schlag gegen die amerikanischen Schiffe. Auf den Decks seiner Träger standen die nach dem ersten Angriff auf Midway inzwischen wieder betankten und mit Bomben und Torpedos bestückten Flugzeuge, bereit für die Attacke auf die U.S.-Flugzeugträger. Den von den amerikanischen Trägern gestarteten Douglas-Dauntless-Sturzkampfbombern war es nicht gelungen, die japanische Flotte auszumachen. Da die Flugzeuge der *Hornet* fast keinen Sprit mehr hatten, waren sie gezwungen, zurückzufliegen. Auch die 33 Sturzkampfbomber der *Enterprise*, unter dem Kommando von Wade McClusky, wären beinahe mit leeren Händen zurückgekehrt. Als sie schon fast zu ihrem Schiff zurückfliegen wollten, sichteten McCluskys Piloten einen japanischen Zerstörer, und sein Kielwasser führte sie direkt zum *kido butai*.

Um 10 Uhr 22 griffen die amerikanischen Flugzeuge die japanischen Flugzeugträger an, auf deren Decks noch immer dichtgedrängt Bomber und Kampfflieger standen. Die amerikanischen Flugzeuge, die durch das rote Flugabwehrfeuer im Sturzflug 300 Meter hinabtauchten, bevor sie ihre einzige 230-Kilo-Bombe ausklinkten, erzielten wiederholt direkte Treffer. Flugbenzin, Torpedos, Bomben und Munition führten zu einer zweiten Explosion, die die Schiffe zerrissen. Innerhalb von sechs Minuten waren die *Kaga*, die *Akagi* und die *Soryu* zerstört und brannten lichterloh. Dem Flugzeugträger *Hiryu*, der mehrere Meilen weiter nördlich lag, war es gelungen zu entkommen, und er entsandte um 11 Uhr seine eigenen Sturzkampfbomber.

Eine Stunde später griffen die japanischen Aichi-»Val«-Sturzkampfbomber die *Yorktown* an und erzielten direkte Treffer auf dem Flugdeck. Tief im Inneren des Rumpfes explodierten Bomben. Das Schiff verlangsamte seine Fahrt abrupt. Gegen 13 Uhr 50 hatte die Maschinenraumbesatzung einen Kessel wieder in Gang gebracht, und das Schiff fuhr mit fast 20 Knoten dahin, während aus dem klaffenden Loch eines Flugzeuglifts Rauch aufstieg. Um 14 Uhr 43 griffen Nakajima-»Kate«-Torpedoflieger die *Yorktown* von zwei Seiten an. Durch die gewaltigen Explosionen liefen die Kesselräume voll Wasser und wurden Treibstofftanks beschädigt. Das Schiff bekam starke Schlagseite nach Backbord und erreichte schnell einen Winkel von 26 Grad. Nur zehn Minuten später gab Kommandant Elliott Buckmaster widerwillig den Befehl zum Verlassen des Schiffes. Die Besatzung der *Yorktown* rutschte über das stark geneigte Flugdeck auf die Rettungsflöße, und Zerstörer fuhren langsam heran, um die vielen hundert Überlebenden aufzunehmen. Obwohl an Bord des Schiffes weiterhin Feuer loderten, hielt es sich hartnäckig über Wasser. Kurz nach 17 Uhr griffen Sturzkampfbomber von der *Enterprise* und der *Hornet* den feindlichen Flugzeugträger *Hiryu* an, der die *Yorktown* so schwer beschädigt hatte. Bomben schlugen auf dem Flugdeck ein. Das Schiff führte schnelle Manöver aus, um den Geschossen auszuweichen, was dazu führte, dass bei 30 Knoten ein enormer Luftzug durch das brennende Hangardeck fuhr und das Inferno noch verschlimmerte. Von Sekundärexplosionen erschüttert, kämpfte die *Hiryu* weiter. Kurz vor der Morgendämmerung des nächsten Tages, als die Überlebenden des Schiffes evakuiert waren, versenkte der Zerstörer *Makigumo* den brennenden Rumpf des einst so stolzen Flugzeugträgers.

Die unter Schock stehenden Mannschaften zogen die Schiffe des *kido butai* in großem Durcheinander zurück. Die japanischen U-Boote setzten die Aktivitäten jedoch fort. Fregattenkapitän Yahachi Tanabe, Kapitän eines *I-168*, erhielt den Befehl, den amerikanischen Flugzeugträger, der laut Meldung ohne Antrieb nordöstlich von Midway lag, »zu zerstören«. Als Tanabe in Torpedoreichweite heranfuhr, kämpften die Amerikaner noch immer darum, die *Yorktown* zu retten. Der Zerstörer *Hammann* lag neben dem Flugzeugträger, um Hilfe zu leisten. Aber um 13 Uhr 31 feuerte das aufgetauchte *I-168* vier Torpedos ab. Drei trafen das Ziel, versenkten fast in Sekundenschnelle die *Hammann* und schlugen in den Rumpf der *Yorktown* ein. Die Überlebenden der Rettungsmannschaft verließen das Schiff. Doch der Flugzeugträger sank noch immer nicht. Im Morgengrauen des 7. Juni, 16 Stunden nach den ersten Torpedoeinschlägen, kippte die *Yorktown* noch weiter nach Backbord, bis das Flugdeck mehr als senkrecht stand, drehte sich dann weiter und sank. Die Schlacht von Midway war geschlagen; das Kriegsglück hatte sich gewendet. Yamamotos zerstörerische Flugzeugträger, die die U.S. Flotte in Pearl Harbor vernichtet hatten, sollten nie wieder eine Großoffensive wagen.

Im Verlauf des 4. Juni griffen japanische »Kate«-Torpedoflugzeuge die *Yorktown* an und trafen den Flugzeugträger mit zwei Torpedos unterhalb der Wasserlinie, wodurch das Ruder blockiert, Stromleitungen durchtrennt und Treibstofftanks beschädigt wurden.

Sechsundfünfzig Jahre später stand ich auf dem Deck der *Laney Chouest*, früher ein Tender für die Ölbohrinseln Louisianas, und beobachtete, wie sich die Kumuluswolken über dem Pazifik im Sonnenuntergang dunkelrot färbten. Das war am 18. Mai 1998, und wir hatten schon über zwei Wochen lang vergeblich nach den Wracks der Midway-Flugzeugträger gesucht. Wieder verspürte ich die mir bekannte quälende Angst, eine Expedition könnte fehlschlagen. Ich hatte – abgesehen von Cathy Offinger und Dave Mindell – weder meine alte Mannschaft von Woods Hole dabei noch meinen alten, treuen *Argo*. Statt dessen war ich von dem launenhaften ferngesteuerten Tauchfahrzeug der U.S. Navy und dem Side-Scan-Sonar MR-1 der Universität von Hawaii abhängig, einem guten Instrument, das aber für die Abbildung der Konturen des Tiefseegrunds besser geeignet war als für die Suche nach Schiffswracks. Obwohl uns aus amerikanischen Berichten die genauen Koordinaten der Untergangsstellen zur Verfügung standen, hatte unsere Sonar- und Videosuche keine Spur der Midway-Wracks entdeckt.

Ursprünglich hatten wir vor, vier Veteranen der Schlacht, zwei Amerikaner und zwei Japaner, zusammenzuführen, damit Peter Schnall, der für NATIONAL GEOGRAPHIC, den Sponsor der Expedition, filmte, ihre Reaktionen festhalten konnte, wenn wir die versunkenen Flugzeugträger lokalisierten. Sollten wir nicht mindestens eines der fünf Schiffe finden, würde es auch keinen Film geben – und bislang hatten wir noch kein Schiff lokalisiert. Die ehemaligen Flieger der kaiserlichen Marine, Yuji Akamatsu und Haruo Yoshino, hatten bereits nach Japan zurückkehren müssen. Und auch Harry Ferrier, der dem unglücklichen Torpedo-Geschwader 8 ange-

Der Autor bei der Besprechung der Suchstrategie auf der Expedition von 1998 mit amerikanischen und japanischen Überlebenden der Schlacht bei Midway. Wir waren stolz, dass sich diese Veteranen des Konflikts während unserer schwierigen Suche nach den Schiffswracks miteinander versöhnen konnten.

hört hatte, war schon nach Hause zurückgeflogen. Nur Billy Surgi, der als junger Flugzeugmechaniker an Bord des Flugzeugträgers gewesen war, konnte bis zum Schluss bei uns bleiben. Er war auf einer Brücke neben dem Flugdeck gestanden, als die japanischen Bomben einschlugen. Von diesem Aussichtspunkt hatte Bill gesehen, wie die Torpedos mit den gelben Gefechtsköpfen durch das ruhige blaue Wasser sausten und sein Schiff tödlich trafen. Er war zuversichtlicher als ich, dass wir die *Yorktown* finden würden.

Die Jagd nach den Midway-Schiffen war mehr als frustrierend verlaufen. Der leitende Wissenschaftler der *MR-1*, Bruce Appelgate, hatte ein faszinierendes Schattenbild eines Ziels von der richtigen Größe – etwa der Größe eines Reiskorns – bei der wahrscheinlichen Untergangsstelle der *Yorktown* empfangen. Aber es war uns nicht gelungen, diese Spur richtig zu untersuchen, weil das Tauchboot immer wieder ausfiel. Fast jeder Versuch schien unsere Probleme nur noch zu vergrößern. Ein kurzer Tauchgang erforderte stundenlanges Testen und wieder Heraufwinden. Dann implodierten die eigens entwickelten Benthos-Druckkugeln, die die Batterien der Scheinwerfer unserer hochempfindlichen Kamera schützten, nahe der Suchtiefe von fast 5200 Metern. Wir mussten nach Midway zurückkehren und warten, bis Ersatzteile per Flugzeug eintrafen. Ich war mittlerweile überzeugt, dass es sich bei Appelgates schattenhaftem Reiskorn, das – umgerechnet – perfekt zu den Ausmaßen des Rumpfs der *Yorktown* passte, tatsächlich um das Schiff handelte. Aber das Tauchboot konnte nie lange genug in der Tiefe bleiben, um das Ziel mit Nahsonar und Videokameras abzutasten. Den ganzen Vortag hatten wir verloren, weil die Fernmessung des Tauchboots nicht funktionierte und die Reparaturen nicht vor Mitternacht beendet sein würden.

Aber am Morgen des 19. Mai, als ich gerade niedergeschlagen zur Kombüse trottete, um mir Kaffee zu holen, verkündete Cathy Offinger glücklich: »Das Tauchboot ist auf 4900 Meter. Wir sind fast da.« Ich hatte gerade fertiggeduscht, als sie an die Tür meiner Kabine klopfte. »Das Fahrzeug macht zwei klare Sonarziele aus.«

Ich eilte in den Kontrollraum. Ähnliche Ziele im japanischen Suchgebiet hatten sich als vulkanische Erhebungen entpuppt, nicht als Schiffe. Und mein erster Eindruck beim Blick auf den flackernden blau-weißen Sonarbildschirm war, dass wir wieder auf irgendwelche unterseeische geographische Gegebenheiten gestoßen waren. Der Pilot des Fahrzeugs wählte die nach unten gerichtete Kamera, und wir schwebten über ein paar faszinierenden dunklen Objekten zwischen den natürlichen Manganklümpchen, die auf dem Meeresgrund verstreut lagen. Trümmer? Plötzlich richtete ich mich auf – es roch geradezu nach einem Schiff.

Das Sonar des ferngesteuerten Fahrzeugs begann Reihen kleiner Ziele zu erfassen. Dann verschmolzen die einzelnen Geräusche zu einem fortdauernden Brummen. Eine große Schlammkugel erschien auf dem Videomonitor. Ich hatte solche »Aufschlagkleckse« schon früher gesehen, bei der *Titanic* und der *Bismarck*. Irgendetwas Schweres war in der Nähe auf dem Boden aufgeschlagen. Das Sonar erhob sich zu einem unheimlichen Heulen, und das Schattenbild eines langen, spitzen Objekts erschien auf dem Bildschirm.

Wrackteile erschienen auf dem Videomonitor. Dann glitt eine eckige Form ins Bild – das Flugdeck eines Trägers. Das Fahrzeug schwebte über eine dunkle Öffnung in dem Deck hinweg – es handelte sich um einen der Flugzeuglifte. Bill Surgis Stimme kam über die Sprechanlage aus einem anderen Labor, wo er die Suche auf Video verfolgte: »Schaut, ob ihr das Wandgemälde findet«, sagte er und bezog sich damit auf ein stilisiertes Bild der Erdkugel, auf der die Fahrten der *Yorktown* eingezeichnet waren und das die Wand des Aufzugsschachts zierte. Als die Scheinwerfer des Fahrzeugs über die Öffnung strichen, erkannten wir die Umrisse der östlichen Hemisphäre. Die Farbe wirkte noch immer frisch.

Das fortschrittliche Tauchfahrzeug der Navy, mit dem wir bei Midway nach den gesunkenen Flugzeugträgern suchten, konnte zwar nicht die japanischen Wracks lokalisieren, aber eine genaue Untersuchung der *Yorktown* durchführen, die in 5200 Metern Tiefe auf dem Grund des Pazifiks liegt.

Bill kam zu uns in den Kontrollraum, um sich mit uns gemeinsam an die Videountersuchung des Schiffs zu machen. Der Rumpf war vollkommen intakt. Die *Yorktown* stand aufrecht auf dem Meeresgrund, jetzt nach Steuerbord, nicht nach Backbord geneigt. Die Flugabwehrgeschütze waren himmelwärts gerichtet, als würden sie noch immer auf japanische Flieger zielen. Bill war vor Rührung überwältigt. Er hatte seine Freunde hier sterben sehen und wäre selbst beinahe umgekommen, als die Torpedos einschlugen. »Das ist zu viel ... zu viel«, sagte er mit erstickter Stimme.

Bis zum Montag, 25. Mai 1998, dem Memorial Day, hatten wir die *Yorktown* komplett untersucht und fotografiert. Das Wrack war erstaunlich gut erhalten, die Geschützrohre glänzten noch, und die dicken Planken des Flugdecks waren nach wie vor so intakt, als sei das Schiff be-

reit, einen Wildcat-Fighter oder einen Dauntless-Sturzkampfbomber starten zu sehen. In dieser Tiefe bei ständiger Dunkelheit und Wassertemperaturen nahe dem Gefrierpunkt, so weit von den Ablagerungen kontinentaler Flüsse entfernt, war der Meeresgrund eine echte Wüste und konservierte das Schiff in einem zeitlosen Museum.

Bevor wir die Stelle verließen, zog Bill Surgi seine alte blaue Navy-Latzhose an und verabschiedete sich von der *Yorktown*, indem er Blumenblüten ins Wasser warf. »Hier liegt mein Zuhause«, sagte er, »im Krieg wie im Frieden. Jetzt, da wir gesehen haben, wo es liegt, können wir es ruhen lassen. Meine Kameraden und ich waren bei diesem ruhmreichen Kapitel unserer Geschichte mit von der Partie.«

Ich hätte mir kein besseres Epitaph für ein tapferes Kriegsschiff ausdenken können.

Wenige Minuten, nachdem sie torpediert wurde, neigte sich die *Yorktown* nach Steuerbord. Der Zerstörer *Balch* rettete Seeleute, die den beschädigten Flugzeugträger aufgaben. Am nächsten Tag wurden die *Yorktown* und der Zerstörer *Hammann* durch eine Torpedosalve vom japanischen U-Boot *I-168* versenkt.

VII | Wissenschaft unter dem Ozean

Vorhergehende Seiten: **Wie ein Gespenst mit »Ohren«, Flossensäumen zur Fortbewegung, schwimmt ein seltener Leucht-Oktopus in 3600 Metern Tiefe im karibischen Cayman-Graben an der Alvin vorbei. Im unteren Bereich sind die angelegten Fangarme des rückwärts schwimmenden Tieres erkennbar.**

Am 21. November 1916 fuhr die kleine Schwester der *Titanic*, die *Britannic*, die im Ersten Weltkrieg als Lazarettschiff diente, auf eine deutsche Mine und sank nahe der griechischen Insel Kea. Der Einsatz von Minen auf Schifffahrtsrouten sogar gegen Verwundetentransporte veranschaulicht die wachsende Grausamkeit moderner Kriegsführung.

M ein Bauch knurrte vor Hunger, als ich da lag, mit meinem Gesicht nahe an der Steuerbord-Aussichtsluke der *NR-1*. Wir bewegten uns langsam, 130 Meter unter der sonnigen Oberfläche der Ägäis nahe der griechischen Insel Kea. Das Sonar des U-Boots bestätigte, dass das Wrack der H.M.H.S. *Britannic* direkt vor uns im schieferblauen Zwielicht lag. Es war August 1995, zehn Jahre nach der Entdeckung der älteren Schwester des Schiffs, der R.M.S. *Titanic.*

Die im Schattenverfahren gewonnenen Bilder, die Lieutenant Commander Dave Olivier benutzte, der Kapitän des U-Boots, zeigten, dass die *Britannic* auf ihrer Steuerbordseite lag und ihr 50 000 Tonnen schwerer Rumpf fast unversehrt war, mit Ausnahme des Bugs, der von der Macht des Aufpralls auf dem felsigen Boden abgerissen worden war. Die Sonaraufnahme zeigte Details des einzigartigen Schiffsprofils, wie etwa die vielfach verdrehten Brückenkräne, die am Tag, als das Schiff sank, am 21. November 1916, jeweils sechs Rettungsboote aussetzten.

Daves Crew in der Kontrollstation schob uns behutsam in Richtung Wrack. Sie navigierten die *NR-1* mit Hilfe eines computerbetriebenen »Steuerknüppels«, der die Bug- und Heckruder automatisch bediente. Der Meeresboden unter uns glühte kalkweiß, als Dave die starken grünlichen Thalliumjodid-Scheinwerfer im Bug anschaltete, die Wasser besser durchdrangen als konventionelle Lampen.

Wir waren im gefährlichen Stadium der Erforschung an diesem ersten Tag. In dem seichtem Wasser hätten sich an einem langen Wrack wie der *Britannic* in den letzten 80 Jahren Kilometer lange Fischernetze fangen können. Keiner von uns musste daran erinnert werden, dass sich die *Delta* bei der Untersuchung der *Lusitania* sich in einem Netzgewirr verfing, das jeder Spinne Ehre gemacht hätte, ehe man ihre Schiffsschraube über Bord warf. Aber ich hatte Vertrauen zu Olivier, seiner Crew und seinem Schiff. Dave würde das Sonar ganz nahe heranführen und alles erkunden, ehe er an den Rumpf der *Britannic* heranfuhr, und ich wusste, dass die nukleare Antriebskraft der *NR-1* und der Reserve-Auftrieb mit jedem Fischernetz fertig würden.

Wir kamen näher. »Sieh zu, dass du gute Bilder bekommst«, rief mir Dave in meine Kopf-
hörer. Die Scheinwerfer durchschnitten die Dunkelheit und enthüllten eine überwucherte Fläche, die langsam an meinem Ausguck vorüberglitt, als wir den Rumpf passierten. Vielleicht
weil das Schiff auf einer Seite lang und die vier großen Schornsteine beim Untergang abgefallen
waren, befanden sich keine Fischernetze am Wrack. Ich war erfreut, unsere Schattenaufnahme
bestätigt zu sehen; dies war so, als hätte man die *Titanic* in einem Stück, statt in zwei weit voneinander getrennten Teilen, wie wir sie 1985 entdeckt hatten.

1995 führten wir eine Hightech-Untersuchung der *Britannic* mittels zweier ROVs (remote operated vessels – ferngesteuerten Unterwasserfahrzeugen), der *Voyager* und der *Phantom*, durch. Wir inspizierten das Wrack von der tauchfähigen NR-1 aus von nahem. Ein Sonargerät lieferte erstaunliche Detailaufnahmen des Wracks.

Das Gemälde zeigt den Minenschaden und den zertrümmerten Bug, der mit hoher Geschwindigkeit auf dem steinigen Boden aufschlug. Wie die *Lusitania* war dieses Wrack von Fischernetzen eingehüllt, die nähere Untersuchungen gefährlich machten.

Die *Britannic* war im Februar 1914 in derselben Belfaster Werft vom Stapel gelaufen wie ihre zwei älteren Schwesterschiffe. Die White Star Line wollte sie ursprünglich *Gigantic* nennen, doch nach der tragischen Nacht zum 15. April 1912 in den nordatlantischen Eisfeldern schien diese Wahl unpassend. Der patriotische Name *Britannic*, so hoffte die Reederei, würde das öffentliche Vertrauen nach dem schockierenden Verlust der *Titanic* wieder aufbauen helfen. Tatsächlich war das neue Schiff mit vielen technischen Neuerungen ausgestattet, die einen Untergang sehr unwahrscheinlich machten: Zwei Drittel des Rumpfs, darunter Kessel- und Maschinenräume, waren von einer inneren Schale aus Stahlplatten umgeben. Die wasserdichten Schotten, die sich auf der *Titanic* als zu flach erwiesen hatten, waren nunmehr aufgestockt worden. Per Elektroantrieb konnten die Türen in den Schotten geschlossen und die Zwischenräume leer gepumpt werden.

Als der Zweite Weltkrieg ausbrach, trat das Schiff als His Majesty's Hospital Ship *Britannic* den Dienst an. Sein Rumpf wurde weiß gestrichen und mit großen roten Kreuzen bemalt, und so verkehrte es regelmäßig zwischen Großbritannien und dem östlichen Mittelmeer. Die Route führte es zur griechischen Insel Limnos in der nördlichen Ägäis, wo kranke und verwundete alliierte Soldaten an Bord genommen werden sollten, die auf dem Balkan, in Palästina und in Mesopotamien gekämpft hatten. Über 3300 Patienten konnte die *Britannic* für die Heimreise nach England aufnehmen.

Im November 1916 war sie, unter dem Kommando des erfahrenen White-Star-Kapitäns Charles Bartlett und mit 1066-köpfigem medizinischem Personal sowie der Crew an Bord, auf ihrer sechsten Fahrt. Anders als der Kapitän der *Titanic*, Smith, hatte Bartlett immer sorgfältigst Eisberge vermieden, und in Kriegszeiten stellte er sicher, dass die Rotkreuz-Markierungen am Rumpf immer frisch gestrichen waren, da er nicht davon ausging, dass ein deutsches U-Boot ein Lazarettschiff torpedieren würde.

Doch Torpedos waren nicht die einzigen Gefahren, denen sich Bartlett gegenübersah. Im Oktober 1916 hatte Kapitänleutnant Gustav Siess, Kommandant der *U-73*, den Kea-Kanal nahe Athen ausgekundschaftet und alliierte Schiffe nahe der Küste bemerkt. Er legte auf der Schifffahrtroute zwölf verankerte Minen aus.

Am klaren Morgen des 21. November, einem Dienstag, dampfte die *Britannic* durch den Kanal – so nahe an der Küste, dass die Menschen an Deck die Dörfer mit den weiß angestrichenen Häusern in den Olivenhainen sahen.

Auf einmal gab es am Steuerbord-Bug es einen knirschenden Krach. Das Schiff war über eine von Siess' Minen gefahren, die den Rumpf an der Stelle aufriss, wo ein wasserdichtes Schott den zweiten und dritten Frachtraum trennte, so dass beide Abteile und der angrenzende Kesselraum sich schnell mit Wasser füllten.

Bartlett ordnete an, alle Schotten elektrisch zu verschließen, doch einige fielen aus, und das Wasser von den überschwemmten Vorderräumen strömte nach achtern. Innerhalb weniger Minuten waren sechs Abteilungen überflutet. Luken, die an diesem Morgen geöffnet worden waren, um Lazarettsäle zu lüften, gerieten nun unter die Wasseroberfläche. Wie der Kapitän der *Lusitania* steuerte Bartlett mit voller Fahrt die seichten Gewässer der nahe gelegenen Insel an und hoffte, das Schiff auf Grund zu setzen.

Doch die Schlagseite nach Steuerbord verstärkte sich noch, als die offenen Luken das Wasser in den Rumpf einließen. Bald war es an der Zeit, das Schiff aufzugeben. Trotz eines tragischen Unfalls, bei dem zwei Rettungsboote von der sich noch immer drehenden Schiffsschraube aufgeschlitzt wurden, überlebten alle bis auf 30 von jenen, die an Bord geblieben waren, den Untergang. Wie die *Titanic* erhob sich das Schiff fast senkrecht, ehe es im ruhigen Wasser versank. Es war 9.07 Uhr: Seit die *Britannic* auf die Mine aufgefahren war, waren weniger als 30 Minuten vergangen.

Der Tiefsee-Pionier Jacques Cousteau benutzte das Zweimann-Tauchboot *Denise*, um Tiefen von bis zu 300 Metern zu erforschen. Die *Denise*, die hier vom Deck der *Calypso* zu Wasser gelassen wird, konnte innerhalb ihrer Tiefenreichweite überallhin schweben.

Unberührt lag das Schiff die nächsten 60 Jahre drei Kilometer vor der Küste von Kea. 1976 begutachtete der französische Tiefseeforscher Jacques Cousteau das Wrack, das sein Freund Dr. Harold Carlson vom MIT mit dem Side-Scan-Sonar lokalisiert hatte. Cousteau benützte das Tauchboot *Soucoupe*, um das Schiff zu filmen. Der galante Franzose nahm sogar eine ehemalige Krankenschwester der *Britannic* an Bord, die das Unglück überlebt hatte.

Während unserer Erforschung 1995 erhielten wir mit zwei ROVs (Remote Operated Vessels – ferngesteuerten Unterwasserfahrzeugen): der *Voyager* von Perry Tritech, Ltd., und der *Phantom* vom National Undersea Research Program der University of Connecticut, hoch auflösende Fotos und Videos von der *Britannic*. Unser Team machte in der *NR-1* weitere Tauchgänge, um das Wrack näher zu untersuchen.

Die *NR-1* war ein echtes U-Boot – eines, das dank des Atomantriebs, der keine Luft benötigte, vier Wochen lang völlig unabhängig von der Oberfläche operieren konnte –, nicht nur ein tauchfähiges Boot mit Sauerstoff verbrauchendem Verbrennungsmotor, das in kurzen Abständen auftauchen musste.

Ich kannte das U-Boot von einer dreiwöchigen Erkundungsfahrt im unterseeischen Reykjanes-Gebirgszug bei Island im Jahr 1984. Sein erstaunlich kompakter Nuklearreaktor mit der Größe einer 200-Liter-Öltonne verwandelte die Energie aus der Kernspaltung des geladenen Urans in Strom, um die Hauptschrauben des Bootes, die Ruder und Hilfssysteme, darunter eine Meerwasserentsalzungsanlage, anzutreiben. Unser Sauerstoff kam aus Kanistern, die in kleinen Öfen erhitzt wurden, wenn eine automatische Aufzeichnungsanlage Bedarf anzeigte. Das Lebenserhaltungssystem zeigte auch den Kohlendioxidstand an und reinigte die Luft, ehe eine gefährliche Konzentration erreicht wurde.

Wir arbeiteten rund um die Uhr in sechsstündigen Schichten, was den zweifelhaften Komfort einer »angewärmten Koje« erlaubte, da man diese mit einem Mann teilen musste, der gerade zur Schicht ging. Die Crew richtete mir eine Koje ein, die in dem schulterbreiten Durchgang wie ein Regalbrett zwischen Instrumentengestellen eingekeilt war. Wenn es genügend Süßwasser gab, bekam jeder täglich eine »Dusche«: Aus einem 20-Liter-Eimer wurde über einem Gitter auf den darunter Stehenden warmes Wasser geschüttet. Danach wurde das Spülwasser in einen Tank gepumpt.

Die Mahlzeiten waren wichtig, nicht nur der Ernährung wegen, sondern auch, um den Tagesablauf zu strukturieren. Wir arbeiteten in 1000 Meter Tiefe, glitten leise über riesige Terrassen von steilen vulkanischen Abhängen weit unterhalb der Welt, in der die Uhrzeit am Stand der Sonne ablesbar war. So verstärkte ein Brathuhn aus der gut gefüllten Tiefkühltruhe die Vorstellung, dass man sich zum Abendessen niederließ, auch wenn es in der Welt über dem U-Boot vielleicht drei Uhr morgens war.

In jenen drei Wochen nahm uns der Kapitän der *NR-1*, Commander Ed Giambastiani, mit auf eine 190 Kilometer lange Fahrt im Zickzackkurs über das komplexe Meeresbodenterrain. Unter Ausnutzung der Manövrierfähigkeit des U-Boots krochen wir über die Flanken von aktiven Vulkankegeln. Ed und sein Erster Offizier, Lieutenant Commander Charles Anderson, stießen die Schnauze des U-Boots vorsichtig tief in die schwarzen Wände einer breiten Lavaröhre. Langsam bahnten wir uns unseren Weg zwischen schroffen Basaltspitzen und durch tiefe Canyons. Über uns, viel näher an der Oberfläche, beschatteten Kampf-U-Boote der US-Marine lautlos sowjetische Raketenboote, die durch den engen »chokepoint«« zwischen Island und den Faröer-Inseln auf den offenen Atlantik fuhren. Die gegnerischen Besatzungen hielten zweifellos ihre U-Boote für schnelle, manövrierfähige Unterwasser-Kampfflugzeuge. Doch ihre Sonare hatten unsere Anwesenheit nicht bemerkt und nur einen komplexen, zerklüfteten Boden gezeigt, über dem wir nicht unsichtbar waren. Von unserer Warte aus waren die über uns fahrenden U-Boote eher schwerfällige Luftschiffe am wässrigen Himmel.

Während dieser Fahrt erinnerte ich mich wieder an den Eindruck, den Jule Vernes visionärer Roman *20 000 Meilen unter dem Meer* auf mich als Junge, der in der Nähe San Diegos aufwuchs, gemacht hatte. Als ich meine provisorischen Modelle von Captain Nemos *Nautilus* in die Gezeitenbecken der Mission Bay setzte, hätte ich nicht davon zu träumen gewagt, dass ich eines Tages tatsächlich an Bord eines Bootes leben und arbeiten würde, das genauso fesselnd war wie jenes fiktive U-Boot.

Der Schriftsteller Jules Verne (1828–1905) hatte mit naiver, aber begeisterter Wissenschaftsphantasie und zugleich umfassenden Kenntnissen der Forschungs- und des Technikstandes gegen Ende des 19. Jahrhunderts aufgegriffen, was die Menschen jener Zeit bewegte, begeisterte und faszinierte. Der Glaube an die Möglichkeiten der Technik (und des Menschen, dem solche Erfindungen gelangen), begann zugleich mit dem industriellen Zeitalter ins Utopische zu wachsen.

In dem 1870 erschienenen Roman *20 000 Meilen unter dem Meer* schildert Jules Verne, wie das Schiff *Abraham Lincoln* den Befehl erhält, ein riesenhaftes Meeresungeheuer aufzuspüren und zu töten, das zwar noch nie genau gesichtet wurde, aber die Schifffahrt und die Handelswege zur See auf bedrohliche Weise stört und gefährdet.

Der Erzähler des Romans, Pierre Aronnax, Professor der Biologie am Pariser Museum, sowie sein Diener befinden sich an Bord des unter dem Befehl von Kapitän Farragut stehenden Schiffes, außerdem der »König der Harpuniere«, Ned Land.

Diese Innenansicht der *Soucoupe*, der Untertasse, zeigt den schlichten Zwei-Personen-Raum. Spätere Tiefsee-Boote waren viel komplizierter aufgebaut und nahmen normalerweise eine dreiköpfige Besatzung auf.

Folgende Seiten: Seit Jahrhunderten ist die Menschheit fasziniert von dem, was unterhalb der Meeresoberfläche verborgen ist. Jacques Cousteau erfand in den 40er Jahren die Aqua-Lunge, die es Menschen erlaubte, sich in seichtem Wasser so frei wie Fische zu bewegen.

Nach langer Suche stoßen sie auf das unbekannte Objekt – doch jäh reißen gewaltige Wogen sie ins Meer. Sie können sich auf ein Eiland retten, doch die ist allerdings keine wirkliche Insel, sondern der metallische Körper des von ihnen verfolgten »Seeungeheuers«: ein 90 Meter langes U-Boot mit Namen *Nautilus*, das über lange Zeit die Seeleute und die Gelehrten zum Besten gehalten hat.

Die Männer von der *Abraham Lincoln* werden zu unfreiwilligen Gästen auf der *Nautilus* und genießen dort einen ungeahnten Komfort. Das U-Boot *Nautilus* ist vollständig vom Land unabhängig und kann alles, was die Menschen zu ihrem Wohlbefinden und die Maschinen zu ihrem Betrieb benötigen, aus dem Meer gewinnen.

Allerdings ist da der rätselhafte Kapitän Nemo, der das U-Boot befehligt, eine charismatische und grausame Figur, ein Mensch, der sich von den Regeln der Menschheit ebenso weit entfernt und gelöst hat wie sein Schiff vom Land.

Ein Dreivierteljahr lang durchfahren sie die Weltmeere, sie tauchen unter der Meerenge von Suez hindurch (der Kanal wurde 1869 fertig gestellt!), besuchen das sagenhafte Atlantis, kämpfen mit Riesenpolypen, mit Pottwalen, gehen auf Jagd in »Wäldern« auf dem Meeresgrund. Die ganze phantastische Welt unter dem Meeresspiegel, die wir heute mit unserem Tauchgerät tatsächlich erkunden können, sieht und schildert der Erzähler des Romans im Voraus.

Kapitän Nemo jedoch, der sich als exilierter indischer Fürst entpuppt, zeigt sich mehr und mehr als Über- und Unmensch in einer Person. Er versenkt ein Kriegsschiff und verfolgt genussvoll vom Fenster seines Salons in der *Nautilus* das Sinken und den Tod des Menschenschwarms auf dem versenkten Schiff.

Professor Aronnax, der bislang die ungeahnten wissenschaftlichen Beobachtungsmöglichkeiten von Bord der *Nautilus* aus in vollen Zügen genossen hat, wird durch dieses Ereignis wach gerüttelt. Er plant die Flucht, und Kapitän Nemo lässt die Expeditionsgruppe ziehen, die durch Glück und Zufall und allen Widrigkeiten zum Trotz zurück nach Frankreich gelangt.

Das Schicksal Kapitän Nemos und der *Nautilus* bleibt indes ein ungelöstes Rätsel …

Den Namen *Nautilus* erhielt dann das erste kernenergiegetriebene U-Boot, das durch seine erstmalige Unterfahrung der Eiskappe des Nordpols berühmt werden sollte.

Seit Jahrtausenden sind die Menschen von den Geheimnissen fasziniert, die unter der glitzernden Meeresoberfläche liegen. Wir wissen, dass im Mittelmeerraum einst Schwammtaucher ihrem gefährlichen Gewerbe nachgingen. In Japan und Polynesien erreichen Perlentaucher mit angehaltenem Atem Tiefen von bis zu 50 Metern. Doch erst mit der Erfindung von Brillen mit Ledergestell gewannen mediterrane Korallen- oder pazifische Perlentaucher klare Sicht auf die Unterwasserwelt. Die Erfindung wasserdichter Brillen geriet zeitweilig in Vergessenheit und wurde im Westen neu erfunden, und zwar von meinem kalifornischen Landsmann Guy Gilpatric, der in den 30er Jahren Gummibrillen mit stoßsicheren Gläsern und Schwimmflossen kombinierte.

Die Gesichtsmaske, die Augen und Nase bedeckte, folgte bald. Sporttauchen und Speerfischen kamen an Frankreichs Mittelmeerküste schon vor dem Zweiten Weltkrieg in Mode. Eine Person, die den Sport leidenschaftlich betrieb, war ein junger französischer Marineleutnant namens Jacques Cousteau. Aber er war mit der beschränkten Tauchdauer mit angehaltenem Atem unzufrieden. Nach erfolglosen Experimenten mit einem provisorischen Atemsystem aus einer undichten, klobigen Gasmaske und einem mit Natronkalk gefüllten Fahrradschlauch suchte Cousteau nach einer praktischeren Lösung. Er wollte ein »menschlicher Fisch« werden, der unter Wasser ganz natürlich atmet.

Wie Cousteau in *Welt der Stille* erzählte, verschaffte ihm die deutsche Besatzung in Frankreich reichlich freie Zeit für seine Experimente. Cousteau hatte gelernt, dass reiner Sauerstoff unterhalb von 14 Metern, wo das lebenswichtige Gas toxisch wurde, extrem gefährlich war. Er stellte sich ein System vor, das sicher und automatisch Druckluft lieferte, während der Taucher ganz natürlich ein- und ausatmete.

Pikanterweise führten gerade die Mängel im besetzten Frankreich zu Cousteaus bahnbrechender Erfindung. Es gab kein Benzin für die Fahrzeuge, und Ingenieure wie Emile Gagnan hatten sich an Rube Goldbergs Plan erinnert, Autos und Lastwagen mit Holzkohlenrauch oder Methan zu betreiben. 1943 wandte sich Cousteau in der Hoffnung auf Ideen für ein lebenswichtiges »Bedarfsventil« an einem Tauchgerät, das Luft in einem sicheren Druck lieferte, an Gagnan.

»Vielleicht so etwas?«, fragte Gagnan und gab ihm ein kleines Ventil mit Feder, das Automotoren mit Kohlengas versorgen sollte.

Kurz darauf hatten Gagnan und Cousteau einen Unterwasser-Atmungsregulator, Kernstück der ersten Aqua-Lunge, zusammengebaut. Der Regulator glich automatisch den Druck der Atemluft an den Wasserdruck an, wenn der Taucher ab- und aufstieg. Bald ließen sich Cousteau und sein Kamerad Frederic Dumas in einer Mittelmeervilla nieder, um die Erfindung bei immer tieferen Tauchgängen zu testen. Gegen Kriegsende hatten Cousteau und seine Kollegen das System perfektioniert und konnten 60 Meter tief tauchen. Bald lernten sie die Gefahr von Stickstoffsättigung kennen, die Cousteau »Rausch der Tiefe« nannte. Und sie lernten, zu schnellen Aufstieg zu vermeiden, da sonst der hoch komprimierte Stickstoff im Blut des Tauchers Bläschen bildete. Dieser Zustand, der zu Lähmungen oder zum Tod führen kann, wird normalerweise als *Caisson-Krankheit* bezeichnet.

Die Aqua-Lunge machte das Tauchen zu einem Breitensport; Millionen von Menschen wurden zu Unterwasserforschern. Wie Cousteau gehofft hatte, waren nun Menschen in der Lage, wie Fische zu schwimmen.

Die ersten Versuche, Unterwasserboote zu bauen, fanden wohl in der Antike im Mittelmeerraum statt. Aristoteles beschreibt eine primitive Taucherglocke, in der eine Person für kurze Zeit ins (seichte) Wasser gelassen werden konnte. Der berühmteste Forscher, der mit Taucherglocken experimentierte, scheint Alexander der Große gewesen zu sein, aber die mittelalterlichen Gemälde, die ihn in einem Glaszylinder zeigen, sind aller Wahrscheinlichkeit nach falsch; die Glasherstellung war im 4. Jahrhundert v. Chr. noch sehr unterentwickelt. Wahrscheinlicher ist, dass er an der phönizischen Küste in einer Art umgedrehten Tasse aus Keramik tauchte, in der die eingeschlossene Luft ein Volllaufen verhinderte. Der von der Sonne beschienene »Tassenboden« im seichten Wasser erinnerte wohl tatsächlich an spiegelndes Glas.

Der erste einigermaßen verlässliche Bericht über ein Unterwasserfahrzeug, den ich fand, datiert rund 2000 Jahre später: 1578 beschrieb der englische Universalgelehrte William Bourne die Prinzipien der Ballastbehälter eines theoretischen Unterwasserbootes, die mit Wasser gefüllt das Boot tauchen ließen. Der Amerikaner David Bushnell, ein schwächlicher Absolvent des Jahrgangs 1775 an der Yale University, wurde fast 200 Jahre später allgemein als Erfinder des ersten einsetzbaren Tauchboots bekannt. Im ersten Jahr des Unabhängigkeitskriegs verwandte Bushnell seinen Verstand darauf, die britische Seeblockade amerikanischer Häfen zu bekämpfen. Die Amerikaner hatten keine Kriegsschiffe, die es mit den englischen hätten aufnehmen können. Bushnell, einer der klügsten Erfinder der amerikanischen Aufklärung, entwarf ein Wasserfahrzeug, das eine Sprengstoffladung direkt an den feindlichen Schiffen anbringen wür-

1776 entwickelte der amerikanische Patriot David Bushnell seine *Turtle*, ein U-Boot mit handbetriebener Schiffsschraube, das im Unabhängigkeitskrieg Schiffe der britischen Seeblockade versenken sollte, indem es unter Wasser an sie heranfuhr und Schießpulverladungen am Rumpf anbrachte. Auch wenn die Turtle niemals ein feindliches Schiff versenkte – der Entwurf war revolutionär.

Die *Hunley* , ein mit Muskelkraft angetriebenes U-Boot der Konföderierten – ein Klaustrophobie auslösender Zylinder von 18 Metern Länge – ging 1864 mit einem Unions-Kriegsschiff unter, indem es in das Loch gesogen wurde, das ein aus nächster Nähe abgefeuerter Spieren-Torpedo in den Schiffsrumpf gerissen hatte. 2000 hob man das unversehrt gebliebene Fahrzeug.

de, und zwar *unter* statt auf dem Wasser. Er baute dieses kleine, hölzerne Unterwasserfahrzeug in Eiform – mit dem schmalen Ende, worin sich die zwei kupfernen Ballastbehälter befanden, nach unten gerichtet. Mit Handkurbeln bediente Schiffsschrauben trieben das Gefährt horizontal und vertikal voran, und mit einem Ruder lenkte es der Pilot, der durch wasserdichte Glasluken hinaussehen konnte. Die Waffe des seltsamen Tauchboots war eine 150 Pfund schwere Schießpulverladung, die mit einem nach oben gerichteten Bohrer verbunden war. Bushnell wollte unter Wasser nahe an das feindliche Schiff herangleiten, mittels Fluten der Ballastbehälter unter den Schiffsrumpf tauchen, mit dem Bohrer ein Loch in den Rumpf bohren, das Pulverfässchen hineinstecken und die Lunte anzünden. Die Explosion würde erfolgen, wenn das U-Boot wieder in Sicherheit wäre.

Er nannte dieses Wasserfahrzeug *Turtle,* wegen der einem Seeschildkrötenpanzer ähnlichen Kuppel über Wasser, wenn das Boot auftauchte. Sergeant Ezra Lee meldete sich freiwillig, die *Turtle* gegen die britische Fregatte *Eagle* zu steuern, die 1776 im Hafen New Yorks vor Anker lag. Unglücklicherweise verlangsamten die Gezeiten nahe Staten Island das Tauchboot und erschöpften Lee. Und als er schließlich neben der Fregatte untertauchte, durchdrang der Bohrer den kupferummantelten Schiffsboden nicht. Da sein Luftvorrat bedrohlich sank, tauchte Lee wieder auf und steuerte gen Küste. Doch ein britisches Boot auf Wache erspähte das seltsame Gefährt und verfolgte es. Lee zündete das Pulverfass und schnitt es los. Nach der ohrenbetäubenden Explosion ruderten die britischen Seemänner in Panik zurück zu ihrem Ankerplatz. Obwohl Bushnells U-Boot bei seinem ersten Versuch viel versprechend agierte, wurde es während des ganzen Krieges nie effektiv eingesetzt.

Im amerikanischen Bürgerkrieg experimentierten die Konföderierten mit dampfbetriebenen tauchfähigen Booten, die mit Torpedos am Ende langer Spieren bewaffnet waren. Doch die Luken offen zu halten, um Luft in den kleinen Kessel zu lassen, während das Deck im

Wasser trieb, erwies sich als zu gefährlich. Die bemannte *Hunley* der Konföderierten kam allerdings durch ein anderes Problem zu Schaden: Das 18 Meter lange zylindrische Boot sank, als es 1864 in das Loch gesaugt wurde, das sein Torpedo – der in dieser Zeit eine so geringe Reichweite hatte, dass das Boot sich nah an das zu beschießende Objekt heranarbeiten musste – in ein Unions-Kriegsschiff im Hafen von Charleston (South Carolina) gerissen hatte. Im Sommer 2000 hoben Archäologen das äußerlich erhalten gebliebene U-Boot.

In den nächsten Jahrzehnten versuchten Designer wie die Engländer Andrew Campbell und James Ash sowie der Amerikaner John Holland, die Probleme von Stabilität und Antrieb zu lösen. Anfang des 20. Jahrhunderts setzte man ein Tauchprinzip fest. Tauchboote füllten ihre Ballastbehälter, um den Auftrieb fast völlig zu unterbinden, und tauchten dann unter, indem sie mittels seitlicher, beweglicher Strömungsflächen analog den Klappen an Flugzeug-Tragflächen den Strömungswiderstand des Wassers verringerten.

Um aufzutauchen, wurden die Tanks mit Druckluft leer gepumpt, wobei der Steigungswinkel mittels der Strömungsflächen reguliert werden konnte. Die Aufstiegskraft kam von einem Benzin- oder Dieselmotor. Große Akkumulatoren betrieben elektrische Motoren beim Untertauchen. Die U-Boote konnten nun von Röhren im Inneren Torpedos mit weiterem Ausbreitungsspielraum abfeuern.

Bis zum Ersten Weltkrieg waren U-Boote zu schrecklichen Waffen geworden. Deutschland baute in beiden Weltkriegen hauptsächlich auf U-Boote, sowohl für Torpedoangriffe als auch für Minenlegung, und fügte der alliierten Flotte enorme Verluste zu. Amerikanische U-Boote setzten langsam, aber unerbittlich Japan unter Druck und zerstörten im Zweiten Weltkrieg seine Handelsflotte.

Bis zum Ersten Weltkrieg waren U-Boote zu tödlichen, effizienten Killermaschinen geworden. Diese Aufnahme von einem deutschen U-Boot aus zeigt den Untergang eines alliierten Handelsschiffes nach einem einzigen Torpedotreffer. Der deutsche Entschluss zum uneingeschränkten Untersee-Krieg zwang die Vereinigten Staaten 1917 zum Eingreifen.

Die Faszination des U-Bootes manifestierte sich immer wieder in literarischen Verarbeitungen dieses Themas – in allen denkbaren Variationen. Gut hundert Jahre nach Jules Verne griff der Kunstsammler und Verleger Lothar-Günther Buchheim seine eigenen Erlebnisse als junger Kriegsberichterstatter auf, die ihn in den 1940er Jahren an Bord eines U-Boots in den Seekrieg im Atlantik führten: in seinem Roman *Das Boot*.

Im Gegensatz zur Phantastik an Bord der Verne'schen *Nautilus* herrscht hier der krasse Realismus vor. Der »Kaleu« an Bord des U-Boots ist kein undurchsichtiger Kapitän

Ein deutsches U-Boot vom Typ VII 1941 im Zweiten Weltkrieg auf Patrouille. U-Boote bildeten bald tödliche »Wolfsrudel«, die transatlantische Konvois auseinander zu reißen drohten, und setzten Großbritannien, die einzige Macht, die den Nazis noch Widerstand leistete, unter Druck. Am Ende des Krieges jagten und versenkten die Alliierten die meisten U-Boote, die die Häfen verließen.

Nemo, sondern eher ein tragisch Wissender. Denn vom Hochgefühl, der von Musik begleiteten Ausfahrt aus dem U-Boot-Hafen von La Rochelle, bis zum bitteren, qualvollen Sterben tief unten im Meer ist es nur ein kurzer Weg. Und der Tod junger Männer im U-Boot-Krieg des Zweiten Weltkriegs demonstriert einmal mehr die verbrecherische Sinnlosigkeit diktierter Materialschlachten.

Buchheims Geschichte ging nicht nur unter Wasser, sondern den Lesern des Bestsellers unter die Haut. Kein Wunder, dass der Stoff verfilmt wurde, und zwar mit noch viel größerem Erfolg. Wolfgang Petersens Film *Das Boot* mit Herbert Grönemeyer als Kriegsberichterstatter und Erzähler und Jürgen Prochnow als Kaleu holte Zuschauermassen in die Kinos, und Jahr für Jahr bestaunen die Besucher der Filmstadt München-Geiselgasteig auf der »Bavaria-Filmtour« die Dekorationen, Simulationen und U-Boot-Attrappen, die hier noch von den Dreharbeiten des Film stehen.

Die erste wirkliche Revolution im U-Boot-Design kam mit der Entwicklung des Atomantriebs, der größtenteils dem US-Navy-Offizier Admiral Hyman G. Rickover zu verdanken war. Der brillante Tüftler hatte seit den 30er Jahren in U-Booten gedient. Als die Pläne für den Atomantrieb nach dem Krieg in den Mühlen der Bürokratie verheddert schienen, schritt Rickover ein.

Er brachte vor, dass ein atombetriebenes U-Boot eine lebenswichtige Notwendigkeit sei. Ein Atommotor brauche keine Luft, sodass das Boot monatelang mit hoher Geschwindigkeit unter Wasser fahren könne. Es könne in jede Nische der Weltmeere vordringen, während es vor feindlicher Entdeckung geschützt sei. Aber wie konnte Rickover einen Atommotor herstellen, der so klein war, dass er in den Rumpf eines U-Bootes passte? Die Lösung des Problems, entgegnete er mit typischem Selbstvertrauen, bestand aus fünf Prozent Erfindungsgabe und 95 Prozent technischen Fachwissens. Rickovers zielstrebige Hingabe trug Früchte.

Am 21. Januar 1954 lief die U.S.S. *Nautilus* in Groton, Connecticut, vom Stapel. Das Boot war über 97 Meter lang und hatte ein Volumen von rund 3800 Kubikmetern – was der Größe des Zerstörers entsprach, der im Atlantik U-Boote jagte. Geschützt von einer dicken, geschweißten Druckschale konnte das U-Boot 300 Meter tief tauchen und 25 Knoten erreichen, angetrieben von einem Reaktor, der Wasser überhitzte, um Dampf für die zwei Turbinen zu erzeugen.

Es begann ein halsbrecherischer Wettlauf zwischen den Vereinigten Staaten und der Sowjetunion, in dessen Verlauf immer schnellere, leisere, tiefer tauchende und schwerer bewaffnete U-Boote gebaut wurden. Zehn Jahre nach dem Stapellauf der *Nautilus* hatten die U-Boote beider Kontrahenten Langstreckenraketen mit atomaren Sprengköpfen an Bord, die unter Wasser gezündet werden konnten. In den 80er Jahren stattete man diese *»Boomer«*-Boote mit noch viel mächtigeren Interkontinentalraketen aus, die jeweils mehrere, unabhängig zielende Thermonuklear-Sprengköpfe hatten. Die Evolution der U-Boot-Bewaffnung, die mit David Bushnells *Turtle* begonnen hatte, hatte ihr letztes Stadium erreicht.

Aber ich halte es für wichtig, daran zu erinnern, dass die Erfinder immer auch an U-Booten zur Ozeanerforschung arbeiteten. Ein wohlhabender Geistlicher im viktorianischen England, George W. Garrett, war von Unterwasserreisen fasziniert. Er baute 1878 ein kleines tauchfähiges Boot, das, wie schon frühere Fahrzeuge, per Hand von einer Schraube angetrieben und mittels Ballasttanks getaucht wurde. Als Nächstes investierte Garrett in die größere, dampfbetriebene, kugelförmige Resurgam. Der Kessel erlaubte es dem Boot, die Schiffsschraube noch für kurze Zeit anzutreiben, wenn das Feuer erloschen war, und die Schornsteine verschlossen sich vor dem Tauchen. In Seemanövern tauchte die *Resurgam* mehrmals unter Wasser. Aber als eine Luke nicht schloss, verlor man das Boot samt der dreiköpfigen Besatzung.

Simon Lake war ein junger amerikanischer Ingenieur, der ebenfalls besessen von der Unterwasserforschung war. Da er nicht über Garretts Mittel verfügte, verschuldete er sich hoch, um 1894 sein erstes Tauchboot, die *Argonaut Jr.*, zu konstruieren. Das kleine Wasserfahrzeug sah bizarr aus. Ich kann mir vorstellen, was die Leute von seinem kastenförmigen, mit Kiefernholz getäfelten Rumpf hielten, der auf soliden, eher zu einem Ochsenwagen als zu einem U-Boot passenden Holzrädern saß. Doch steifes Segeltuch machte den Rumpf in geringer Tiefe wasserdicht, und die Klempnerarbeit der Ballasttanks war schlicht, aber effektiv. Wenn die Behälter gefüllt waren, sank die *Argonaut Jr.* gleichmäßig auf den Boden, und Lake konnte durch Lenken der Räder umherrollen. Kleine Glasluken lieferten Ausblicke. Am raffiniertesten war die Tatsache, dass Lake in einem Taucheranzug durch eine Luftschleuse aus- und wieder einsteigen konnte, genau so wie Kapitän Nemos fiktive Crew in *20 000 Meilen unter dem Meer*.

Lakes Erfolg zog Investoren an. 1897 baute er die größere *Argonaut* mit Metallrumpf. Wie die kleinere Schwester hatte sie Räder, wurde jedoch von einem Benzinmotor angetrieben, der

1958 geht Konteradmiral Hyman Rickover (Mitte) an Bord des ersten atombetriebenen U-Bootes, der *Nautilus*, die nach Kapitän Nemos Boot aus Jules Vernes Roman *20 000 Meilen unter dem Meer* benannt ist. Gegen große Widerstände beharrte Rickover auf der Entwicklung von Atom-U-Booten. Heute gibt es sie auf der ganzen Welt.

während des Absinkens durch eine lange, mit einer Boje an der Oberfläche verbunden Röhre mit Luft versorgt wurde. Das neue Tauchboot hatte eine effizientere Luftschleuse und einen Aussichtsraum mit mehreren Luken. Eine spätere Modifikation hatte einen batteriebetriebenen Elektromotor für den Unterwasserantrieb. Lake war dabei, wirklich innovative Unterwasser-forschungs-Fahrzeuge zu entwickeln, doch wie so viele Genies war er seiner Zeit zu weit voraus. Die US-Marine war seine einzige regelmäßige Geldquelle. Lake baute 1901 das Minen verlegende U-Boot *Protector*, konnte aber die Kampfschiff-Admiräle jener Tage nicht dafür interessieren.

Über 30 Jahre wurde die Entwicklung von Forschungs-U-Booten verzögert. Doch als der amerikanische Zoologe und Abenteurer Charles William Beebe sich auf die Unterwasserforschung verlegte, öffnete sich eine neue Welt des Tiefseetauchens. Beebe, der in den 1880er Jahren in East Orange, New Jersey, aufgewachsen war, war ein mittelmäßiger Student, weniger am formalen Lehrpensum als an spontanen praktischen Arbeiten in Geologie, Botanik und Zoologie interessiert. Vögel faszinierten ihn. Er wurde ohne einen Titel an der New York Zoological Society Hilfskurator für Ornithologie. Im Lauf der nächsten Jahrzehnte durchwanderte er die Dschungel von Mittel- und Südamerika und des Fernen Ostens. Beebe schrieb lebhafte Berichte über diese Expeditionen, die Naturforscher, Profis wie Amateure, darunter Präsident Theodore Roosevelt, aufmerksam machten.

Beebe war immer auf der Suche nach Grenzgebieten; es war nur natürlich, dass er sich in den 20er Jahren für das Tiefseetauchen interessierte. Er zwängte sich in Helm und Anzug und begab sich auf Ausflüge in tropische Korallenriffe, um neue Arten von Meerestieren zu klassifizieren, so wie vordem Vogelarten. Enthusiastisch riet Beebe seiner weltweiten Leserschaft, sich einen Taucherhelm zu leihen, zu stehlen oder selber zu machen, um »einen Blick auf diese neue Welt zu werfen.«

Es zog ihn in immer tiefere Gewässer. Aber kein Taucher wagte sich in den zermalmenden Druck unterhalb von 150 Metern. Beebe dachte über ein Gerät nach, das ihn in die wirkliche Tiefsee bringen würde. Laut Beebes Biograph Robert Henry Welker schwebte ihm eine Stahlkugel vor, nachdem Theodore Roosevelt ihm zu dieser Form geraten hatte, da sie maximalen Druckwiderstand böte. Eine Kugel hatte auch mehr Innenraum als Kästen oder Zylinder mit derselben Oberfläche, die Beebe ebenfalls erwog. Doch das technische Talent, um solch eine Kugel zu bauen, hatte er nicht.

Der Naturforscher Charles William Beebe verlegte sich in den 20er Jahren von Naturstudien an Land auf die Forschung unter der Meeres-oberfläche, um Korallenriffe zu erkunden – mit der sperrigen Taucherausrüstung jener Zeit.

Nun betrat Otis Barton, ein reicher junger Mann aus Neuengland und fortan Beebes Kompagnon, die Bildfläche. Sie waren ein perfektes Paar; Barton hatte in Columbia Ingenieurs-wesen und Naturwissenschaften studiert und war in beiden Disziplinen versiert. Als Junge hatte er sich seinen eigenen primitiven Taucherhelm gebastelt und machte damit seine ersten unbeholfenen Tauchversuche über dem Boden des Cotuit-Hafens von Cape Cod, während ihn eine Fahrradpumpe in einem Ruderboot über ihm mit Luft versorgte. Barton, der von Beebes Plan eines Tauchzylinders gelesen hatte, erkannte die Schwächen dieser Form. Nur eine Stahl-kugel würde dem gnadenlosen Druck der Tiefe standhalten.

Als Otis Barton Beebe im Dezember 1928 traf, präsentierte er ein Fait accompli: detaillier-te Entwürfe für eine kugelförmige Druckkammer mit Quarzluken, die von einem dicken Stahlseil in eine Tiefe von über 1200 Metern hinabgelassen werden konnte. Beebe war interessiert, sowohl an Bartons Enthusiasmus und offensichtlichem Reichtum als auch am Design. Er nannte den Entwurf nach dem griechischen *bathos* für »tief« Bathysphere.

Barton erklärte sich bereit, das Projekt zu finanzieren, und gab bei einer Gießerei in New Jersey die erste Testkugel in Auftrag. Dieser erste »Tank«, wie Barton das Gebilde nannte, war mit über fünf Tonnen zu schwer für den Kran des Lastkahns *Ready*, den die Expedition in der Nähe von Nonsuch benutzte, einer Koralleninsel vor Castle Harbor auf Bermuda.

Barton bestellte eine neue Kugel. Die neue »Tiefenkugel« wog nur noch halb so viel, war aber auch kleiner. Zwei Personen konnen Schulter an Schulter mit angezogenen Beinen darin sitzen. Mit der massiven, 3,8 Zentimeter dicken Stahlhülle konnte die Kugel dem Druck in 1300 Metern standhalten, 300 Meter tiefer, als sie zu tauchen planten. In die Kammer gelangte man durch eine schmale, rundliche Luke, die mit einem klobigen, 200 Kilogramm schweren Stahldeckel verschlossen und von zehn dicken Bolzen gesichert wurde. Die zwei Aussichtsluken aus geschmolzenem Quarz maßen 20 Zentimeter im Durchmesser, waren 7,5 Zentimeter dick und »quollen«förmlich aus dem Kugelrumpf — wie die Augen eines mythischen Seemonsters.

Ein geschweißter Flansch oben auf der Kugel war der Verbindungspunkt mit der 1000 Meter langen Trosse, die 29 Tonnen hieven konnte. Mit seinem Techniker-Wissen hatte Barton darauf bestanden, dass die Enden der Trosse in unterschiedliche Richtungen gedreht waren, um ein Drehen der Kugel zu vermeiden. Strom- und Telefonkabel waren in einer soliden Gummiröhre, das alle 60 Meter an die Trosse geklammert war. Sauerstoff kam aus zwei Behältern. Ausgeatmetes Kohlendioxid wurde von einer Drahtnetz-Schale mit Natronkalk absorbiert, während Kalziumchlorid Feuchtigkeit einfing.

Die Kugel war grob und schlicht. Sie würde die Forscher in eine gnadenlose Welt bringen — in eine Tiefe, aus der noch nie jemand zurückgekommen war.

Am 6. Juni 1930, nach mehreren unbemannten Tauchgängen, wanden sich die beiden Männer durch die 35 Zentimeter breite Luke. Der Lastkahn *Ready* wurde über einem tiefen Meeresgraben südöstlich von Nonsuch Island angehalten. Draußen war der Himmel blau, die See ruhig. Im Inneren der Kugel war es dunkel und klamm. Wie Beebe in seinen Memoiren *Half Mile Down* erzählt, rief er, dass jemand ein Kissen bringen solle. Man fand keines. Die kräftigen Besatzungsmitglieder stöhnten, als sie die Lukenklappe an ihren Platz hoben und die handtellergroßen Schraubenmuttern festzogen.

Um 13 Uhr schwenkte die Kranwinde die Tauchkapsel zur Seite. Beebe und Barton betrachteten durch Luken die blaue Wasserfläche, während die Trosse langsam abgekurbelt wurde. Bei 90 Metern sah Barton an der Lukenversiegelung einen Wassertropfen. Beebe meinte, der höhere Druck im tieferen Wasser würde die Luke fester verschließen. Obwohl das Licht in der Kapsel zu verblassen schien, war das Wasser seltsam blau und brillant. Nachdem die beiden Männer das Meer in 240 Metern Tiefe betrachtet hatten, bat Beebe telefonisch darum, dass man sie wieder hochhievte. Sie waren tiefer in den Ozean eingedrungen als jemals ein Mensch zuvor.

In jenem Sommer tauchten sie immer tiefer und erreichten schließlich 435 Meter. Einmal sah Beebe Wolken »sich bewegender Staubkörnchen« vor seiner Luke. Von Nahem erkannte er kleine schwimmende Schnecken, die ihre zerbrechlichen Häuser mit kleinen Flügeln antrieben — wie »Unterwasser-Schmetterlinge«. Unterhalb von 240 Metern sahen die Forscher Silberbeilfische mit hellgrünen, leuchtenden Punkten an der Seite. Wenn sie plötzlich an einer Luke auftauchen, erscheinen diese kleinen Meeresmonster, deren klaffende Kiefer voller scharfer Zähne sind, bedrohlich — sie erschreckten mich, als ich sie aus *Alvins* Luke das erste Mal erblickte. Beebe erkannte, dass die Fische nur ein paar Zentimeter groß waren und nur größer wirkten, weil man keine Vergleichsgröße hatte.

Charles William Beebe (rechts) und seine Assistentin Gloria Hollister testen vor Bermuda die Telefonverbindung zur *Bathysphere*, dem ersten tief tauchenden Forschungsboot. In den 30er Jahren tauchten Beebe und sein Kollege Otis Barton in Rekordtiefen von über 600 Meter. Doch solche an Stahltrossen geführten Tauchkugeln erwiesen sich für wirkliche Tiefseeforschung als unpraktisch.

Beebe klettert aus der engen Luke der Tiefenkapsel an den Lastkahn *Ready* vor Bermuda, 1930. Die Kugel bestand aus dickem Stahl, aber der Schwachpunkt war die Ausstiegsluke, die mit einem dicken Flansch (unten links), massiven Bolzen (Mitte) und riesigen Muttern (nahe Beebes Hand) gesichert war.

Bei ihrem letzten und tiefsten Tauchgang wischte Beebe die von der Atemluft beschlagene Luke frei, um ins endlose Schwarz zu schauen. Barton bemerkte beiläufig, dass der Druck auf dieses zerbrechliche Fenster nun über neun Tonnen betrug. Beebe strich nun etwas vorsichtiger über das Quarzglas.

Beebe und Barton kehrten 1932 mit der Bathysphere nach Nonsuch zurück. Sie tauchten bis 670 Meter hinab, vorbei an üppigem Meeresleben, darunter träge schlängelnde Bronzeaale und Schwadrone von Garnelen, die wie eine preußische Kadettenparade an der Luke vorbeimarschierten. Unter dem Reich des Lichts fanden die Forscher zu ihrem Erstaunen Schwärme wild tanzender leuchtender Fische, einige mit grotesk geformten Kiefern, in denen schimmernde grüne »Köder« pulsierten, um Beutefische anzulocken. Unterhalb dieser Kreaturen wurde Beebe vom Gefühl »völliger Einsamkeit und Isolation« erfasst, so als wäre er auf einem anderen Planeten gelandet.

Eine der größten wissenschaftlichen Beiträge dieser Tauchgänge war die Entdeckung, dass es zwischen 240 und 600 Metern unerwartet viele Lebensformen gab. Frühere Ozeanexpeditionen, wie etwa die heroische Fahrt der H.M.S. *Challenger* im 19. Jahrhundert, hatten recht wenig biologische Aktivität so tief unten entdeckt. Doch jene Wissenschaftler waren selbst nicht in diesen Tiefen gewesen, sondern hatten Schlepp- und Schlagnetze nach unten befördert. Beebe war überzeugt, dass Kreaturen der Tiefsee – gewöhnt an räuberische Übergriffe – solchen Fallen leicht entkommen. Die wissenschaftliche Gesellschaft verhöhnte seine Annahme. Für sie war die Unterwasserwelt eine Wüste. Aber Beebe behielt Recht. Ozeanographen können heute beweisen, dass die Schichten, die Beebe und Barton als Erste erforschten, der riesigen Masse der Biosphäre der Erde entsprechen und unglaublich vielfältige Lebensformen aufweisen, von mikroskopischem Plankton bis zum Blauwal, dem größten bekannten Tier, bis zu 30 Meter lang und 150 Tonnen schwer.

Mein eigener erster Tauchgang mit einem U-Boot war eine Nachtexkursion auf dem Forschungs-Tauchboot von Grumman Aircraft, der Ben Franklin, vor West Palm Beach (Florida) im Jahr 1969. Ich war Geologiestudent an der University of Rhode Island, studierte nebenbei aber am nahe gelegenen Woods Hole unter Professor K. O. Emery, der von Grumman eingeladen worden war, ihr U-Boot zu testen.

Dies war keine große Expedition, aber sie ließ einen meiner Kindheitsträume wahr werden: den Meeresboden zu erforschen wie einst Kapitän Nemo mit seiner kühnen Crew. Doch die Wirklichkeit dieses Erlebnisses war entschieden anders als die Expeditionen meiner Jungentage.

Das Boot war technisch ein so genanntes Mesoscaph: ein langes, gut ausgerüstetes U-Boot, konstruiert, um in den großen Ozeanströmungen wie dem Golfstrom bis zu 600 Meter tief zu tauchen. Als ich es zum ersten Mal auf dem Stapelschlitten am Betondock des Handelshafens in West Palm Beach sah, glich es irgendetwas aus Jules Vernes Roman. Der dunkelgraue Rumpf war ein typischer Stahlzylinder, aber die Symmetrie wurde von einer massiven Struktur unterbrochen: dem Batteriefach, das das Tauchboot lange unter Wasser aushalten ließ.

Das 15 Meter lange U-Boot konnte über einen Monat unter Wasser bleiben. Jedes der acht Crewmitglieder hatte seine eigene Koje mit Luke. Es gab Aussichtskammern in Bug und Heck mit runden Fenstern in verschiedene Richtungen. In der Kombüse gab es einen Elektroherd; sogar eine Dusche war an Bord. Die *Ben Franklin* hatte noch nicht die Raffinessen oder den Atomreaktor der *NR-1*, war aber das modernste zivile U-Boot der 60er Jahre.

Als wir an jenem Nachmittag tauchten, war ich damit beschäftigt, Daten über das tote Korallenriff zu sammeln, das wir untersuchen wollten. Später ließ sich Professor Emery erweichen, und ich durfte im Aussichtsraum Tiefe und Richtung von den Instrumenten ablesen. Ich war fasziniert, als der warme, türkisfarbene Golfstrom sich gen Kobaltblau verdunkelte und abkühlte. Das U-Boot war von Schwärmen von Bernsteinmakrelen, Schmetterlingsfischen und Drückerfischen umgeben.

Doch als die Nacht das Meer umhüllte, war alle Wärme verschwunden. Das einzige Licht kam von unseren Scheinwerfern. Fische schwammen träge zum Köderfass, das unser Tender *Privateer* am Tag zuvor für uns abgeworfen hatte. Die hellen Korallen gingen in einen eintönig grauen, schlammigen Meeresboden über, der nach Osten zum atlantischen Abgrund abfiel.

Geisterhafte weiße Tiefseekrebse marschierten, angelockt von unserem Köderfass, über den schlammigen Sand. Die Instrumente sagten mir, dass es jenseits der Luke nur 13 Grad Celsius hatte. Der Wasserdruck entsprach 15 Atmosphären. Doch was mich berührte, war weder der Druck noch die Kälte oder die Einsamkeit dieser öden Szenerie, sondern die unbarmherzige Prozession dieser gespenstisch weißen Krebse, der stoischen Aasfresser des Meeres-

"But Dr. Beebe? Where is he?"

Beebes Bathysphere-Forschung hatte durchaus ihre humoristischen Seiten.

grundes. Wenn ein Wal, eine Schildkröte, ein Tümmler oder auch ein Mensch starb und in die Tiefe sank, warteten schon die Krabben. Alle romantischen Gedanken, die ich einst über Seebestattungen gehegt hatte, verwarf ich in jener Nacht.

Zwar erwies sich Beebes und Bartons angeseilte Kugel für die wahren Meerestiefen für ungeeignet, doch ein in der Schweiz geborener belgischer Physiker namens Auguste Piccard – dessen Sohn Jacques später die *Ben Franklin* entwarf – zeigte, dass es möglich war, eine Kugel ohne Trosse sicher auf den tiefsten Meeresboden zu bringen. Piccard, Erfinder des Bathyskaph (des U-Boot-Typs, in dem ich erstmals den Mittelatlantischen Rücken besuchte und dabei fast erstickt wäre), wurde über Umwege zum Unterwasserforscher.

Zwar wirkte er durch und durch wie ein Akademiker– mit wirren dünnen Haaren und Hornbrille –, doch Piccard war ein mutiger Abenteurer, der davon besessen war, die Grenzen des Planeten auszuloten. Er hatte mit Albert Einstein die kosmische Strahlung erforscht und wusste, dass der beste Ort, um die hoch energetischen Partikel zu beobachten, die kalte, fast luftleere Stratosphäre war.

Auguste Piccard wurde 1884 in Basel in eine schweizerische Gelehrtenfamilie hineingeboren. Sein Vater, Jules Piccard, war an der dortigen Universität Professor für Chemie. Auguste und sein Zwillingsbruder Jean schrieben sich gemeinsam an der Eidgenössischen Technischen Hochschule in Zürich ein, wo sie Physik beziehungsweise Chemie studierten. Nach ihrer Promotion zum Dr. rer. nat. entschieden sie sich für die Universitätslaufbahn. Jean lehrte Chemie in München, dann in Lausanne und ging schließlich in die USA. Auguste, der Physiker, blieb an dem Institut in Zürich.

Auguste Piccard begann sich für Ballonaufstiege zu interessieren, weil sie ihm die Möglichkeiten für bestimmte Experimente zu bieten schienen. Er nahm an verschiedenen wichtigen Forschungsprojekten teil. Als an der Universität Brüssel ein Lehrstuhl für Angewandte Physik eingerichtet wurde, erhielt Piccard, der auch Ingenieur und Mechaniker war, sogleich den Ruf an das Institut.

Er hatte sich mit der Erforschung kosmischer Strahlen beschäftigt und einen Versuch entwickelt, um sie aus mehr als 16 000 Metern Höhe in der oberen Atmosphäre zu beobachten. Vorhergehende Aufstiege hatten gezeigt, dass die Stratosphäre lebensgefährlich war und dass man einen neuartig entwickelten Ballon benötigen würde, um die isotherme Schicht mit ihren niedrigen Druckverhältnissen zu durchdringen.

Mit finanzieller Unterstützung aus Belgien baute er im Jahr 1930 einen entsprechenden Ballon. Neu war daran vor allem eine kugelförmige Aluminiumgondel, eine luftdichte Kabine, die mit einer Druckluftvorrichtung ausgestattet war. Diese Technik ist heute eine Selbstverständlichkeit in jedem Flugzeug. Eine weitere Neuerung war die Entwicklung eines überdimensionalen Wasserstoffballons, der genügend Auftriebskraft besaß und beim Start nicht zur Gänze gefüllt werden musste. An diesem hing die Gondel.

Ein Jahr später, am 27. Mai 1931, gelangte Piccard so auf eine Höhe von fast 16000 Metern, wo der atmosphärische Druck nur noch ein Zehntel des Luftdrucks auf Meereshöhe beträgt. So hoch war noch kein Mensch zuvor geflogen. In dieser Höhe, so schrieb Piccard, war der Himmel bläulich schwarz. Nach seiner unsanften Landung auf einem österreichischen Gletscher wurde Piccard in Zürich ebenso wie in Brüssel nicht nur als Wissenschaftler, sondern auch als Held und Abenteurer triumphal gefeiert. In einem Jahrzehnt, in dem Flugpionieren die höchste Bewunderung galt, erlangte Piccard mit seinem Ballonaufstieg internationale Berühmtheit.

Ein weiteres Jahr später wiederholte er den experimentellen Aufstieg in äußerste Höhen: dieses Mal in einer neuen Kabine, die mit Funk ausgestattet war. Er kam bis auf 17 000 Meter. In den folgenden Jahren fand er Nachahmer, die mit größeren Ballons noch höher hinauf gelangten.

Wenn auch ungeeignet für eine effiziente Meeresbodenerforschung, konnte der französische *Bathyskaph FNRS-3* eine kleine Besatzung doch sicher in große Tiefen bringen. 1953 tauchten zwei Franzosen vor Toulon auf eine Rekordtiefe von 2112 Meter. Auguste Piccards rivalisierendes *Trieste* tauchte bald darauf noch tiefer – 3167 Meter.

Doch Piccard zog es nicht nur in die Höhe der Stratosphäre, sondern auch und vor allem in die Tiefen des Ozeans. Man könnte sagen, der Weg in die Höhe war ein Umweg in die Tiefe. Schon als Kind war Piccard von Berichten über die reiche Fauna der Tiefsee fasziniert gewesen, und er fand, dass der Mensch auch in der Lage sein sollte, auf den Meeresgrund hinabzusteigen.

Nach seinen großen aeronautischen Erfolgen ging er nun daran, eine Kapsel zu bauen, die dem hohen Druck in großen Tiefen der Ozeane standhalten könnte: Er entwickelte den so genannten Bathyskaph, in seiner Endgestalt ein steuerbarer Tauchkörper mit einer Stahlkabine zum Beobachten.

Er entwarf eine kugelförmige Aluminiumgondel, die unter einem Wasserstoffballon hing. Am 27. Mai 1937 stiegen Piccard und sein Assistent Paul Kipfer damit auf über 15 000 Meter auf – so hoch war noch kein Mensch zuvor geflogen. In dieser Höhe, so schrieb Piccard, war der Himmel bläulich schwarz. Nach der unsanften Landung auf einem ausgedehnten Gletscher setzte Piccard seine Ballon-Erkundung fort und erreichte eine Höhe von 16 935 Metern. In einem Jahrzehnt, in dem Flugpioniere von Millionen bewundert wurden, wurde Piccard international berühmt.

Am 23. Januar 1960 erreichen Jacques Piccard, der Sohn von Auguste Piccard, und Don Walsh, Leutnant der US-Marine, nach dem historischen Tauchgang mit der *Trieste* in das Challenger-Tief im Marianen-Graben südlich Guam, dem mit 11 022 Metern tiefsten Punkt der Erdoberfläche, den Meeresspiegel. Piccard und Walsh mussten genau berechnete Benzinmengen ablassen, um die Sprungschichten zwischen wärmerem und kälterem Wasser zu durchdringen. Am ewig dunklen Boden des Tiefs fanden sie nicht die erwartete leblose Wüste, sondern kleine, Seezungen ähnelnde Fische.

Nur wenige wussten, dass Piccards Ballon eine Adaption eines phantastischen Konzepts für ein Tiefsee-Tauchboot war, das er als Student entwickelte. Bevor Beebe und Barton die oberen Schichten des Ozeans mit ihrer angeseilten Tauchkugel erkundeten, stellte sich Piccard eine Stahlkugel vor, die an einem riesigen ballonähnlichen Auftriebsbehälter hing, mit einer Flüssigkeit gefüllt, die leichter als Wasser war. Es war eine Ironie der Geschichte, dass, als Piccard in den 40er Jahren seinen Tiefsee-*Bathyskaph* baute, die Leute glaubten, das revolutionäre Design sei von seinem berühmten Stratosphären-Ballon hergeleitet – tatsächlich war es gerade umgekehrt.

Tiefendruckbeständige Kabinen sind notwendigerweise schwerer als Wasser. Bislang, also in der zweiten Hälfte der 40er Jahre, wurden sie an einem Kabel hinuntergelassen, an dem sie hingen. In großen Tiefen war dieses Verfahren jedoch zu unsicher.

Piccards revolutionäre Neuerung bestand darin, das Prinzip des Ballons auch auf das Tauchen in die Tiefe anzuwenden. Genau so, wie ein Ballon, der leichter ist als Luft, die daran hängende Gondel nach oben trägt, sollte ein Schwimmkörper, der leichter als Wasser ist, die Tauchkapsel im Ozean tragen. So wie man beim Ballon Ballast abwerfen musste, um aufzusteigen, musste der Bathyskaph Gewicht abgeben, um nach dem Abschluss des Tauchvorgangs wieder im Meer nach oben steigen zu können. Weil Luft zu leicht komprimiert werden kann, entschied sich Piccard für Benzin, um damit den Schwimmer zu füllen.

Der Zweite Weltkrieg hielt die Entwicklung und Konstruktion des Bathyskaphs auf. Er konnte erst 1948 fertig gestellt werden. Im Oktober dieses Jahres wurde ein unbemannter Tauchversuch unternommen. Und dies mit Erfolg.

Piccards Bathyskaph-Prototyp *FNRS-2*, der 1948 vor der Küste des Senegal getestet wurde, hatte alle Attribute eines plumpen Unterwasserballons. Der ovale Schwimmtank fasste 22 700 Liter Benzin, um die große Stahlkugel darunter zu versorgen. Zum Tauchen wurden Ventile geöffnet, um etwas Benzin ins Meer abzulassen und negativen Auftrieb zu bekommen. Während des Sinkens behielt der Tank trotz des Wasserdrucks seine Form, da das Benzin darin (wie alle Flüssigkeiten) nicht komprimierbar war. Um aufzusteigen, wurde Stahlschrot abgeworfen, indem man Elektromagneten an Ballastsilos abschaltete. Ohne dieses Gewicht stieg die Kapsel

buchstäblich erleichtert auf, unterstützt von der restlichen Auftriebskraft des Schwimmers. Piccards unbemannter Prototyp erreichte 1370 Meter Tiefe. Doch sein Tauchboot konnte an der Oberfläche von Wellen beschädigt werden. Als der Schwimmer von *FNRS-2* in einem Sturm arg mitgenommen wurde, stellte er die Versuche ein.

Er brauchte ein stabileres Gefährt. Doch das kleine, kriegsgebeutelte Belgien konnte die teure Forschung nicht länger finanzieren. Piccard musste schließlich mit ansehen, dass die französische Marine das Projekt übernahm. Sie baute seinen Bathyskaph nach, taufte es *FNRS-3* und bereitete es für Tauchversuche im Mittelmeer vor. Inzwischen hatte Piccards energischer Sohn Jacques die Finanzierung eines größeren, moderneren Bathyskaph im italienischen Adriahafen

Triest sichergestellt, mit Forschungsstiftungen, privaten Spendern, Industriellen und der Stadt Triest. Sich Gönner zu sichern, macht die Hälfte von Forschungsarbeit aus.

Die *Trieste* war fast doppelt so groß wie das Original, und ihre Kugel aus geschmiedeter Stahllegierung wog zehn Tonnen; die Wände waren neun Zentimeter dick. Statt zerbrechlichen Quarzes nahmen die Piccards für die Luken Plexiglas, ein flexibles neues Material, das für die Kabinendächer von Kriegsflugzeugen perfektioniert worden war. Der verstärkte, 15 Meter lange Auftriebstank fasste 83 000 Liter Benzin. Durch einen schmalen vertikalen Tunnel durch den Schwimmer erreichte die zweiköpfige Crew über eine Leiter die Druckkapsel.

Im Juni 1953 begannen die französische *FNRS-3* und die *Trieste* mit Tauchversuchen im Mittelmeer. Die französische Marine errang die ersten Punkte in diesem Wettkampf, als Kapitänleutnant Georges Houot und sein Ingenieur Leutnant Pierre Henri Willm vor Toulon eine Tiefe von 2112 Metern erreichten. Die Piccards überrundeten die Franzosen am 30. September nahe der italienischen Insel Ponza. Auguste Piccard tauchte mit fast 70 Jahren zum letzten Mal. Mit der harten Landung in einer Sedimentwolke stellten Piccard *père et fils* im Tyrrhenischen Becken einen neuen Rekord auf: 3167 Meter. Einziger Schwachpunkt ihres Bathyskaph war die mangelnde horizontale Manövrierbarkeit: Die kleinen elektrischen Schrauben konnten die *Trieste* wegen des Schwimmers nur langsam voranbringen.

Im Jahr darauf hofften die Franzosen nahe den Kapverdischen Inseln im tropischen Atlantik, über 3900 Meter tief (die durchschnittliche Tiefe der Weltmeere) zu tauchen. Wenn die *FNRS-3* Erfolg hätte, wäre der größte Teil des Meeresbodens für die Forschung zugänglich. Am 15. Februar 1954 verschlossen zwei französische Marineoffiziere die Einstiegsluke der Kapsel, und der Bathyskaph begann zum weit entfernten Boden zu tauchen.

Innerhalb von zehn Minuten hatten Houot und Willm die Welt des Sonnenlichts hinter sich gelassen. Trotz eines Öllecks aus dem Druckmessgeräts hielten die beiden Forscher durch. Als das Echolot schrill pfiff, enthüllten die Scheinwerfer eine Fläche gekräuselten weißen Sandes. Sie waren 4050 Meter tief. Der Wasserdruck auf die Stahlkugel betrug über eine Tonne pro Quadratzentimeter; trotzdem sahen die Männer wogende Seeanemonen, die Houot wie »Tulpen aus Kristall« erschienen. Auch wenn es nur wenig Leben gab: Die Tiefsee war nicht steril.

Bis dahin hatten die Forscher fast nur Fische, die versehentlich mit Schleppnetzen aus großer Tiefe geholt worden waren, gesehen – etwa das Silberbeil, einen fingerlangen Knochenfisch mit Leuchtorganen und Teleskopaugen. Dieser kommt bereits in einer Tiefe von 200 Metern vor. Dennoch waren solche Zufallsfunde wenig aufschlussreich, weil die Fische – wegen fehlenden Druckausgleichs – fats völlig zerfetzt nach oben gelangten. Die eigentliche Tiefseefauna beginnt erst bei rund 400 bis 600 Metern. Pflanzliches Leben kann hier bei fehlendem Licht nicht mehr gedeihen. Alle Tiefseetiere müssen sich also räuberisch ernähren oder von dem, was von oben herabfällt. Die Fische kennzeichnen sich durch Kleinheit, bizarre kopflastige Gestalt sowie Tast- und Leuchtorgane. Auch Tintenfische und eigentümliche Würmer bewohnen die Tiefsee. Von oberflächennahen Gewässern aus taucht der Pottwal bis in große Tiefen herab.

1956 betrieben die Piccards die *Trieste* mit einem unsicheren Budget, das teils von Marinebiologen und -geologen aufgebracht wurde, die den Meeresboden aus erster Hand erkunden wollten. Begegnungen mit vordem nie gesehenen Kreaturen und manchmal bizarren geologischen Formen wie vulkanischen Strömen überzeugten viele Wissenschaftler davon, dass die Zukunft der Ozeanerkundung im Tiefsee-U-Boot lag. Dann hieß die amerikanische National Academy of Sciences das Konzept von Tauchbooten wie dem Bathyskaph gut, und das Office of Naval Research (ONR) nahm die Piccards unter Vertrag, damit sie amerikanische Wissenschaftler und Marineoffiziere mit zum Mittelmeerboden nahmen.

Das ONR war von der Tauchkapsel so beeindruckt, dass die US-Navy die *Trieste* kaufte und nach San Diego verschiffte. Als Teil des Handels erhielt Jacques Piccard das Recht, die Kapsel bei besonders schwierigen Tauchgängen selbst zu lenken. Der Kalte Krieg intensivierte sich, und die Navy entschloss sich zu einer Demonstration ihres Knowhows in der Unterwasserforschung,

als das Gerücht kursierte, dass die Sowjetunion einen Bathyskaph baute. Es gab keinen Aufsehen erregenderen Tauchgang als den zur tiefsten Stelle des Ozeans, dem Challenger-Tief im Marianengraben südlich von Guam, 11 022 Meter unter der Oberfläche des Pazifiks – der tiefstgelegene Ort der Erdoberfläche. 1959 gab die Navy bei der Krupp-Gießerei in Essen eine neue, schwerere Druckkapsel für die *Trieste* in Auftrag. Die Hülle war 12,5 Zentimeter dick und konnte dem unvorstellbaren Druck von 3,5 Tonnen pro Quadratzentimeter standhalten, dem der Bathyskaph am tiefsten Punkt des Meeresbodens ausgesetzt wäre. Die *Trieste* wurde an Bord eines Navy-Transportschiffs nach Guam gebracht.

Auf dem 320 Kilometer langen Schleppzug zur Tauchstelle hatte die *Trieste* stürmische See zu überstehen. Irgendwie schafften es Jacques Piccard und Navy-Leutnant Don Walsh, am Morgen des 23. Januar 1960 von einem Gummiboot an Bord des U-Boots zu klettern. Wenn auch einige Außengeräte bei der rauen Überfahrt zerstört worden waren, stellten die beiden Forscher fest, das U-Boot sei im Wesentlichen intakt. Piccard ließ um 8.23 Uhr Benzin aus dem Schwimmer, und die *Trieste* sank unter die unruhige Oberfläche.

Anfangs kamen sie nicht sehr weit. Das Tauchboot stieß weniger als 180 Meter tief auf einige Sprungschichten zu kälteren Wasserkörpern – unsichtbare Temperaturgrenzen. Das Benzin im Schwimmer war noch zu warm, so dass die Kapsel nicht durch diese Thermalschichten sinken konnte. Piccard musste etwas von seiner kostbaren Auftriebsreserve ablassen.

Dann waren sie unterhalb der Barriere und fielen mit 90 Zentimetern pro Sekunde in die schwarze Leere. In der völligen Dunkelheit, nur von dem recht simplen Sonarprofil des Challenger-Tiefs geleitet, konnten die Forscher nicht beurteilen, was da unten war. Sie mussten sich

Ein Schnitt durch das Tiefseeboot *Alvin*: Der Pilot (rechs) lenkt das Fahrzeug, während zwei Wissenschaftler in der engen Druckkapsel sitzen. Als voll ausgereiftes Forschungs-U-Boot kann die Alvin in Tiefen bis zu 3700 Meter Bilder aufnehmen sowie Gesteins-, Sediment- und Wasserproben sammeln.

Folgende Seiten: In über 3000 Meter Tiefe erkundet die *Alvin* unterseeische Kliffs im Cayman-Graben. Bei diesem Tauchgang bat ich unseren Piloten Dudley Foster, mit dem mechanischen Arm eine Gesteinsprobe für die spätere Analyse zu nehmen.

auf ihr Echolot verlassen, das sie warnte, wenn sie auf einen schroffen Grat oder eine Spitze zutrieben.

Ähnlich unheilvoll war die Vorstellung, der Boden des Grabens könnte ursprünglich tiefer gelegen, aber mit einer tiefen Sedimentschicht aus Jahrmillionen angefüllt sein, sodass der Bathyskaph wie in Treibsand verschwinden würde.

Sie hatten 9875 Meter erreicht, als die *Trieste* von einer Explosion erschüttert wurde. Piccard und Walsh überprüften panikartig ihre Instrumente. Die Druckkapsel war intakt, und die Stromkreise waren normal. Sie setzten den Tauchgang fort.

Um 12.56 Uhr, über vier Stunden nach dem Verlassen der Oberfläche, begann das Echolot eine Bodenkontur auf den Papierausdruck zu zeichnen. Sie näherten sich dem Grund. Die Scheinwerfer zeigten nach und nach eine beige Fläche feinen Sediments. Piccard warf Stahlschrot ab, um dem Bathyskaph zu einer sanften Landung zu verhelfen. Sie waren auf 11 022 Metern unter der Oberfläche angelangt.

In der Tauchsaison am Mittelatlantischen Rücken im Jahr 1974 wurden im Rahmen des Projekts FAMOUS mehrere Tiefseeboote benutzt, darunter die *Alvin*. Ich stieg in der voll gepackten Kapsel dieses Fahrzeugs mehrmals zum Mittelozeanischen Rücken ab – so auch drei Jahre später zur Galápagos-Spalte nördlich des gleichnamigen Archipels.

Die Forscher spähten wie verzaubert aus den Luken: Da war ein recht scheuer, flacher Fisch, ähnlich einer Seezunge. Er starrte mit großen runden Augen zurück. Die Männer reichten sich die Hand; sie hatten die erste Hälfte ihrer Reise geschafft. Jetzt mussten sie sicher wieder an die Oberfläche kommen. Walsh schaute durch die obere Aussichtsluke und sah, dass die Plexiglasscheibe in der rechteckigen Einstiegskammer, die die Kugel mit dem Tunnel verband, zerborsten war: Das war der Knall, den sie gehört hatten. Da sowohl Tunnel als auch Einstiegskammer mit Absicht geflutet waren, bestand keine Gefahr einer katastrophalen Implosion. Doch die Forscher wären vielleicht nicht in der Lage, die Kammer an der Oberfläche leer zu pumpen. Sie müssten dieses Problem später lösen.

Während Walsh sich durch seine Checkliste arbeitete und ihren Sauerstoff- und Natronkalkvorrat kontrollierte, prüfte Piccard mehrmals die Stromversorgung. Es war absolut lebenswichtig, dass die Elektromagneten richtig funktionierten, um die Ballastsilos zu entleeren. Es war an der Zeit, den Boden zu verlassen; sie hatten einen immerhin elf Kilometer langen Aufstieg vor sich. Piccard betätigte seine Schalter, und Ballast stürzte in den Schlick. Die *Trieste* war unterwegs. Um 16.56 Uhr erreichte der riesige weiße Bathyskaph die Oberfläche. Die Forscher pumpten den Tunnel leer und kletterten müde an die blendende tropische Sonne.

Die *Trieste* hatte den »Everest der See« bezwungen. Trotzdem erkannten nachdenkliche Meeresforscher, dass Bathyskaphen schwerfällige Dinosaurier waren. Sie konnten in ungeheure Tiefen vorstoßen, waren aber wenig mehr als Aufzüge. Wahre Erforschung erforderte kleinere, leichtere und beweglichere U-Boote, die von Schiffen abgelassen werden konnten und nicht durch Stürme gezogen werden mussten. Zwar baute die US-Navy einen verbesserten Bathyskaph, die *Trieste II*, doch zivile Designer planten eine neue Generation von Tauchbooten.

Dies waren die ungestümen Tage der New Frontier. Amerika war noch nicht im Morast Indochinas stecken geblieben, und alles schien möglich. John F. Kennedy hatte die Nation dazu verpflichtet, bis 1970 Menschen auf den Mond zu schicken. Ozeanographen waren aufgeregt wegen der Aussicht auf eine »NASA des Meeres«, einer ambitionierten, von der Regierung finanzierten Anstrengung, Wissenschaftler unter die Meeresoberfläche zu bringen, so wie Astronauten ins All.

Das erste und erfolgreichste U-Boot der neuen Generation war die *Alvin*, unter der Partnerschaft von Woods Hole Oceanographic Institution (WHOI) und ONR gebaut. Das innovative Forschungs-Tauchboot wurde nach dem Woods-Hole-Geographen Allyn Vine benannt, der lange Zeit die Idee eines Tiefsee-Forschungs-Tauchboots verfocht.

Ich sah die *Alvin* erstmals 1967, als ich als junger Marineoffizier bei der WHOI arbeitete. Das 6,70 Meter lange, in der Form entfernt an eine Kaulquappe erinnernde Fiberglas-Boot schaukelte im Eel Pond an der Südküste von Cape Cod. Im Inneren der weißen Kunststoffhülle befand sich eine 2,10 Meter große Stahldruckkapsel, die Pilot, Copilot und einen Wissenschaftler unterbrachte (später, als wissenschaftlicher Mitarbeiter bei der WHOI, konnte ich dieses Verhältnis auf zwei Forscher und einen Piloten umkehren).

Die *Alvin* konnte sicher auf 1800 Meter tauchen. Unter dem Bug befand sich ein ferngesteuerter Arm mit einer Greifzange zum Aufsammeln von Proben. Auftrieb für die schweren Batterien und die Druckkapsel kam von dichtem Epoxidschaum, in dem Millionen mikroskopischer Aluminiumkugeln wie unsichtbare Bläschen in Baisers gleichmäßig verteilt waren. Dieser leichte Schaum hatte die notwendige Unkomprimierbarkeit einer Flüssigkeit ohne das sperrige Ausmaß eines Schwimmertanks. Zur Feinsteuerung des Auftriebs unter Wasser hatte das U-Boot ein innovatives Ölpumpsystem, um die Wasserverdrängung geringfügig zu verändern.

Indem man Gusseisenbarren abwarf, konnte man in Notfällen aufsteigen. Der Arm und die Probenschale unter dem »Kinn« konnten ebenfalls losgemacht werden. Wenn all dies fehlschlug, konnte der Pilot die zwei schweren Batterien wie Bomben abwerfen und somit Auftrieb erzeugen.

Und schließlich, wenn alle diese Schritte nichts brachten, konnte der vordere Teil, der die Druckkapsel enthielt, mechanisch abgetrennt werden — was bedeutete, dass über die Hälfte des Tauchboots zurückgelassen würde. Ich war überzeugt, dass die *Alvin* das perfekte Werkzeug für aktiv forschende Geologen wie mich war, um sie zum Meeresboden zu bringen.

Meine Chance, das Tauchboot zu testen, kam während der Periode der Begeisterung über die revolutionäre Theorie der Plattentektonik — Tekton war der Name des Zimmermanns in Homers *Ilias* —, die die Erdwissenschaften in meinen letzten Studienjahren ergriff. An einem Winterabend des Jahres 1968 besuchte ich am Massachusetts Institute of Technology eine Vorlesung des Geologieprofessors Patrick M. Hurley über den Vergleich des Sedimentgesteins Süd- und Nordamerikas, Westeuropas und Westafrikas. Seine Folgerung war erstaunlich: Die Schichten dieser Formationen waren nicht nur ähnlich, sie waren identisch. Das Gestein der Appalachen passte zu dem der Kanalinseln nahe der französischen Küste, der nördlichen britischen Inseln und Skandinaviens. Die Kontinente waren wohl einst miteinander verbunden, jetzt aber durch den 4800 Kilometer breiten Atlantik getrennt. Anhand des Vergleichs des Gesteins Brasiliens und der Ausbuchtung Westafrikas bewies Hurley die Theorie des deutschen Geophysikers Wegener, dass Afrika und Südamerika ebenfalls einst verbunden waren und sich eine Ausbuchtung Brasiliens in Westafrikas Bucht von Benin schmiegte.

Hurley präsentierte überzeugende wissenschaftliche Beweise, um die einst diskreditierte wegenersche Theorie der Kontinentaldrift, die bald als Plattentektonik bekannt wurde, zu stützen. Dies war im wahrsten Sinn des Wortes »erderschütternder« Stoff, und die kleine Welt der professionellen Geologie geriet in Aufruhr. Die klassische Geologie glaubte nicht an bewegliche Kontinente: Sie wüchsen und schrumpften vertikal, wenn ihr Gestein erodiert, um dicke Sedimentablagerungen zu bilden, deren Gewicht dann riesige Blöcke schüfe.

Doch die Verfechter der Plattentektonik sagten, die Kontinente ruhten auf riesigen, relativ leichten Flößen steiniger, krustiger Platten, die auf einem dichten, extrem heißen Mantel treiben. Krustenplatten trennen sich, kollidieren oder schrammen sich an Verwerfungslinien. Wenn zwei Platten, wie die nordamerikanische und die europäische, auseinander driften, steigt entlang einer sich bildenden Spalte geschmolzenes Magma auf — dies ist beim Mittelatlantischen Rücken der Fall, der Teil eines längeren, die Erde umspannenden Unterwasser-Gebirgskamms ist. An Kollisionspunkten können die riesigen Verwerfungen tiefe Ozeangräben oder aber Gebirge wie die Anden oder den Himalaja bilden.

Mitte der 70er Jahre waren die Geologen von den Beweisen der Plattentektonik überzeugt, so erstaunlich sie auch war. Doch hier endete auch die Übereinstimmung. Die Geo-

physiker, die Phänomene wie Erdanzie-
hung, Magnetismus und natürliche Radio-
aktivität untersuchten, fühlten sich zu Pionieren in Sachen Plattentektonik berufen.
Geologen wie ich, die von vielen Geophysikern als Techniker abgetan wurden, glaubten, dass sie den Hauptanteil der (mageren)
finanziellen Unterstützung für den Beweis
der neuen Theorie bekommen sollten. Wir
untersuchten Gestein, den Stoff, aus dem
die Krustenplatten waren.

Und der Meeresboden, besonders der
Mittelatlantische Rücken, schien der ideale
Ort für Geologen zu sein, um ihre Feldstu-
dien durchzuführen, da die Plattentektonik
hier bewiesen werden könnte. In den 50er
Jahren hatten Forscher mittels geeigneter
Schleppinstrumente vom Schiff aus Proben
vom Mittelatlantischen Rücken heraufge-
holt, und beiderseits des Rückens interessante Schichtungen mit hellen und dunklen Bändern gefunden. Wie das Gestein, das
Hurley untersucht hatte, hatten diese Muster westlich und östlich des mittelozeanischen Gebirges dieselbe Breite und Reihenfolge. Die Verfechter der Plattentektonik
glaubten, dass eisenreicher Basalt als eine ge-
schmolzene Masse ausgestoßen wurde und
sich dann in parallelen Bändern verteilte.
Das Streifenmuster rührte von der periodi-
schen Umkehrung der Magnetpole der Erde im Laufe von Jahrmillionen her – Vor-
gänge, die in diesem Basalt »eingefroren«
wurden, wenn er abkühlte.

Geologen waren begierig darauf, zum
Rücken in 2700 Metern Tiefe zu tauchen
und Proben zu sammeln. Geophysiker wollten weiterhin auf Booten mit Magnetome-
tern, Gravimetern und Seismographen von der Oberfläche aus operieren.

Wir erreichten einen Kompromiss. Die French-American Mid-Ocean Undersea Study
(FAMOUS) von 1973/74 kombinierte traditionelle geophysische Oberflächenstudien, Fotoaufnahmen mit Kameras auf Schleppschlitten und Bodenuntersuchungen von bemannten Tauchbooten. Der Bathyskaph der französischen Marine, *Archimede*, machte 1973 die ersten Tauchgänge. Doch der Hauptteil der bemannten Tauchgänge wurde in der Saison von 1974 mit der
Archimede, dem kleineren französischen Tiefsee-Tauchboot *Cyana* und der *Alvin* (mit neuer Titan-
druckkapsel für Tiefen bis 3000 Meter) durchgeführt. Viele Tauchgänge wurden am zentralen
Spaltental des Mittelatlantischen Rückens etwa 650 Kilometer südwestlich der Azoren ab-
solviert, dort, wo die nordamerikanische und die afrikanische Krustenplatte auseinander driften.

Am 1. Juli 1974, dem Morgen nach meinem 30. Geburtstag, glitt ich über die Laufplanke,
die die *Alvin* mit ihrem Versorgungsschiff *Lulu* verband, und kletterte auf das Tauchboot, hinter
mir der Vulkanologe Jim Moore. Wir schlüpften in die enge Druckkapsel voller Instrumente,
wo unser Pilot Jack Donnelly hinzukam.

1974 hätte sich am Mittel-atlantischen Rücken fast eine tödliche Katastrophe ereignet, als der Pilot der *Alvin*, Jack Donnelly, mit den Geologen Bill Bryan und Jim Moore an Bord, das Tauchboot versehentlich in einem engen Spalt verkeilte (ganz links). Mit größter Anstrengung befreite Donnelly die Alvin. Hier signaliert er beim Einschiffen am Mutterschiff *Lulu* seine sichere Rückkehr.

Unsere erste Untersuchungsstätte auf etwa 2700 Metern war ein gewundener Zwillings-rücken, der von einer breiten Spalte aus vulkanischem Ödland geteilt wurde. Eine steile, 300 Meter hohe Westwand bildete den Wall der nordamerikanischen Krustenplatte. Westlich dieser Serpentinenklippe war der Meeresboden ein Chaos aus vulkanischen Kuppeln, Rissen und niedrigeren Klippen. Die zentrale Spalte wurde von geradlinigen Schluchten durchbrochen. Zwei konische Unterwasservulkane, Mount Venus und Mount Pluto, dominierten diesen Abschnitt.

Die Kameraschlitten lieferten Fotos des neuen Acoustically Navigated Geological Under-sea Surveyor (*ANGUS*) von frisch aussehenden Lavaströmen – ein schlagender Beweis dafür, dass die Krustenplatten auseinander driften und neues Magma vom Mantel aufsteigt, um die Lücke zu füllen. Aber die Spalte war noch eng genug, damit die *Alvin* bei einem einzigen Tauch-gang von einer Platte zur anderen manövriert werden konnte.

»Sauerstoff an, Lüftung funktioniert«, las Jack Donnelly von seiner Checkliste ab. Er überprüfte die Lukenversiegelung und den Schließmechanismus.

Ein Taucher führt vor einer Fahrt zum Mittelatlantischen Rücken an der *Alvin* eine Sicherheitskontrolle durch. Der Netzkorb am Bug war für unsere Forschung wichtig und brachte oftmals einzigartige geologische Proben mit nach oben.

»*Lulu*«, gab Jack per Funk durch, »meine Einstiegsluke ist geschlossen. Sonar-Pinger und Unterwassermikrofon sind an.«

Ich unterdrückte einen Anflug von Nervosität, als ich an den Sommer zuvor dachte, in dem ich an Bord des französischen Bathyskaph *Archimède* fast erstickt wäre. Doch dieses kleine Tauchboot war nach einer Überholung praktisch brandneu. Ich war bereit.

»Erbitte Erlaubnis zum Tauchen«, sagte Jack.

»Roger, *Alvin*«, gab Pilot Dudley Foster vom Versorgungsschiff durch. »Ihr seid klar zum Tauchen. Wassertiefe beträgt 2650 Meter. Viel Glück.«

Wir sanken mit 30 Zentimetern pro Sekunde. Schnell wurde das Wasser vor der Aussichtsluke indigoblau und nur kurz darauf verabschiedete sich auch diese Farbe. Der letzte Hauch von Sonnenlicht verschwand.

»*Alvin*«, kam Dudleys Stimme aus dem Lautsprecher. »Eure momentane Position ist X 55,6, Y 100,4. Wir schlagen vor, ihr fahrt mit einem Kurs von 180 Grad.«

Der Navigator an der Oberfläche verfolgte unsere Position, indem er *Alvins* Sonarreflektor (Pinger) mit Hilfe des verankerten Transpondernetzwerks auf 275 Meter über dem Boden bestimmte. Das System arbeitete normalerweise perfekt, aber das raue Terrain der Gebirgskette konnte falsche Sonarechos produzieren. Und es gab den »Flipper-Faktor«: Unsere kleinen Kameraden, die Delphine, lernten schnell, die Frequenzen der Transponder nachzuahmen.

Aber heute war unsere Navigation korrekt. Auf einer Tiefe von 2590 Metern gab das Kurzstrecken-Sonar etwas Festes an. Jack warf Ballast ab, um unseren Abtrieb zu bremsen. Bald zeigten unsere Scheinwerfer eine matte Bodenansicht.

»Ich sehe etwas«, rief ich aus meiner Aussichtsluke, als ich eine schwarze Lavafassade erblickte. Nachdem Jack *Alvins* Bodenkufe geschickt gegen die steile Formation gelehnt hatte, nahmen Jim und ich mit Hilfe des mechanischen Arms Proben und platzierten sie im äußeren Sammelbehälter.

Die Lava war hier so frisch, dass sie nicht mit den grauen Ablagerungen aus Mangan bestreut war, die das Gestein jenseits des zentralen Gebirgskamms bedeckte, das Jahre lang dem Meerwasser ausgesetzt war – ein Beweis, dass der Meeresboden nach wie vor in tektonischer Bewegung war. Wir untersuchten all die Formationen, die die mit Hilfe des *ANGUS*-Kameraschlittens entstandenen Fotos zeigten: gewundene, 30 Zentimeter dicke Stränge wie aus einer Zahnpastatube, Lavakissen, die wie Fußschemel aussahen, und kuppelförmige, Heuhaufen ähnliche Formationen, größer als die *Alvin*. Jim und ich diktierten ohne Pause Notizen in unsere Aufnahmegeräte und studierten die Aufnahmen der Außenkamera und des Zweikamera-Stereoskop-Systems. Zweieinhalb Kilometer unter der Oberfläche praktizierten wir hoch entwickelte Geologie.

Während der Expedition zum Cayman-Graben im Jahr 1975 entdeckten wir interessantes Gestein, das uns half, die innere Zusammensetzung der Erdkruste besser zu verstehen. Hier inspizieren mein Mentor Professor Kenneth O. Emery (Mitte) und andere Wissenschaftler eine Probe, die die *Alvin* aus der Tiefe mitgebracht hatte.

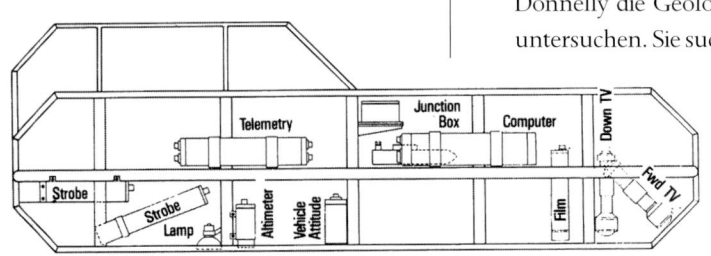

Der Kameraschlitten *ANGUS*, der erstmals im Projekt FAMOUS zum Einsatz kam, wurde später durch die technisch höher entwickelte *Argo* ersetzt (rechts).

Gegen Ende des Tauchgangs trafen wir auf ein unverkennbar tektonisches Merkmal: einen messerscharfen Bruch in Richtung Süden.

»Schau dir die Verwerfung an«, sagte Jim. »Sie ist eindeutig linear.«

Der Riss durchschnitt die Lava wie ein Schwerthieb. Ich hatte solche Frakturen an der San-Andreas-Verwerfung in Kalifornien gesehen, wo die nordamerikanische und die pazifische Krustenplatte aufeinander stoßen. Hier hatten wir den Beweis für den tektonischen Prozess.

Doch wir mussten lernen, dass das bemannte Tauchboot nicht unfallsicher war, als Jack Donnelly die Geologen Bill Bryan und Jim Moore in die Spalte brachte, um tiefere Risse zu untersuchen. Sie suchten nach Meerwasser, das zu Magmakammern durchgesickert und dann durch Spalten wieder hochgebrandet war und heiße Quellen bildete. Als ihr Navigator auf der *Lulu* war ich am geschäftigsten, als die *Alvin* am Boden zwischen den Vermessungsstationen umherfuhr. Zwei Stunden nach Beginn des Tauchgangs sah ich, dass der Stift, der ihre Postition markierte, immer auf derselben Stelle hüpfte. Warum hatte Jack die *Alvin* nicht bewegt?

»*Alvin*«, rief ich ins Mikrofon, »seid ihr noch auf Station vier?« Ich wollte sie antreiben, ehe die Zeit für die Expedition zu Ende ging.

Mein seltsames Echo hallte von 2750 Metern Tiefe zurück, gefolgt von Donnellys angespannter Stimme. »Wir können anscheinend nicht aufsteigen.«

Er erklärte, dass sie in einen tiefen Riss gefahren waren, aus dem wärmeres Wasser aufstieg. Die *Alvin* drang mit leicht nach unten geneigter Nase ein, ihr Temperaturfühler tastete die aufsteigenden Ströme ab. Die zwei Geologen waren fasziniert von der Größe des Risses. Jack konzentrierte sich auf seine Kontrollinstrumente. Keiner von ihnen sah, dass die Wände oben enger wurden.

»Kannst du Val holen?«, fragte Jack. Er meinte Val Wilson, den ersten Piloten der *Alvin*. »Ich muss mit ihm sprechen.«

Die normalen Witzeleien an Bord der *Lulu* erstarben. Val saß neben mir und sprach mit abgehackter, monotoner Stimme ins Mikrofon, als er Jack bat, die Auftriebsschrauben in eine Richtung zu drehen, dann in die andere, und gleichzeitig volle Kraft voraus oder nach hinten zu geben.

90 Minuten lang war Jack Donellys Stimme aus der Tiefe zu hören; kein Manöver jedoch konnte die *Alvin* aus der Lavaspalte befreien. Das U-Boot hatte Reserven für drei Tage. Aber wenn es hoffnungslos in diesem engen Riss steckte, konnten nicht einmal die anderen Expeditions-Tauchboote, die *Cyana* der französischen Marine und ihr schwerfälliger Bathyskaph *Archimède*, helfen. Und die letzte Notfallmaßnahme, die Kapsel abzusondern, würde die Crew zum Tode verurteilen. Ohne Schiffsschrauben würde sie gegen die überhängende Wand schleudern.

Zwei Stunden und zehn Minuten nach Beginn der Rettungsmaßnahmen gab Jack bekannt: »Wir sind frei und zu unserer nächsten Station unterwegs.« Die gewandte Koordination von Schraubenschüben und Ballastverteilung hatte sie schließlich befreit. Bei Sonnenuntergang ließ Jack die *Alvin* zwischen die Brücken der *Lulu* gleiten. Als wir das U-Boot untersuchten, fanden wir in Rissen am Rumpf Brocken schwarzer Lava. Unser Unterwasserkahn war also mit knapper Not durch einen Engpass geschrammt.

»Das war, wie einen Cadillac aus einem VW-Parkplatz zu manövrieren«, war alles, was Jack sagte.

Im Juni 1977 tauchte ich an Bord des Marine-Bathyskaph *Trieste II* in den Cayman-Graben westlich von Puerto Rico im Karibischen Meer. Diese Kluft markiert eine tektonische Spalte, an der wie bei der San-Andreas-Verwerfung Platten aneinander wetzen, aber eine Rechtsbiegung in dieser Verwerfung führt zu einer Abweichung und bildet einen gewaltigen Graben, der fünfmal tiefer als der Grand Canyon ist. Kapitänleutnant Kurt Newell und sein Hauptmaat George Ellis nahmen mich mit zum tiefsten Tauchgang auf über 6000 Meter an der Flanke eines endlosen Lava-Canyons.

Nachdem ich beim fünfstündigen Abstieg geschlummert hatte, bemerkte ich die erste schattenhafte Spur des Bodens am Echolot. Alles, was ich durch die dicke ovale Luke im Scheinwerferlicht sah, war langsam herabrieselnder »Meeresschnee«, der wohl seit Wochen von der Oberfläche herabfiel. Dann begann George den geringer werdenden Abstand zum Boden herunterzusingen: »200 Meter ... 150 Meter ... 100 Meter ... Wir kommen runter, viel Platz ...«

Bei voller Tauchgeschwindigkeit war die *Trieste II* durch harten Bodenkontakt gefährdet, der unsere dünnwandigen Benzintanks beschädigt hätte, weshalb wir bereit sein mussten, Stahlschrot abzuwerfen. Ich wartete angespannt darauf, irgendeine solide Struktur zu sehen.

»60 Meter«, rief George.

Dann erblickte ich einen dunklen felsigen Abhang.

»Boden!«, schrie ich. »Er kommt schnell näher.«

»Unmöglich«, erwiderte Kurt. »Das Echolot gibt 50 Meter an.«

»Mir egal, was es sagt. Ich kann den Boden sehen.«

Kurt Newell glaubte mir. Er begann, Stahlschrot abzuwerfen. Aber unser Gewicht von mehreren Tonnen hatte eine hohe Triebkraft. Das Vorderteil des Schwimmtanks der *Trieste II* krachte in die Klippen, die ich Augenblicke zuvor gesehen hatte. Wir fielen den Hang eines steilen Vulkankegels hinab. Mit angehaltenem Atem sah ich die graue Stahlschnauze durch den Lavastrom pflügen und Schwaden Gesteinsstaubs aufwirbeln. Dann sah ich eine gekräuselte Welle vielfarbiger Bläschen. »Benzin im Wasser«, krächzte ich, so ruhig ich konnte.

Die Benzinschlieren bedeuteten, dass der Tank gebrochen war. Angsterfüllt beobachteten wir die Entleerung unseres Auftriebstanks. Wir würden vielleicht nie wieder nach oben kommen.

Kurt und George führten verzweifelt das Notfallmanöver durch und warfen den übrigen Ballast ab. Niemand sprach ein Wort. Wir starrten nur auf die blinkenden Ziffern der Aufstiegsanzeige. Wenn wir genug restliche Auftriebskraft im zerborstenen Tank hätten, würden wir mit 30 Zentimetern pro Sekunde auftauchen. Wenn nicht, waren wir so gut wie tot.

Die Anzeige flatterte: 31, 29, 30, 28, 27, 31 ... 30.

Der Kameraschlitten *Argo*, der mit der Entdeckung des *Titanic*-Wracks 1985 bekannt wurde, trat in Sachen Kartographierung des Mittelozeanischen Rückens in die Fußstapfen von *ANGUS*.

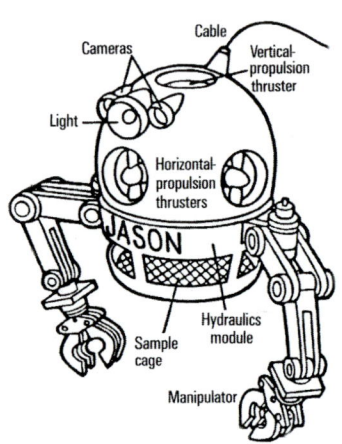

Dieser frühe Entwurf des Remote Operated Vessels (ROV) Jason (oben) hat schon alle wichtigen Elemente des späteren Fahrzeugs. Wir nahmen ursprünglich an, das ROV brauche eine stromlinienförmige, kugelige Gestalt, doch das fertige *Jason* (rechts) hat eine ganz andere Form, mit mehr Lampen und Kamerasystemen und nur einem mechanischen Arm. Mit seinen mehreren Rudern ist das Fahrzeug ein gewandter Akrobat.

Ich schloss meine Augen und atmete langsam, um die nutzlose Aufregung zu unterdrücken. Schließlich stabilisierte sich die blinkende rote Anzeige: 29, 29, 28 … 31, 30 … die *Trieste II* stieg auf.

Wir durchbrachen beim letzten Glühen des karibischen Sonnenuntergangs die Oberfläche. Als ich vom Tunnel hochstieg, schwor ich mir: Niemals mehr würde ich in einem Bathyskaph tauchen. Der Kabelbrand in der *Archimède* hatte mich in jener ersten Saison am Mittelatlantischen Rücken beinahe erstickt, und auch heute wieder war ich in der *Trieste II* in Lebensgefahr geraten. Es musste einfach eine bessere Möglichkeit zur Erforschung der Tiefsee geben, als diese schwerfälligen Dinosaurier.

Ich hatte bei der WHOI ein Ferienjahr und arbeitete in Stanford über Plattentektonik, als ich über die Mittel nachdachte, Forschungsausrüstung und Mitarbeiter auf den Meeresboden zu bringen.

Mein Arbeitszimmer in Palo Alto war voller Dias von geologischen Tiefsee-Expeditionen, doch ich hatte bis dahin weniger als 80 Kilometer der 64 000 Kilometer langen Gebirgskette gesehen, die den Planeten unter den Ozeanen durchzog. Ein kleines Tauchboot wie die *Alvin* war zu langsam und zu abhängig von der Oberfläche, um als Forschungswerkzeug zu dienen.

Ich war überzeugt, dass die Ära der bemannten Tauchboote in der Ozeanerforschung ihren Höhepunkt überschritten hatte. Sogar unser alter Kameraschlitten *ANGUS* — ein zusammengeschweißter Röhrenrahmen, der zwei 35-mm-Kameras mit großen Filmmagazinen und Blitzlichtern trug — konnte in 24 Stunden mehr Bodenfläche abdecken als die *Alvin* in einem Monat. Aber *ANGUS* war ein »dope on the rope«, ein »Tölpel an der Leine«, wie wir sagten. Seine Fotos mussten in einem Labor auf dem Mutterschiff entwickelt werden, was Stunden dauerte. Wenn *ANGUS* interessante Bodenformationen fand, musste das Boot zurückfahren und — manchmal vergeblich — die Stelle wiederzufinden suchen.

Ich wollte ein System, das die Ausdauer eines geschleppten Kameraschlittens mit der Flexibilität eines bemannten Tauchboots kombinierte, in dem die Wissenschaftler direkt vor Ort waren und Proben sammelten. Ich dachte noch über dieses Konzept nach, als ich über die Arbeit von Forschern im nahe gelegenen Silicon Valley las, dem Herzen von Amerikas Hightech-Szene. Ihre erstaunlichen Innovationen in Computerchips und Bildverstärker-Kameras könnten ein elektronisches Auge, nach dem ich suchte, liefern, Ohr und Tastsinn in einem.

Und die Fiberglaskabel, die sie entwickelten, waren einen ganzen Quantensprung besser als das handelsübliche Schleppkabel von *ANGUS* oder selbst als das fortschrittlichere Koaxialkabel vom *Deep-Tow* des Scripps Oceanographic Institute.

Auf dem Notizblock entwarf ich ein Schleppfahrzeug, das über ein Glasfaserkabel mit einem Kontrollwagen auf dem Schiff an der Oberfläche verbunden war. Die vielsträngige Nabelschnur würde klare Farbfernseh- und Sonarbilder übertragen und Fernsteuer-Kommandos zu den Rudern, Sensoren, Kameras und Roboterarmen senden. Wir hätten damit am Ende eines Seils eine Miniatur-*Alvin*, die für Tiefseeforschung taugte, ohne sich um die Versorgung einer Crew zu sorgen oder sie nach drei bis vier Stunden vom Meeresboden zurückholen zu müssen.

Die wissenschaftliche Crew würde an der Oberfläche arbeiten, wäre aber praktisch am Meeresboden präsent, indem es alle Phänomene auf Videomonitoren und Sonar-Schattengrafiken beobachtete. Ich nannte diese Fähigkeit, gleichzeitig oben und unten zu sein, »Telepräsenz«.

Eines Morgens wachte ich bei Dämmerung auf und ging in mein Arbeitszimmer. Vor dem Einschlafen hatte ich griechische Mythologie gelesen. Jetzt wusste ich, wie ich mein neues System nennen würde: *Argo-Jason*, zu Ehren des ersten mythischen Forschers der westlichen Zivilisation.

Argo würde ein Pistensucher sein, ein hoch entwickelter Schleppschlitten mit Video- und Fotokamera und hoch empfindlichem Side-Scan-Sonar. *Jason* würde ein ferngesteuertes Fahrzeug sein, das Untersuchungen durchführte und automatisch interessante geologische, biologische und archäologische Proben nähme, die *Argo* entdeckte. *Jason*, von eigenen Rudern gesteuert, bräuchte kein Schleppschiff an der Oberfläche. Die beiden Systeme würden von Forschungsbooten aus operieren, die mit dynamischen Positionierungssystemen ausgestattet wären, die ihnen erlaubten, an einer Stelle über dem Meeresbodens zu bleiben oder sich auf bestimmten Routen zu bewegen.

Ich konnte meinen Freund Sam Matthews bei NATIONAL GEOGRAPHIC überzeugen, eine Zeichnung dieses Luftschiff-Vehikels in einem Artikel aufzunehmen, den er über die Zukunft der Ozeanografie schrieb.

Dr. Ballards *Argo* und *Jason*, sagte er, seien in der »Entwurfs- und Prototyp-Phase«. Ein solches eingespieltes Team von Wissenschaftlern und Erkundern vor Ort sollte finanzielle Unterstützung nach sich ziehen.

Meine Freunde beim ONR boten Anteile ihres Fonds an. Während meine Gruppe bei Woods Hole die Technik testete, legte ich das Konzept dem Marineminister John Lehman und Admiral Ron Thunman vor.

Die Navy genehmigte Unterstützung für mehrere Jahre Forschung und Entwicklung. Ich bildete bei Woods Hole das Deep Submerge Laboratory, um mein neues System zu bauen.

Argo-Jason trat seine Reise vom mythologischen Reich in die wissenschaftliche Realität an. Jahre später würde das ausgereifte System seinen wahren Wert an bedeutenden archäologischen Stätten unter Wasser zeigen, besonders bei der Entdeckung von Terrakotta-Objekten aus der Eisenzeit von den phönizischen Schiffen *Tanit* und *Elissa* vor Ashkelon.

An Deck eines Schiffes war *Jason* ein hässlicher kleiner, untersetzter Kamerad mit Insektenaugen, ein eineinhalb Tonnen schwerer Block aus Rohren und vorstehenden Scheinwerfern.

In seinem Element, dem Wasser, jedoch war *Jason* ein anmutiger, unermüdlicher Athlet. Er konnte präzise Kreise drehen oder stundenlang an einem Platz verweilen, immer mit den sieben Ruderschrauben automatisch gesteuert. Nach Bedarf konnte der Roboter in gefährliche Sackgassen wie den Riss im Mittelatlantischen Rücken eindringen, der die *Alvin* beinahe für immer festgehalten hätte.

Und heute, über 20 Jahre nach den ersten Skizzen in meinem Arbeitszimmer in Palo Alto, weiß ich, dass die Unterwasserforschung seit Alexanders legendärer Tauchglocke sich weit entwickelt hat.

VIII | Lebens-
formen
im Ozean

Am 15. Februar 1977 fuhr unser Expeditionsschiff *Knorr* durch die heiße äquatoriale Nacht, 2750 Meter über dem Galápagos-Rücken im östlichen Pazifik. Wir befanden uns 320 Kilometer nördlich der Galápagos-Inseln, wo der ständig seekranke Charles Darwin im September 1835 dankbar an Land gegangen war – an die Küste jener Inselgruppe, auf der er dann Erkenntnisse gewann, die grundlegend das Verständnis des Lebens auf der Erde verändern sollten. Der Meeresboden unter uns driftete viel schneller als der Mittelatlantische Rücken, den wir 1974 untersucht hatten. Hier trieben die Cocos- und die Nazca-Platte mit einer Geschwindigkeit von sechs Zentimetern pro Jahr auseinander. Das durch die entstehende Spalte aus dem Erdmantel hochquellende Magma hatte einen von Spannungsrissen durchzogenen Lavarücken geschaffen.

Während unser bewährter *ANGUS*-Schlitten durch die kalte Dunkelheit nur 3,5 Meter über der Lava glitt, machten die Kameras alle zehn Sekunden Fotos für ein 3000-Bilder-Mosaik. Ein Temperaturfühler am Kameraschlitten registrierte auch geringste Veränderungen der Wassertemperatur. Bach hatte Merle Haggard im Kontrollwagen abgelöst, und Earl Young kam für Al Driscoll in die Fliegerstation. Meine rechte Hand, Cathy Offinger, war auf dem Navigationsposten, wo sie die Koordinaten von *Knorr* und *ANGUS* vom Computermonitor ablas. Ich wollte an Deck meine Beine ausstrecken, als Kathy Crane vom Scripps Oceanographic Institute die Aufzeichnung der gemessenen Temperaturwerte hochhob.

»Sieht wie eine Temperaturanomalie aus«, sagte sie und zeigte auf die Daten, die gegenüber den an allen Ozeanböden normalen 2,5 °C einen deutlichen Temperatursprung nach oben verzeichneten. Vielleicht nur eine Messstörung, dachte ich. Unser Datenübertragungssystem beruhte auf akustischen Signalen statt eines verlässlicheren Starkkabel-Stromkreises. Aber diese Temperaturspitze schien zu lange anzuhalten für eine Datenstörung.

Die Crew im Labor war sofort geschäftig, da sich alle bewusst waren, dass wir vielleicht beim ersten Versuch auf etwas Interessantes gestoßen waren.

Kathy Crane sagte: »Die Anomalie beginnt bei genau 19-0-9«.

Wie aufs Stichwort betraten Dick von Herzen, Geophysiker bei der WHOI, und der Geochemiker Jack Corliss von der Oregon State University das Labor. Jack, Dick und der Standford-Geologe Jerry van Andel hatten die Galápagos Hydrothermal Expedition initiiert und in Gang gesetzt. Nach dem Projekt FAMOUS hatte Dick die Bilder aufgegriffen, die wir von den Rissen am Mittelatlantischen Rücken gemacht hatten. Er war Wärmeexperte und hatte überall auf der Welt Meeresbodenproben genommen, um Wärmeenergie zu messen. Vorher hatte er ein ausgeklügeltes Modell des Wärmeflusses vom heißen Erdkern zum Mantel und in die Krustenplatten entworfen. Mittelozeanische Rücken, die von Hitze geformt wurden, interessierten ihn. Der Mittelatlantische Rücken schien zunächst in Dicks theoretische Abkühlungskurve bei tektonischen Driften zu passen. Doch Dick gab zu, dass die Daten, die wir vom Atlantik mitgebracht hatten, seine Theorie über den Haufen warfen. Die Topografie des Gebirgskamms schien perfekt zu passen – nicht jedoch die Wärmeverteilung. Die Temperatur des Meeresbodens im zentralen Tal war viel niedriger, als Dicks Modell vorhersagte.

»Irgendetwas muss Wärme vom Meeresboden abziehen«, sagte er zu mir.

Die favorisierte Hypothese war, dass in tektonischen Tälern hydrothermale Zirkulation auftrat: Kaltes Meerwasser sickerte in die gefurchte Lavakruste, wurde in den Magmakammern aufgeheizt und schoss dann als heiße Quelle hoch. Wenn sich das Wasser in der Magmakammer über den Siedepunkt von 100 °C hinaus erhitzte (obwohl es wegen des hohen Drucks nicht kochte) – ein so genannter endothermer Vorgang, in dem Verdampfungsenergie verbraucht wird –, sank die Temperatur des umgebenden Wasserkörpers, dem diese Energie entzogen wurde.

In den Spalten des Atlantikbodens – die *Alvin* war auf der Suche nach derartigen Unterwasser-»Geysiren« in einer solchen stecken geblieben – hatten wir keine heißen Quellen gefunden. Da jedoch die tektonische Drift im Pazifik in der Relation viel schneller vonstatten ging, stieg mehr geschmolzenes Gestein auf, sodass die Aussicht, heiße Quellen zu finden, größer war; an einem Ort wie dem Galápagos-Rücken hofften wir daher, hydrothermale Zirkulation zu finden. Leider standen Sponsoren nicht gerade Schlange, um solch eine teure Expedition zur Untersuchung dieses obskuren Phänomens zu finanzieren. Die Allianz aus WHOI, Oregon State University, Scripps und MIT, die wir zusammengeschustert hatten, wurde schließlich von der National Science Foundation unter dem Forschungsprojekt »International Decade of Ocean Exploration Program« unterstützt. Als die Fahrt, die dazu geplant war, die Neugier einiger weniger Wissenschaftler zu befriedigen, losging, hätten wir nie geglaubt, dass wir biologische Entdeckungen machen würden.

1976 hatte das Scripps-Team *Deep Tow* ein Foto weißer Muscheln, in der Form ähnlich den Schalen der Miesmuschel – und einer braunen Bierflasche zwischen ihnen – gemacht, die über der Achse des Galápagos-Rückens verstreut waren. Da niemand zuvor Kolonien dieser Weichtiere in solcher Tiefe gesehen hatte, hatten die Scripps-Leute natürlich angenommen, dies seien von einem Schiff abgeworfene Muschelabfälle, und nannten die Stätte »Clambake« – Muschelpicknick.

Ich dachte nicht über diese Muscheln nach, als ich ein Jahr später an Bord der *Knorr* den Ausdruck der Temperatur-Messdaten studierte. Drei Minuten nach Beginn der Anomalie kreuzten sich die parallelen Linien wieder. *ANGUS* war über ein Gebiet höherer Temperatur gefahren. Doch mit unseren unausgereiften Instrumenten konnten wir die Temperaturspitze nicht mit einer Bodenformation in Verbindung bringen, bevor wir den zwölfstündigen Tauchgang beendet, die *ANGUS* an Bord gebracht und die Filmrolle entwickelt hatten.

Ich ging bei Dämmerung zum Fotolabor, wo schon Jack Corliss, Dick von Herzen und das *ANGUS*-Team warteten. Wir lehnten über dem Labortisch, als unser NATIONAL-GEO-GRAPHIC-Fototechniker Pete Petrone die Filmrolle im Projektor einspannte. Der Monitor flimmerte, bis er die ersten Farbbilder der dreiminütigen Temperaturanomalie, die bei 19.00 Uhr begann, zeigte.

»Muscheln!«, rief Jack.

Wir starrten auf große weiße Muscheln, die so dicht beieinander lagen, dass sie die Kissenlava, auf der sie hafteten, fast bedeckten.

»*Hunderte* von Muscheln«, fügte ich hinzu. »Und schaut euch die Wasserfarbe an.«

Das Bild war trüb, fast milchig, anders als das klare Wasser, das wir sonst bei frischen Lavaströmen ohne Sedimentablagerungen sahen.

Die Kreaturen lebten in der eisigen, schwarzen Wüste. Ihr ungewöhnlicher Lebensraum war das fast sterile Loch des Galápagos-Rückens statt eines sonnendurchfluteten Seegrasbettes. Ich war schon oft auf dem Meeresboden gewesen, hatte aber nie so viel Leben entdeckt. Auf dem Sediment des Atlantikbodens hatte ich manchmal unkrautähnliche Seelilien gesehen, kleine primitive Tiere, Verwandte der Schlangensterne, die ich im Golf von Maine gefunden

Das Fleisch der gefundenen weißen, an Venusmuscheln erinnernden Muscheln – hier leere Schalen – ist auf Grund hämoglobinangereicherten Blutes tiefrot, eine Anpassung an die Sauerstoffarmut des eisigen Meeresbodens. Diese Errungenschaft der Evolution beobachteten wir bei vielen Kreaturen an den Wärmequellen.

hatte. Häufig hatte ich Seegurken oder wenigstens deren Spuren im Schlamm gesehen und manchmal Tiefseekrabben, doch im Großen und Ganzen war der Meeresgrund öde. Jene wenigen Kreaturen hier lebten von einer Nahrungskette im Sediment, das sich über Jahrmillionen aus von der Oberfläche herabrieselndem »Meeresschnee« angesammelt hatte.

Am Boden lebende Kreaturen waren die Endverbraucher der Fotosynthesekette, die die Existenz der Milliarden Tonnen von Meeresplankton in den oberen Ozeanschichten ermöglicht, von dem sich komplexere Lebensformen ernähren. Doch da der Meeresboden so nährstoffarm war, waren die hier lebenden Tiere generell klein und weit verstreut. Und ich hatte niemals Tiere gesehen, die von frischer, generell sedimentfreier Lava lebten. Doch hier sahen wir Bilder einer Muschelkolonie, die auf solcher Lava gedieh.

»Was geht eurer Meinung nach da unten vor?«, fragte Jack Corliss. Wir fragten uns alle das Gleiche.

Wir mussten nicht lange auf mögliche Antworten warten. Der Tender *Lulu* kam an unsere Seite und brachte die *Alvin* sowie Jerry van Andel. Da ANGUS Muscheln gefunden hatte, dehnte sich unsere Expedition auf die Biologie aus.

Am Morgen des 17. Februar 1977 brachte der *Alvin*-Pilot Jack Donnelly Corliss und van Andel hinunter, um die mysteriöse Muschelkolonie zu untersuchen. Der Boden war eine endlose Fläche gekräuselter »Pahoe-hoe«-Lava — glasiger, rußbedeckter Ströme. Corliss achtete, während sie sich der Muschelkolonie näherte, genau auf die Anzeigen des Temperaturfühlers im Probenbehälter, da sie eine Wärmekurve zeichnen wollten.

Donnelly brachte die *Alvin* langsamer voran, als Corliss auf Töne seiner Instrumente horchte, die jede Änderung von einem Tausendstel Grad angaben. Sie blieben still, als sie von der gekräuselten Lava in einen Kreis glänzender Lavakissen kamen. Dann glitten sie über einige kleine Risse — und die Druckkapsel war von Piepen erfüllt.

»Wir sehen die Muscheln«, sagte Jerry van Andel ins Mikrofon.

Die Scheinwerfer der *Alvin* erleuchteten eine bizarre Oase: einen 20-Meter-Kreis, der von der sterilen Lava gänzlich abgetrennt war. Muscheln wuchsen in dichten, überlappenden Reihen, und ihre Schalen klafften, wenn sie Meerwasser durch ihr Verdauungssystem strömen ließen. Donnelly führte den Wärmesensor mit dem mechanischen Arm in die größeren Risse ein. Der Temperaturmonitor pfiff, bis die blinkenden Ziffern bei 16 °C stehen blieben — das war wärmer als die reichen Muschelbetten vor Neuenglands Küste.

»Hier liegt eine hydrothermale Öffnung«, gab Corliss bekannt.

Oben auf der *Lulu* saß Jacks Studentin Debra Stakes am Telefon. Sie hörte zu, als er die milchig blauen Wellen beschrieb, die in dem Riss schimmerten. Die Farbe ließ auf Manganpartikel und andere, unbekannte Mineralien schließen.

Dann stellte Jack die Frage, die uns alle beschäftigte: »Debra, gilt die Tiefsee nicht als Wüste?«

Wir waren Erdwissenschaftler, keine Meeresbiologen. »Ja …«, antwortete sie. »Das wurde uns immer gesagt.«

»Gut«, fuhr Jack fort, »hier sind aber *all diese Tiere*.«

Er beschrieb die völlig unerwartete Szenerie außerhalb der Aussichtsluken. Die Muscheln waren oval und etwa tellergroß. Spindeldürre, weiße Krebse bahnten sich ihren Weg zwischen ihnen. Es gab auch Albinohummer und »wirklich verrückte« Kreaturen, deren Form am ehesten mit riesigen orangefarbenen Löwenzahnblüten verglichen werden konnte.

»Bitte ihn, viele Bilder zu machen«, sagte ich zu Debra.

Im Hauptlabor auf der *Knorr* verfolgten wir diesen Tauchgang mit wachsendem Interesse und Unglauben. Die *Alvin* suchte zwei weitere hydrothermale Öffnungen entlang einem geradlinigen Hügel im zentralen Tal des Rückens auf, in denen Oasen voller Leben zu finden waren. Im Probenbehälter befanden sich mehrere schokoladenbraune Muscheln, die an Miesmuscheln erinnerten, eine große Muschel mit rotem Fleisch und ein paar kleine Lavablöcke mit blassgelbem Schaum, eventuell aus Bakterien.

Wie Oasen beherbergen manche Öffnungen eine dominante Art wie die Röhrenwürmer (links) oder Muscheln sowie davon abhängige Lebewesen wie Krebse und niedere Wirbellose.

In den folgenden Tagen brachte die *Alvin* noch mehr Exemplare der gefundenen Arten und mehrere Liter Wasser aus den hydrothermalen Öffnungen. Der MIT-Chemiker John Edmond analysierte die Wasserproben, während wir gerade zu Abend aßen, und um uns das zu zeigen, was er fand, musste er nicht selbst kommen: Der eindeutige Gestank nach verfaulten Eiern von Schwefelwasserstoff verteilte sich schnell auf dem Schiff. Das Wasser um die Muschelkolonien enthielt Mengen dieses Gases, die an Land tödlich wären; doch an jener Stätte, die wir jetzt »Clambake I« nannten, funktionierte das Leben anders.

An diesem Abend hielten wir eine Sitzung ab. Wir waren 15 Erdwissenschaftler, und kein einziger Meeresbiologe war unter uns, was zu Anfängerspekulationen führte.

Die *Alvin* fotografiert eine »Putz-truppe« von weißen Krebsen, deren »Färbung« auf Pigmentmangel be-ruht. Sie leben rund um das aus-tretende heiße Wasser eines Spalts am Galápagos-Rücken bei einer Muschelkolonie.

»Bestimmte Spezies anaerober Bakterien können Schwefelwasserstoff verarbeiten«, sagte John Edmond. Wir versuchten, uns den Prozess vorzustellen. Das Meerwasser, das durch die Risse im Lavaboden sickerte, stand unter enormem Druck — beim Kontakt mit den Magma-kammern wurde es überhitzt und verlor viele Mineralien, während es andere, wie etwa Sulfa-te, aus dem Basaltgestein zog, und kam dann, angereichert mit gelöstem Schwefelwasserstoff, wieder an den Meeresboden hoch. Der heiße »Giftcocktail« bildete milchige Wolken, als er auf das eiskalte Wasser traf. Der Überfluss an Schwefelwasserstoff könnte die Kulturen auf der Lava erklären. Könnten dies urzeitliche Mikroorganismen sein, ähnlich denen, die existierten, als der Planet jung war und die Atmosphäre keinen Sauerstoff enthielt? Und wenn ja, bildeten diese Bakterien die Grundlage einer Nahrungskette, die zu komplexeren Kreaturen wie Mu-scheln und exotischen Fischen führte? Wir brauchten den Rat eines Experten und funkten den WHOI-Biologen Holger Jannasch an. Nachdem wir alle vorgefundenen Tiere beschrieben hatten, gab uns der Wissenschaftler Anweisungen. »Legt zuerst ein Raster von Probeflächen über das Gebiet, damit wir Proben von der ganzen Fläche bekommen und die organische Be-schaffenheit des Schlamms analysieren können.«

Jack Corliss nahm das Mikrofon. »Hier ist kein Schlamm. Es ist alles bloße Lava, fürchte ich. Nackter Stein.« Holger antwortete: »Ich weiß nicht, wie das möglich ist. Da muss ein Fehler vorliegen.«

Wir hatten eine Insel voller Leben inmitten der sterilen Wüste des Meeresbodens geschil-dert — und wir fanden noch mehr. Eine Stätte war von Muscheln bevölkert. Der »Löwenzahn-fleck« war eine fleischige Röhre mit geschwollenem Kopf, der etwas an eine Löwenzahnblüte er-innerte. Niemand konnte diese Gestalt einordnen, und die Meeresbiologiebücher an Bord waren auch keine Hilfe. Die interessanteste Stelle war der »Garten Eden«, wo in konzentrischen Kreisen diverse Organismen aus den Öffnungen kamen. Im äußersten Kreis lebten der fleischige »Löwenzahn« und weiße Krebse, im nächsten große weiße Muscheln. »Dickichte« von langen, ekligen, blassen Würmern mit blutroten Rachen und schlängelnden Köpfen drängten sich im Zentrum der Öffnung. Als wir per Funk mit unserem erstaunlichen Bericht fortfuhren, konnte ich die Frustration in den Stimmen unserer Biologie-Kollegen an Land spüren. Eine der Goldgruben der Meereswissenschaften lag in den Händen von Geologen und Geophysikern, die kaum einen Wattwurm von einem Seeigel unterscheiden konnten. Aber wir erkannten, dass wir Lebensformen gefunden hatten, die das Bild der Wissenschaften vom Meeresgrund für immer verändern würden. Die MIT-Geophysikerin Tanya Atwater präsentierte eines Abends eine schlüssige Hypothese, als wir gerade ein Bierchen an Bord der *Knorr* tranken. Die Tiere könnten einst als frei schwimmende Larven hinunter in die ewige Nacht gesunken sein. »Dann setzten sie sich an den Heißwasserquellen fest, reiften heran und vermehrten sich zu Kolonien.«

Jack Corliss gab eine bekannte Lehre menschlicher Vererbung zum Besten, nach dem eine kleine Gruppe von Pionieren ihre Gene an eine große Bevölkerung weitergab. Er nannte dies das »Gründerprinzip«. Welche Spezies auch immer die hydrothermalen Öffnungen zuerst erreichte — Miesmuscheln, Würmer, die weißen Muscheln oder der bizarre »Löwenzahn« —, gründete die Kolonie. Das erklärte aber nicht Stellen mit vielfältigen Lebensformen wie den »Garten Eden«. Es gab viel mehr Theorien als Beweise. Eines war jedoch sicher: Das Terrain um die Kolonien enthielt kein Sediment mit organischem Material, das von Oberflächen-Fotosynthese gebildet wäre. Auf dem Gebirgskamm waren alle komplexen Lebensformen von einer Nahrungskette abhängig, die mit primitiven anaeroben Bakterien anfing, die Sulfide in absoluter Dunkelheit metabolisierten. Diese Bakterien versorgten eine Hierarchie von Mikroorganismen, die schließlich komplexere Nährstoffe für größere Kreaturen produzierten. Dieses Ökosystem beruhte auf »Chemosynthese«, und die Folgerungen waren enorm.

Es gibt das fundamentale wissenschaftliche Prinzip, dass alle größeren Lebensformen auf der Erde auf Sonnenlicht angewiesen sind. Doch wir hatten Entdeckungen gemacht, die dieses Prinzip untergruben. Vielleicht gab es Stellen in unserem und anderen Sonnensystemen, wo Leben fern von Licht und Wärme unseres Muttergestirns möglich ist. Planetenforscher spekulierten, dass einer der Monde Jupiters, Europa, einen festen Kern und ein Meer unter der gefrorenen Kruste aufweist. Europa wird von den gewaltigen Gravitationskräften des nahen Jupiter regelrecht »durchgewalkt« und könnte unter dem vermuteten Ozean vulkanisch aktiv sein. Warum konnte der gleiche Prozess nicht auch unbekannte biologische Prozesse auf diesem Mond nähren? Eines Abends war ich vor dem Essen mit Jack Edmond an Deck. Das Schleppkabel hing im dunklen Wasser, da *ANGUS* am Meeresboden nach weiteren hydrothermalen Löchern und ihren bizarren Bewohnern suchte. Jack grinste. »Weißt du, Bob, so muss auch diese Fahrt mit Kolumbus damals gewesen sein.«

Ich spürte diesen Entdeckerdrang, als ich in der Alvin die lebendigen Oasen erkundete, die wie Perlen am zerklüfteten Grat des Rückens aufgereiht waren. Am 10. März 1977 begleitete ich Jack Corliss bei einem Tauchgang. Er war ein Bär von einem Mann — mit langem Haar und Bart, über 1,80 Meter groß und etwa 120 Kilogramm schwer. Ein paar Crewmitglieder nannten

Eine Seeanemone auf einem Riss führt im kalten Wasser des Galápagos-Rückens, außerhalb der nährstoffreichen Welt der hydrothermalen Öffnung, ein karges Leben.

ihn Jesus, aber nur hinter seinem Rücken. Irgendwie nahm Jack in der voll gestopften Kapsel nie mehr Platz ein als eine durchschnittlich große Person. Aber unser Pilot, Jack Donnelly, ermahnte uns immer, nicht aus Versehen Schalter zu betätigen, wenn Corliss an Bord war.

Unsere erste Oase erschien im Scheinwerferlicht, als der Temperaturmonitor piepte. Eine Reihe »Löwenzahn«-Kreaturen mit geschwollenen Köpfen, an denen Fadenkränze pulsierten, erschien als sie die Druckwelle der *Alvin* wahrnahmen. Hier lebten auch große weiße Muscheln und braune »Mies«-Muscheln. Im Zentrum schimmerte das warme Wasser zwischen Lavakissen. »Das ist, wie durch Springbrunnen zu fliegen«, sagte Corliss.

Jack Donnelly nahm eine Probe des flockigen Materials aus den Wolken, die aus den Öffnungen kamen, und stellte dann die Bodenkufe auf der Lava ab, so dass ich die dicken, fleckigen Matten organischen Materials sehen konnte, die an den Kissen hingen. Es erinnerte mich an Bilder in Geologielehrbüchern von verkalkten Bakterienkolonien in den ältesten Fossilien der Welt, die man in der australischen Wüste gefunden hatte. Aber diese neuzeitlichen Kolonien primitiver Mikroorganismen, die sich von Schwefelwasserstoff ernährten, lebten.

Während unseres langen Abstiegs zum Boden hatte Jack Corliss über eine nebulöse Theorie sinniert. Eine wissenschaftliche Binsenweisheit besagte, dass sich das Leben auf der Erde im warmen, seichten Meer entwickelte, das reich an organischen Verbindungen mit Kohlenstoff und Schwefel war. Die Energie und der Katalysator, die zur Umwandlung dieser Verbindungen in sich selbst vermehrende Zellen nötig war, so glaubte man, waren intensive ultraviolette Sonnenstrahlung und die Wärme und elektrische Ladung von Blitzen. Aber Jack Corliss spekulierte, dass sich das Leben an hydrothermalen Öffnungen am Meeresboden entwickelte und Wärme und chemische Reaktionen die nötigen »Zutaten« lieferten.

Als ich die milchigen Wolken gelöster Mineralien um die Bakterienmatten schwirren sah, dachte ich über Jacks Theorie nach: Was, wenn das Leben hier unten in der Tiefsee entstanden wäre, fern von Sonnenlicht und Blitzen? Was, wenn die Jahrmillionen hydrothermaler Zirkulation tatsächlich das Wunder der Evolution in Gang gebracht hatten?

Jack Corliss vertiefte sich später an der Oregon State University in dieses Konzept. Er erweiterte seine Überlegungen schließlich zu einer formellen wissenschaftlichen Theorie. Bei einer europäischen Konferenz im Jahr 1980 legte er mit seinen Kollegen John Baross und Sarah Hoffman den Aufsatz »Eine Hypothese über das Verhältnis zwischen unterseeischen heißen Quellen und dem Ursprung des Lebens auf der Erde« vor. Sie präsentierten Beweise, dass der älteste Fossilienfund zellähnlicher Strukturen von präkambrischem, 3,8 Milliarden Jahre altem Gestein stammte, das Geologen mit hydrothermaler Aktivität in der Tiefsee in Verbindung brachten. Das Oregon-State-Team beschrieb, wie das konstante Kreisen des Wassers durch hydrothermale Öffnungen die komplexen organischen Moleküle synthetisiert haben könnte, die die abiotischen Vorläufer späterer lebender Zellen bildeten.

Ich finde ihre Vermutung nach wie vor überzeugend. Hydrothermale Quellen kombinierten Energie, Mineralreichtum und eine sich immer wieder abspielende »Ur-Alchimie« des Lebens, von der die Wissenschaftler glauben, dass sie vor fast vier Millionen Jahren stattgefunden hat. Jacks Hypothese hatte überzeugende Elemente. Die Oberfläche des jungen Planeten Erde war ein gefährlicher Ort für jedwedes Leben. Vulkane waren dauernd aktiv. Meteoriteneinschläge kamen sehr häufig vor, da es im Orbit der Erde noch viele steinige Asteroide gab, und die Atmosphäre bot wenig Schutz vor intensiver Sonnenstrahlung. Jede Lebenform, die am Meeresboden entstand, wäre jedoch geschützt gewesen.

Solch fundamentale Fragen beschäftigten unsere erste Expedition noch nicht, in deren Verlauf wir auf die lebenden Kolonien an den hydrothermalen Öffnungen gestoßen waren. Tatsächlich waren wir so wenig auf biologische Entdeckungen vorbereitet, dass es im Labor nur einen halben Liter Formaldehyd gab. Wir opferten ein paar Flaschen zollfreien russischen Wodka, die beim Durchqueren des Panama-Kanals gekauft worden waren, und konservierten damit unsere Proben in Tongefäßen, Suppenschüsseln und Bratpfannen. Obwohl diese Konservierungsart nicht ideal war, waren die Biologen zu Hause über unsere Funde erfreut. Wir

hatten mehrere neue Spezies entdeckt, darunter den großen orangefarbenen »Löwenzahn« – eine unbekannte Art von Siphonophoren, einen vordem unbekannten, sesshaften Verwandten der frei schwimmenden Portugiesischen Galeere, einer Quallenart. Auf diesen Entdeckungen basierend finanzierte die National Science Foundation zwei weitere Expeditionen zum Galápagos-Rücken, so dass führende Meeresbiologen das Forschungsterrain selbst erkunden konnten. Bei diesen Fahrten war ich für die Koordination von *Alvins* Tauchgängen und für die Fotoaufnahmen mit *ANGUS* verantwortlich. Die Biologen fanden heraus, dass das nährstoffreiche Wasser um die Öffnungen eine Oase von nur 18 Metern Durchmesser bildete. Die rote Färbung des Muschelfleischs stammte von einer Hämoglobinkonzentration, die höher war als die der meisten bekannten Tiere, eine Anpassung an das sauerstoffarme Wasser aus der Öffnung. Die enorme Größe der Muscheln war eine Anpassung an den Nährstoffreichtum.

Diese Expedition fand heraus, dass alle diese Arten zum Gigantismus neigen. Bei einem Tauchgang zu einer Stelle namens »Rosengarten« im Jahr 1979 stießen wir auf einen dichten Bestand geisterhafter weißer Röhrenwürmer mit grimmig aussehenden Mäulern. Sie waren viel größer als die knapp einen halben Meter lange Art, die wir zuerst entdeckt hatten. Als wir einen Wurm an Deck der *Knorr* brachten, maß er ganze 3,65 Meter. Die Biologen tanzten fast vor Freude. Diese Kreatur hatte keine bekannten Verwandten und gehörte einem völlig neuen Stamm an, den Pogonophoren. In seiner Röhre spielte der Wurm Gastgeber für eine neue Spezies von Napfschnecken, eine kleine Gastropodenart, die man vorher nur in Fossilien gesehen hatte – ein weiterer Beweis, dass auf Chemosynthese basierendes Leben sich über Jahrmillionen auf dem Meeresboden entwickelt hatte.

Auf dem Weg zu dieser Stätte las ich in Darwins *Die Entstehung der Arten* und dachte über den jungen Engländer nach, schwer seekrank an Bord der kleinen, schlichten *Beagle* unterwegs zu den

Galápagos-Inseln. Diese Vulkangipfel rührten von einem großen »Hotspot« her, einem Ort großer Turbulenzen im flüssigen Erdmantel, wo riesige Magmamengen durch die Krustenplatte gedrückt wurden – wie auch die Hawaii-Inseln und der Yellowstone National Park. Darwins Entdeckungen hatten seine monumentale Evolutionstheorie begründet. Heute, 144 Jahre später, folgten amerikanische Biologen, die dem englischen Forscher viel verdankten, seinen Spuren, um einen aufregenden Aspekt der Evolution auf dem dunklen Meeresboden nebenan zu erkunden.

Die Meeresbiologie ist ein Zweig der Naturwissenschaften, die sich insgesamt mit Tieren und Pflanzen beschäftigt, die im Meer leben. Ihr Arbeitsgebiet bezieht aber auch Organismen mit ein, die überwiegend in der Luft oder auf dem Land leben, jedoch in ihrer Ernährung und sonstigen Lebensbedürfnissen direkt von Salzwasser enthaltenden Gewässern abhängen.

Im weitesten Sinne beschreibt und untersucht die Meeresbiologie alle Lebensvorgänge der Myriaden von Organismen, von Lebewesen, die die weiten Ozeane unserer Erde bevölkern. Spezialgebiete der Meeresbiologie befassen sich mit Naturgeschichte, Taxonomie, also der systematischen Einordnung der Organismen, mit Embryologie, Morphologie, Physiologie, Ökologie und geographischer Verbreitung der Pflanzen und Tiere in den Meeren. Die Meeresbiologie steht in enger Verbindung mit einer anderen naturwissenschaftlichen Disziplin, der Ozeanographie, denn die physikalischen Eigenschaften der Meere beeinflussen entscheidend die lebenden Organismen, die darin existieren.

Umgekehrt unterstützt sie die Meeresgeologie mit Forschungen über jene Organismen, die mit ihren Skelettüberresten den Meeresboden bedecken oder die die großen Korallenriffe der tropischen Meere errichteten.

Eine der Hauptaufgaben der Meeresbiologie ist es, zu untersuchen, wie die Beschaffenheit und Charakteristika der Ozeane die Verbreitung von Organismen bestimmen. Meeresbiologen untersuchen, erforschen die Art und Weise, wie sich bestimmte Organismen an die unterschiedlichen chemischen und physikalischen Eigenschaften des Meerwassers anpassen, an die Bewegungen der Ozeane und Meeresströmungen, an das Vorhandensein von Licht in verschiedenen Tiefen und an die festen Flächen, die den Meeresboden bilden.

Besondere Aufmerksamkeit gilt der Bestimmung von Entwicklung und Dynamik des ozeanischen Ökosystems, vor allem dem Verstehen der Nahrungsketten und Beziehungen zwischen räuberischen Lebewesen und Beute.

Meeresbiologische Erkenntnisse über die Verbreitung von Populationen von Fischen und Krustentieren (Krebsen und dergleichen) sind von großer Bedeutung für das Fischereiwesen. Meeresbiologen befassen sich gleichfalls mit den Auswirkungen von bestimmten Formen der Umweltverschmutzung auf das Leben der Fische und Pflanzen und sonstigen Organismen in den Ozeanen, besonders von Düngemitteln und Pestiziden, die von Anbauflächen am Land in die Meere geschwemmt werden. Hinzu kommen Verunreinigungen durch havarierte Öltanker und Baumaßnahmen an den Küsten.

Während der zweiten Hälfte des 19. Jahrhunderts war man vor allem daran interessiert, im Meer lebende Organismen – Pflanzen wie Tiere – zu sammeln, zu bestimmen, zu erfassen und zu katalogisieren. Die Methoden der Meeresbiologie galten dem Sammeln und Präparieren von Exemplaren zum Zwecke des Studiums. Verschiedenerlei Arten von Baggern und Schleppnetzen wurden benützt, um solche Exemplare vom Meeresboden aufzusammeln. Und mit Keschern unterschiedlichster Größe fing man die sich im freien Wasser bewegenden Lebewesen ein.

Ich untersuche einen der gigantischen Röhrenwürmer, die *Alvin* von einer hydrothermischen Öffnung mitbrachte. Da wir auf die unerwarteten Funde nicht vorbereitet waren und keine Konservierungsmittel für Tierproben an Bord hatten, machten wir unsere mitgebrachten Exemplare in Keramikschüsseln voller Wodka haltbar.

Die Ausrüstung zur Bestimmung der physikalischen Eigenschaften des ozeanischen Lebensraums wurde mit höchster Präzision entwickelt. Darunter befanden sich Thermometer zur Messung der Temperaturen in jeder beliebigen Tiefe und automatisch schließende Behälter, mit denen Wasserproben zur genaueren Untersuchung an die Oberfläche geholt wurden. Neuartige Analysemethoden ermöglichten an Bord eines Schiffes die sofortige Bestimmung des Salzgehalts, des Sauerstoffs, der Nährsalze und Pflanzenpigmente. Fotoelektrische Geräte zur Messung der Lichtdurchdringung wurden ebenso entwickelt wie die unterschiedlichsten Bohrinstrumente zur Entnahme von Sedimentproben am Meeresboden.

Die unmittelbare Beobachtung vom Meereslebewesen in ihrer natürlichen Umgebung wurde aber erst mit Hilfe von Unterwasserkameras und Videogeräten im Zusammenhang mit verbesserten Tauchausrüstungen und vor allem Unterwasserfahrzeugen möglich, die in größere Tiefen hinab gelangen können. Unterwasser-»Fernsehen« gestattet dem Beobachter ein ununterbrochenes Betrachten des Geschehens im Blickfeld der hinabgetauchten Kamera. Die Entwicklung von unabhängigen, frei beweglichen Tauchgeräten und Unterwasserfahrzeugen gestattete es den Forschern, unterseeische Lebewesen in ihrem eigenen Lebensraum selbst zu beobachten.

Morphologische und taxonomische Forschungen an Meereslebewesen werden im Allgemeinen im Rahmen der Universitäts- und Museumsarbeit an Präparaten vorgenommen. Physiologische und embryologische Untersuchungen erfordern Lebensmaterial und werden deshalb in biologischen Forschungsstationen vorgenommen, die sich im Küstenbereich befinden und den schnellen Transport von Lebendexemplaren ins Labor ermöglichen, wo sie in Meerwasserbecken mit besonderen Strömungsvorrichtungen gehalten werden können.

Nach der zweiten Fahrt zum Galápagos-Rücken im Jahr 1979 fuhr eine WHOI-Scripps-Expedition an Bord des Forschungsschiffs Melville zur East Pacific Rise beim 21. nördlichen Breitengrad nahe dem mexikanischen Niederkalifornien. Wir erkundeten eine breite tektonische Verwerfung, die meine früheren französischen Kollegen vom Centre National pur L'Exploitation des Oceans (CNEXO) im Jahr zuvor untersucht hatten. Wir hofften, mehr Warmwasserquellen mit Kolonien zu finden, um zu beweisen, dass das Phänomen weit verbreitet war. Was wir fanden, war viel seltsamer.

Die ersten Fahrten der ANGUS über die Mittelachse dieses Gebirgskamms erbrachte den Beweis hydrothermaler Öffnungen, und Fotos zeigten die typischen Kolonien der weißen Muscheln. Beim ersten Tauchgang der Alvin führten mein WHOI-Kollege Bruce Luyendyk und Jean Franceteau vom CNEXO geophysikalische Gutachten durch, bei denen sie seltsame Säulen sahen. Dann bestiegen der französische Vulkanologe Thierry Juteau und der amerikanische Geologe Bill Normark die Alvin für einen gravimetrischen Tauchgang, doch was ihr Pilot Dudley Foster am Boden entdeckte, war alles andere als gewöhnlich. Die Scheinwerfer beleuchteten einen bizarren Wald knorriger Schlote, meistens knapp zwei Meter hoch, die dicke schwarze Wolken von etwas ausspuckten, das wie Kohlenrauch aussah.

Die Alvin war hier auf einen zuvor unbekannten Typ von Mineralsuspension gestoßen, die viel höher konzentriert war als das schimmernde, weißliche Thermalwasser am Galápagos-Rücken. Diese qualmenden Schlote waren heiß: Die Temperatursonde zeigte 32 °C an. Niemand hatte jemals von solch warmem Wasser am Meeresboden gehört. An diesem Abend,

Das warme Wasser um die hydrothermischen Öffnungen zieht Tiefsee-Fleischfresser wie diesen blassvioletten Oktopus mit flossenartigen Hautlappen am Hinterleib an, der mit seinenFangarmen Beute wie Krustentiere und Würmer ergreift und sie mit seinem Schnabel zwischen den Armen verschlingt.

Ein »Schwarzer Raucher«, eine
überhitzte hydrothermale Öffnung,
aufgenommen von der Alvin im
Schlotsystem am 21. nördlichen
Breitengrad nahe dem mexikanischen Niederkalifornien, bildet
Türme von fast purem kristallinem
Zinksulfid und schafft eine mineralreiche Umgebung, die Varianten von
Nahrungsketten weitgehend unabhängig von der Sonnenenergie
erhält, wie wir sie auch am
Galápagos-Rücken gefunden
hatten.

als die *Alvin* zur Inspektion an Bord der *Lulu* gehievt wurde, waren wir sprachlos, als wir sahen, dass die Spitze der Sonde weggeschmolzen und der Plastikstab schwarz verbrannt war. Die Crew reparierte die Sonde und schützte sie mit hitzebeständigem Material.

Ich sollte am nächsten Tag mit Jean Franceteau tauchen.

»Pass auf«, sagte Dudley zu unserem Piloten Ralph Hollis. »Das Wasser ist *heiß* da unten.«

Ich war verblüfft, als ich am nächsten Morgen die Reihen qualmender »Schornsteine« sah. Wir waren am Grund des Pazifiks, fast 2700 Meter tief, aber da draußen waren schmauchen-de Essen, die an Mörtel-und-Flechtwerk-Schlote in unterentwickelten Dörfern erinnerten.

Auf Grund von Dudleys Warnung steuerte Ralph vorsichtig die erste Schlotreihe an.

»Lass uns erst die Temperatur ablesen, ehe wir näher herangehen«, sagte er.

Ralphs Vorsicht war nicht unberechtigt. Unsere neu ausstaffierte Temperatursonde zeigte 350 °C am Rüssel des schwarzen Geysirs an, höher als der Schmelzpunkt von Blei. Nur drei Meter von der *Alvin* entfernt war ein Springbrunnen überhitzten Wassers, das unsere Aussichtsluken sofort geschmolzen hätte. Wäre das passiert, hätten wir keine Zeit gehabt, um Hilfe zu rufen. Die Leute oben hätten nie erfahren, wie wir gestorben waren. Wir tauchten die nächsten zwei Wochen zu den Schloten hinab und identifizierten zwei Typen, »Schwarze« und »Weiße Raucher«. Die wirklich großen erhoben sich zehn Meter über die Lava – weshalb es wichtig war, dass wir uns jeder Stelle vorsichtig mit Hilfe von Sonargeräten näherten. Die Geochemiker fanden bei der Analyse des Schlotmaterials fast pures kristallines Zinksulfid.

Diese Schlote stießen unglaubliche Mengen sulfidreicher Mineralien aus, weil sich das Magma so nahe am Meeresboden befand. Und das Schlot-Ökosystem des 21. nördlichen Breitengrades unterschied sich von dem am Galápagos-Rücken. Zwar fanden wir die erwarteten riesigen , weißen Muscheln und Röhrenwürmer, aber auch einzigartige evolutionäre Varianten gewöhnlicher Fische und Schnecken, die sich über Jahrmillionen an die heiße, mineralreiche Umgebung angepasst hatten. Unsere Expeditionen öffneten die Türen zu einem neuen Zweig der Evolutionsstudien. Jahre später bemerkten die britischen Meereswissenschaftler John. D. Gage und Paul A. Tyler, dass Tiefsee-Wissenschaftler über die unerwartete Natur unserer Entdeckungen im Pazifik erstaunt waren. Die Wissenschaft ging traditionell davon aus, dass die Ozeane, die fast drei Viertel der Erdoberfläche bedecken, eine Vielfalt wundersamen, komplexen Lebens enthalten. Aber erst nach unserer Forschung im Ostpazifik begann man zu ahnen, wie fruchtbar die Ozeane wirklich waren.

Auch wenn ich heute die meisten »Tauchgänge« mit einem ferngesteuerten ROV mache, habe ich sehr schöne Erinnerungen an Hunderte von Reisen zum Meeresboden, die ich in Tauchbooten machen konnte. Ein Tiefseetauchgang, vor allem in nährstoffreichem Wasser, war immer eine spektakuläre Begegnung mit der »Wasserschicht« des offenen Meeres, ein Querschnitt durch die üppigste Biosphäre der Erde.

Wenn die *Alvin* von der *Lulu* glitt, sah ich manchmal silbrige fliegende Fische, die in die Luft sprangen und ihre Brustflossen wie Flügel ausbreiteten, um davonzufliegen. Diese wunderbare Anpassung erlaubte ihnen, Raubfischen wie Querstreifen-Stachelmakrelen oder Gelbflossen-Thunfischen zu entkommen, die manchmal neugierig an unsere Bullaugen kamen. Beim Abstieg begegneten wir Kreaturen, die nur wenige Landbewohner jemals sehen werden.

Die Welt von Wärme und Licht wich nach und nach zurück. Wenn sich das Meer indigoblau, dann schwarz färbte, enthüllten unsere Scheinwerfer die tiefe Streuschicht. Sie beherbergte Myriaden kleiner Kreaturen in ihrem eigenen Ökosystem. Fischlarven, Krustentiere, Mollusken und Gastropoden, die sich von Photoplankton und Protozoen ernährten, schwärmten in unglaublicher Zahl umher. Garnelen, Tintenfische, Quallen und Fische erbeuteten die kleineren Arten. Diese lebhafte Zone agierte wie ein großer Organismus, erhob sich gemeinsam zur Oberfläche, um sich nachts zu ernähren, und sank tagsüber auf etwa 600 Meter ab, um größeren Raubtieren zu entkommen. Die Schicht reflektierte oder »zerstreute« die Frequenzen früher Tiefensonare und produzierte so falsche Anzeigen.

Als Nächstes kam man in einen »Meeresschneesturm« aus organischem Staub, der ohne Unterlass nach unten fiel. Er bestand aus Fäkalienkügelchen, totem Plankton und den verwesenden Überresten von der tiefen Streuschicht. Der »Schnee« kann monatelang fallen, bevor er seine wertvolle Last den nährstoffarmen Bodensedimenten übergibt.

Wenn ich durch die Streuschicht sank, schaltete ich die Scheinwerfer lieber aus. Normalerweise sahen wir funkelnde Konstellationen von Laternenfischen. Manchmal waren Millionen in einem Schwarm, der in alle Richtungen auseinander stob, wenn wir uns näherten. Wir sahen auch selbst leuchtende Schlangenfische, nur zentimetergroße Miniatur-

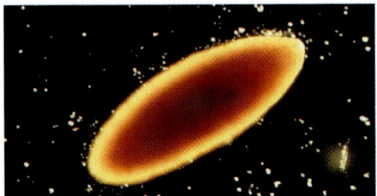

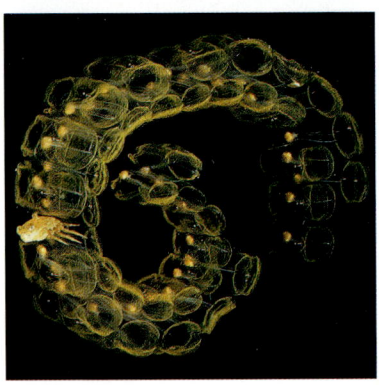

»Meeresschnee«, hier ein Kotkügelchen einer mikroskopischen frei schwebenden Kreatur, 250fach vergrößert und in polarisiertem Licht leuchtend, sowie die Überreste größerer Organismen fallen endlos von der Oberfläche auf den Meeresboden und bilden schließlich tiefe nährstoffreiche Sedimentschichten.

Eine Sargasso-Krabbe treibt in der Golfströmung auf einer durchsichtigen Kette aus Salpen – die zu den Manteltieren gehören, primitiven Vorläufern der Wirbeltiere.

monster, deren klaffende Kiefer säbelscharfe Fangzähne hatten, mit denen sie sogar kleinere Fische erbeuteten.

Dann tauchten wir durch die öde Zone minimalen Sauerstoffgehalts, wo nur wenige selbst leuchtende Tiere existierten. Diese einsame Leere erstreckte sich bis etwa 1500 Meter, wo der Wasserdruck fast 200 Atmosphären erreichte. In dieser Umgebung erhielten wir manchmal ein zufälliges Sonarsignal, vielleicht von einem Riesentintenfisch oder einem blinden Pelikanaal in der Nähe. Der Pilot hatte bei 360 Metern das schwache rote Licht in der Druckkapsel gelöscht, sodass wir die Quelle des Sonarsignals erkennen konnten.

Auf einem Tauchgang vor den Bahamas 1967 hatte ein Schwertfisch aus der Dunkelheit heraus die *Alvin* angegriffen. Er trieb seinen knöchernen Säbel tief in die Fiberglashülle des Tauchboots. Durch pures Glück wurde kein wichtiges Rohr oder Stromkabel beschädigt. Pilot Marvin McCamis warf Ballast ab und führte einen Notaufstieg durch. An der Oberfläche schlug der riesige Fisch im Todeskampf um sich – sein Schwert steckte noch immer im Boot, aber er verendete auf Grund der plötzlichen Druckveränderung – sein Schwert brach ab. Die Taucher im Wasser bildeten einen Kreis um den Schwanz des sterbenden Fisches. Der Duft von Schwertfisch-Steaks füllte an diesem Abend die kleine Kantine der *Lulu*.

Ich wollte es niemals mit einem Riesentintenfisch zu tun haben. Diese großen Kreaturen waren bekannt dafür, die lichtlose Leere unter der tiefen Streuschicht zu besuchen. Im kalten, nährstoffreichen Wasser des Humboldt-Stroms im Ostpazifik vor Südamerika wuchs der riesige Tintenfisch Dosidicus gigas auf bis zu 3,70 Meter Länge und 175 Kilogramm Gewicht heran. Seine dicken Greiftentakel hatten Reihen von scharfkantigen, runden Saugnäpfen, die an Pottwalen oft schlimme Narben hinterließen. Aber diese Spezies war nicht das übelste Meeresmonster. Diese Ehre gebührte dem wirklich riesigen Tintenfisch Architeuthis princeps, der im Westpazifik bis zu 16 Meter lang wird. Ich habe mich oft gefragt, ob ein Tintenfisch dieser Größe ein kleines Tauchboot wie die Alvin mit seinen kräftigen Tentakeln nicht auseinander reißen könnte.

Bei 2750 Metern trafen wir manchmal auf einzelne Seeteufel. Sie sahen bizarr aus: Der Kopf mit einem Furcht erregenden, höhlenartigen Maul voller rasiermesserscharfer Zähne bildete mindestens die Hälfte des Fisches. An einem seltsamen flexiblen, rutenähnlichen Organ an der Stirn lockte ein grün leuchtender Köder. Sie kreuzten oft wochenlang durch die stille Dunkelheit, ehe ein unglücklicher Grenadierfisch auf den Köder hereinfiel. Im Gegensatz zu den kleinen Schlangenfischen weiter oben konnten diese Kreaturen bis zu 1,20 Meter lang werden. Wenn ein Exemplar dieser Größe durch mein Bullauge starrte, erschrak ich immer. Der Anblick erinnerte mich daran, dass die Tiefsee eine echte Wildnis war, die die Menschen gerade erst zu erforschen begannen.

Außer auf der frisch ausgestoßenen Lava tektonischer Rücken wirbelte die Alvin am Boden immer Sedimentwolken auf. Ich sah auf allen Meeresböden den gleichen eintönigen »Meeresschnee«. Das organische Material, das ununterbrochen von den oberen Schichten herabfällt, häufte sich seit Jahrmillionen mit 2,5 Zentimetern pro Jahrtausend an. Wenn außerirdische Besucher jemals die Erde mit Instrumenten untersuchten, die den Meeresboden vom Weltall aus sichtbar machen, sähen sie einen Planeten, dessen Oberfläche zu fast drei Vierteln aus grauem Schlamm besteht.

Bodenkreaturen waren dünn gesät, außer um hydrothermale Öffnungen, aber normalerweise sah ich ein paar lebende Tiere. Holothurien, Seegurken, die zu den Stachelhäutern gehören, variierten in Gestalt und Größe von lila Heizungsschläuchen bis zu Pfannkuchen mit gezackten Rändern. Am interessantesten war der Elaspodid, der im Gegensatz zu seinen kriechenden Vettern in die Strömung sprang und kurz darin schwebte, ehe er wieder ins Sediment abtauchte. Die größeren Exemplare hatten am Bauch eine Doppelreihe von Röhrenfüßchen und dornige Rücken und wanderten zielstrebig am Boden entlang, als kämen sie zu spät zu einer Verabredung. Ich war immer überrascht, Fische in einer Umgebung zu finden, in der Nahrung so rar war, aber fast immer sah ich einen Aas fressenden, aalähnlichen Grenadierfisch im schlammigen Boden oder einen Moridfisch, eine Zackenbarschart, die das schlammige

Sediment mit empfindlichen Beckensta-
cheln durchsuchte. Je nach Ort gab es Tief-
seeschwämme, langsam wachsende Korallen oder kleine Gruppen von Seeanemonen.
Die Vielfalt der Bodenfauna hing vor allem
von Menge und Qualität des »Meeres-
schnees« ab, der von der Oberfläche fiel. Auf
dem Boden unter üppig bewohnten Mee-
resschichten war das Sediment nährstoffrei-
cher, und es gab mehr Bewohner.

Doch im offenen Ozean, fern von
Flüssen oder nährstoffreichen Strömungen,
war der Boden oft wüstengleich.

Bei wirklich jedem Tauchgang sah
ich eine kleine rote Garnele über den Boden
kriechen. Ich erblickte eine im Iron Bottom
Sound vor Guadalcanal, nahe dem Wrack
der *Titanic* und am Boden des Mittelmeers.
Wenn ich mit einem Neuling tauchte, witzelte ich, die *Alvin* habe ein verstecktes Fach,
aus dem wir die Garnele aussetzten. »Wir
dressierten sie, zurückzukommen, ehe wir
auftauchen«, sagte ich mit ehrlicher Miene.

Doch es gibt einen ernsten Aspekt in
der Rolle der Garnele. Garnelen sind, verglichen mit Korallen, Schwämmen und au-
genlosen Holothurien, komplexe Tiere.
Wenn eine Garnele dort unten, inmitten
des Bodensatzes und der Brocken der obe-

ren Schichten leben kann, könnte dies bedeuten, dass das Meer oben noch relativ gesund ist.
Vielleicht erfüllen am Boden lebende Garnelen, ähnliche Krustentiere, Fische und andere höhere Spezies die Rolle von Kanarienvögeln in der Kohlenmine. Sie gehören zu den ersten Arten, die verschwinden, wenn die Meeresböden mit Abwasser oder Giftstoffen unserer
Industriegesellschaft ernsthaft verschmutzt sind.

Ich glaube, eine der größten Tragödien des gerade zu Ende gegangenen Jahrtausends ist, dass
– wie Luft- und Süßwasserverschmutzung an Land – die Weltmeere seit Jahrhunderten als
unerschöpfliche und unzerstörbare Ressource betrachtet und bereits gut ein halbes Jahrhundert ernsthaft verunreinigt worden waren, als die Öffentlichkeit das Problem in den 60er Jahren
erkannte. Bis dahin war bereits schlimmer Schaden entstanden. Man muss nur zum toten Boden der Adria oder in das einst ursprüngliche Gewässer vor Neukaledonien im Pazifik (heute ein
Kessel voller giftiger Schwermetalle von Bergwerksabwasser) tauchen, um irreversible Verschmutzung zu finden. Doch wir können nicht mit dem Finger auf andere zeigen. Amerikaner
sind in ihrem Umgang mit dem Meer, das seit den ersten englischen Kolonien als bodenloser
Abwasserbehälter betrachtet wurde, ebenso mutwillig. Als ich in den 60er Jahren Mitglied des
Tauchclubs Boston Sea Rovers war, tauchten wir manchmal durch pures Abwasser.

Erst nach der Gründung der Environmental Protection Agency im Jahr 1970 hörten
einige Küstenstädte auf, ihr unbehandeltes Abwasser direkt ins Meer zu pumpen. Aber Papier-
und Chemiefabriken, Ölraffinerien und andere Industrieanlagen leiteten noch immer
Giftmüll in die Flüsse, die zum Meer fließen, wo sich das Gift über die Brutplätze von Vögeln,

Ein Schwarm aus Millionen winziger
Atlantik-Laternenfische steigt
nachts hoch, um Plankton zu
fressen. Diese und andere Kreaturen
bilden die »Streuschicht«, die so
dicht ist, dass sie Sonare stört.

Etliche Muscheln und eine einsame
rote Garnele bewohnen eine Öffnung bei 9 Grad nördlicher Breite.
Wenn die vulkanischen Aktivitäten
unter dem Loch nachlassen, ver-
hungern die Tiere in der eisigen
Dunkelheit.

Fischen und Meeressäugetieren ausbreitete. Erst als Raubtiere oder Beutegreifer, die in der Nahrungskette weit oben stehen, von Chemikalien wie PCB (Polychlorierte Biphenyle) verseucht wurden, begannen wir die Bedeutung dieses Problems zu begreifen. Sie sammeln über die Fischen, die sie verspeisen, hartnäckige, fettlösliche organische Verbindungen an und können diese gefährliche Konzentration auf uns übertragen, wenn wir ihr Eiweiß für den eigenen Verzehr verwenden.

Solche Umweltkatastrophen sollten uns auf eine offensichtliche, aber früher unerkannte Wahrheit aufmerksam machen: Schließlich gelangt jedes Gift, das wir in der Biosphäre aussetzen, auf vielen Wegen wieder ins Meer. Insektizide, die in einem Obstgarten in Pennsylvania gesprüht werden, sickern in die Chesapeake Bay, wo sie von Grasgarnelen aufgenommen werden. Diese werden von Barschen gefressen, die wiederum Streifenbarschen zum Opfer fallen, einer bevorzugten Beute von Gelbflossenthunfischen vor der Küste auf ihrer Winterwanderung gen Süden. Ähnlich geht es überall auf der Welt zu. Das Meer und seine Lebewesen können nicht unbegrenzt unseren Giftmüll schlucken.

Doch sogar als die moderne Umweltbewegung in Gang kam, hielten ernste Gefährdungen des Ökosystems Ozean an. Zügellose Überfischung, vor allem von Schleppnetz-Kähnen, die größer als manche Lastkähne des Zweiten Weltkriegs sind, haben die Bestände in der ganzen Welt dezimiert. Als Leif Eriksson vor 1000 Jahren das sagenhafte Vinland – die Küste Labradors – erkundete, konnten seine Männer an der Küste mit ihren Schilden Lachse aus dem Wassser herausschaufeln. Heute kämpft die einst florierende Fischerei Grand Banks' in Kanada ums Überleben.

Die Fischereiindustrie Neuenglands, die bis in die 50er Jahre Zehntausende von Familien ernährte, ist ebenfalls dem Tod geweiht. Von der *Alvin* aus konnte ich regelmäßig die Narben sehen, die Schleppnetze in den Meeresboden ritzten und damit ein fein ausbalanciertes Ökosystem zerstörten, das Jahrhunderte zum Heilen braucht. Dies gibt es auch in anderen Ländern. Zu viele Boote jagen mit kostspieligen Techniken nach zu wenig Fischen.

Erst kürzlich gaben Krabben- und Hochseefischer dem wachsenden Druck der Umweltschützer nach und gebrauchen nun weniger zerstörerische Methoden. Viele amerikanische Krabbenkutter rüsten ihre Netze mit »Schlupfloch«-Einrichtungen aus, die auf Luft angewiesenen Meeresschildkröten einen Fluchtweg bieten, wenn sie gefangen werden. Für Dosenthunfisch in amerikanischen Supermärkten werden angeblich keine Delphine mehr getötet.

Obwohl das Umweltbewusstsein in den letzten 30 Jahren zugenommen hat, haben wir noch einen weiten Weg vor uns. Mehrere asiatische Fischereiflotten wenden nach wie vor verheerende Praktiken an, in deren Folge Pazifik-Delphine und Meeresschildkröten aussterben werden, wenn sich nichts ändert. Diese Flotten legen nachts Treibnetze aus, die bis zu zehn Meter tief und bis zu 60 Kilometer lang sind. Selektiv gefangen werden sollen Thun- und Tintenfisch. Aber jeden Morgen, wenn die Kilometer langen gelben Netze an Bord der Fabrikschiffe gekurbelt werden, werden tote Delphine über Bord geworfen. Dasselbe tragische Muster wiederholt sich bei Meeresschildkröten, wenn Treibnetze in warmen Gewässern eingesetzt werden.

Ich sehe keinen Grund dafür, dass die internationale Gemeinschaft solche Abschlachtung auf industrieller Ebene tolerieren sollte, die seit den Tagen des kommerziellen Walfangs, der in den 50er Jahren beendet wurde, nicht mehr gesehen wurde. Während einige Umwelt-

Ein ertrunkener Delphin in einem Thunfischnetz. Jährlich kommen unzählige Luft atmende Delphine und Meeresschildkröten in den Treibnetzen hoch entwickelter Industrienationen um, deren High-Tech-Fischereiflotten auf den Weltmeeren nach Thun- und Tintenfischen jagen.

schutz-Aktivisten zweifeln, ob das Treibnetz-Problem je gelöst wird, möchte ich das positiver sehen. Als erst die Öffentlichkeit sich der verheerenden Folgen des unkontrollierten kommerziellen Walfangs bewusst wurde, legten internationale Konventionen dieses Gewerbe still. Heute vermehren sich Walarten, die damals fast ausgerottet waren, wieder. Die Lektion heißt: Der lebendige Ozean hat bis zu einer gewissen Grenze Selbstheilungskräfte.

Aber Treibnetze sind nicht die einzigen vom Menschen gemachte Gefahren für Meeressäugetiere und Reptilien. Allgegenwärtiger Kunststoff – in der Form von Mülltüten, Plastikfolien und Six-Pack-Verpackungen – tötet jedes Jahr unzählige Robben, Delphine, Seekühe und Meeresschildkröten. Pelzrobben und Seehunde sind gute Taucher, die besonders oft stranguliert werden, wenn sie durch Nylonnetze schwimmen, die Fischer gedankenlos auswerfen. Junge Meeresschildkröten sind gefräßig, und schwimmende Brocken ansonsten harmlosen Styropors sind tödliche Mahlzeiten für diese liebenswürdigen Tiere.

Küsten-Ökosysteme sind besonders von Ölverschmutzung bedroht. Obwohl die Welt die Ölkatastrophe der *Exxon Valdez* nicht vergessen hat, die 1989 Alaskas Prince William Sound heimsuchte, hat die Abhängigkeit von Erdöl zu einer fast blasierten Haltung gegenüber den Umweltgefahren geführt, die von riesigen Tankern ausgeht.

Es ist einfacher, nicht über die Risiken nachzudenken, die durch den Transport von 150 Milliarden Liter Rohöl jährlich entstehen. Als Valdez 1977 Endstation der Alaska-Pipeline wurde, versicherte die Alyeska Pipeline Service Company Staats- und Bundesbeamten, dass die Tanker einen doppelten Rumpf hätten und vor Öllecks sicher wären. Doch die *Exxon Valdez* und fast alle anderen Öltanker hatten nur eine Hülle. Sie waren ökologische Zeitbomben.

Der Tanker *Exxon Valdez* stieß, mit rund 200 Millionen Litern Öl an Bord, am 24. März 1989 um Mitternacht gegen das Bligh Reef – Folge mehrerer Fehler der Crew. Der Rumpf wurde so gebrochen, dass die Männer aus einem der Tanks das Öl 15 Meter hochspritzen sahen. In nur 20 Minuten liefen 16 Millionen Liter Öl in die Meerenge. Im Laufe der nächsten Stunde steuerte Captain Joseph Hazelwood den Tanker über das felsige Riff, im Versuch, es zu befreien. Ehe Schiffe die restliche Ladung abladen konnten, hatte der Tanker über 40 Millionen Liter Öl verloren – die schlimmste Verschmutzungskatastrophe in der Ozeangeschichte.

Der Prince William Sound war zerstört. Zähflüssiges Öl verteilte sich weit über die Küste, verschmutzte Strände und Buchten und setzte sich an Hering, Lachs und Heilbutt ab, von denen die einheimische Fischerei lebte. Wochenlang zeigten die Fernsehnachrichten Arbeiter in gelben Ganzkörperanzügen, die versuchten, sterbende, ölverseuchte Seeotter und Vögel zu retten. Während der langen Tage des arktischen Sommers versuchten sie vergeblich, das Öl mit Lumpen und Stroh aufzusaugen. Es wird noch viele Jahrzehnte dauern, bis sich das gestörte Ökosystem der Meerenge erholt. 1994 wurde Exxon zu einer hohen Geldstrafe und zu Schadenersatz für 40 000 hauptgewerbliche Alaska-Fischer und eingeborene Amerikaner verurteilt, deren Lebensunterhalt gelitten hatte.

Aber ich glaube, die Menschen haben vergessen, dass Tanker ohne besondere, den Schiffsrumpf schützende Ausstattung noch immer auf den Schifffahrtsrouten der Welt verkehren. Jedes Jahr, so scheint es, fährt ein Tanker auf Grund und spuckt seine giftige Ladung aus. Ich hoffe trotzdem, dass die internationale Öffentlichkeit bald so entrüstet sein wird, dass diese unnütze Tragödie nicht länger toleriert wird. Schließlich ging man, unter der Führung amerikanischer und europäischer Umweltschützer, schon in den 70er Jahren scheinbar unlösbare Probleme wie Städteverschmutzung durch verbleites Benzin und ineffiziente Automotoren, Luftverschmutzung und Grundwasservergiftung an. Und nur 30 Jahre später sind viele davon gelöst.

Leider haben wir aber keine 30 Jahre Zeit, um die bedrohten Korallenriffe zu retten. Diese empfindlichen Ökosysteme sind biologisch so komplex wie Regenwälder, aber viel weniger erforscht. Weil sie sich unter Wasser befinden, sind Korallenriffe außer Sichtweite, und wir haben ihre Gefährdungen zu lange ignoriert.

Folgende Seiten: **Fahnenbarsche schwimmen unter dem Rumpf eines Auslegerkanus durch grüne Baumkorallen der Goodenough Bay in Papua-Neuguinea. Ursprüngliche Korallenriffe sind von diversen Gefahren bedroht, von Fischern unterentwickelter Länder, die Gift verwenden, bis hin zu den Ankern von Kreuzfahrtschiffen.**

Ein Korallenriff bildet sich in flachen, wärmeren Meeresgewässern durch die Ablagerung der Kalkskelette bestimmter Hohltiere oder Nesseltiere. Die Korallenpolypen sind die bekanntesten und wichtigsten von ihnen. Ein Korallenriff, -rücken oder -hügel – oder ein ringförmiges Atoll – kann so stark anwachsen, dass eine bleibende Koralleninsel daraus entsteht.

Korallenpolypen ähneln den Seeanemonen, mit denen sie verwandt sind. Doch im Gegensatz zu diesen leben die meisten Korallen in Kolonien. Die meist fest sitzenden Polypen bilden Tierstöcke (Korallenstöcke), indem die ursprünglichen Polypen sich in Tochterpolypen aufspalten, die sich abermals teilen und so zu ganzen Kolonien auswachsen, die einen Durchmesser von mehreren Metern haben können und von einem durchgehenden, starren Kalkskelett zusammengehalten werden.

Sie bleiben mit dem Meeresboden verbunden und werden so groß und schwer, dass nur schwerste orkanartige Stürme ihnen etwas anhaben können.

Unter günstigen Lebensbedingungen, in vorwiegend klarem und gut zirkulierenden Wasser, das sich aber nicht zu heftig bewegt, können die Korallen üppig und dicht beieinander wachsen, sogar auf- und übereinander. Schließlich lassen die Korallen auf dem Meeresboden

Kalkstein entstehen, weil ihre Skelette aus Kalziumkarbonat zusammengesetzt sind.

Kalkalgen, Mollusken, Stachelhäuter und Protozoen »bauen« auch an dem Riff mit. Die verschiedenen Organismen spielen unterschiedliche Rollen beim Bau eines Riffs. Vor allem die Korallen erstellen das tragende Gerüst des wachsenden Riffs, obwohl in manchen Teilen der Welt, etwa im mittleren Pazifik, wo die Brandung sehr stark ist, an den ungeschützten Stellen den Kalkalgen die wichtigere Rolle zufällt.

Nahezu alle Organismen mit Muschelschalen, Schneckengehäusen und Kalkhüllen und solche mit Skelettnadeln (wie die Schwämme und Seegurken) liefern Bruchstücke, die in die Lücken zwischen den Korallen geschwemmt werden. Andere Organismen, besonders Algen und Protozoen, zementieren und binden alles mit ihrem überzugsartigen Wachstum zusammen.

Das ganze »Bauwerk« ist den Angriffen der Wellen und von Organismen, die Unterschlupf und Nahrung suchen, ausgesetzt. Bruchstücke jeglicher Größe — von Brocken bis zu feinem Schlamm — entstehen im Riff und sammeln sich hier an und werden von Wellen und Strömungen von dem wachsenden »Gebäude« weg und in ruhigere Bereiche an seiner Spitze oder dahinter geschwemmt.

Ein Korallenriff ist ein kompliziertes, vielgestaltiges Gebilde, in dem das Gerüst der lebenden Korallen oder Algen nur ein Teil sind, wenngleich die anderen Komponenten ohne diesen lebendigen Bereich nicht denkbar wären. Die Ansammlungen von Kalksand und Küstenschlamm bilden einen Lebensraum für zwei wichtige Gruppen ans Salzwasser angepasster höherer Pflanzen, Seegras und die Bäume der Mangroven, sowie für unauffällige blaugrüne Algen. Diese Pflanzen halten Sedimente fest und lassen den ganzen Komplex des Riffs anwachsen und stabiler werden. Stürme und Brandung schwemmen und häufen kleinteilige Bruchstücke an Strände und Sandbänke, und die Sandbänke können sich zu flachen Sand- oder Geröllinselchen oder Anhäufungen oben auf dem Riff entwickeln.

Korallenriffe kommen in viererlei Formen vor. Ringförmige Saumriffe sind eher flach und umgeben eine Insel, die selbst kein Riff ist, sondern eher vulkanischen Ursprungs. Barriereriffe (Wallriffe) befinden sich ebenfalls nahe an einer Landmasse, die kein Riff ist; sie sind von dieser durch eine Lagune oder einen Kanal von etwa 50 Meter Tiefe getrennt und liegen bis zu mehreren Kilometern von der Küste entfernt im Meer. Barriereriffe können eine Insel halbkreisförmig vorgelagert sein oder — wie das Great Barrier Reef in Australien — ein komplexes, eher geradliniges Bänder- und Kettengebilde darstellen. Die dritte Kategorie sind Atolle: Ringe ohne Landmasse in der Mitte. Schließlich gibt es vereinzelte Riffe mit tafelförmiger Oberfläche oder in einer Spitze zulaufend.

Ein typisches Korallenriff ist zum Meer hin erhöht und fällt hier auch ins tiefere Wasser ab. Landeinwärts flacht es ab. Lebende und abgestorbene Gerüststrukturen finden sich hier nebeneinander. Gleichzeitig mit dem langsamen Wachstum eines Riffs wird es auch zu echtem Fels im Zuge einer kaum wahrnehmbaren Auflösung, Kristallisation und chemischen Veränderung des Riffmaterials. Reste vorgeschichtlicher Riffkalkfelsen bildeten sogar ganze Gebirgszüge, beispielsweise die Dolomiten in den Alpen.

Ein Korallenriff ist eine riesige Kolonie primitiver Wirbelloser: der Anthozoen, koloniebildender Nesseltiere, deren Individuen, so genannte Polypen, nach unten Kalk abscheiden und so ein fein verästeltes, steiniges Dickicht aus Kalziumkarbonat bilden. Die oben sitzenden

Suppenschildkröten paaren sich im klaren Gewässer des Korallenriffs vor der Insel Sipadan nahe Borneo. Riffe bieten die unschätzbaren Paarungs- und Brutplätze für Tausende von Tierarten in den tropischen Meeren.

Tiere sind an den leblosen Skeletten unzähliger früherer Generationen verankert. Korallenriffe sind auf seichtes, warmes (aber nicht zu warmes) Wasser, im Allgemeinen in den Tropen, begrenzt. Die meisten lebenden Korallen vertragen keine Wassertemperaturen von unter 20 °C.

Korallenpolypen beherbergen symbiotische Algen namens Zooxanthellen, mit denen sie Nährstoffe austauschen. Einzelne Polypen ernähren sich nachts, indem sie ihre kleinen Mäuler aufreißen, um mit winzigen Tentakeln schwimmendes Zooplankton zu fangen. Da Riffkorallen nicht ohne Sonnenlicht für die Fotosynthese der Algen gedeihen, müssen die lebenden Polypen nahe der Oberfläche sein.

Ein Korallenriff, ob nahe am Ufer, als Barriere vor der Küste oder an der seichten Lagune eines Atolls, bietet Lebensraum für erstaunlich viele Arten. Algen außerhalb der Polypen ernähren Pflanzen fressende Fische, die bunt gestreiften, gepunkteten und grell gefleckten Arten, die wir mit Tropengewässern assoziieren. Aber in den Riffen leben auch unzählige Wirbellosenformen, die sich von Algen ernähren: Schnecken, Muscheln, Seeigel und -sterne, um nur einige zu nennen. Weiter oben in der Nahrungskette befinden sich Krebse, Muränen, Dornenfische wie Lippfische, Zackenbarsche und Haie.

Riffe spielen im Ökosystem der Ozeane eine wichtige Rolle. Viele Fischarten versammeln sich zur jährlichen Laichsaison an Riffen. Die Larven, die aus den befruchteten Eiern schlüpfen, werden durch Tunnel im Riff ins Meer hinausgespült. Ohne die Riffstruktur könnten sich diese Arten nicht vermehren.

Trotz der felsenfesten Erscheinung sind Korallenriffe zerbrechliche Gebilde, die schnell zerfallen, wenn die Kalk abscheidenden Anthozoen absterben. Die Myriaden einzelner Polypen und ihre symbiotischen Algen sind extrem empfindlich gegen Verschmutzung und mechanische Beschädigungen, die seit fast einem Jahrhundert vorkommen. Korallenpolypen sterben schnell, wenn sie mit Sediment aus Flüssen bedeckt werden, das von der Brandrodungs-Landwirtschaft der Drittweltländer herrührt. Abwasser – dieses vor allem aus den hoch entwickelten Industrienationen – tötet Korallen ebenfalls. Und der zerstörerische Korallenabbau, um Sand und Gestein für Beton zu gewinnen, hinterlässt riesige tote Lücken in der einst lebendigen Struktur.

Ausflugsschiffe ankerten Jahrzehnte lang auf Korallenriffen, damit ihre schnorchelnden Passagiere die Pracht unter der Wasseroberfläche genießen konnten. Die riesigen Anker verletzten lebendige Riffkorallen der Karibik und im Golf von Mexiko, ehe Seeleute sich dessen bewusst wurden. Der weit verbreitete Gebrauch von Gift unter Fischern erwies sich ebenfalls als verheerend für Korallenriffe.

Während des International Coral Reef Symposion in Guam 1992 präsentierten Wissenschaftler ein schlimmes Bild. Mindestens zehn Prozent der weltweit vorkommenden Korallenriffe hatten nach ihrer Entdeckung schwer gelitten, hauptsächlich durch menschliche Eingriffe. Ein Drittel, vor allem in asiatisch-pazifischen Gewässern, sind vom Absterben bedroht. Weitere 30 Prozent werden wohl innerhalb der nächsten 20 Jahre verfallen, darunter Riffe in der Karibik, an den Floridas Keys und an der Ostküste Afrikas.

Dies war eine globale Alarmglocke, die die Umweltschutzmaßnahmen zur Rettung der Riffe unseres Planeten vorantrieb. Kleine Inselnationen, die für Fischerei und Tourismus auf die Korallenriffe angewiesen sind, trafen sich 1994 in Barbados, um die International Coral Reef Initiative zu bilden. Ihr Ziel ist es, die verheerendsten Abwasser-, Landwirtschafts- und Fischereimethoden abzuschaffen und die Öffentlichkeit zu unterrichten.

Im selben Jahr stellte ich im Rahmen des alljährlichen JASON-Projekts ein kleines Team aus Wissenschaftlern und Studenten zusammen, um einem großen Publikum aus Studenten die Gefährdung unserer Korallenriffe zu erklären. Es wird die heutige Jugend sein, die die lange und schwierige Aufgabe des Gesundpflegens der Riffe zu Ende bringt.

Am 7. März 1994 ging der Riffspezialist Dr. Jerry Wellington von Bord eines Tauchboots, das durch das klare, blaue Wasser zwölf Meter über den lebenden Korallen des South Water Caye vor der Küste des mittelamerikanischen Belize fuhr. Jerry trug einen wuchtigen Multifunktions-Helm aus Plexiglas – einen so genannten LAMA-Bubble-Helm –, der Rundum-

sicht und normales Sprechen ermöglichte. Der Helm war mit Mikrofon ausgestattet, und Jerry hatte eine Videokamera dabei. In der nächsten Stunde nahm er mehrere hunderttausend nordamerikanische Studenten mit auf eine Riff-Exkursion. Seine Video- und Tonaufnahmen wurden vom Boot an eine Küstenstation übermittelt, dann an einen Satelliten und schließlich an mit dem JASON-Projekt vernetzte Orte übertragen, wo Studenten und ihre Lehrer sich versammelt hatten. Dr. Wellingtons Lektionen gingen über die nach Effekt haschenden Kurse hinaus, die man allzu oft an amerikanischen Universitäten findet. Die Studenten und Lehrer, die sich für das Projekt qualifiziert hatten, hatten bereits die Artenvielfalt tropischer Riffe studiert. Sie waren dabei, aus eigenem Erleben ein einfaches, jedoch monumentales Konzept zu verstehen, das man in jedem guten Fachbuch nachlesen konnte: Nichts existiert innerhalb der Biosphäre isoliert.

Die heutige Lektion war komplex. Viele Riffe litten unter Korallen-Ausbleichung, in deren Verlauf die symbiontischen Algen vertrieben wurden und den Korallenorganismus geschwächt und farblos zurückließen. Zur Erklärung dieses Phänomens gab es zwei Hypothesen. Eine beschuldigte die steigenden Wassertemperaturen, eventuell in Zusammenhang mit der globalen Erwärmung. Die andere Theorie verband ultraviolette Strahlung – vielleicht auf Grund der schrumpfenden Ozonschicht – mit dem Verlust von Korallenalgen.

In solch komplexem Material zu wühlen, war für die Studenten eine echte Herausforderung. Ich wollte, dass sie sich wirklich mit solchen Themen auseinander setzten, weil ich überzeugt war, dass irgendwo in diesem Publikum vor den großen Video-Bildschirmen Jungen und Mädchen saßen, die diese Lektionen niemals vergessen würden. Ein paar würden sich der schwierigen, oftmals frustrierenden Aufgabe wissenschaftlicher Forschung widmen. Aber noch viele andere würden sich dem Ziel verschreiben, ihren eigenen Kindern einen gesünderen Planeten zu hinterlassen als den, den sie von uns geerbt haben

Studenten »gehen« jedes Jahr mit dem JASON-Projekt auf Expedition, zumeist per »Telepräsenz« über Satelliten-Videoaufnahmen. Manche können unsere ROVs von Workstations in Schulen und Museen ihrer Heimat aus manövrieren. Ein Ziel des Projekts ist es, eine neue Generation wissenschaftlicher Forscher auszubilden.

IX | Museum der Tiefe

Vorhergehende Seiten: Ein intakter hölzerner Stützpfosten mit hand-geschnitzter Einkerbung erhebt sich neben dem aufgerichteten Mast eines komplett erhaltenen gesun-kenen Schiffes, das über 1500 Jahre in den Tiefen des Schwarzen Meeres gelegen hat. Der gute Zustand des Schiffes bestätigte die Theorie, dass in den sterilen, sauerstoffarmen Tiefen antike Schiffswracks vor dem Verfall geschützt sind.

Ein türkischer Schiffbauer führt seine fachkundigen Arbeiten am Gerippe eines Trawlers aus, der in der Nähe von Sinop gebaut wird. In der Antike baute man in umgekehr-ter Reihenfolge: Zuerst wurde die Rumpfbeplankung mit Nut und Zapfen miteinander verbunden und dann mit einem Innengerippe verstärkt.

Am 30. August 2000 ging ich gegen Mitternacht in meinem Hotel in Istanbul ins Bett, er-schöpft von den hektischen letzten Wochen unserer Expeditionsplanung. Aber ich war einfach zu aufgeregt, um einschlafen zu können: Endlich würden wir die Seereise auf dem Schwarzen Meer mit einem richti-gen Forschungsschiff – der *Northern Horizon* –, einer kompletten Besatzung mit Wissen-schaftlern, Ingenieuren und Technikern und einer ganzen Reihe dem neuesten Stand der Technik entsprechenden Sonar- und Bildaufnahmegeräten antreten kön-nen. So ließ ich die Monate bis zu meiner Ankunft in der Türkei Revue passieren.

Unsere Expedition im Jahr 1999 hatte die Theorie der Geologen William Ryan und Walter Pitman bestätigt, dass das Schwarze Meer, bevor es vor etwa 7500 Jahren durch eine Flutkatastrophe völlig überschwemmt wurde, ein Süßwassersee gewesen war. Eines der Ziele unserer diesjährigen Expedition war es, nachzuweisen, dass das frühere, überflutete Seeufer entlang dem schmalen Schwemmlandstreifen der flachen, unter Wasser stehenden Küstenebene westlich von Sinop einst bewohnt gewesen war.

Für unser zweites Ziel mussten wir weiter weg von der Küste. Seitdem ich Wil-lard Bascoms aufschlussreiches Buch *Deep Water, Ancient Ships* – »Tiefe Wasser, antike Schiffe« – gelesen hatte, war ich von der Tiefsee-Erforschung des Schwarzen Meeres besessen und auf der Jagd nach gut erhalte-nen Schiffwracks aus dem Altertum gewe-sen. Bascom, ein Ozeanograph am Scripts Institute of Oceanography in San Diego, war der bahnbrechende Wissenschaftler, der die Verbindung zwischen der einzigartigen Hydrologie des Schwarzen Meeres und der Möglichkeit, hier gut erhaltene Schiffswracks in einer Art archäologischem Museum zu finden, herstellte.

Das tiefe Becken des Schwarzen Meeres – oft verglichen mit einer Badewanne ohne Abfluss – hatte sich vor Tausenden von Jahren mit stark salzhaltigem Wasser gefüllt und wurde dann von den europäischen Strömen aus dem Norden überflutet. Über die Jahrtausende bilde-te sich in der Tiefe von etwa hundert Metern eine Oberflächenschicht aus nur leicht salzhalti-gem Wasser. Von oben von diesem leichteren Wasserkörper, der sich mit den schweren, unten liegenden Schichten kaum mischte, sozusagen gedeckelt und durch den Bosporus abgeschlos-

sen, hatte dieser gewaltige Wasserkörper – nachdem keine weitere Druchmischung stattfinden konnte – keine Sauerstoffzufuhr mehr. Der im Wasser gebundene Sauerstoff war vollständig verbraucht, so dass darin keine Lebensgrundlage mehr vorhanden war, auch nicht für die Holz abbauenden Organismen, die jede Planke, jeden Mast, jeden Baum eines Schiffwracks in einem sauerstoffhaltigen Wasser restlos zerstören würden.

Als ich Bascoms faszinierendes Buch wieder und wieder las, entstand in mir ein Traum. Zwischen der heutigen Türkei und der Halbinsel Krim segelten seit der Bronzezeit Schiffe hin und her. Wir müssten unsere Wracksuche in den anoxischen – sauerstofffreien – Tiefen, die bis zu 2000 Meter betragen können, auf diese altertümlichen Schifffahrtslinien konzentrieren.

Unsere Expeditionsfähre verlässt Sinop, den türkischen Hafen am Schwarzen Meer, auf dem Weg zum Forschungsschiff *Northern Horizon*. Nach Wochen voller Enttäuschungen und schlechten Wetters entdeckten wir in den sauerstofffreien Tiefen vier alte Wracks, einschließlich eines vollständig erhaltenen Schiffes.

Wenn ich meinen Träumen nachgab, stellte ich mir die Entdeckung eines vollständig erhaltenen Schiffes aus der Zeit Homers vor, so wie es Bascom in seinem Buch beschwört: »Irgendwo weit draußen in der tief dunklen See des Odysseus liegt ein antikes Holzschiff. Es steht aufrecht auf dem Boden, leicht bedeckt mit Meeresablagerungen aus 2500 Jahren ... Der Stumpf des Mastes ist immer noch da ...«

Nachdem unser Arbeitspferd, das *ROV Jason*, immer häufiger mit anderen Wissenschaftlern geteilt werden musste, entschied ich mich, speziell für den Auftrag des Institute for Exploration eine neue Ausstattung an Forschungsgerät zusammenzustellen. Die Unterwasserarchäologie erfordert eine präzise dreidimensionale Aufzeichnung der Fundstelle; hierfür braucht man eine mit Farbvideogerät und elektronischen Standbildkameras ausgerüstete Plattform, um die digitalen Fotokartenteile herzustellen, die von Wissenschaftsexperten zur Einschätzung des Fundes benötigt werden. Für Untersuchungen aus der Nähe und zur Bergung von Artefakten suchten wir ein kleines, wendiges, ferngesteuertes Gefährt, einen möglichst noch moderneren Vetter von *Jason*. Ich engagierte den »Zauberer« der Robotertechnik, Jim Newman, und im Frühjahr 2000 begannen wir damit, diese fortgeschrittenen Bildgebungssysteme zu entwickeln. Das erste war *Argus*, ein Kameraschlitten, der mit dem Schiff auf der Oberfläche über ein faseroptisches Kabel verbunden ist. Untergebracht in einem stabilen, rechteckigen Edelstahlkäfig, besitzt das Gefährt drei schwenkbare Videokameras, Scheinwerfer, eine elektronische Standbildkamera, Korrekturtriebwerke, um die Position über einer Stelle zu halten, und ein Scan-Sonar. Die *Argus* wurde als Mutterfahrzeug für das mittelgroße, ferngesteuerte Tauchfahrzeug *Little Hercules* entwickelt, mit dem es über ein kurzes faseroptisches

Kabel verbunden werden kann. Durch die vielseitigen Korrekturtriebwerke leicht manövrierbar und mit einer für Fernsehübertragungen geeigneten Videokamera und hoch entwickelten Lampen versehen, kann *Little Herc* – wie wir unser neues ROV nannten – mit einem ferngesteuerten Greifarm zur Bergung von Artefakten ausgerüstet werden. Ursprünglich wollten wir auch unser eigenes, mit einem langen Kabel verbundenes Side-Scan-Sonar entwickeln, ECHO, doch bis das neue System geliefert werden konnte, mussten wir das *DSL 120* von Woods Hole einsetzen.

Ich war zuversichtlich, dass das zusammengestellte Team sowohl technisch als auch wissenschaftlich der Herausforderung gewachsen war. Jim Newman, Dave Wright und Charlie Smith waren in Theorie und Praxis erstklassige Ingenieure, die mit jeder der unvermeidlich zu erwartenden Ausrüstungspannen würden umgehen können. Mit Martin Bowen, Philip »PJ« Bernard und Craig Elder hatten wir ein erprobtes Piloten-Team für *Little Herc* dabei. Und die *Argus* würde sich in fürsorglichen Händen unter ständiger Bewachung durch Tito Collasius, Jim Newman und Dave Wright befinden. Dr. Fred Hiebert der University of Pennsylvania stand uns als führender Archäologe bei der Suche nach altsteinzeitlichen Stätten zur Seite, während die Unterwasserarchäologin Dr. Cheryl Ward der Florida State University unsere Expertin für altertümliche Schiffswracks war. Und ich war vor allem angewiesen auf meinen IFE-Beauftragten Dwight Coleman und meine langjährige Projektleiterin, Cathy Offinger.

Erneut war es mir gelungen, die umfassenden Finanzmittel der NATIONAL GEOGRAPHIC SOCIETY, der National Oceanic and Atmospheric Administration, des Office of Naval Research und des J. M. Kaplan Fund anzuzapfen. Ich hatte bereits entschieden, dass die Bemühungen dieser Seereise einer ausgedehnten Erkundung galten und ein Gesuch bei der türkischen Regierung zur Bergung von Artefakten nicht notwendig war. Zuerst wollte ich die Durchführbarkeit der Unterwasserarchäologie durch Bildaufnahmen von überschwemmten altsteinzeitlichen Stätten oder Schiffwracks prüfen, bevor man versuchte, physischen Kontakt herzustellen. Ich bin immer noch der Meinung, dass der Meeresboden ein Museum ist und bleiben sollte und dass nur ein Minimum an Artefakten zu Datierungszwecken geborgen werden darf. Sollten wir auf ein gut erhaltenes Wrack stoßen, würde ich natürlich die Erlaubnis einholen, für eine Radiokarbondatierung eine Holzprobe entnehmen zu dürfen.

Als sich am nächsten Morgen das kleine Boot mit dem NATIONAL-GEOGRAPHIC-Filmteam und mir an Bord der vor Anker liegenden *Northern Horizon* näherte, machte das Schiff mit seinem frisch in Hellrot und Weiß angemalten Rumpf einen guten Eindruck. Ich registrierte den großen, blauen quadratischen Kran am Heck zum Ablassen und Heraufholen der *Argus* und – auf der Backbordseite zusammengefaltet – den kleineren, hydraulischen zum Bewegen leichterer, aber empfindlicher Gegenstände, etwa *Little Herc* und das *DSL-120*-Sonar. Dieses gut ausgerüstete Expeditionsschiff war etwas ganz anderes als die Flotte kleiner Fischtrawler, mit denen wir im Vorjahr vor Sinop gearbeitet hatten.

Nach der langsamen Bosporus-Passage nach Norden legten wir an Geschwindigkeit zu und wandten uns ostwärts zu unserem ersten, etwa 60 Kilometer entfernten Erkundungsareal.

Über eine detaillierte bathymetrische Karte vom Schwarzen Meer gebeugt, berät sich der Autor mit seinem Stellvertreter Dwight Coleman und dem MIT-Absolventen Brendan Foley (links). Wir suchten nach den Spuren von Flusstälern, die vor 7500 Jahren überschwemmt worden waren.

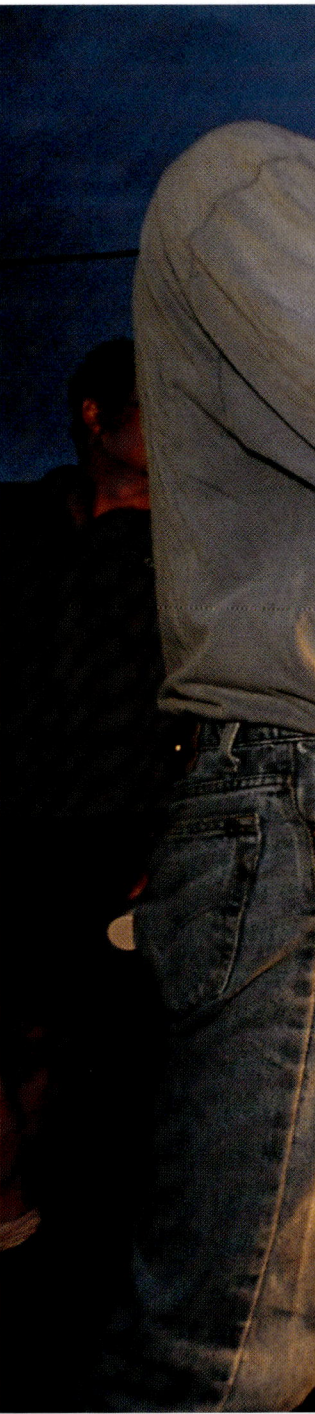

Martin Bowen (Mitte) repariert unser ferngesteuertes Tauchgefährt *Little Hercules*, während Mark DeRoche besorgt zuschaut. Erst dachten wir, dass diese Panne unsere Reise beenden würde, aber dann war es doch nur eine gebrochene Verbindung der faseroptischen Kabel. Wir richteten die Bruchstelle und konnten nach wenigen Stunden weiter forschen.

Am Nachmittag rief ich die Expeditionsteilnehmer in die Messe, um sie auf unsere Suchstrategie einzuschwören.

»Wir müssen an den richtigen Plätzen nach den richtigen Hinweisen auf mögliche Ansiedlungen aus der Steinzeit suchen. Mit ›richtigen Plätzen‹ meine ich Lebensräume, die vor 7500 Jahren bewohnbar waren, insbesondere Flusstäler, die in den alten See mündeten.« Unser Studium der bathymetrischen Seekarten hatte ergeben, dass der Hauptteil der alten Küstenlinie eine fast senkrecht abfallende Klippe von den heutigen Hochebenen bis in die Tiefen bildete. Es gab nur zwei schmale Streifen mit sanft abfallendem Meeresboden zwischen dem Bosporus und Sinop; vermutlich waren sie von Strömen und Flüssen getrennt gewesen, die jetzt bis zu etwa hundert Meter unter Wasser liegen.

»Und da wollen wir suchen.«

Unsere Taktik würde es sein, auf der Suche nach überschwemmten Flussläufen mit dem *DSL 120* langsam lange Bahnen von West nach Ost und wieder zurück zu ziehen. Dann wollten wir die Sonarbahnen auf diese alten Wasserwege eingrenzen und nach irgendwelchen ungewöhnlichen, eckigen Formationen suchen, die auf Grundmauern deuten könnten, wie sie Fred Hiebert bei früheren Landuntersuchungen nahe Sinop gefunden hatte. Hatten wir erst einmal viel versprechende »Ziele« ermittelt, würden wir auf den Ansichtsmodus schalten, mit der *Argus* einen Überblick der Stelle auf Video aufzeichnen und dann mit *Little Herc* näher herangehen.

Unsere Wrackuntersuchung unter Wasser würde genauso ablaufen: Dem Schweben des *DSL-120*-Sonars in Bahnen über dem Boden sollten Sichtinspektionen von ausgewählten Zielen mit *Argus* und *Little Herc* folgen. Am Vormittag des 2. September 2000 waren wir endlich soweit. Obwohl es ein herrlicher ruhiger Sommertag mit einem glitzernden blauen Meer war, verbrachte ich viele Stunden im dunklen Kontrollraum auf dem Hauptdeck des Schiffes und beobachtete die vertrauten Bänder des Side-Scan-Sonars, die über den Monitor flimmerten. Mit einer Geschwindigkeit von nur 2,5 Knoten kroch das DSL unter uns voran, stieg langsam in eine Tiefe von 95 Metern ab und enthüllte uns einen Boden mit einem Bandenmuster, das sich als Sandwellen entpuppte; schließlich kamen wir zu einem flachen Tafelberg aus Felskappen mit seewärts gerichtetem Steilhang.

Ohne Erfolg setzten wir unsere langen gründlichen Wendungen und Bahnen auf der Suche nach überschwemmten Flussläufen fort. Aber wir entdeckten einige andere faszinierende Dinge. »Oh«, rief ich aus, »oben rechts. Da ist was!« Das ganze Beobachtungsteam im Kontrollraum wandte sich von der Navigationsstation, dem Sonar, der Windenkontrolle und der Datensammelstation ab, um den kleinen grauen Schatten zu sehen, der wie eine kleine Weintraube über den Monitor glitt. Wir hatten das schon zuvor im Mittelmeer beobachtet: ganze Haufen von Amphoren, Indizien für ein mögliches Wrack aus dem Altertum. Die Stunden vergingen. Weitere mögliche Amphorenhaufen erschienen, aber ich war enttäuscht, dass wir keinerlei eindeutige Strom- oder Flussläufe gefunden hatten, die – unseren Erwartungen zufolge – in einer Tiefe von 155 Metern in den alten See gemündet wären. Doch spät in jener Nacht wurde unsere Geduld belohnt, als nämlich die Sonarstrahlen einen offensichtlich mäandrierenden Flusslauf in einer Ebene unseres Suchgebietes orteten, die etwas östlich des kleinen Hafens Turkeli lag. Nun wollten wir so viel wie möglich von dem Flussbett zwischen dem alten Ufer und der

heutigen Küstenlinie kartieren. Um zu beiden Seiten tektonische Gegebenheiten aufzuspüren, ließen wir senkrecht dazu die Sonarbahnen laufen. Wir fanden eine ganze Reihe faszinierender Ziele, einschließlich einer Stelle mit rechteckigen Blöcken über fünf Meter Länge an einer Seite.

Am 3. September gegen Mittag beendeten wir die Sonarsuche, und ich entschied, die *Argus* einzusetzen. »Wir haben eine echte Chance bei einem wirklich schwierigen Ziel«, sagte ich zu unserem Team. Es lag an der Vereinigung zweier Flussläufe – ein idealer Platz für eine menschliche Ansiedlung. Wir würden früher als geplant in den Ansichtsmodus schalten, um diese Gelegenheit zu nutzen.

Gespannt übernahm die neue Wache ihre Positionen im Kontrollraum. Als Tito Collasius die *Argus* mit der Winde in das relativ seichte Wasser hinabließ, füllte sich der Raum mit den immer gleichen neugierigen Zuschauern, die keinen Wachdienst hatten. Ich brachte es nicht übers Herz, sie für den erforderlichen Schlaf bei dieser ersten Tauchfahrt des Kameraschlittens in ihre Kojen zu schicken. Nachdem das Gefährt geschleppt und nicht ferngesteuert wurde, mussten wir ein gutes Stück an Höhe über der Fundstätte einhalten, damit es nicht in den Boden geriet. Damit war das Videobild auf unserem Monitor etwas unklar. Ich wollte natürlich diese Stelle in allen Details zu studieren, sobald die beiden Piloten unseres ROV *Little-Herc*, Martin Bowen und Craig Elder, an Bord eingetroffen waren. Bevor ich schließlich den Kontrollraum verließ, um meine eigene Koje aufzusuchen, stand ich über Katie Crofts Navigationsstation und notierte mir die Sonardaten dieser potenziellen Steinzeitansiedelung. Sie hatte es als Position 82 eingetragen, als das 82. Sonarziel, das wir auf unserer Suche entdeckt hatten.

Das ROV *Little Hercules* wird für das Hinablassen vorbereitet. Obwohl es zur Bergung von Artefakten nicht ausgerüstet war, konnte das Gefährt trotzdem – dank der Improvisation unseres Teams – einige Holzproben zur Radiokarbondatierung entnehmen, was zu dem Ergebnis führte, dass das unberührte Wrack in der Tiefe 1500 Jahre alt war.

Während ich in jener Nacht fest schlief, erstellte das Team ein genaues digitales Fotomosaik von Position 82 und zog dann weiter, um von weiteren Zielen Fotos zu machen, die mit *Argus'* Nahsonar ausfindig gemacht worden waren. Doch gegen 5 Uhr morgens fror der blassblaue Sonarbildschirm des Gefährts mit seinem schweifenden Strahl plötzlich ein. Das Instrument war tot. Diese grauenhafte Nachricht erfuhr ich von Jim Newman beim Frühstück, nachdem sie den Kameraschlitten geborgen hatten. Das Sonargehäuse war voller Meerwasser gelaufen, es hatte einen Kuzschluss in der Elektronik gegeben. Das war zweifellos ein Rückschlag. Ohne die *Argus* hatten wir keine Möglichkeit zu einer optischen Untersuchung der Fundstellen, die das DSL geortet hatte. Also telefonierte Jim mit den Geräteherstellern in Norwegen und Kanada und suchte wie verrückt nach Ersatzteilen, die nach Samsun, dem nächstgelegenen Flughafen, eingeflogen werden könnten.

Am Morgen des 5. September traf ich mich zur Durchsicht der Datenbank des *DSL 120* mit Katie Croft und Steve Gregg im Computerraum, um von den 86 Fundstellen die lohnendsten herauszusuchen, die wir in der verbleibenden Zeit noch untersuchen konnten. Da waren einige dabei, die antike Schiffwracks zu sein schienen und die ich auf unserem Weg in tieferes Wasser optisch untersuchen zu können hoffte. Und es gab diese geradlinigen und eckigen Formationen am alten Flussufer, einschließlich der Stelle 82. Doch damit mussten wir warten, bis das Ersatzsonar der *Argus* eingetroffen war. Von dieser Seite gab es gute Nachrichten: Die Ersatzteile waren unterwegs, und Ingenieur Charlie Smith sollte am nächsten Tag zusammen mit Dr. Fred Hiebert, unserem leitenden Landarchäologen, in Sinop ankommen.

In Sinop gelang es Charlie Smith und Jim Newman, die *Argus* wieder mit dem Computer zu verbinden. Doch im Hafen drückte unangenehmer Wellengang herein, und als wir das Gefährt ausprobierten, begann es, wie ein Kolben auf und ab zu schießen, wodurch die Videokamera in dem seichten Wasser unscharf arbeitete. Ich fürchtete draußen an den seichten Untersuchungsstellen ähnliche Probleme und entschied, diese erst einmal nur mit *Little Herc* allein zu inspizieren. Mit den vielseitigen Korrekturtriebwerken in den Händen der erfahrenen Piloten Martin Bowen, Philip Bernard und Craig Elder, die nun alle an Bord waren, gelang es, das ferngesteuerte Tauchgefährt bei gemäßigtem Wellengang auf der Stelle zu halten. Um sicher zu gehen, fügten wir den schweren Eisenklumpen aus der *DSL 120* der Masse von *Little Herc* hinzu, sodass es nicht unvermittelt umherpendeln und -schlingern konnte.

Nach verschiedenen anderen elektronischen und nautischen Problemen hatten wir *Little Hercules* am späten Morgen des 9. September endlich auf dem Grund in mehr als hundert Metern Tiefe. Mit Craig Elder an den Kontrollhebeln glitt das ROV ruhig durch das von Scheinwerferlicht erhellte klare Wasser, das leicht geneigte Riff eines felsigen Abhangs über dem heute überschwemmten alten Flusstal in einer Tiefe von 98 Metern hinauf.

Die Stätte bestand aus natürlichen Sandsteinblöcken, die in einer deutlich rechteckigen Form auf acht Metern Länge und vier Metern Breite verteilt waren. Craig führte *Little Hercules* langsam bis auf ein paar wenige Meter über die Stelle heran, und wir beobachteten gebannt, wie sich das breite Videodisplay mit dem Bild langer hölzerner Objekte füllte.

»Wow«, rief ich aus, »schaut euch dieses Holz an!«

Neben mir lehnte sich der Archäologe Fred Hiebert über meinen Stuhl. Ich konnte die Spannung in seinen Armmuskeln spüren. Er vibrierte förmlich vor Aufregung. »Hat geklappt«, flüsterte er. »Ich glaube, das ist ein Logbalken, der mit Werkzeug behauen wurde.«

Der Balken rückte in eine bessere Scharfeinstellung. Jetzt konnte ich deutlich Rillen sehen, die längs über die Balken liefen und sich schließlich vor der Kamera als Einkerbungen zu entpuppen schienen. Als *Little Hercules* sich über die Fundstelle bewegte, sahen wir eine beträchtliche Menge weiterer Hölzer – anscheinend zwei geschnitzte Baumstümpfe, Zweigbündel und etwas Schilf –, die definitiv nicht in eine Tiefe von etwa hundert Metern unter der Oberfläche des Schwarzen Meers gehörten.

Das Videoauge bewegte sich hinter die Hölzer und das Schilf, und wir sahen zwei winkelige Steine, die von Menschenhand geformt sein konnten. Craig legte das Tauchboot sachte in

Eine Qualle gleitet träge an *Little Hercules* vorbei, als das Tauchfahrzeug zum Boden des Schwarzen Meeres hinabsteigt. Im Kielraum von Handelsschiffen eingeführt, haben sich die Quallen stark vermehrt und bedrohen heute die lokalen Fischfanggebiete.

Dr. Fred Hiebert (auf der Leiter),
Jennifer Shadel Smith und der
Archäologe Owen Doonan – alle von
der University of Pennsylvania –
legen die Schicht der Festung Sinop
frei. Artefakte bezeugen, dass der
Hafen über Jahrtausende in Betrieb
war.

die Kurve und schwebte zur Untersuchung all des herumliegenden Holzes und organischen Materials zurück über die Stelle. »Wir brauchen ein Stück Holz, um Kohlenstoff 14 festzustellen, dann können wir es datieren«, sagte ich zu versammelter Mannschaft. Schließlich ging es um Wissenschaft, nicht um Publikumssport.

Mir brummte der Kopf vor lauter Überlegungen und widersprüchlichen Ideen. Wenn wir uns in anoxischem Wasser befanden, warum gab es dann kleine Meeräschen, die ihr kärgliches Dasein am Boden um dieses Holz herumführten? Offenbar war das Wasser jetzt mit Sauerstoff angereichert. Wäre dies während der ganzen 7500 Jahre so gewesen, hätten große und kleine Holzfresser diese Balken und das Schilf längst aufgezehrt.

Ich zwang mich zu vernünftigen Überlegungen. Wir wussten, dass die tieferen Schichten unter 170 Metern ganz ohne Sauerstoff waren. Nachdem wir das *DSL 120* in diese Tiefe abgelassen hatten, kam sein schweres Eisengewicht dunkelschwarz und nach faulen Eiern stinkend (Schwefelwasserstoff!) wieder an die Oberfläche – die Crew nannte es »Tetanus.« Diese unangenehme Chemie bestätigte, dass ab einer Tiefe von 170 Metern bis ganz zum Boden des Schwarzen Meeres in 2000 Meter Tiefe praktisch kein Sauerstoff vorhanden war. Von den örtlichen Fischern wussten wir, dass die oberen 85 Meter reichlich Sauerstoff enthielten und somit ein gutes Fanggebiet für Makrelen und Flundern bildeten. Dieselben Fischer hatten auch von einer bislang kaum bekannten gemischten Schicht gesprochen, die sich zwischen 85 und 170 Metern Tiefe erstreckte. Diese Schicht verhielt sich dynamisch; manchmal war sie ohne jedes Leben, wenn Wasser aus dem anoxischen Wasserkörper nach oben drang, doch wenn sich sauerstoffhaltiges Wasser durchsetzte, konnten sich Fische wie diese Meeräschen durchschlagen. Wichtig an der Entdeckung dieser Mittelschicht war, dass anders als frei schwimmende Fische, die vor dem Zustrom schädlichen, sauerstofffreien Wassers flüchten konnten, die Holz zersetzenden Mollusken festsaßen. Wenn sie je in dieser Schicht Wurzeln geschlagen hatten, dann konnten sie nicht sehr lange überleben. Ursprünglich hatten wir bei unserer Suche nach möglichen Zeugnissen von Steinzeitbewohnern an den seichten Küstensockeln des Schwarzen Meeres keinerlei Gedanken an Holz verschwendet, da wir sicher waren, dass die Meeresorganismen es längst verzehrt haben müssten. Jetzt starrten wir auf diese Balken, die an-

scheinend mit Steinwerkzeugen behauen worden waren – voller Ehrfurcht, dass solche Artefakte sehr wohl überlebt hatten.

Zur Radiokarbondatierung brauchten wir eine Holzprobe, doch einige der vermutlichen Artefakte waren eindeutig Treibholz aus viel jüngerer Zeit als vor 7500 Jahren. Wenn wir die Genehmigung von der türkischen Regierung für eine Probenentnahme bekamen, mussten wir versuchen, ein Stück Holz von unterhalb der Steinblöcke herauszubekommen, um das älteste Holz dieser Fundstelle zu erwischen. Leider stand uns *Jasons* kräftiger Computerarm nicht zur Verfügung, um einen der behauenen Balken zu heben.

Als wir die Stelle verließen, wandte ich mich an Fred Hiebert: »Also Fred, sag mir, was das gewesen ist.«

»Ich glaube, wir haben die vier Seiten eines Hauses gesehen«, gestikulierte er mit seinen kantigen Händen. »Es könnte in der entlang der Küste des Schwarzen Meeres traditionellen Konstruktionstechnik erbaut worden sein: Lehm wurde zwischen Stöcke gepackt, und das Ganze wurde mit Balken aufrecht gehalten.«

»Und welche Zeit könnte das gewesen sein?«

Fred schüttelte den Kopf. »Das müssen wir über die Radiokarbondatierung herausfinden. Solche Häuser wurden ab 7500 v.Chr. bis 3500 v. Chr. gebaut.«

Wir würden also genau das eine oder mehrere richtige Holzstücke von dieser Fundstelle auswählen müssen und von Glück reden können, wenn wir dabei kein neues vollgesogenes Treibholz erwischten, das von der Küste heruntergespült und von Unterwasserströmungen hierher geschwemmt worden war.

Ich schickte einen Bericht an die Sponsoren am Hauptsitz der NATIONAL GEOGRAPHIC SOCIETY in Washinton, D.C., wobei ich sehr klar und vorsichtig in der Wortwahl war, aber auch einige Details der Stelle zu beschreiben versuchte: Es »besteht aus einer einfachen Struktur, einem Haus oder einer Hütte sehr ähnlich«, und liege in einem welligen, überschwemmten Gelände mit einem breiten Fluss und seinen Nebenarmen, die sich über die Oberfläche winden. Ich erwähnte die Balken und andere Artefakte aus Holz oder Stein, die eindeutig von Menschenhand gemacht waren und zwischen der offenbar zusammengebrochenen Steinstruktur gefunden wurden. Wir steckten immer noch in einem frühen Stadium der Erforschung dieser Fundstätte. Aber jetzt brauchten wir die Genehmigung der türkischen Regierung zur Bergung von Holzstücken, und der beste Weg, um diesen Prozess zu beschleunigen, war, mit unserem bisherigen Fund an die Öffentlichkeit zu gehen. Das würde die Medien auf den Plan rufen. Die Presse würde wissen wollen, ob wir eine Ansiedlung aus der Steinzeit gefunden hatten. Das wäre ein gute Geschichte für sie, und den Reportern würde ein »sehr wahrscheinlich« in meiner Berichterstattung nicht genügen.

Diese Computergrafik zeigt die Tiefen und in Relation dazu die Positionen der wichtigen Stellen im Schwarzen Meer, die wir im Jahr 2000 bei unserer Expedition entdeckt haben. Position 82, möglicherweise ein Gebilde aus der Steinzeit, und der Haufen von Schiffswracks befinden sich in seichtem Wasser. Doch das unversehrte spätrömische Schiff (Wrack D) liegt in Tiefen ohne Sauerstoff.

Die Radiokarbondatierung zeigte, dass die kleineren Holzproben, die wir von der Stätte einholten, jüngeren Datums waren. Einiges deutet darauf hin, dass die auf Position 82 gefundenen Artefakte zu einem in der Großen Flut untergegangenen Bauwerk aus der Steinzeit gehören, so auch dieser handbearbeitete Holzklotz oder -balken sowie der Steinblock daneben.

Zwei Nächte später waren wir darin geübt, *Argus* und *Little Hercules* auf zwei weintraubenartige Sonarziele anzusetzen. Sie lagen auf einem schrägem Boden, der in etwa hundert Meter Tiefe abzufallen begann. Tito Collasius steuerte die Fahrt der *Argus* über die Winde, Martin Bowen konrollierte *Little Hercules* mit seinen Steuerhebeln. Die miteinander verbundenen Gefährte fuhren dem Suchsonar der *Argus* hinterher, das vorneweg sondierte. Über den blauen, an ein Tortenstück erinnernden Keil auf dem Sonarmonitor glitt unerbittlich der rosafarbene Zeiger des Suchstrahls – und entdeckte ein verschwommenes Objekt. Einen Augenblick später füllte sich der Videobildschirm mit dem scharfen Bild aufgehäufter Amphoren.

»Warte«, sagte ich. »Da ist das Wrack.«

»Schau dir die Größe an«, kam es staunend von Katie Croft.

Schon hatte Katie ihr elektronisches Kaliber zur Vermessung des abgebildeten Amphorenhaufens eingesetzt. Ihre vorläufige Schätzung betrug 23 Meter Länge.

Aber ich war mehr von dem sichtbaren Deck und den Rumpfplanken angetan, die einigermaßen intakt zwischen den langen Amphoren lagen. Obwohl sich dieses Wrack in relativ seichtem Wasser von etwa 100 Metern Tiefe befand, schien es immer noch ungeschützt liegendes Holz zu geben, das den hungrigen Meeresbodenorganismen entkommen war. Offenbar hatte hier das Phänomen der gemischten, sauerstoffarmen Schicht das Seine dazu beigetragen.

Etwas später in jener Nacht entdeckten wir ein weiteres Wrack. Unterwasserarchäologin Cheryl Ward studierte aufmerksam die abgebildeten Amphoren und nickte dann entschieden mit dem Kopf. »Spätes Imperium Romanum«, sagte sie. »4. Jahrhundert n. Chr.«

»Auch schön«, räumte ich ein. »Nur ein bisschen zu neu«.

Spät am 12. September entschied ich mich schließlich, endlich wieder einmal eine ganze Nacht durchzuschlafen, während das Team mit *Argus* und *Little Hercules* die Ziele genauer untersuchte, die möglicherweise Schiffwracks im tieferen anoxischen Wasser waren. Alle diese Stellen hatten sich am nächsten Morgen als natürlich ausstreichendes Gestein erwiesen. Doch Cheryl Ward war fasziniert von dem, was *Little Herc* in der Nacht zuvor von einer dieser Gesteinsausstreichungen auf Video aufgenommen hatte und was der von Fred vorläufig als Lehmflechtwerk bezeichneten Struktur der Fundstelle 82 stark ähnelte. Sie glaubte, dass diese neue Stelle möglicherweise doch ein altsteinzeitliches Bauwerk aus behauenen Steinblöcken sei. Ich verglich die Bilder der beiden Stellen. Könnte sein, dachte ich. Doch die neue Stätte musste nicht notwendigerweise ein Bau sein. Wenn man mit Steinblöcken baut, müssen diese Steine aus einem Steinbruch irgendwo in der Nähe stammen. Was ich in den jüngsten Bildern sah, erinnerte mich an die Sandsteine, die ich auf den Straßen zwischen dem Flughafen bei Samsung und Sinop gesehen hatte.

»Also gut, Cheryl«, sagte ich. »Ich glaube, wir sollten unsere gesamte Datenbank noch einmal ganz von Anfang an durchsehen.« Ich spürte, dass dieses Vorgehen kritisch war; wenn wir mit der Geschichte in die Medien gehen wollten, mussten alle Wissenschaftler der Expedition sich auf bestimmte Grundfakten geeinigt haben und nicht darüber hinausgehen. Uns war klar, dass die Presse unsere Entdeckung gerne mit der Geschichte der Großen Flut verknüpfen würde, aber nach dem, was wir bisher gesehen hatten, konnten wir nicht sicher sein, dass es eine solche Verbindung gab. Und Wunschdenken war nicht wissenschaftlich. Cheryl, Fred und ich setzen uns in meine Kabine und verbrachten den ganzen Tag damit, durchzusehen, was wir und was wir nicht von der Stelle 82 gefunden hatten. Wir hatten kein Schiffswrack gefunden. Vielmehr passte die Position der Stätte auf einem Hügel oberhalb eines Flusstals zu den altsteinzeitlichen Ansiedlungen, die Fred an der nahe gelegenen Küste ausgegraben hatte. Nach stundenlangen Diskussionen gelangten wir zu der Übereinkunft, dass wir 101 Meter unter

der Oberfläche des Schwarzen Meeres eine mögliche menschliche Ansiedlung gefunden hatten. Zeitungen und Fernsehsendungen würden das natürlich breittreten, aber so weit konnten wir auf wissenschaftlicher Grundlage sicher sein.

In den folgenden Tagen suchten wir mit dem Sonar in zunehmend tiefem Wasser nach weiteren Zielen, während wir auf die Genehmigung für Holzproben von Position 82 warteten. *Argus* und *Little Hercules* stiegen problemlos bis unter 350 Meter Tiefe ab. Wir konnten mit der Jagd nach antiken Schiffen in tiefer See beginnen, um Willard Bascom zu zitieren. Also schweiften wir mit der *DSL 120* nach Norden in Tiefen von 250 bis 500 Metern.

Bald war der Zeitpunkt für den letzten Austausch der Belegschaft gekommen, bei dem die wissenschaftlichen und technischen Mitarbeiter ausgewechselt wurden, die zurück in ihre Institutionen mussten. Auf dem Weg nach Sinop wurde uns zugesichert, dass die türkische Regierung unserem Antrag zur Entnahme von Holzproben von den archäologischen Fundstellen entsprechen würde. Aber wir mussten warten, bis der örtliche Museumsdirektor am 20. September an Bord war.

Am späten Vormittag des 20. kam der Direktor. Dann, am frühen Nachmittag, blies ein kräftiger Ostwind, und die Wellen türmten sich. Stirnrunzelnd fragte ich mich, wie Martin Bowen und Craig Elder es wohl schaffen würden, *Little Hercs* Roboterarm mit dem neu gestalteten Bergungswerkzeug »Deep Scoop« zu führen, solange diese Wellen an dem Kabel des ferngesteuerten Tauchfahrzeugs rissen. Als wir bei der Stelle ankamen, hatte sich das Meer beruhigt, und ich entschied, die Holzproben bergen zu lassen. Alle im Kontrollraum waren angespannt, als Martin vorsichtig hinter einen Sandsteinblock stieß und das ferngesteuerte Tauchboot sehr geschickt mit den hinteren Triebwerken in seiner Position hielt, um am vor-

Im Kontrollraum der *Northern Horizon* schaut das Team gespannt zu, wie Craig Elder, der Pilot von *Little Hercules* (rechts), mit den Steuerhebeln das ferngesteuerte Tauchgefährt immer näher an die Position 82 bringt.

Folgende Seiten: Diese typischen bauchigen Amphoren weisen auf ein Schiffswrack aus spätrömischer Zeit hin – hier eines, das vor der türkischen Küste entdeckt wurde. Meist sind die Rümpfe solcher Schiffe von Holz zersetzenden Organismen zerstört, doch die Schiffsform bleibt klar erkennbar.

Die Lichter des ROV *Little Hercules*
(von der Kamera der *Argus* fotografiert) durchdringen die Dunkelheit um das unberührte antike
Schiffswrack auf dem Boden des
Schwarzen Meeres. Die Entdeckung
bewies, dass die anoxischen
Wasserschichten ein Tiefsee-
museum sein mussten, nachdem
Jahrtausende lang Schiffe über das
stürmische Schwarze Meer gesegelt
und zahllose gesunken waren.

deren Ende kein Sediment aufzuwirbeln. Sein Ziel war ein Holzkeil, der eindeutig Spuren menschlicher Bearbeitung trug. Wir hielten die Luft an, als Martin den Keil mit einem leisen »Ich hab ihn« einholte.

Weil wir unser altes Aufzugsystem nicht dabei hatten, mussten wir mit jeder entnommenen Holzprobe auch *Little Hercules* hochziehen und wieder hinablassen. Die ganze Nacht dauerte diese mühsame Prozedur an, zuerst mit Martin in seiner vierstündigen Schicht, dann machte Craig weiter. Unsere kleinen Proben lagerten wir in mit Meerwasser gefüllten Keramikbehältern, die Cathy Offinger in Sinop gekauft hatte – Nachfolger derjenigen, die unsere improvisierte biologische Sammlung von den hydrothermalen Schloten am Galápagosriff im Jahr 1977 aufgenommen hatten.

Am 21. September setzten wir den Museumsdirektor in Sinop ab und hielten Kurs nach Norden, zurück in tiefes Wasser, um unsere potenziellen Schiffswrack-Ziele zu inspizieren. Während wir unsere langen Untersuchungsbahnen zogen, steigerte sich der Wind kontinuierlich zu einem Sturm aus Ostnordost. Um 6 Uhr abends am 23. September blies der Wind mit beständigen 40 Knoten, und das Meer war eine Wildnis aus Wellenchaos und weißen Schaumkronen. Unter diesen Bedingungen war es zu gefährlich, die DSL 120 einzuholen und das Gespann *Argus* und *Little Hercules* zur Untersuchung irgendwelcher Ziele einzusetzen.

Doch diese wetterbedingte Unterbrechung gab mir die Gelegenheit, die Daten der Sonarläufe der vergangenen Tage sorgfältig zu analysieren. Unglücklicherweise musste ich zu einer Sitzung des JASON-Gründungsausschusses in die USA zurück, sodass Dwight die letzten Expeditionstage der Erforschung der anoxischen Tiefen übernehmen musste. Nachdem wir in

Sinop angelegt hatten, traf ich mich mit Dwight und ging mit ihm meine Analyse der Sonarziele der letzten *DSL-120*-Suche sorgfältig durch. Die Liste der Ziele hatte ich auf sechs eingekürzt; das meistversprechende trug die Bezeichnung »Anoxia TGT #52«. Es lag in 350 Metern Tiefe nördlich des Küstenriffs. Der kleine graue Fleck könnte ein antikes Schiff sein, das in der tückischen Passage zwischen Sinop und der Krim vor Jahrhunderten oder Jahrtausenden gesunken war.

»Gut, Bob«, nickte Dwight. »Das werden wir zuerst in Angriff nehmen.«

Um Mitternacht beobachtete ich ziemlich sehnsüchtig, wie die *Northern Horizon* auf der Suche nach dem schwer fassbaren, gut erhaltenen antiken Schiff in den sauerstofflosen Tiefen des Schwarzen Meeres aus dem Hafen fuhr.

Nach einem Zwei-Etappen-Flug nach Paris rief ich vom Charles-de-Gaulle-Flughafen zu Hause an – und was gibt mir meine Frau voller Stolz durch? »Sie haben ein Schiff gefunden. Der Rumpf ist vollständig intakt. Es hat sogar noch seinen Mast.« Ich war wie betäubt. Erst am nächsten Tag erfuhr ich von Dwight weitere Details durch eine lange E-Mail, der er Bilder von diesem sensationellen neuen Schiffswrack beigefügt hatte.

Nachdem sie Sinop verlassen hatten, erreichten sie die Stelle spät am nächsten Morgen und ließen *Argus* und *Little Hercules* zu Wasser.

Die Einmasttakelage und die Rumpfform – hier auf einem Flachrelief mit der Darstellung eines klassischen Handelsschiffes, angebracht auf dem Sarkophag eines römischen Seefahrers (zu sehen im Museum von Sinop) –, blieben Jahrhunderte lang unverändert und hatten vermutlich große Ähnlichkeit mit den amphorenbeladenen Schiffen, die wir nahe der Küste entdeckt hatten.

Mit Dave Wright an der Winde zum Bedienen der *Argus* und PJ Bernard an der Steuerkonsole von *Little Hercules*, krochen die miteinander verbundenen Gefährte auf ein undefinierbares Ziel auf dem blauen Bildschirm des Scan-Sonars zu. Das Erste, was die Besatzung im Kontrollraum durch den im Scheinwerferlicht dahintreibenden Meeresschnee auf dem Videomonitor sah, war eine lange Stange, die aus dem Dunkel des Bodens hervorstand. »Soll da ein Baum sein?« murmelte jemand. Um näher heranzukommen, neigte PJ das kleine ferngesteuerte Tauchgefährt *Little Hercules* in Seitenlage. Die Videokamera zeigte einen anscheinend aufrechten, spitz zulaufenden Baumstamm, schwenkte dann nach unten und brachte ein gespenstisches Bild von Holzpfosten und Spanten auf das Display. Ein Belegschaftsmitglied rannte los, um Kathryn Willis, eine Texas-A&M-Absolventin der Unterwasserarchäologie, von ihrer Wachpause zu wecken. Nachdem sowohl Cheryl Ward als auch Fred Hiebert wegen ihrer Anwesenheitspflicht in ihren Instituten nach Hause abgereist waren, lastete nun ungewohnte Verantwortung auf Kathryn, die das erste Mal eine große internationale Expedition begleitete.

Als sie den Kontrollraum erreichte, war die Wachmannschaft in das Enträtseln ihrer Funde vertieft. »Sind das Spanten?«, fragte Kathryn und bemühte sich um eine ruhige Stimme. Näher an der Küste waren sie auf einen Treibholzhaufen gestoßen, und keiner traute sich der wachsenden Hoffnung Ausdruck zu geben – dass nämlich diese seltsame Holzansammlung 300 Meter unter der Oberfläche des Schwarzen Meeres tatsächlich das Schiff war, das wir suchten. Nach einer langsamen, sorgfältigen Erkundung kehrte *Little Hercs* Videokamera wieder zu dem aufgerichteten Baum zurück.

»Ich glaube, das ist ein Mast«, sagte Kathryn.

»Ich auch«, pflichtete Dwight bei.

Die Wachmannschaft war sich einig, dass sie den Mast eines Segelschiffes vor sich hatten. Er hatte eine Höhe von 11 Metern, war leicht nach vorne geneigt und lief oben spitz zu.

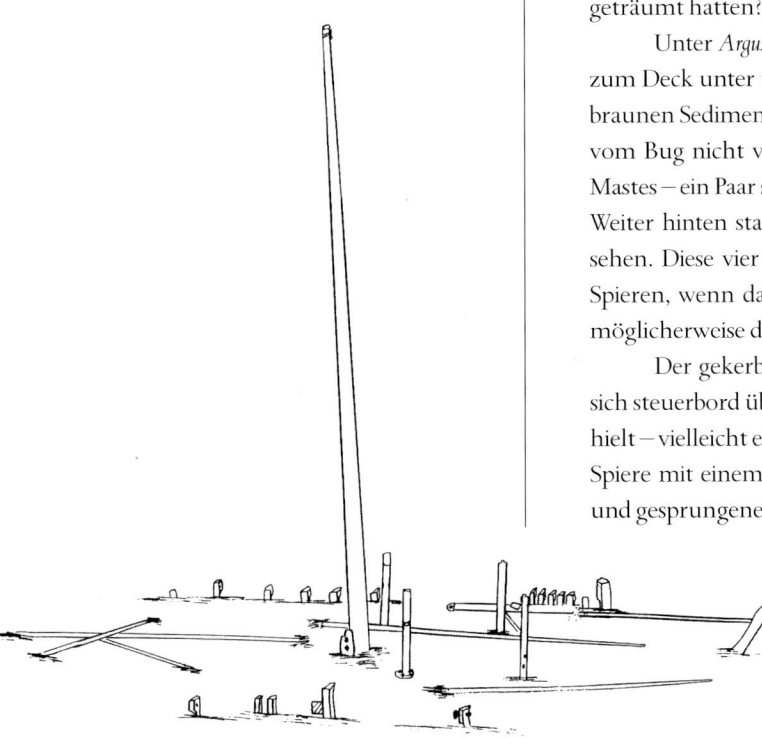

Der Mast von Wrack D erhebt sich 11 Meter hoch, und die Pfosten bilden einen rechteckigen Rahmen, der einmal einen Unterstand auf Deck gebildet haben könnte. Der eingekerbte Heckpfosten und die robuste Stütze des Steuerruders am rechten Schanzkleid sind unverkennbar.

Während die Kamera nahe heranfuhr, verschlug es allen den Atem, als sie Seilüberreste erkannten, die nahe der Mastspitze noch verknotet waren.

»Wir waren tief berührt«, erzählte mir Dwight später, als er die Reaktionen all derer beschrieb, die um ihn herum im Kontrollraum standen. »War das der Preis, von dem wir alle geträumt hatten?«

Unter *Argus'* Scheinwerfern wurde der ganze zwölf Meter lange Schiffsrumpf sichtbar, bis zum Deck unter totem, sauerstofflosem Schlamm begraben. Eindeutig waren unter der graubraunen Sedimentschicht die intakten vier Meter breiten Deckplanken zu erkennen. Zwar war vom Bug nicht viel zu sehen, da er noch stärker bedeckt war, aber dafür – in der Nähe des Mastes – ein Paar senkrechter, sandfarbener Stützen mit säuberlich geschnitzten Schlitzkerben. Weiter hinten stand ein zweites Paar ähnlicher Stützen, oben mit quadratischen Zapfen versehen. Diese vier Pfosten hatten anscheinend einen rechteckigen Rahmen für die schweren Spieren, wenn das Segel herabgelassen war, gebildet oder einen Unterstand auf dem Deck – möglicherweise dienten sie auch beiden Funktionen.

Der gekerbte Achtersteven war eindeutig, genauso der kräftige Ruderstützpfosten, der sich steuerbord über dem Schanzkleid erhob und ursprünglich das heute fehlende Steuerruder hielt – vielleicht ein Hinweis auf die Sturmgewalt, durch die das Schiff gesunken war. Eine dicke Spiere mit einem gerundeten Zapfenende lag auf dem Deck zwischen gebrochenen Spanten und gesprungenen Rumpfrahmen, die zerschmettert worden waren, als dieser schwere Balken herunterkrachte. *Little Hercs* Video zeigte auch leichtere, gebogene Holzspieren, die auf dem Deck herumlagen und vermutlich Teil eines dreieckigen Lateinsegels waren. Diese Trümmer könnten das Fehlen von Leinen und Segeltuch erklären: Wahrscheinlich war die Takelage von einer Bö zerfetzt worden, bevor der schwere Querbalken fiel. Doch einige Planken waren eingekerbt und hatten abgenutzte Seilrillen, bei anderen war die Holzmaserung sichtbar.

»Kein einziges Stückchen Metall haben wir an dem Wrack gesehen«, sagte Dwight.

Für Kathryn Willis war mit dieser ersten Videountersuchung noch nicht erwiesen, ob das Wrack antik war. Sie wusste, dass sich die Schiffbautradition am Schwarzen Meer über die Jahrhunderte kaum verändert hatte. Dieses Schiff konnte ein Fischerboot sein, das kurz nach 1900 gesunken war, genau so gut aber auch ein griechisches Schiff aus der Zeit Homers. Doch als Cheryl Ward per Video die Nahaufnahmen von diesem Schiff sah, konnte sie als Verbindungen nur primitive »Holznägel« finden – Holzstifte, die durch gebohrte Löcher getrieben worden waren. »Das war ganz sicher kein modernes Schiff«, erzählte sie mir. »Kein Archäologe hat je bisher ein antikes Schiffswrack in einem so perfekten Zustand gesehen. Es sieht aus, als hätte es gerade den Kai verlassen.«

In der weiteren Untersuchung fand das Expeditionsteam noch mehr faszinierende Details. Mittschiffs befand sich auf der Steuerbord- und der Backbordseite ein Paar starker Pfosten mit einem dicken Querbalken, der den Hauptrahmen des Rumpfes gebildet haben könnte und möglicherweise auch eine Seite des Frachtraums. Ein kreisförmiges Objekt tauchte in den Lichtern auf, vielleicht eine Amphorenöffnung.

Mit Hilfe der Korrekturtriebwerke des ferngesteuerten Tauchfahrzeugs versuchte PJ, die Ablagerungen wegzublasen. Doch das Bild bewölkte sich nur mit dickem dunklem Schlamm, der lange brauchte, bis er sich wieder setzte.

Dwight fragte bei der türkischen Regierung um Erlaubnis an, erneut Holzproben für eine Radiokarbondatierung entnehmen zu dürfen. Während die Crew wartete, kam ein Regensturm auf, der unsichere Bedingungen für das Weiterarbeiten mit den untergetauchten Fahrzeugen schuf. Dwight war entschlossen weiterzumachen und überlegte sich mit Kathryn, Martin Bowen und Tito Collasius eine möglichst schonende Vorgehensweise, um an Holzproben zu kommen. Martin und Tito stöberten im Werkzeugwagen herum und fanden einen »Ausstecher«, ein scharfes, spitz zulaufendes Stahlrohr, mit dem man normalerweise Fleischproben von großen Fischen nimmt. Tito schweißte das Rohr an eine Stahlstange an und montierte diese hoch oben auf *Little Hercules*. Am nächsten Tag gab die türkische Regierung ihre Genehmigung für die Holzproben. Kathryn sorgte sich wegen der ihr obliegenden Verantwortung, die beste Stelle zur Entnahme der Holzprobe auszuwählen: Das ferngesteuerte Tauchgefährt würde dabei frontal das Schiff rammen müssen, damit sich das Stahlrohr mit Holz füllen konnte. Aber würde dieses grobe Vorgehen nicht das wertvolle Schiffswrack beschädigen?

Sie wählte den kräftigen Ruderpfosten achtern auf der Steuerbordseite. Gegen Wellengang und peitschenden Regen ankämpfend, ließ die Crew die beiden Gefährte zu Wasser. Zwanzig Minuten später testete Martin Bowen den Widerstand des Pfostens und stieß ihn mit dem ferngesteuerten Tauchgefährt an. Die Holzstütze bewegte sich nicht. Er setzte *Little Herc* zurück und schickte das Gefährt mit voller Kraft voraus los, damit sich das Stahlrohr in das Holz bohrte. Dreimal musste er das Manöver wiederholen. Beim dritten Mal steckte das Stahlrohr so fest, dass sich das Tauchgefährt nicht mehr bewegen konnte, egal, wie stark Martin die Korrekturtriebwerke nach rückwärts bewegte. Schließlich — mitten in einer undurchsichtigen Sedimentwolke — kam *Little Herc* wieder frei. Bis das Gefährt nach 20 Minuten wieder geborgen war, wurde Kathryn schier krank vor Anspannung. Hatten sie jetzt ihr kostbares Stück Holz für die Radiokarbondatierung entnehmen können?

»Wir haben ein gutes Stück«, sagte ihr Tito, während er das Rohr überprüfte.

Diese Probe war tatsächlich der einzige physische Kontakt, den wir auf unserer Expedition mit dem Schiff hatten. Als *Argus* und *Little Hercules* schließlich ihre Scheinwerfer wieder von dem sauerstofflosen Boden abhoben, schienen das mit Trümmern übersäte Deck und der schön geschnitzte Mast ein weiteres Mal in der ewigen Nacht des Abgrunds zu versinken, genau wie nach dem schrecklichen Sturm vor so vielen hundert Jahren.

Eine künstlerische Darstellung des Wracks D, basierend auf Cheryl Wards Aufzeichnungen, zeigt den gebogenen hölzernen Großbaum, wie er das dreieckige Segel mit dem Mast verbindet. Er wurde auf dem Deck liegend gefunden — ein Hinweis darauf, dass das Schiff in einem Sturm sein Takelwerk verloren hatte.

F red Hiebert koordinierte die Radiokarbondatierung aller Expeditionsproben und setzte dazu die hochsensible AMS-Technik ein (Accelerator Mass Spectrometer = Massenbeschleunigungsspektrometer). Die Ergebnisse waren ziemlich unterschiedlich. Wie ich befürchtet hatte, waren die kleinen Holzproben von Position 82 weniger als 200 Jahre alt. Sie gehörten zu den Verschmutzungen, die zusammen mit Plastikmüll und Getränkedosen am Boden entlang getrieben waren. Leider konnten wir keine Probe von einem der beiden Balken nehmen, die der beste Beweis für eine Bearbeitung durch Menschenhand waren. Das würde das Ziel einer zukünftigen Expedition sein.

Aber Fred konnte eine chemische Analyse von der Schlammprobe machen, die wir unter den Steinblöcken dieser Stätte entnommen hatten. Es stellte sich heraus, dass dieses Material eine andere Konsistenz hatte als die Meeresbodenablagerungen außerhalb der Stätte. Dies bewies, dass der Schlamm Teil eines Lehmflechtwerks war — ein weiterer Hinweis, dass wir tatsächlich ein altsteinzeitliches Bauwerk gefunden hatten. Und die dort eingesammelten Mollusken gehörten alle zu Salzwasserarten, was bedeutete, dass dieser Ort nie von dem alten Süßwassersee überschwemmt gewesen war. Der rechteckige Bau musste also in der Zeit, als das Gebiet noch trocken lag, auf einem Hügel über dem Flusstal gestanden haben.

Die Radiokarbondatierung von dem tief gelegenen, fast vollständig erhaltenen Wrack bestätigte das, was Cheryl Ward aus den sensationellen Videobildern analysiert hatte: Das Schiff stammte aus der Zeit zwischen 410 und 520 n. Chr. — der spätrömischen und frühbyzantinischen Periode. Ein etwa 1500 Jahre altes Schiff in einem praktisch unversehrten Zustand — ein-

schließlich der verknoteten Segelleinen – zu finden, war ein weit größerer Erfolg, als ich mir von dieser Expedition jemals erhofft hatte. Wir haben Bascoms Theorie bestätigt, dass das Schwarze Meer in seinen Tiefen mehr Geschichte bewahrt hat als jeder andere Ort auf unserem Planeten. Angesichts der zentralen Bedeutung des Schwarzen Meeres für die Seefahrt von der Bronzezeit bis zum römischen und byzantinischen Reich war mir klar, dass Hunderte oder sogar Tausende solcher Wracks stumm in den schwarzen sauerstofffreien Tiefen liegen mussten. Unter wissenschaftlichen Gesichtspunkten betrachtet, waren meine frühere Erkundung des Mittelatlantischen Rückens und die Entdeckung der hydrothermalen Schlote mit ihrem einzigartigen Öko-

Unsere Schwarzmeerexpedition
des Jahres 2000 war über alle
Erwartungen hinaus erfolgreich.
Und wir werden zu weiteren Forschungen dorthin zurückkehren und
nach mehr unberührten Schiffswracks suchen. Ich bin sicher, dass
wir sogar noch ältere Schiffe finden
werden – vielleicht aus der Bronzezeit oder der Ära von mythischen
Helden wie Jason und den Argonauten.

system im Pazifik viel bedeutender als diese Expedition ins Schwarze Meer. Doch die überfluteten Fundamentsteine einer möglicherweise altsteinzeitlichen Ansiedlung und den intakten
Holzrumpf eines antiken Schiffes in den leblosen Abgründen des Schwarzen Meeres per Fern-
übertragung durch das Videoauge von *Little Hercules* gesehen zu haben, waren Erfahrungen, die
meine Seele zutiefst berührten.

     Ich spürte die Zufriedenheit einer erfolgreichen Forschung. Wir waren auf der Suche
nach Wissen gekommen, und wir hatten es gefunden. Und ich wusste, wir würden wieder-
kommen.

Epilog

Jason jr., von den Lichtern der *Alvin* beleuchtet, erkundet die Stalaktiten aus Rost, die von den Rumpfplatten am Bug der *Titanic* herabwachsen. Bei meinem zweiten Besuch des berühmten Wracks im Juli 1986 hinterließ ich eine Erinnerungstafel an die Opfer der Katastrophe.

Jener letzte Tauchgang zum Grab der *Titanic* gehört zu den spukhaftesten Bildern während meiner vierzigjährigen Forscherzeit.

ALS FEST ANGESTELLTER FORSCHER DER NATIONAL GEOGRAPHIC SOCIETY werde ich oft nach den stärksten Eindrücken gefragt, die ich auf meinen Dutzenden von Meeresexpeditionen in vier Jahrzehnten erlebt habe.

Natürlich war die Tiefseearchäologie mit *Jason* eine inspirierende Erfahrung. Ich werde nie die zerbrechliche tönerne Öllampe aus dem Grab des antiken römischen Schiffes – das wir *Isis* getauft hatten – vergessen, oder den phönizischen Weihrauchkelch, den wir von der *Elissa* bargen.

Auch der Blick auf den gespenstischen Paradeplatz mit den Stiefeln ertrunkener deutscher Soldaten in der Nähe der gesunkenen Bismarck bleibt ein unvergesslicher Eindruck.

Aber vielleicht ist das Bild vom Meeresboden, das mich am längsten begleitet, der Blick auf die *Titanic* am 21. Juli 1986 während unserer zweiten Erkundung des Wracks. Ich besuchte das Schiff mit der *Alvin*. Ralph Hollis, der Pilot, untersuchte mit dem Tauchboot das Heck aus der Nähe, während ich mit dem Roboterarm eine Erinnerungstafel für die Opfer des Untergangs niederlegte. Auf diesem Deck hatten sich so viele von ihnen vor dem letzten senkrechten Abtauchen des Schiffes in den eisigen, sternenbeleuchteten Atlantik zusammengedrängt.

Als Ralph die Abstiegsgewichte fallen ließ, gewann die *Alvin* deutlich Auftrieb, und wir begannen, zur über drei Kilometer entfernten Oberfläche aufzusteigen. Ich sah das gesunkene Passagierschiff aus dem Schimmer unserer Scheinwerfer gleiten und die ewige Dunkelheit des Meeres sich wie ein Leichentuch über das Wrack legen.

Seit damals habe ich im Lauf der Jahre sowohl die gesunkenen Passagierschiffe *Lusitania* und *Britannic* in Tauchbooten aufgesucht als auch versenkte Kriegsschiffe wie das riesige japanische Schlachtschiff *Kirishima*, das im Kanal vor Guadalcanal ruht. Jede dieser Erfahrungen untermauerte meine Überzeugung, dass der Meeresgrund ein riesiges, unberührtes Museum ist.

Ich war nicht an Bord der *Northern Horizon*, als bei der letztjährigen Expedition die sensationelle Entdeckung des antiken, in den sauerstofflosen Tiefen völlig intakt erhaltenen Schiffwracks gemacht wurde. Aber es trifft sich gut, dass eine neue Generation aus meinem Expeditionsteam sich im Kontrollraum befand, als die ersten gespenstischen Bilder von jenem schräg stehenden Mast im Meeresschnee auf dem Videomonitor auftauchten.

FORSCHUNG IST KEIN UNTERNEHMEN EINES EINZELNEN, sondern ein fortgesetztes Streben nach Wissen, das meine Kollegen und mich in einer ununterbrochenen Kette von Entdeckungen mit den Schiffern der Bronzezeit, den Phöniziern und den weit umherschweifenden polynesischen Seefahrern verbindet.

Die Erkundung der Meere geht weiter. Und das wertvolle Wissen, mit dem die Forscher in den Hafen zurückkehren, ist zwar nicht das Goldene Vlies oder die Verheißung eines fruchtbaren Landes hinter dem Horizont, aber ein besseres Verständnis unserer faszinierenden Vergangenheit und der Natur unseres einzigartigen Planeten.

ABBILDUNGS-NACHWEIS

Die Abkürzungen stehen für folgende Begriffe:
IFE – Institute for Exploration;
WHOI – Woods Hole Oceanographic Institution

UMSCHLAGTITELFOTO: Randy Olson.

VORSPANNSEITEN: 1, John Porteous, WHOI; 2-3, Emory Kristof; 4 (von oben), IFE; Culver Pictures; Raghubir Singh; Aldus Archive/Syndication International; Ken Marschall©1997 aus *Lost Liners*, ein Buch der Hyperion/Madison Press; 5 (von oben), National Maritime Museum, London; WHOI; Emory Kristof; IFE; 7, Culver Pictures.

Kapitel I, TIEFSEEARCHÄOLOGIE: 10-11, IFE; 12-19 (alle), Robert Clark; 20-21, Mosaik von Jonathan C. Howland & Hanumant Singh, WHOI/IFE; 23-27 (alle), Robert Clark; 30, Reza; 32, Autorenfoto von Antonia Benedek, aus *Noah's Flood* von William Ryan & Walter Pitman (NY: Simon & Schuster, 1998), mit freundlicher Genehmigung von Simon & Schuster; 33, AKG London; 36-37, Bert Fox, NGS; 38, Stephen Spencer/IFE; 39, Priit Vesilind, NGS; 40, Keith A. Moorehead, NGS; 42, Robert Goodman; 43, Keith A. Moorehead, NGS.

Kapitel II, DAS GEHEIMNISVOLLE MEER: 44-45, Culver Pictures; 47, Robert D. Ballard, WHOI; 48, Emory Kristof; 49, Robert D. Ballard, WHOI; 51, Lionel J. Willis; 52-53 & 54, National Maritime Museum, London; 55, G.P. Darwin im Namen des Darwin Heirlooms Trust. Quelle: English Heritage Photo Library; 56-57, Sam Abell, National-Geographic-Fotograf; 59 & 60, Steve Winter/NGS-Bildarchiv; 63, Michael Holford.

Kapitel III, DIE VERBINDUNG DER KÜSTEN: 64-65, Raghubir Singh; 66-67, John Earle, Odyssey Enterprises; 68 (beide), Emory Kristof; 69, IFE/WHOI; 70-71, Dale Gustafson; 72, Thomas J. Abercrombie; 73, David Cupp; 74, Bruce Foster/Severin Archive; 75, Richard Greenhill/Severin Archive; 77, Richard T. Nowitz; 79, James Siers, University of Auckland Collection; 80-81, National Maritime Museum, London/Bridgeman Art Library; 82-83, Nicholas DeVore III, Fotografen/Aspen; 84, Granger Collection, NY; 85 (links), National Maritime Museum, London; 85 (right), Cary Wolinsky; 86-87, Richard Greenhill/Severin Archive; 89, Robert Harding Picture Library; 90, Museu Nacional de Arte Antiga, Lissabon; 91, Wayne McLoughlin; 92-93, Bettmann/

CORBIS; 93, Courtesy Academia Das Ciências De Lisboa; 94-95, James L. Stanfield/NGS-Bildarchiv.

Kapitel IV, DIE NEUE WELT: 96-97, Aldus Archive/Syndication International; 99 & 100-101, Emory Kristof; 102, Ian Yeomans/Severin Archive; 103, Cotton Coulson/Severin Archive; 104-105, Library of Congress, Neg. #LC-USZ-62-10401; 106-107, Granger Collection, NY; 108, Mansell Collection/TimePix; 111, Library of Congress, Neg. #LC-USZ-62-26683; 112-113, Brockton Public Library, Brockton, Massachusetts; 114, James E. Allen; 115 (oben), Robert Oakes; 115 (Mitte und unten), Bruce Dale; 116-117, Jodi Cobb/ NGS Image Collection; 118, Granger Collection, NY; 119, Museo de la Real Academia de Bellas Artes de San Fernando, Madrid; 120-121, The John Carter Brown Library in der Brown University.

Kapitel V, OZEANRIESEN: 124-25, Ken Marschall © 1997 aus *Lost Liners*, ein Buch der Hyperion/Madison Press; 126, WHOI, IFREMER & Robert D. Ballard; 127, Robert D. Ballard & Martin Bowen, WHOI; 128 & 129, Emory Kristof; 130-131, Ken Marschall © 1997 aus *Lost Liners*, ein Buch der Hyperion/Madison Press; 132, Copyright © 1912 by New York Times Co. Genehmigter Nachdruck; 133, Brown Brothers; 134-135, Richard Schlecht; 135-137 (alle), Robert D. Ballard & Martin Bowen, WHOI; 138-139, Jaime Ortiz; 140, Niederländisches Scheepvaartmuseum, Amsterdam; 141, aus einer Zeichnung von J.S. King, The Mariners' Museum, Newport News, Virginia; 142-143, Curtis & Miller; 144, mit freundlicher Genehmigung von George Eastman House; 144-145, Illustrated London News Picture Library; 146, Library of Congress, Abteilung für seltene Bücher, Neg. #LC-USZ-62-33994; 146-147, Culver Pictures; 148-149, Mansell Collection/TimePix; 150-151, Jonathan Blair; 151, Bettmann/CORBIS; 152-153, Ken Marschall © 1997 aus *Lost Liners*, ein Buch der Hyperion/ Madison Press; 154-155, Jonathan Blair; 156, aus dem Exemplar der Bowman Gray Collection, Abteilung für seltene Bücher, The University of North Carolina in Chapel Hill; 157, Polaris Consulting; 159, William H. Bond.

Kapitel VI, KRIEGE AUF HOHER SEE: 160-161, National Maritime Museum, London; 162-163, Gemälde von John Hamilton, aus der Collection of the Imperial War Museum, London, Copyright: Nachlassverwaltung des Künstlers; 164, George F. Mobley; 165, Quest Group Ltd.; 166, Archive Photos; 167, Quest Group Ltd.; 168-169, Quest Group Ltd.; 171, Bettmann/CORBIS; 172 & 173, Cornelia Schnall; 175, National Maritime Museum, London; 176-177, H.C. Vroom, SK-A-460, mit freundlicher Genehmigung des Rijksmuseum, Am-

sterdam; 179, Kunsthistorisches Museum, Wien; 180-181, National Maritime Museum, London; 183, Stich aus *Harper's Weekly*, January 24, 1863; 184-185, Wes Lowe; 185 & 186, Robert D. Ballard, Odyssey Enterprises; 188-189, Ken Marschall © 1993 aus *Lost Ships of Guadalcanal*, ein Buch der Warner/Madison Press; 190, National Archives #80-G-312020; 191, National Archives #80-G-312018; 192, Mark Thiessen, NATIONAL-GEOGRAPHIC-Fotograf; 192-193, David Doubilet; 194-195, National Archives #80-G-17061.

Kapitel VII, WISSENSCHAFT UNTER DEM OZEAN: 196-197, WHOI; 198-199, Ken Marschall © 1997 aus *Lost Liners*, ein Buch der Hyperion/Madison Press; 200, Robert D. Ballard, Odyssey Enterprises; 201, Ken Marschall © 1997 aus *Lost Liners*, ein Buch der Hyperion/Madison Press; 202, Luis Marden; 203, Thomas J. Abercrombie; 204-205, Luis Marden; 207, General Dynamics Electric Boat; 208, The Museum of the Confederacy, Richmond, Virginia, Fotografie von Katherine Wetzel; 209, Ullstein Bilderdienst; 210 & 211, Bettmann/CORBIS; 212, Dr. William Beebe; 213 & 214, David Knudsen; 215, The *New Yorker* Collection, 1934, Garrett Price, aus cartoonbank.com. Alle Rechte vorbehalten; 217, offizielles französisches Marinefoto; 218-219, Thomas J. Abercrombie; 221, Davis Meltzer; 222-223, Emory Kristof; 224, Al Giddings Images, Inc.; 226, Davis Meltzer; 227-229 (all), Emory Kristof; 230, WHOI; 231, Emory Kristof; 232, Davis Meltzer; 233, Jonathan Blair.

Kapitel VIII, LEBENDIGER OZEAN: 234-239 (alle), Emory Kristof; 240 & 241, WHOI; 243, Emory Kristof; 244, John D. Donnelly, WHOI; 245, Michael V. deGruy; 246, Robert D. Ballard, WHOI; 248 (oben), Dr. S. Honjo, WHOI; 248 (unten), L.P. Madin, WHOI; 249 (oben), Dr. David Ross, WHOI; 249 (unten), Emory Kristof; 250, © 1991 Greenpeace/Rowlands; 252-253 & 254-255, David Doubilet; 257, Maria Stenzel.

Kapitel IX, MUSEUM DER TIEFEN: 258-259, IFE; 260-261, Randy Olson; 262 & 263, Priit Vesilind, NGS; 264-265, Randy Olson; 266, Priit Vesilind, NGS; 267 & 268, Randy Olson; 270, IFE; 271, Randy Olson; 272-273 & 274, IFE; 275, Priit Vesilind, NGS; 276, Cheryl Ward; 277, Christopher A. Klein, NATIONAL-GEOGRAPHIC-Zeichner; 278-279, Priit Vesilind, NGS.

EPILOG: Ken Marschall © 1987 aus *The Discovery of the Titanic*, ein Buch der Warner/Madison Press.

SCHUTZUMSCHLAGRÜCKSEITE: (im Uhrzeigersinn von links oben), Emory Kristof; Culver Pictures; Emory Kristof; IFE.

DANKSAGUNG

In meinem Leben habe ich natürlich viele Ozeanabenteuer erlebt. Nur wenige davon – wenn überhaupt – habe ich allein und auf eigene Faust unternommen. Die Tiefen der Meere zu erkunden ist ein großes Abenteuer – und dieses Abenteuer wäre – wie alle Abenteuer nicht zustande gekommen, gäbe es nicht all diejenigen, die genügend Vertrauen zu mir haben, um mich etwas ausprobieren zu lassen, diejenigen, die meine Träume teilen und mich bei meinen Abenteuern begleiten, diejenigen, die es nicht erwarten können, bis sie erfahren, was wir gefunden haben, und vor allem die Lieben, die um meine wohlbehaltene Rückkehr beten. Ihnen allen möchte ich danken – in der Hoffnung, sie nie zu enttäuschen.

Die Autoren danken auch Kevin Mulroy, Johnna Rizzo und Annie Griffiths Belt von der Buchredaktion der NATIONAL GEOGRAPHIC SOCIETY für ihre außergewöhnlich fachkundige Betreuung.

QUELLENHINWEISE
(verwendete Literatur)

BÜCHER

Baker, Daniel B., ed. Explorers and Discoverers of the World. Detroit: Gale Research, Inc., 1993.

Bailey, Thomas A., und Paul B. Ryan. The Lusitania Disaster. New York: The Free Press, 1975.

Ballard, Robert D. mit Rick Archbold. The Discovery of the Bismarck. New York: Warner/Madison Press, 1990.

Ballard, Robert D. mit Rick Archbold; mit Illustrationen der Titanic von Ken Marschall. The Discovery of the Titanic. New York: Warner/Madison Press, 1987.

Ballard, Robert D. mit Will Hively. The Eternal Darkness, A Personal History of Deep-Sea Exploration. Princeton, N.J.: Princeton University Press, 2000.

Ballard, Robert D. mit Malcolm McConnell. Explorations, My Quest for Adventure und Discovery Under the Sea. New York: Hyperion, 1995.

Ballard, Robert D. mit Spencer Dunmore; Zeichnungen von Ken Marschall; historische Beratung von Eric Sauder. Exploring the Lusitania. New York: Warner/Madison Press, 1995.

Ballard, Robert D., Exploring Our Living Planet. Washington: National Geographic Society, 1988.

Ballard, Robert D., und Rick Archbold; Zeichnungen von Ken Marschall; historische Beratung von Eric Sauder. Lost Liners. St. Leonards, NSW, Australia und Toronto: Allen & Unwin und Madison Press Books, 1997.

Ballard, Robert D., Linda McCarther Bridge, Sylvia A. Earle, Tee Loftin, Joseph B. MacInnis, Tom Melham, H. Robert Morrison, Contributing Editors. The Ocean Realm. Washington: National Geographic Society, 1978.

Ballard, Robert D. und Rick Archbold. Return to Midway. Washington und New York: National Geographic/ Madison Press, 1999.

Bascom, Willard. Deep Water, Ancient Ships: The Treasure Vault of the Mediterranean. Garden City, N.Y.: Doubleday, 1976.

Beaglehole, J.C. The Exploration of the Pacific. Stanford: Stanford University, 1966.

Birkeland, Charles, Editor. Life und Death of Coral Reefs. New York: International Thomson Publishing, 1997.

Blair, Clay, Jr. The Atomic Submarine und Admiral Rickover. New York: Henry Holt und Company, 1954.

Bohlander, Richard E., Editor. World Explorers und Discoverers. New York: Macmillan Publishing Company, 1992.

Briggs, Peter. 200,000,000 Years Beneath the Sea. New York: Holt, Rinehart und Winston, 1971.

Bowlby, John. Charles Darwin: A New Life. New York: W.W. Norton & Co., 1990.

Casson, Lionel. The Ancient Mariners, Seafarers und Sea Fighters of the Mediterranean in Ancient Times. Princeton, N.J.: Princeton University Press, 1991.

Casson, Lionel. Ships und Seafaring in Ancient Times. Austin, Texas: University of Texas Press, 1996.

Collier, Basil. Japanese Aircraft of World War II. London: Sidgwick und Jackson, 1979.

Compton-Hall. Submarine Versus Submarine, The Tactics und Technology of Underwater Confrontation. New York: Orion Books, 1988.

Cousteau, Captain J.Y. mit Frederic Dumas. The Silent World. New York: Harper & Brothers Publishers, 1953.

Dale, Paul W., Editor. Seventy North to Fifty South, The Story of Captain Cook's Last Voyage. Englwood Cliffs, N.J.: Prentice-Hall, Inc., 1969.

Darwin, Charles, Herausgegeben mit einer Einführung von Janet Browne und Michael Neve. Voyage of the Beagle, Charles Darwin's Journal of Researches. New York: Penguin Books, 1971.

Dull, Paul S. A Battle History of the Imperial Japanese Navy, 1941-1945. Annapolis, Maryland: Naval Institute Press, 1978.

Duyvendak, J.J.L. China's Discovery of Africa. London: Arthur Probsithain, 1949.

Earle, Sylvia Alice. Sea Change, A Message of the Oceans. New York: G.P. Putnam's Sons, 1995.

Eaton, John P., und Charles A. Haas. Titanic: Triumph und Tragedy. New York: W.W. Norton & Company, 1986.

Fernandez-Armesto, Felipe, Editor. The Global Opportunity, An Expanding World, The European Impact on World History 1450-1800. London: Variorum, 1995.

Forster, Johann Reinhold. Observations Made During a Voyage Round the World. Honolulu: University of Hawai'i Press, 1980.

Gage, John D. und Paul A. Tyler. Deep-Sea Biology: A Natural History of Organisms at the Deep-Sea Floor. Cambridge: Cambridge University Press, 1991.

Gardiner, Robert, (Hsg.) und Professor John Morrison (Mitautor). The Age of the Galley, Mediterranean Oared Vessels Since Pre-Classical Times. London: Brassey's (UK) Ltd, 1995.

Hinrichsen, Don. Our Common Seas: Coasts in Crisis. London: Earthscan Publications Ltd, 1990.

Homer, Übersetzt von Robert Fagles. The Odyssey. New York: Penguin, 1996.

Horton, Edward. The Illustrated History of the Submarine. Garden City, N.Y.: Doubleday & Company, Inc., 1974.

Idyll, C.P. Abyss, The Deep Sea and the Creatures That Live in It. New York, Thomas Y. Crowell Company, 1964.

Jones, Gwyn. The Norse Atlantic Saga. New York: Oxford University Press, 1965.

Kaharl, Victoria A. Water Baby, The Story of Alvin. Oxford: Oxford University Press, 1990.

Keeble, John. Out of the Channel, The Exxon Valdez Oil Spill in Prince William Sound. New York: HarperCollins Publishers, 1991.

Link, Marion Clayton. Windows in the Sea. Washington: Smithsonian Institution Press, 1973.

Linklater, Erik. The Voyage of the Challenger. Garden City, N.Y.: Doubleday, 1972.

Marcus, G.J. The Conquest of the North Atlantic. New York: Oxford University Press, 1981.

Marx, Jenifer, Pirates und Privateers of the Caribbean. Malabar, Florida: Krieger Publishing Company, 1992.

Masselman, George. The Cradle of Colonialism. New Haven: Yale University Press, 1963.

McEvedy, Colin. The Penguin Atlas of Ancient History. London: Penguin Books, 1967.

Meltzer, David J. Search for the First Americans. Smithsonian, Exploring the Ancient World, Editor, Jeremy A. Sabloff. Washington: Smithsonian Books, 1993.

Morison, Samuel Eliot. Admiral of the Ocean Sea. Boston: Little Brown & Co., 1983.

Morison, Samuel Eliot. The European Discovery of America: The Northern Voyages, A.D. 500-1600. New York: Oxford University Press, 1971.

Peterson, Mendel. The Funnel of Gold. Boston: Little, Brown und Company, 1975.

Pond, Seymour Gates. Ferdinand Magellan, Master Mariner. New York: Random House, 1957.

Sontag, Sherry und Christopher Drew, Annette Lawrence Drew. Blind Man's Bluff, The Untold Story of American Submarine Espionage. New York: BBS Public Affairs, 1998.

Spate, O.H.K. The Spanish Lake. Minneapolis: University of Minnesota Press, 1979.

Waldman, Carl und Alan Wexle. Who Was Who in World Exploration. New York: Facts on File, Inc., 1992.

Weckler, Jr., J.E. Polynesians, Explorers of the Pacific. Smithsonian Institution War Background Studies, Number Six. Washington: The Smithsonian Institution, 1943.

Welker, Robert Henry. Natural Man, The Life of William Beebe. Bloomington: Indiana University Press, 1975.

Williams, Frances Leigh. Matthew Fontaine Maury, Scientist of the Sea. New Brunswick, N.J.: Rutgers University Press, 1963.

Zweig, Stefan. Conqueror of the Seas, The Story of Magellan. New York: Viking Press, 1938.

ZEITSCHRIFTENARTIKEL

Ballard, R.D., A.M. McCann, D. Yoerger, L. Whitcomb, D. Mindell, J. Oleson, H. Singh, B. Foley, J. Adams, D. Piechota und C. Giangrande, »The Discovery of Ancient History in the Deep Sea Using Advanced Deep Submergence Technology,« Deep-Sea Research, September 2000.

Ballard, R.D. und J.F. Grassle. »Return to Oases of the Deep.« National Geographic 156(5): S. 680-705.

Ballard, R.D., T. Holcomb und T.H. van Andel. »The Galapagos Rift at 86(W:3. Sheet Flows, Collapse Pits, und Lava Lakes of the Rift Valley,« Journal Geophysics. Res. 84(B10: S. 5407-5422

Ballard, R.D., J. Francheteau, T. Juteau, C. Rangan und W. Normark. »East Pacific Rise at 21(N: The Volcanic, Tectonic, und Hydrotheermal Processes of the Central Axis.« Earth Planet. Science Letter. 55(1): S. 1-10.

Ballard, R.D. »The Exploits of Alvin und ANGUS: Exploring the East Pacific Rise.« Oceanus 27(3): S. 7-14.

Ballard, R.D. »High-Tech Search for Roman Shipwrecks.« National Geographic, April 1998: S. 32-41.

Ballard, R.D. »NR-1. The Navy's Inner-Space Shuttle.« National Geographic, April 1985: S. 450-458.

Bellwood, Peter. »Ancient Seafarers.« Archaeology, March/April 1997, Vol 50 No 2.

Booth, William. »Early Migrants May Have Come by Land und Sea.« Washington Post. September 6, 1999, S. A13.

Corliss, J.B., J.A. Baross und S.E. Hoffman. »An Hypothesis Concerning the Relationship Between Submarine Hot Springs und the Origin of Life on Earth.« Oceanol, Acta, 1981. Proceedings 26th International Geological Congress, Geology of Oceans Symposium, Paris, July 7-17, 1980, S. 56-69.

Fladmark, Knut R. »The Feasibility of the Northwest Coast as a Migration Route for Early Man.« Early Man in America, from a Circum-Pacific Perspective, Alan L. Bryan, editor), Occasional Papers No. 1, Dept. of Anthropology, University of Alberta, Edmonton, 1978. S. 119.

Fladmark, Knut R. »Times und Places: Environmental Correlates of Mid-to-Late Wisconsinan Human Population Expansion in North America.« Early Man in the New World. (Richard Shutter, Jr. Editor), Sage Publications, Beverly Hills/London: 1983.

Kawaharada, Dennis. The Settlement of Polynesia, Bd. 1 & 2. Http://leahli.kcc.hawaii.edu/org/pvs/migrationspart1.html, University of Hawaii, Department of Anthropology.

Kourakou, Stavroula. »Charting the Course of Pine: Resin Wine in Golden Mycenae.« Kathimerini, Athens. Nov. 13-14, 1999.

Meltzer, David J. »North America's Vast Legacy.« Archaeology. Jan/Feb. 1999, S. 51.

Rose, Mark. »Beyond Clovis, How und When the First Americans Arrived.« Archaeology. Vol 52, Number 6, Nov/Dez 1999. Online: http://www.archaeology.org/9911/etc/books.html.

Rose, Mark. »The Importance of Monte Verde.« Archaeology. Online Features: »Monte Verde Under Fire.« Http://www.archaeology.org/online/features/clovis/rose1.html.

Schuster, Angela M.H. »Ancient Mariners Found in Peru.« Archaeology Online News, http://www.archaeology.org/online/news/peru.html.

»Phoenician Ships und Signs of the Biblical Flood.« Undercurrents. Vol. 8 No. 4, Fall 1999.

Wilford, John Noble. »Chilean Field Yields New Clues to Peopling of Americas.« New York Times. August 25, 1998.

WEITERER ONLINE-QUELLENHINWEIS:

Internet-Information über das JASON-Projekt gibt es bei: http://www.jasonproject.org.

Fett gedruckte Ziffern verweisen auf Abbildungen.

Abenteuer Ozean

Von Robert D. Ballard
mit Malcolm McConnell

**Veröffentlicht von der
National Geographic Society**
John M. Fahey, Jr., *Präsident*
Gilbert M. Grosvenor, *Aufsichtsratsvorsitzender*
Nina D. Hoffman, *Vizepräsidentin*

Erarbeitet von der Buchredaktion
Kevin Mulroy, *Vizepräsident und Chefredakteur*
Charles Kogod, *Bildredaktionsleitung*
Barbara A. Payne, *Redaktionsleitung*
Marianne R. Koszorus, *Leitung Gestaltung und
    Ausstattung*

Mitarbeiter an diesem Buch
Kevin Mulroy, *Redakteur*
Johnna M. Rizzo, *Textredakteurin*
Annie Griffiths-Belt, *Bildredakteurin*
Lyle Rosbotham, *Artdirektor*
Kristian House, *Dokumentation*
Carl Mehler, *Leitung der Kartographie*
Jerome N. Cookson, Tibor G. Tóth,
National Geographic Maps
    Kartenrecherche und -herstellung
R. Gary Colbert, *Herstellungsleiter*
Lewis R. Bassford, *Herstellungsbetreuung*
Sharon Kocsis Berry, *Illustrationsassistentin*
Deborah E. Patton, *Registererstellung*

Herstellung und Qualitätskontrolle
George V. White, *Direktor*
Clifton R. Brown, *Manager*

Titel der amerikanischen Originalausgabe:
Robert D. Ballard
ADVENTURES IN OCEAN EXPLORATION
From the Discovery of the Titanic
to the Search for Noah's Flood
Mit Malcolm McConnell

Veröffentlicht von der National Geographic
Society, Washington, D.C., 2001
alle Rechte vorbehalten

Copyright © 2001 National Geographic Society.
Alle Rechte vorbehalten.

Copyright © der deutschen Ausgabe
National Geographic Society, Washington D.C.,
2001, alle Rechte vorbehalten.
Deutsche Ausgabe veröffentlicht von
NATIONAL GEOGRAPHIC DEUTSCHLAND
(G+J/RBA GmbH & Co. KG), Hamburg 2001

Übersetzung: Theresia Übelhör unter Mitarbeit
    von Evelyn Köhler und Linde Wiesner
Lektorat der Übersetzung: Frank Auerbach
Koordination: Carlo Lauer
Redaktion: Martin Ballhaus, Robert Kutschera
    und Raphaela Moczynski für CLP
Schlusskorrektur: Dr. Horst Leisering für CLP
Satz: Buchmacher Bär
Titelgestaltung: Lutz Jahrmarkt
Produktion: Ursula Stahl
Druck und Verarbeitung: Bolis Poligrafiche S.p.A.

Printed in Italy

ISBN 3-934385-40-0